GERHARD SCHRÖDER

ENTSCHEIDUNGEN
MEIN LEBEN IN DER POLITIK

| Hoffmann und Campe |

1. Auflage 2006
Copyright © by Hoffmann und Campe Verlag, Hamburg
www.hoca.de
Artikel »The Times and Iraq«, S. 153–159
Copyright © 2004 by The New York Times, New York
Bildredaktion: Konstantin Gerszewski
Satz: Dörlemann Satz, Lemförde
Druck und Bindung: GGP Media GmbH, Pößneck
Printed in Germany
ISBN (10) 3-455-50014-5
ISBN (13) 978-3-455-50014-1

Ein Unternehmen der
GANSKE VERLAGSGRUPPE

INHALT

	Vorwort	7
Kapitel I	Von Bexten nach Hannover	11
Kapitel II	Im Bann der Geschichte	63
Kapitel III	»… und doch alles anders«	93
Kapitel IV	Der 11. September und die Folgen	149
Kapitel V	Mut zum Frieden	203
Kapitel VI	Aufbruch – die erste Legislaturperiode	251
Kapitel VII	Europa, die leise Weltmacht	307
Kapitel VIII	Mut zur Veränderung	369
Kapitel IX	Russland, der Global Player	449
Kapitel X	Die Wahl	483
Epilog	Was bleibt	507
	Anhang	517
	Zeitleiste	521
	Register	535

VORWORT

Die Arbeit an diesem Buch ist für mich eine große Herausforderung gewesen und zugleich ein Gewinn: Rückschau zu halten, alle Wege – zum Teil längst vergessene oder verdrängte – in Gedanken noch einmal nachzugehen; sich zu vergegenwärtigen, warum man an einer bestimmten Station den Kurs beibehielt; eine Kreuzung in Erinnerung zu rufen und nach Gründen zu suchen, warum man hier intuitiv abbog und nicht einen anderen Weg suchte; heute – die Ergebnisse der einstigen Entscheidungen kennend – zu prüfen, ob sie den damaligen Absichten entsprachen und zum Ziel führten.

Kurzum: Was im Alltag eines Politikers wegen des täglichen Drucks und permanenten Tempos kaum möglich war, konnte ich nun, Herr meiner eigenen Zeit, nachholen. Der zeitliche Abstand schärft den Blick für die Zusammenhänge und macht deren Beurteilung erst möglich. Mir geht es in meinem Buch vor allem um die Erklärung von sieben Jahren rot-grüner Politik in Deutschland und ihrer Vorgeschichte. Viel ist über diese Jahre geschrieben und gesagt worden, vor allem von denen, die das Zeitgeschehen berufsmäßig beobachten. Aber dies geschieht zwangsläufig aus einer eingeschränkten Perspektive. Deshalb biete ich nach einem Jahr Distanz zum politischen Geschehen meine persönliche Deutung als einen

Beitrag zu einer objektiven Gesamtbewertung dieser Zeit an.

Dabei kam es mir nicht darauf an, jede einzelne Entscheidung in Erinnerung zu rufen. Wichtig waren mir die wesentlichen politischen Stationen und Entwicklungen, die nicht nur mir, sondern auch meinen Freunden und Weggefährten einiges abverlangten – Entscheidungskraft und Mut, aber auch Durchsetzungsvermögen und Standhaftigkeit. Aus der Vielzahl der Themen und der Probleme, über die zu entscheiden war, habe ich die ausgewählt, die über ihren unmittelbaren Anlass hinaus in die Zukunft weisen.

An der Entstehung dieses Buches hat Uwe-Karsten Heye entscheidend mitgewirkt. In langen Gesprächen sind wir gemeinsame Jahre durchgegangen, haben Wichtiges von weniger Wichtigem getrennt; haben versucht, zum Kern der Auseinandersetzungen und politischen Prozesse zu gelangen. Heye war zwölf Jahre lang mein Regierungssprecher, zunächst von 1990 bis 1998 in Hannover und anschließend vier Jahre lang in Bonn und Berlin. Wir gehören der gleichen Generation an und haben eine ähnliche Sozialisation. In unserer gemeinsamen Arbeit haben wir uns deshalb oft ohne viele Worte verstanden.

Ich schätze ihn bis heute als einen klugen und erfahrenen Gesprächspartner und Ratgeber. Wo andere im Auf und Ab der Entwicklungen und Ereignisse die Übersicht verlieren, ist sein Blick auf die Welt unaufgeregt und von festen Überzeugungen getragen. Deshalb waren für mich die Gespräche mit ihm wichtig, um zum Grund dieser Jahre vorzudringen. Für seine Hilfe beim Schreiben dieses Buches bin ich ihm sehr dankbar.

Danken muss ich auch vielen anderen, die mich in den Jahrzehnten meiner Arbeit unterstützt haben – durch engagierten, selbstlosen und loyalen Einsatz, durch Rat und Kritik. Nur einige in diesem Buch zu nennen hieße, andere zu verletzen. Also sage ich hier allen, die sich angesprochen fühlen, meinen großen Dank.

Ich widme dieses Buch meiner Frau Doris und meinen Kindern Klara, Viktoria und Gregor. Meine Frau war mir Ratgeberin und Hilfe in vielen schwierigen Situationen. Ihr Sinn für Gerechtigkeit und Anstand war mir allzeit Orientierung bei schwierigen Entscheidungen. Vor allem ihre Liebe hat mir Kraft gegeben. Unsere Kinder erinnern mich an politische Verantwortung, die über die eigene Lebenszeit hinausweist.

Gerhard Schröder
September 2006

Der Blick zurück auf meine
Herkunft und auf diese Bauern
und Bäuerinnen, die uns "Löwe"
nannten, läßt mich fühlen
was mir immer wichtig war:
diesen Anfang nie zu ver-
gessen. Diese einfachen
Kindheitstage und der
klare Blick darauf haben
meinen Kompaß bestimmt.

KAPITEL I

VON BEXTEN NACH HANNOVER

»›Acker‹: Das war ich, der als Mittelstürmer ackerte.« Gerhard Schröder (stehend, Dritter von links) mit Mannschaftskameraden Anfang der sechziger Jahre beim TuS Talle.

Erinnerungen aufschreiben, die Schwebeteilchen im Kopf zueinanderbringen und zu Bildern fügen. Was war wichtig? War all das wichtig, woran Erinnerung bleibt? Oder gibt es schwarze Löcher, die mit Macht schlucken, was nicht erinnert werden will?

Erste Erinnerungen: Das Wummern, wenn der Fußball an die Holzwand des Behelfsheims klatschte. Draußen Gejohle, drinnen klirrten die Tassen. Das Behelfsheim an einer Eckfahne des Fußballplatzes in Bexten, etwa zwanzig Kilometer östlich von Bielefeld, also im Lippischen. In dem Behelfsheim am Fußballplatz lebten wir, meine Mutter, meine Geschwister. Und ich. Das war ungefähr 1950.

Oder der Husten meines Stiefvaters, einige Jahre später. Erst unterdrückt, dann anschwellend, durchdringend wie das Knarren einer rostigen Türangel, wieder abbrechend, leiser werdend, ehe der nächste Anfall den Mann schüttelte, bis er schließlich starb. Hier schaue ich auf das Jahr 1965 zurück. Tuberkulose fraß seine Lunge. Er hatte wenig Freude auf diesem langen, holprigen letzten Weg.

Mein Stiefvater, ein ruhiger, besonnener Mann. Seine Krankheit hatte er aus dem Krieg mit heimgebracht. Die ersten Jahre in Bexten arbeitete er bei der britischen Besatzungsmacht, den Tommys, wie sie genannt wurden. Was genau er tat, weiß ich nicht, doch erinnere ich mich an

Weißbrot und Corned Beef, die er mitbrachte, wahrscheinlich erbeutet durch Mundraub. Wir hatten immer Hunger. Vielen in Deutschland wird es so ergangen sein. Mein Stiefvater Paul Vosseler hatte Brüder. Einer war Dreher bei Krupp. Er hatte ein Motorrad, eine 250er Zündapp. Er und seine Frau besuchten uns gelegentlich. Sie waren die Reichen in der Familie. Reichtum ist ja relativ, schafft aber Ansehen; ein guter Beruf auch. Ich habe das in mir aufbewahrt.

Paul Vosseler könnte ein politischer Mensch gewesen sein. Ich habe mit ihm nie über Politik gesprochen, ich war ja kaum zehn Jahre alt, und später verbrachte er die meiste Zeit in einer Lungenheilanstalt. Ich erinnere mich aber, dass er im Radio keine Sendung der »Insulaner« – ein Berliner Funkkabarett – ausließ. Den Titelsong der Gruppe höre ich noch heute:

»Der Insulaner verliert die Ruhe nicht,
der Insulaner liebt keen Getue nicht,
der Insulaner hofft unbeirrt,
dass seine Insel wieder 'n schönes Festland wird.
Ach, wär das schön.«

Damals hatte ich keine Vorstellung von der Bedeutung des Liedes und schon gar nicht irgendeinen Gedanken daran, dass die Hoffnung, die sich in diesem Lied ausdrückt, in meiner aktiven politischen Zeit Realität werden würde. Damals hatte ich nicht den Wunsch, Politiker zu werden, aber auch nicht kaufmännischer Angestellter, Ladenschwengel, wie die Leute im Dorf das verächtlich nannten, und doch kam es so. Ich sollte und ich wollte »was Besseres« werden – was Besseres, das war in unserer Familie ein einfacher Beamter bei Post oder Bahn. Und wenn nicht das, dann ein Posten als Angestellter oder Arbeiter.

So machte ich, als ich in die achte Klasse der Volksschule ging, die Aufnahmeprüfung bei der Deutschen Bundesbahn als Bundesbahnjungwerker, das war die Arbeiterlaufbahn des Unternehmens, und fiel durch. Nicht die Theorie machte mir zu schaffen, aber im Praktischen haperte es. Man bescheinigte mir, zwei linke Hände zu haben. Das war gewiss keine politische Einordnung. Hartmut Mehdorn, der heutige Bahnchef, zeigte wenig Mitleid, als ich ihm davon erzählte. Es sei besser so, sagte er nicht ohne Ironie. Auf diese Weise habe er einen Konkurrenten weniger für seinen eigenen Job.

Ich habe vier Geschwister. Meine ältere Schwester Gunhild pflegt seit vielen Jahren meine Mutter. Ich versuche zu helfen, soweit sie es erlaubt.

Mein Halbbruder Lothar gehört zu den Opfern des Strukturwandels in unserer Wirtschaft. Er verlor eine Stellung als Programmierer in einem Holzunternehmen, die ihn ausgefüllt hatte. Danach gelang es ihm nicht, wieder Anschluss an die Arbeitswelt zu finden. Er war und ist langzeitarbeitslos – ein Schicksal, das viele mit ihm teilen. Ihm machte die Prominenz seines Bruders besonders zu schaffen. Dass er versuchte, aus meiner Position Kapital zu schlagen, sehe ich ihm nach. Problematisch wurde es, als er in die Hände gewissenloser Geschäftemacher fiel, die sich als Literaturagenten ausgaben und ihn veranlassten, über mich zu schreiben. Ich musste den Kontakt zu ihm abbrechen.

Meine zweite Schwester Heiderose wurde zunächst Schuhverkäuferin in Lemgo, im selben Ort, in dem auch ich als Lehrling beim Gemischtwarenhändler August Brand arbeitete. Sie hat sich dann weiterqualifiziert und ist noch heute als Bürokauffrau tätig. Sie hat geheiratet und zwei

Söhne geboren und großgezogen, die beide ein Studium absolviert haben oder absolvieren.

Die dritte Schwester, Ilse, ist Sozialpädagogin. Sie hat sich gelegentlich politisch engagiert und war als Mitglied in einem Verein alleinerziehender Mütter auch strenge Kritikerin der Steuerpolitik meiner Regierung. Ihr ist es gelungen, meine Mutter, die im Leben nie etwas anderes als Sozialdemokraten gewählt hat, bei einer Kommunalwahl von der Notwendigkeit zu überzeugen, für die Grünen zu stimmen. Die Menschen in meiner Familie haben es sich und ihren Angehörigen nicht immer einfach gemacht – und das gilt auch für mich.

Gern würde ich mehr über mich und meine Geschwister und unser Zusammenleben in Bexten erzählen. Aber über Buntes, gar Abenteuerliches oder auch nur von Streichen, die ich ihnen oder sie mir gespielt hätten, kann ich nicht berichten. Gewiss hatten wir ein Gefühl für wechselseitige Verantwortung, hier vor allem meine große Schwester und ich für die drei Jüngeren. Aber schon der Altersunterschied verhinderte, dass wir viel miteinander anzustellen wussten. Außerdem lehrten uns die Lebensumstände früh, Rücksicht auf den anderen einzuüben.

Zwei kleine Zimmer und eine Wohnküche, durch deren Wände jeder Laut drang. Da wird es niemanden wundern, dass wir die erstbeste Gelegenheit nutzten, um morgens aus dem Haus zu gelangen und die Enge nebst Geschwistern hinter uns zu lassen.

Beim Nachsinnen über die Kindheit und Familie frage ich mich hin und wieder, welche Gründe und Hintergründe meine ziemlich erstaunliche Karriere in der eigenen Herkunft hat. Bei allem Selbstbewusstsein, über das ich verfüge und das sich auf Leistung gründet, habe ich nie aufgehört, mich über die eigenen Möglichkeiten zu wundern.

Ich hänge diesen Gedanken nach und denke zugleich, dass dies doch nur die halbe Wahrheit ist. Immerhin entdecke ich in der Vergegenwärtigung dieser ersten Nachkriegsjahre nicht *mein* Leid, sondern vor allem das meiner Mutter. Wir waren von diesem Leid auf seltsame Weise unberührt. Es geschah, und doch geschah es nicht uns, den Kindern aus zwei Ehen.

Ich erinnere mich oft an Geräusche, ganz nahe und weit entfernte aus einem früheren Leben. Viel näher, weil jünger im Gedächtnis als das Husten des Stiefvaters das Kratzen eines schwarzen Stiftes, der mit großartiger Geste auf aufgespannten Regenschirmen hin und her gerissen wird, in der Hand von Horst Janssen. Er kreiert Gemälde oder große Gesichter, die jeden Schirm verändern und zu einem Kunstwerk machen. Janssen ist sturzbetrunken. Künstlerfete in Gümse mit Willy Brandt, der Auftakt zu meinem ersten großen Wahlkampf 1986. Janssen, dieser gnadenlose Trinker und geniale Künstler, und mit ihm viele andere, die meine Kandidatur zum niedersächsischen Ministerpräsidenten unterstützen, nehmen daran teil, Uwe Bremer, auch Maler und Freund, ebenso wie Günter Grass.

Uwe Bremer hat eine Radierung mitgebracht. Ein Pferd, auf künstlerisch sehr freie Weise aufgezäumt. So nennt er das Bild denn auch »Das Pferd neu aufzäumen«. Gemeint ist natürlich das Wappentier der Niedersachsen, das übrigens immer von rechts unten nach links oben springt. Symbolik genug, um Hoffnung zu bewahren, dass das Pferd irgendwann wieder für einen sozialdemokratischen Nachfolger in meiner Heimat springt.

Es ist ein fröhliches Fest im Dauerregen, noch ohne gezielten politischen Anstrich, weshalb Günter Grass auch sehr ernsthaft darauf hinwies: Der Kandidat – also ich – habe noch viel zu lernen, womit er nicht unrecht hatte. Günter Grass, dieser große deutsche Dichter und wortgewandte Polemiker, hat mich immer wieder herausgefordert. Ich habe seine Bücher gelesen und seine Sprache bewundert. Unter den Nachwuchssozialdemokraten, den »Enkeln« Willy Brandts also, war ich damals für ihn wohl nicht die erste Wahl. Aber er war es für mich, vor allem als Schriftsteller, aber auch als politischer Kopf, dessen Mut und Unbeugsamkeit ich bewundert habe. Ein Satz von Willi Bleicher, jenem bedeutenden Gewerkschafter, der zu Recht als einer der letzten Arbeiterführer bezeichnet worden ist, würde ich ihm als Motto seines politischen Lebens gern zuschreiben: »Du sollst dich nie vor einem anderen Menschen bücken.« Nicht nur seine Literatur, auch seine Irrtümer, vor allem aber die in diesem Satz zum Ausdruck kommende Haltung haben mich immer wieder beeindruckt.

Janssen gibt die jeweils fertigen Schirme an die Besitzer zurück. Mit großer Geste reicht er sie herunter. Er sitzt auf einem Stuhl, der wiederum auf einem Tisch steht, wie auf einem Thron. Um den Tisch herum eine Traube von Menschen, die an diesem Tag in das Wendland gekommen sind, um mit uns den Beginn des Wahlkampfes zu feiern. Draußen auf das Zeltdach trommelnd Dauerregen und drinnen in der Höhe das Kratzen dieses Stiftes in der Hand von Horst Janssen.

Ein anderes Geräusch, ein Klatschen, vielleicht doch eher Schmatzen, verursacht, wenn Herr Tegtmeier mit seinem Rohrstock die Handfläche eines Schülers malträtierte. Das zog ganz schön durch. Tegtmeier war in der zweizügigen Grundschule in Bexten ein gefürchteter Lehrer. Kam er uns morgens entgegen – er wohnte im Schulhaus – und hatte ein etwas bläulich unterlaufenes Gesicht, dann hieß es in Deckung gehen. Auch das muss um 1950 herum gewesen sein. Das Behelfsheim war ein Holzbau, in dem wir zwei Zimmer bewohnten. In einem Anbau das Plumpsklo. Das Haus stand am Fußballplatz des TuS Bexterhagen. Später spielte ich dort selbst Fußball. Und weil das Behelfsheim an den Fußballplatz grenzte, war es eine ständige kantige Provokation für die nach Bewegung hungernden jungen Spieler: Wohl mancher Ball knallte gegen die hölzerne Wand, weil er mit einiger Wut und sehr gezielt geschossen wurde.

Noch heute steht mir, wenn ich die Geräusche von einem zufällig in der Nähe befindlichen Bolzplatz vernehme, diese Baracke vor Augen, und ich höre die wummernden Bälle und die abgerissenen Rufe der jungen Männer, die damals hinter dem vielfach geflickten Lederball herrannten. Zu ihnen wollte ich gehören, wollte Teil der Mannschaft sein und mich für sie schinden, um das Runde ins Eckige zu bringen.

Ich war leider lange Zeit zu zart und nachkriegsmager, als dass sich der Blick der Bauernjungen auf mich gerichtet hätte und die so sehnlich erhoffte Frage gestellt worden wäre: Willst du mitspielen? Also blieb für eine Weile nur die Schule, in der ich meinen Ehrgeiz ausleben konnte. Ich muss wohl ein sehr guter Schüler gewesen sein, denn der Nachfolger von Lehrer Tegtmeier tat alles, um Mutter und Stiefvater davon zu überzeugen, dass ich auf das Gymnasium wechseln müsse. Das war undenkbar für die Familie. Und auch mir schien ein solcher Gedanke sehr verwegen. Allein das Schulgeld, wer sollte das aufbringen? Ich konnte also nicht als Gymnasiast in Bexten und später in Talle beeindrucken. Es blieb nur der Fußball. Und so wurde ich etwa 1964 der erste und damals einzige Halbprofi beim TuS Talle. Die Bezahlung bestand aus der Zugfahrt von Göttingen, wo ich nach abgeschlossener kaufmännischer Lehre bei der Firma Feistkorn, einem Eisenwarenhandel, als Verkäufer arbeitete, nach Talle oder zu den gegnerischen Fußballplätzen sowie einer kostenlosen Mahlzeit für »Acker«. Das war ich, der als Mittelstürmer ackerte, geadelt durch meine Tore, damals, zehn Jahre nachdem die Fußballweltmeister um Fritz Walter, Helmut Rahn, der das 3:2 gegen den Topfavoriten Ungarn erzielte, und Torwart Toni Turek, den der Reporter Herbert Zimmermann in der berühmten Live-Übertragung des Spiels im Radio mit dem Ehrentitel »Fußball-Gott« bedachte, zu Legenden geworden waren. Der Sieg im Berner Wankdorf-Stadion 1954 überstrahlte die düstere Nachkriegszeit und machte auch uns in der Kreisklasse noch viele Jahre später zu kleinen Göttern. Fußball konnte Glanz erzeugen.

Ich habe dieses Endspiel übrigens im Fernsehen gesehen. Natürlich nicht zu Hause. Ein Fernsehapparat war 1954 ein großer Luxus, den wir uns gewiss nicht leisten konnten. Ich wohnte damals noch bei meiner Familie in Bexten – nun in einem Fachwerkhaus, das sehr baufällig war und deshalb Villa Wankenicht hieß. Von dort aus fuhr ich in das Nachbardorf Knetterheide, wo es eine Gastwirtschaft gab, in deren Saal man ein Fernsehgerät aufgestellt hatte. Mein Problem war: Der Eintritt sollte fünfzig Pfennig kosten, die ich nicht hatte. Unverdrossen radelte ich dennoch nach Knetterheide und konnte mich an der Kasse vorbei in die Gaststätte schleichen, ohne die fünfzig Pfennig bezahlen zu müssen. Dort habe ich atemlos das Spiel verfolgt, gebangt und bei jedem Tor gejubelt, das die deutsche Mannschaft schoss. Nicht zuletzt dieses Erlebnis, aber auch die Tatsache, dass andere Sportmöglichkeiten kaum vorhanden waren, hat mich dann zum aktiven Fußball gebracht, aber ich bin – entgegen anderslautenden Berichten – nie über die Bezirksklasse hinausgekommen. Technik war nicht meine Stärke, dafür aber Schnelligkeit, und zudem trieb mich ein brennender Ehrgeiz.

Auch damals gab es schon Fan-Artikel der Weltmeister-Mannschaft, etwa ein Halstuch mit den Köpfen aller Spieler – natürlich in der richtigen Aufstellung und mit Namen gekennzeichnet. Noch heute kann ich die gesamte Mannschaft, die 1954 Weltmeister wurde, frei aufsagen.

Gewiss nicht jeden Tag, aber doch immer dann, wenn ich sie brauchte, um geerdet zu bleiben, stiegen später die Bilder dieser Jahre ziemlich regelmäßig in meiner Erinnerung auf. Mancher politische Gipfel, manches Bankett, dem ich als Kanzler nicht entgehen konnte, verlor seine sichtbar aufgeplusterte Bedeutung. Ganz falsch wäre im Übrigen der Eindruck einer schweren Kindheit. Nicht einmal meine Mutter würde diese Zeit so beschreiben. Sie hatte ein unendlich optimistisches Gemüt und gewann jeder Situation eine gute Seite ab, so schwierig das manchmal auch sein mochte. Nie habe ich sie klagen hören. Immer setzte sie darauf, dass sich alles noch günstig fügen werde. Ihre grenzenlose Gutmütigkeit machte ihr allerdings manchmal zu schaffen. Wer immer in den späten fünfziger Jahren mit Vertreterware an der Tür klingelte – und die Zeiten waren so, dass manche der von Ort zu Ort ziehenden Gestalten einen erbarmen konnten –, stets ließ sie sich überreden, etwas zu kaufen oder langfristige Verträge abzuschließen, die ihr über Jahre Zeitschriften oder Nachschlagewerke verhie-

ßen. Ich hatte dann einige Mühe, diese Abschlüsse rückgängig zu machen, die ihren Ruin bedeutet hätten. Dass ich später Anwalt werden sollte, hat sicher auch in diesen Erlebnissen eine Wurzel.

Vor allem hat meine Mutter eine unglaubliche Kraft. Als nicht eheliches Kind geboren, musste sie früh arbeiten. Sie kam »in Stellung«, wie man das damals nannte. Schutzrechte oder gar ein Achtstundentag standen für sie nicht einmal auf dem Papier. Die Liebe zu meinem Vater hat sie wohl auch als Chance begriffen, ihr Leben zu verändern. Sie hat ihn sehr geliebt. Ich war ein halbes Jahr alt, als er im Krieg fiel.

Meine Schwester Gunhild machte Jahrzehnte später durch einen Zufall das Grab meines Vaters ausfindig. Der Obergefreite Fritz Schröder wurde am 4. Oktober 1944 in einem kleinen Ort in Rumänien beerdigt. Die damalige Regierung Rumäniens half mir großzügig bei der Verifizierung. Natürlich wollte ich das Grab sehen und vereinbarte mit der rumänischen Regierung, dass ich am 18. September 2001 im Rahmen eines Arbeitsbesuches Gelegenheit dazu haben sollte. Daraus wurde nichts. Die Ereignisse des 11. September 2001 durchkreuzten alle Pläne. Erst 2004, sechzig Jahre nach seinem Tod, stand ich vor seinem Grab. Was ich von ihm wusste, war wenig: Nur in ein paar Gesprächen hatte meine Mutter von ihm erzählt. Und doch war er mir in dem Augenblick, als ich seine letzte Ruhestätte besuchte, auf eine unerklärliche Weise sehr nah. Es ist ein einfaches Soldatengrab. Mein Vater liegt dort mit zehn Kameraden. Das Angebot der rumänischen Regierung, ihn nach Deutschland umzubetten, habe ich daher abgelehnt.

In vielerlei Hinsicht verehre ich meine Mutter. Sie ließ uns freien Lauf. Erziehung braucht Zeit, und die hatte

»Nie habe ich sie klagen hören. Immer setzte sie darauf, dass sich alles noch günstig fügen werde.« Der Bundeskanzler zu Hause in Hannover mit seiner Mutter Erika Vosseler, September 2000.

sie nicht. Sie verdiente als Putzfrau hinzu, übrigens ohne diese Einkünfte beim Sozialamt anzugeben. Ich hatte daher später als juristischer Referendar für sie einen Prozess vor dem Sozialgericht in Detmold zu führen, der mit einem Vergleich endete. Ich hatte mich verpflichtet, den fälligen Betrag für sie zurückzuzahlen. Obwohl ich mit der Freizügigkeit meiner Kindheit entsprechenden Neigungen zur Disziplinlosigkeit ausgestattet war, wurde ich nie geschlagen. Das war weniger Folge einer theoretischen Durchdringung pädagogischer Maximen, sondern schlicht Ausdruck des Charakters meiner Mutter. Sie liebte ihre Kinder. Sie machte und macht bis heute nie Unterschiede. Wir alle haben von ihr nur Liebe erfahren. Das mag rührend klingen, ist aber die Wahrheit. Wenn sie selbst einmal verzweifelt war, was selten vorkam, habe ich sie mit dem Hinweis zu trösten versucht, irgendwann würde ich sie mit einem Mercedes abholen. Zumindest dieses Versprechen habe ich einhalten können.

Warum erzähle ich davon? Diese Erinnerungen sind die Quellen meiner Selbstwahrnehmung. Es sind Puzzleteile, die sich zu meinem Selbstbild zusammenfügen, und das hat mit der Wahrnehmung mancher schreibender oder sendender journalistischer Wegbegleiter oft wenig gemein. Nicht immer konnte ich in den öffentlich zugänglichen Beschreibungen des Politikers, des »Medienkanzlers« Gerhard Schröder, meine Antriebe oder Motive wiederfinden. Mein ganzes Leben lang habe ich versucht, Grenzen immer wieder an den Horizont zu verschieben.

Solange ich zurückdenke, musste ich mich mit Dingen befassen, die mir nicht in die Wiege gelegt worden sind. Nicht alle Defizite, die ich bei mir entdeckte, konnte ich

»Ich war ein halbes Jahr alt, als er im Krieg fiel.« Vater Fritz Schröder 1941 als Soldat der Wehrmacht in Belgien.

aufarbeiten. Ich tröste mich damit, dass ich Menschen aus großbürgerlichen Schichten begegnet bin, die in ihrem Sozialverhalten unerträglich waren, ohne dass sie dies als einen Mangel empfunden hätten. Da muss schon ein besonders dickes Fell wachsen. Ich hoffe, dass ich – gewiss mit Ausnahmen – dieser Dickfelligkeit entgehen konnte. Insoweit war für mich der Anwaltsberuf auch eine wichtige Lebensschule.

Noch etwas hat mich wohl stark geprägt. Niemand war da, der mir in meiner Kindheit den Weg wies. Alles war Versuch und Irrtum unterworfen. Das ländlich-bäuerliche Umfeld hatte seine eigenen Gesetze. Was gut oder böse war, wurde oft durch spontane Klapse entschieden, mit denen Lehrer und andere, die sich erzieherisch an mir versuchten, keineswegs geizten. Wenn ich heute auf diese Landschaft blicke, weiß ich natürlich, dass dort ein hohes Maß an konventioneller Überkommenheit herrschte. Das Gefüge von oben und unten war klar geregelt und Teil meiner Wirklichkeit. Ich war unten, und das wurde mir selbst in kleinen Details unter die Nase gerieben. Unser Pfarrer kümmerte sich im Konfirmandenunterricht nur um die Kinder aus besseren Kreisen. Für den Rest war der Vikar zuständig. Ich fühlte die darin liegende Zurücksetzung. Ich wusste, welcher Platz mir damit zugewiesen werden sollte, und ich hasste den Pfarrer deswegen. Er war allerdings nur Teil jenes nachwirkenden sozialen Systems, das Kaiserzeit und Nazitum unbeschadet überdauert hatte. Meine Opposition dagegen hat ihren Ursprung in solchen Erlebnissen.

Bevor ich erkannte, was für mich der einzige Weg war, um den beengenden und manchmal beklemmenden Verhältnissen zu entkommen, die mir zugewiesen schienen, war ich lange auf der Suche. Es war kein gezieltes Suchen, eher eine

»Helmut Schmidt faszinierte mich, vor allem seine rhetorische Brillanz.« Als Bundestagskandidat im Wahlkampf 1980 an der Seite des damaligen Bundeskanzlers.

tastende, abwägende Ausschau. Ich lebte schon in Göttingen, wo ich 1962 bis 1964 als Verkäufer in einem Eisenwarengeschäft arbeitete, als ich mich politisch zu interessieren begann. Helmut Schmidt faszinierte mich, vor allem seine rhetorische Brillanz. Aber ich musste doch erst genau hinschauen, mich bei allen damals agierenden Parteien umsehen, ehe mir klar wurde, dass in der SPD am meisten von dem zu spüren war, was ich damals in der Politik suchte: eine Partei, die sich mit der Klassenlage in der Gesellschaft nicht abfinden wollte. Vielleicht wurde mir auch erst in der SPD bewusst, was ich damals im Konfirmandenunterricht schon gespürt hatte: dass nur Bildung und Ausbildung den Weg öffnet, der aus Talle hinausführt und Anerkennung bringen kann. Also trat ich in die SPD ein.

Im Herbst 1962 fand ich einen Bierdeckel wieder, den ich schon vergessen hatte. Ich hatte mir darauf die Adresse einer Abendschule notiert. Er steckte wohlbehalten in meiner Manteltasche, wo er ein halbes Jahr überdauert hatte seit der Nacht, in der ich bei einer Skatrunde in einer Kneipe erfahren hatte, dass meine Mitspieler jeden Abend drei Stunden für die mittlere Reife paukten. Jetzt war die Adresse für mich ein Anstoß, und ich meldete mich am nächsten Tag in der Abendschule an. Endlich hatte ich eine Richtung. Anders als die ungeliebte Arbeit in der Eisenwarenhandlung machte mir das Lernen Spaß. Ich empfand es nicht ein einziges Mal als quälend. Für mich war die Abendschule die sinnvolle Ergänzung zur Tagesarbeit, die mich nicht ausfüllte.

Jeden Abend fand ich mich im Gebäude einer Berufsschule ein, wo das Ehepaar Brettschneider, beide pensionierte Oberstudiendirektoren, seine ehrgeizigen Schüler unterrichtete. 1964 ging ich auf das Siegerland-Kolleg des zweiten Bildungsweges nach Weidenau, und das letzte Jahr bis zum Abitur 1966 besuchte ich das Westfalen-Kolleg in Bielefeld. Mein Stiefvater lag zu jener Zeit im Sterben, und ich wollte näher bei meiner Mutter sein. Den Unterhalt für diese Zeit bekam ich vom Versorgungsamt. Als Halbwaise hatte ich Anspruch darauf. Das war auch die materielle Grundlage für das Studium, ergänzt durch die Hochbegabtenförderung der Friedrich-Ebert-Stiftung, die das Büchergeld beisteuerte.

Endlich hatte ich das Abiturzeugnis und damit die Hochschulreife. Was für ein Gefühl! Die Welt stand mir offen. Alles schien möglich. Ich war wie im Rausch. Student in Göttingen. Diese Hochschule, für mich das Tor zu einer Welt unendlicher Möglichkeiten, zu der ich die Eintrittskarte erworben hatte. Ich war am Ziel meiner Wünsche. Das Jurastudium und mein Traum, Anwalt zu werden, all das rückte auf einmal in erreichbare Nähe. Ein Traum, der mich schon in meiner Jugend beschäftigt hatte. Damals lief eine amerikanische Fernsehserie, in deren Mittelpunkt ein Anwalt namens Perry Mason stand. Er löste die vertracktesten Fälle in wahrlich brillanter Manier. Wie Perry wollte ich werden.

Die Juristerei hat mich zeitlebens begeistert, und das ist auch heute noch so. Ich habe sie weniger als Wissenschaft, sondern mehr als Handwerk begriffen. Diese Einstellung führte denn wohl auch dazu, dass ich an der Göttinger Universität nie über die Stelle eines Hilfsassistenten und einen Halbtagsjob als wissenschaftlicher Mitarbeiter hinauskam. Ich hatte mich schon damals bei den Jungsozialisten in Göttingen engagiert und war am Ende meines Studiums für Professor Christian Starck an seinem Lehrstuhl tätig. Starck, ein konservativer, aber konzilianter Mann, gab mir den Rat, es vielleicht doch eher in der Politik als in der Wissenschaft zu versuchen. Er muss wohl gespürt haben, dass meine wirklichen Neigungen auf anderen Gebieten lagen. Als Ministerpräsident habe ich ihm später die Urkunde überreicht, mit der er zum Mitglied des Staatsgerichtshofes in Niedersachsen ernannt wurde.

Ich habe das Studium, das mich von 1966 bis zum ersten juristischen Staatsexamen 1971 an Göttingen band, als ungeheures Privileg empfunden. Zum ersten Mal konnte ich ausschlafen. Richtig fleißig war ich nur während der ersten

Semester. Da erschien ich schon morgens um acht zur Vorlesung »Allgemeiner Teil BGB«. Später ließ ich es gemächlicher angehen. Dennoch habe ich recht zügig studiert, denn um mich über Wasser zu halten, meine Miete zu zahlen, musste ich natürlich in den Semesterferien arbeiten, meist als Handlanger auf dem Bau. Ich hatte also guten Grund, mich mit dem Studium zu beeilen.

Meine Lebenslage brachte mich damals kaum in Kontakt mit den Entwicklungen, die sich in der Studentenbewegung abzuzeichnen begannen. Es dauerte eine Weile, ehe ich überhaupt begriff, welche Auseinandersetzung da geführt wurde. Zu Hause hatte die NS-Zeit keine Rolle gespielt. Meine Mutter war völlig unpolitisch und zugleich ohne Bildung durch ihr Leben gegangen, das immer nur Kampf um das pure Überleben gewesen war. Dass ihr Leben auch als Ergebnis einer schrecklichen Ungerechtigkeit begriffen werden konnte, die Privilegierte und Unterprivilegierte geschaffen, die Oben und Unten unverrückbar zementiert hatte, das wäre ihr nie in den Sinn gekommen.

Die 68er-Bewegung hatte viele Motive. Sie war emanzipatorisch und auch ein Reflex auf die schweigende und verschweigende Eltern- und Großelterngeneration. Der Wiederaufbau in der Nachkriegszeit, das Wirtschaftswunder, konnte wohl auch deswegen mit dieser unglaublichen Energie betrieben werden, weil er die Vergangenheit hinter sich ließ. Auf einmal schienen alle entlastet, und jeder, der mahnend fragte: Wo warst du damals?, galt als Störenfried. Die durch den Auschwitz-Prozess ausgelöste Scham, die von der nachgewachsenen Generation empfunden wurde, trug ihren Teil zu der Energie bei, die den Aufstand der Jungen gegen die Alten antrieb. Das alles war weit weg von mir und meinen Empfindungen der Dankbarkeit gegenüber einem Staat, der es mir doch ermöglicht hatte, den ersten Schritt nach oben zu tun.

Ich war daher kein Aktivist der 68er. Dem standen meine Herkunft und auch ein daraus erwachsender Mangel an politisch-intellektueller Schärfe entgegen. Doch geprägt hat mich diese Zeit. Für mich gab es immer nur eines, was mir wichtig war und was mich letztlich doch mit den jungen Sinnsuchern aus der 68er-Zeit verbunden hat – der Kampf um eine Antwort auf die Frage: Wer kriegt eine Chance und wer nicht und warum nicht? Insofern hat »links« zu sein in der SPD für mich immer geheißen: Wie kann ich zu einer Wirklichkeit beitragen, in der Menschen mit meiner oder ähnlicher Herkunft etwas aus sich machen können?

Erstaunlich, wie schmählich wir in den heftigen Theoriedebatten damals bei den Jungsozialisten die Kultur vernachlässigt haben. Dafür wucherte die Gesellschaftsanalyse parallel zu meiner Abneigung gegen die Theorie des staatsmonopolistischen Kapitalismus, in der sich der Staat nur als Agentur der Konzerne abbildete. Was für Wortduelle haben wir uns über solche und ähnliche Ansichten geliefert.

Die Diskussionen vor allem in Göttingen haben mich sehr geprägt. Es gab dort zu jener Zeit zwei Gruppierungen. Politisch links waren beide. Der Meinungsstreit zwischen Vertretern der reinen Theorie, die auf die selbständige Aktivität der Massen und nicht auf Parteien setzte, und einer eher pragmatisch orientierten Gruppe. Es ging um die Frage, ob der als notwendig angesehene grundlegende gesellschaftliche Wandel noch mit und in der SPD oder nur durch eine veränderungsbereite Massenbewegung außerhalb der Partei zu bewerkstelligen sei. Ich gehörte zum pragmatischen Flügel.

Über Monate, ja über Jahre paralysierte diese Auseinandersetzung die politische Arbeit der Jungsozialisten. Das Ergebnis war, dass die Theoretiker die Mehrheit gewannen, die Pragmatiker blieben einfach weg, weil sie die nächtlichen Debatten nicht schätzten. Ich dagegen hielt die Stellung. Weil auch die Theoriefraktion eine gewisse Bindung zur SPD aufrechterhalten wollte, wurde ein sogenannter Kollektivvorstand gebildet, der aus drei Juso-Mitgliedern bestand. Zwei davon stellte die Theoriefraktion, als Dritter wurde ich gewählt. Die Machtverhältnisse schienen geklärt, allerdings nicht endgültig. Die Ressortaufteilung in diesem Kollektivvorstand lautete: Theoriearbeitskreis I und Theoriearbeitskreis II für meine Kollegen. Für mich blieben »nur« die Pflege des Kontakts zur SPD, Öffentlichkeitsarbeit und Kasse. Dies war der Beginn meiner politischen Karriere. Das Ergebnis ist bekannt.

Später entwickelten wir Jungsozialisten in Niedersachsen neue Vorstellungen. Die meisten von uns waren nun der Überzeugung, dass Politik, wenn sie eine Mehrheit hinter sich weiß und entschieden genug agiert, die Chance hat, sich auch gegen mächtige Wirtschaftsinteressen durchzusetzen. Als ich später als Bundeskanzler in der rot-grünen Koalition den Atomkonsens über den geregelten Ausstieg aus der Kernenergie verhandelte, stand mir die Erinnerung daran sehr deutlich vor Augen. Das war ja der gelungene Versuch der Begrenzung enormer Kapitalmacht, der in eine klare Ansage an die Energiekonzerne mündete: Ihr werdet nach einer vernünftigen Laufzeit abgeschriebene Kernkraftwerke – mit denen man sozusagen im Schlaf Geld machen kann – abschalten. Und das, obwohl sie ohne sicherheitsrelevante Mängel noch laufen könnten. Dieser laut den Anhängern marxistischer Gesellschaftstheorie nicht oder

Der frisch gewählte Bundesvorsitzende der Jungsozialisten, umgeben von Gratulanten, Juso-Kongress in Hofheim am Taunus, Februar 1978. Neben ihm sein Vorgänger Klaus Uwe Benneter.

nur durch Revolution herbeizuführende Fall bedarf noch der Analyse.

Im Jahr 1978 wurde ich Bundesvorsitzender der Jusos, eine Position, in der ich bis Anfang 1980 Politik machte. Von 1976 bis 1990 war ich Rechtsanwalt in Hannover und übernahm in dieser Zeit auch einige politisch interessante Fälle.

1978 betreute ich Horst Mahler in der Haft. Das hatte für mich keinen politischen Hintergrund. Mein Eindruck war, dass er sich von der RAF-Vergangenheit gelöst hatte. Es ging zunächst um einen Hafturlaub, den es zu erreichen galt, später um die Freilassung nach zwei Dritteln der zu verbüßenden Strafe. Für mich als junger Anwalt mit Interesse am

Strafrecht war das eine Herausforderung. Da ich zu jener Zeit Bundesvorsitzender der Jungsozialisten war, drang der Fall mehr an die Öffentlichkeit, als mir recht war. Jürgen Leinemann, Starjournalist beim *Spiegel*, schrieb darüber. Und deshalb beschäftigte sich das SPD-Präsidium unter Willy Brandt damit und mit dem jungen Anwalt. Es gab im Präsidium den einen oder anderen, der Druck auf mich ausüben wollte, um zu erreichen, dass ich dieses Mandat aufgab. Es war dann Willy Brandt, der auf seine unnachahmliche Art deutlich machte, dass es an dem Mandat nichts zu kritisieren gebe, solange ich es im Einklang mit den gesetzlichen Vorschriften und den Berufsregeln der Anwaltschaft ausübte. Und genau das tat ich.

Etwa zur gleichen Zeit übernahm ich die Mandate von zwei homosexuellen Pastoren, die von der hannoverschen Landeskirche aus dem Dienst entlassen werden sollten, weil sie ihre sexuelle Vorliebe öffentlich lebten. Da die Medien über diese Fälle ausführlich berichteten, kann ich über sie schreiben, ohne gegen das Ethos meines Berufes zu verstoßen. Undenkbar damals, dass ein Spitzenpolitiker wie etwa ein Regierender Bürgermeister in Berlin seine sexuelle Orientierung hätte öffentlich bekunden können. Die Vorurteile gegen Homosexualität waren groß. Ich will nicht verschweigen, dass auch ich nicht frei davon war. Ich musste mich anfangs überwinden, meinen Mandanten unbefangen zu begegnen. Durch diese Prozesse, die beide der Landeskirche Recht zusprachen, und die Gespräche mit den Mandanten habe ich viel gelernt, und ich bin heute froh darüber, als Regierungschef das Niveau rechtlicher Gleichstellung mit herbeigeführt zu haben, das ich für gerecht und gerechtfertigt halte. Ich glaube, dass dadurch viele Menschen, vor allem solche ohne gesellschaftliche Prominenz, aus der Isolation, ja bisweilen aus der Verzweiflung herausgebracht werden konnten.

Spektakulär waren auch jene Prozesse, die ich Ende der siebziger, Anfang der achtziger Jahre gegen Berufsverbote führte. 1972 hatte die Regierung Brandt vornehmlich aus außenpolitischen Gründen den sogenannten Radikalenerlass beschlossen. Man wollte verhindern, dass die Rechte in Deutschland die Ostpolitik Willy Brandts als Förderung kommunistischer Vorstellungen diffamieren konnte – ein hoffnungsloses Unterfangen, wie sich rasch zeigte. Dieser Erlass hatte eine verheerende Wirkung für Lehrer, Juristen, aber auch einfache Lokomotivführer bei der Deutschen Bundesbahn, und das erst recht, als 1975 das Bundesverfassungsgericht bestätigt hatte, dass niemand Beamter sein könne, der einer als verfassungsfeindlich eingestuften Partei oder Gruppierung angehöre. Betroffen waren vor allem Mitglieder der DKP, aber auch Aktivisten in jenen marxistischen Splitterorganisationen, die sich nach dem Ausklang der 68er-Bewegung gebildet hatten. Der Radikalenerlass wurde in der Staatspraxis zur Keule gegen politisch Andersdenkende. Mein ständiges Plädoyer lautete, das deutsche Verfassungs- und auch Beamtenrecht habe nicht Gesinnungen, sondern nur verfassungswidriges Handeln im Dienst zu ahnden. Ich habe die meisten dieser Prozesse verloren. Umso erleichterter war ich, als ich diese Praxis mit einem Federstrich jedenfalls für das Bundesland Niedersachsen dem Müllhaufen der Geschichte überantworten konnte, nachdem ich dort Ministerpräsident geworden war. Ich habe Recht als Rechtsetzung und Rechtsprechung auch unter dem Eindruck dieser Ereignisse nie als etwas Unpolitisches begriffen. Und daran halte ich bis heute fest.

1986 unternahm ich meinen ersten Anlauf, um das Amt des Ministerpräsidenten in Niedersachsen zu übernehmen. In den Wochen vor der Landtagswahl holperte ich in meinem alten Volkswagen durch die Weiten des Landes. Ich wollte als Ministerpräsidenten-Kandidat gegen den damaligen Amtsinhaber Ernst Albrecht antreten. So tingelte ich durch die Ortsvereine und Unterbezirke der SPD und lernte die Partei kennen. In verrauchten Kneipen, in Hinterzimmern und am Tresen, in Gesprächen und Debatten lernte ich dazu und lernte zugleich, aufgrund wie vieler Hoffnungen und Wünsche und von wie viel Vertrauen der Mitglieder diese Partei lebt. Vielen war ich vor allem als Bundesvorsitzender der Jungsozialisten in Erinnerung, was meine Chancen nicht gerade verbesserte. Denn die erwähnten Debatten, die wir in früheren Jahren geführt hatten, waren für viele Mitglieder eher ein Kreuz, an dem sie schwer trugen.

In vielen Ortsvereinen schlug mir Misstrauen entgegen. Manchen schien mein Aufstieg in der Partei allzu rasant zu sein. 1980 war ich in den Bundestag gewählt worden. 1983, ein Jahr vor der Auseinandersetzung über den Herausforderer von Albrecht, hatte ich Peter von Oertzen, der nicht wieder kandidiert hatte, als Vorsitzenden des SPD-Bezirks Hannover abgelöst. Ich war also frischgebackener Vorsitzender des größten Bezirks der SPD in Niedersachsen. Dies war Grund genug, dem Vorschlag des Bonner Parteivorstandes entgegenzutreten, Anke Fuchs, die spätere Geschäftsführerin der Bundespartei, als Kandidatin für das Amt des niedersächsischen Ministerpräsidenten aufzustellen.

Ich habe Anke Fuchs dann als eine kämpferische, aber stets faire innerparteiliche Gegnerin erlebt. Sie kam aus der Gewerkschaftsbewegung und machte sich schnell einen Namen als bedeutende Sozialpolitikerin.

Das war im Jahr 1983, nachdem Karl Ravens, Vorsitzender der SPD-Landtagsfraktion in Niedersachen und zweimaliger Spitzenkandidat für das Amt des Ministerpräsidenten, seinen Rückzug aus der Landespolitik erklärt hatte. In einem Zeitungsgespräch schlug ich mich daraufhin kurzerhand selbst als Ravens' Nachfolger vor.

Die Meldung schlug damals ein wie eine Bombe. Einige versuchten daraufhin, auch Hans Apel, den ehemaligen Verteidigungsminister in der Schmidt-Regierung, für eine Kandidatur zu gewinnen. Der winkte allerdings ab, als ich an meiner Absicht festhielt und er in eine Kampfabstimmung hätte gehen müssen. Also blieben Anke und ich übrig, und wer es nun werden sollte, darüber hatte die SPD Niedersachsens auf einem Parteitag zu entscheiden. Deswegen meine Bewerbungstour durch die Ortsvereine.

Damals entdeckte ich die SPD in Ostfriesland, für die ich seither eine tiefe Sympathie hege. Was waren das für erdverbundene, offene, auch ein wenig kauzige Menschen, die ich zwischen Leer und Emden, zwischen Weser und Ems zu überzeugen versuchte. Joke Bruns, Vorsitzender des Bezirks und späterer Landesvorsitzender, sagte mir seine Unterstützung zu. Im SPD-Bezirk Weser-Ems hatte ich am Ende die Nase auch deswegen vorn, weil ich den Betriebsratsvorsitzenden der Thyssen-Nordseewerke, Walter Gehlfuß, auf meine Seite ziehen konnte. Nie werde ich die Begegnung mit ihm und seinem Betriebsrat vergessen. Dort waren Anke und ich nacheinander eingeladen, um unsere Vorstellungen für die Arbeit in Hannover zu erläutern. Nach meiner Rede und einer kurzen Debatte sagte er in breitem Platt: »Kollegen, hier ist der Schröder. Ihr habt vorher die Anke gehört, jetzt habt ihr Schröder gehört. Ich will euch meine Meinung sagen: Wir brauchen in Niedersachsen an

der Spitze keinen Rock.« Die Veranstaltung in Emden war zu meinen Gunsten gelaufen. Und die Kandidatur auch. Der Mann ist längst verstorben. Anke wird ihm verziehen haben. Er war ein Arbeiterführer von echtem Schrot und Korn.

Und dann die Wahlkampf-Eröffnungsparty in Gümse, wo sich erstmals Künstler und Intellektuelle versammelten, um mich zu unterstützen. Als prägender Eindruck und unverbrauchte Erinnerung ist dieses Fest in meinem Gedächtnis mit der Erkenntnis verbunden, dass es für eine lebenswerte Gesellschaft unabdingbar ist, den Freiraum zu erhalten und auszuweiten, auf dem Kunst und Kultur unbehelligt gedeihen können. Mir, dem Proletariersohn aus Talle in Ostwestfalen, wurde damals bewusst, was für geheimnisvolle und aufregende Welten es für mich noch zu erobern gab.

Besonders geehrt fühlte ich mich dadurch, dass auch Willy Brandt nach Gümse gekommen war. Drei Jahre zuvor hatte ich ihn in Bonn aufgesucht. Das Gespräch drehte sich um die Kandidatur in Hannover, auch darum, dass viele ihn gebeten hatten, mir meinen Entschluss auszureden. Er fragte also: »Willst du trotzdem kandidieren?« Meine Antwort: »Ja, das will ich.« Ich werde nie sein breites Lächeln vergessen, und ich spürte viel Sympathie, als er sagte: »Du weißt, dass ich dich als Parteivorsitzender nicht unterstützen kann.« Ich nickte und erklärte, ich sei mir darüber im Klaren, dass er den Vorschlag des Parteivorstandes und damit Ankes Kandidatur vertreten müsse, aber vielleicht doch nicht so nachdrücklich, wie es ihm möglich wäre. Er hielt sich zurück und hat mir dann, nachdem die Kandidatur entschieden war, im Wahlkampf sehr geholfen.

Ich bin Willy Brandt in vielen verschiedenen Phasen meiner politischen Laufbahn begegnet. Zunächst als junges

»Schröder auf Touren«: Wahlkampf als Spitzenkandidat der SPD in Niedersachsen, Juni 1986.

Parteimitglied, ohne auch nur daran zu denken, den von allen verehrten Vorsitzenden aus der Nähe erleben zu dürfen, geschweige denn ihn persönlich kennenzulernen. Eine erste Begegnung mit Willy Brandt hatte ich 1969 als Wahlkämpfer für ihn in Göttingen. Er kam als amtierender Außenminister.

In nicht sehr vielen, für mich aber immer wichtigen Gesprächen habe ich ihn als einen außerordentlich widersprüchlichen Menschen erlebt. Gelegentlich unnahbar bis zur Missachtung des Gegenübers, konnte er andererseits mit humorvoller Zuwendung auf andere eingehen. Was mich aber vor allem an ihm faszinierte, war sein Gespür für politische Entwicklungen in unserer Gesellschaft. Sein berühmter Satz, es gebe eine Mehrheit links von der Mitte, ist dafür ein Beispiel oder etwa eine Episode im Vorfeld der Wiedervereinigung, die ich selbst miterlebt habe. Ich durfte ihn als niedersächsischer Oppositionsführer im Oktober 1989 nach Moskau begleiten. Er war zusammen mit Egon Bahr und Hans Koschnick zu einem Treffen mit Michail Gorbatschow verabredet, an dem ich teilnehmen sollte. Im Flugzeug zeigte er mir einen Brief, den er von einem der Gründungsmitglieder der damaligen SDP – ich glaube, es war Ibrahim Böhme – erhalten hatte. Böhme schrieb ihm, er und einige andere, darunter auch Markus Meckel, hätten eine sozialdemokratische Partei in der DDR gegründet und bäten ihn um Unterstützung für deren Aufnahme in die Sozialistische Internationale. Er lachte herzlich über die Aktivisten dieser kleinen Partei mit dem so großen Anspruch, wurde dann aber sehr ernst und sagte: »Man muss die Leute im Auge behalten. Alles in unserer Bewegung hat einmal klein begonnen.«

Vergegenwärtige ich mir meine emotionale Beziehung zu

Willy Brandt, wäre die angemessenste Beschreibung vielleicht eine, die die gesamte sogenannte Troika jener Zeit – gebildet aus Willy Brandt, Herbert Wehner und Helmut Schmidt – kennzeichnet. Willy Brandt wurde geliebt, Herbert Wehner verehrt und Helmut Schmidt respektiert. So, glaube ich, lässt sich am prägnantesten das unterschiedliche Wirken und die unterschiedliche, aber niemals ins Wanken geratene Wertschätzung der SPD für diese Persönlichkeiten wiedergeben.

Der Weg ins Kanzleramt war lang, und er begann jedenfalls nicht 1986, denn die Wahl in Niedersachsen ging trotz erheblicher Stimmenzugewinne für die SPD verloren. Es dauerte eine Weile, bis ich mich von der Meinung verabschieden konnte, es sei eine Niederlage gewesen. Es war Hans-Jochen Vogel, der mich – damals als Parteivorsitzender – nach Bonn einlud und davon überzeugte, dass ich das Ergebnis auch anders als unter dem Motto »Sieg oder Scheitern« betrachten konnte. Ich war ihm für dieses Gespräch sehr dankbar.

Natürlich war ich enttäuscht, dass sich meine Hoffnungen, niedersächsischer Ministerpräsident werden zu können, zerschlagen hatten. Obwohl wir 5,6 Prozent hinzugewonnen hatten, reichte das Votum der Wähler knapp für die Bestätigung der Regierung Albrecht. Seine Koalition hatte zusammen mit der FDP eine Mehrheit von genau einer Stimme. Vogel richtete mich wieder auf. Das war der Beginn einer sehr erfolgreichen gemeinsamen Arbeit, die in heftigem Streit endete, weil er mich als einen der Hauptverantwortlichen für den Sturz Rudolf Scharpings in Mannheim betrachtete.

Scharping selbst sah das anders, und er hatte recht. Aller-

»Die Wahlkampf-Eröffnungsparty in Gümse, wo sich erstmals Künstler und Intellektuelle versammelten, um mich zu unterstützen.« Mit Willy Brandt und Günter Grass.

dings wollte auch ich Lafontaine als Parteivorsitzenden und habe daraus auch nie einen Hehl gemacht.

Nach unserem Zerwürfnis sind Vogel und ich uns – zu meiner großen Freude – wieder nähergekommen. In meiner Kanzlerzeit wurde er mir zu einem unentbehrlichen Berater, der öffentlich nie auch nur in Andeutungen auf diese Rolle hingewiesen hat. Es gab kaum eine wichtige Entscheidung, die nicht von mir oder dem damaligen Leiter des Kanzleramtes, Frank-Walter Steinmeier, mit ihm abgestimmt worden wäre. In einem wesentlichen Punkt konnten wir uns allerdings nicht einigen. Als ich ihn in den Na-

»Hans-Jochen Vogel richtete mich wieder auf.« Der Bundesvorsitzende der SPD und der Oppositionsführer im niedersächsischen Landtag, Oktober 1988.

tionalen Ethikrat berief, sagte er mir nur knapp: Ich solle mir keine Illusionen machen, seine sehr restriktive (offenbar von der katholischen Moraltheorie beeinflusste) Haltung zur Stammzellenforschung werde sich nie ändern. Obwohl ich anderer Meinung war und bin, konnte ich gut mit dieser Position Vogels leben.

Er ist übrigens weder der Oberlehrer noch der Pedant, als der er beschrieben wird. Er ist außerordentlich diskussionsbereit und durchaus in der Lage, eine einmal gefasste Meinung zu ändern, wenn ihn die Argumente des Gegenübers überzeugen.

1983 wurde Vogel Nachfolger von Wehner als Fraktionsvorsitzender. Obwohl noch nicht Parteivorsitzender, war er zusammen und gleichauf mit Johannes Rau die Nummer eins der SPD. Da er in Bonn Tag und Nacht präsent war und Rau als Ministerpräsident in Nordrhein-Westfalen anderen Aufgaben nachging, bestimmte er die nationale Politik der SPD in hohem Maße allein. Sein Ruf, der Mann mit den Klarsichthüllen zu sein, ein akribischer Bürokrat, spielt seine Bedeutung in diesem Abschnitt der Geschichte der SPD zu sehr herunter.

Die Partei befand sich nach dem Verlust der Macht 1982 in einer schwierigen Phase der Neuorientierung. In einer solchen Zeit, in der die alten Gewissheiten zerbrochen sind oder zerbrechen, in der eine große Partei mit Machtverlust fertig zu werden hat, neue Ausrichtungspunkte aber noch nicht gefunden sind, ist das Bestehen auf Verfahren und Formen ein wichtiges Integrationsmittel in einer Massenorganisation. Ich glaube, dass Vogel dies wusste und die Legende vom Mann der Klarsichthüllen und der knappen Vermerke bewusst entstehen ließ, um die Partei auf seine Weise zusammenzuhalten – mit Erfolg, wie sich später herausstellte. Im Übrigen bleibt festzuhalten, dass sein Wahlergebnis im März 1983 zu den durchaus besseren in der Geschichte der SPD gehörte. Die Würdigung der großen politischen Bedeutung Vogels werden Historiker leisten müssen und leisten. Darin bin ich mir sicher.

Dank seiner Hilfe begann ich, meinen Wahlkampf 1986 als Erfolg versprechenden ersten Versuch zu betrachten. Und wenn ich ganz ehrlich mit mir war, konnte ich zugeben: Ich war noch nicht so weit, eine Landesregierung zu führen. Vier Jahre harte Opposition halfen, 1990 einen zweiten und diesmal erfolgreichen Anlauf zu wagen. Und zu dem Mut, das zu tun, hatte Hans-Jochen Vogel damals in dem Gespräch in einem italienischen Restaurant in Bonn erheblich beigetragen.

1986 war der Wahlkampf von einem Ereignis begleitet, das auch seinen Ausgang prägen sollte. Am 26. April des Jahres hatte sich im fernen Tschernobyl, in einem Kernkraftwerk russischer Bauart, der größte anzunehmende Unfall ereignet und jedenfalls in Europa Panik ausgelöst. Der radioaktive Niederschlag, der vor allem Weißrussland, die Ukraine und Polen, aber auch die skandinavischen Länder traf und auch in Deutschland in erheblicher Konzentration gemessen wurde, rief Furcht und eine verschärfte Skepsis gegenüber einer Technik hervor, die den fehlerfreien Menschen braucht, um sie zu beherrschen. Spielplätze wurden geschlossen, Sandkisten entsorgt. Radioaktiver Sommerregen verdarb den Aufenthalt im Freien.

Kanzler Kohl, mit dem Instinkt dafür, dass die seine patriarchalische Politik gewohnten Wähler dringend von ihren Ängsten entlastet werden wollten, setzte als Zeichen, dass etwas getan werde, den ersten Umweltminister ein, der zugleich für Reaktorsicherheit zuständig war. Es wurde der spätere hessische Ministerpräsident Walter Wallmann. Kohl, von dem man annehmen durfte, dass ihm Fragen der Energiepolitik fremd waren, dass er Atomenergie als einen selbstverständlichen Teil von Stromproduktion ansah, mutierte vom zweifelsfreien zum skeptischen Befürworter, jedenfalls eine Zeit lang. Wallmann, ein gestandener Konservativer, war weit davon entfernt, über neue Formen der Stromerzeugung nachzudenken. Fragen wie etwa die Stromgewinnung aus alternativen Energieträgern, die in der SPD vor allem Erhard Eppler und die jüngere Generation, aber eben auch die Grünen beschäftigten, waren sein Thema gewiss nicht. Seine Aufgabe bestand darin, durch eine bürokratische Maßnahme, nämlich die Einrichtung eines Ministeriums für Fragen der atomaren Sicherheit, die Gesellschaft, die in wilde Aufregung geraten war, zu beruhigen. Eine Gesellschaft, deren Mehrheit sich – Teile der SPD eingeschlossen – nach Kräften jeder Form von neuer Energiepolitik entgegengestellt hatte. Wahrhafte Visionäre wie etwa Erhard Eppler, einer der integersten Menschen, die in der deutschen Politik je eine Rolle gespielt haben, wurden diffamiert. Eppler, nicht nur ein Vordenker, sondern auch ein Mann mit einer hoch entwickelten Fähigkeit, seine zukunftsträchtigen Vorstellungen mit Schritten praktischer Politik zusammenzubringen, hat damals mit einer bedeutenden Rede einen bleibenden Eindruck auf mich hinterlassen.

In jener Zeit, Mitte der achtziger Jahre, beschwor schon Ronald Reagan unter Berufung auf die alttestamentarische Botschaft den Kampf zwischen Gut und Böse, wobei er mit dem Bösen natürlich den Kommunismus meinte. Eppler, eine, wie man weiß, bedeutende Persönlichkeit im deutschen Protestantismus, entgegnete kühl: Die Schlacht von

Armageddon tauge nicht zur Legitimierung demokratischer Politik.

Kohls Coup, einen Umweltminister zu ernennen, reichte, um die sich anbahnende Unsicherheit der Wähler zu neutralisieren und Ernst Albrecht noch einmal ins Amt zu retten. Langfristig allerdings schuf dieses Ereignis die Grundlage dafür, dass sich eine neue Politik als realistische Alternative abzuzeichnen begann, zumal die junge grüne Partei aus den ersten Gehversuchen der gescheiterten rot-grünen Landesregierungen von Hessen und Berlin lernte. Beide waren über die eigene Unfähigkeit gestolpert, Konflikte rational auszutragen und weiterführende Kompromisse zu finden, aber auch darüber, dass es lange dauerte, bis die SPD begriff, dass die Grünen keine unartigen Söhne und Töchter waren, die man mit Strenge und Strafe in den eigenen Haushalt zurückholen könnte. Sie waren zunächst eine Bewegung, deren Daseinsberechtigung aus vernachlässigten ökologischen Problemen erwuchs und aus der dann nach heftigen Geburtswehen eine Partei derer entstand, die mit der 68er-Bewegung sympathisiert hatten, inzwischen aber im aufgeklärten Bürgertum angekommen waren. Die Grünen haben sich als Partei dieses aufgeklärten Bürgertums etabliert, dem der Marktliberalismus der heutigen FDP zu simpel ist. Ihr Niedergang würde erst beginnen, wenn sie sich – nur noch die Beteiligung an Regierungsmacht im Auge – mit der CDU verbündeten. Dann nämlich würde ihre Faszination schwinden.

1986 hatte ich mir ausreden lassen, eine rot-grüne Option für Niedersachsen durchzuhalten. Der damalige Kanzlerkandidat der SPD und nordrhein-westfälische Ministerpräsident Johannes Rau setzte im Bund auf eine Alleinregierung und hielt eine Landesregierung mit grünem

Koalitionspartner für kontraproduktiv. In den Zeitungskommentaren wurde eine derartige Konstellation ebenfalls überwiegend abgelehnt. Das galt erst recht für die seit jeher konservativen Blätter in Niedersachsen. Ich gab dem Druck nach, aber im Grunde war ich nicht überzeugt. Ich beruhigte mich und meine Freunde mit dem Hinweis, dass die Grünen nicht regierungsfähig seien. In Wirklichkeit ahnte ich, dass ein Bündnis beide, sowohl SPD als auch Grüne, damals noch überfordert hätte.

Die Konsequenz: Ich hatte keine Siegesoption mehr, denn CDU und FDP hatten eine gemeinsame Koalitionsaussage gemacht. Bei gerade 36 Prozent Wähleranteil auf die absolute Mehrheit in Niedersachsen zu setzen war genauso wenig Erfolg versprechend, wie dies im Bund zu tun, wo es, ebenfalls 1986, Johannes Rau versuchte, ohne zu überzeugen. Ich lernte daraus, dass ein Wahlkampf ohne plausible Koalitionsmöglichkeiten nicht zu gewinnen ist.

Drei Jahre Opposition in Niedersachsen lagen hinter mir, als sich 1989 ein für alle Mal der Eiserne Vorhang hob und den Blick auf eine Welt freigab, die seltsam erstarrt schien. Kaum jemand aus meiner Generation hatte ernsthaft damit gerechnet, dass die Vereinigung friedlich, ohne dass auch nur ein einziger Schuss fiel, zu erreichen sein würde. Und selbst als sich genau dies direkt vor unseren Augen zutrug, betrachteten wir das Geschehen mit mehr Skepsis, als zuträglich war. Wir waren so sehr westdeutsch sozialisiert, hatten uns in einem schmerzhaften und jedenfalls kontroversen Prozess von dem Gedanken verabschiedet, der jetzt wie ein unvorhergesehenes Erdbeben Wirklichkeit werden sollte: die Vereinigung der beiden deutschen Staaten. Nicht mehr im Nebeneinander, im Miteinander sollte künftig die Prüfung für uns Deutsche liegen, die wir, die hoch politisierte Nachkriegsgeneration im Westen, uns nur in einem geteilten Land hatten vorstellen können. War das wirklich das Ende der Nachkriegszeit, wie in den Medien und auf der Seite der Konservativen gejubelt wurde?

Die Nachkriegszeit war nicht beendet. Das Glück, das ich heute empfinde, wenn ich über die Vereinigung nachdenke, hatte sich damals nicht einstellen wollen. Wir ahnten wohl mehr, als dass wir darüber schon Gewissheit haben konnten, dass nichts mehr so sein würde, wie es sich für uns in der rheinischen Republik entwickelt hatte. Die Vereinigung kurbelte kurzfristig die Konjunktur an, wovon die bereits abgewirtschaftete Kohl-Regierung profitierte, die sich acht weitere Jahre im Amt halten konnte. Zugleich bedeutete das aber im schnell verstummten Jubel dieser Zeit auch acht Jahre politischen Stillstands. Der Reformstau baute sich auf.

Es gab Irrtümer im Osten und Irrtümer im Westen, und sie wurden fast zu einer neuen Mauer zwischen den beiden Deutschländern. Ich kann nicht sagen, dass die Sozialdemokraten etwa klüger, historisch eindeutiger und zukunftssicherer mit der deutschen Einheit umgingen. Nein, sie teilten sich – wie andere Parteien auch – in solche, denen die Vereinigung am Ende nur Last war, und solche, deren patriotisches oder nationales Herz schlug. Auf der Höhe der Zeit war keines der politischen Lager in Gesamtdeutschland. Eine totale Ahnungslosigkeit ließ Kohl von den »blühenden Landschaften« reden, die sein Finanzminister noch glaubte aus der Portokasse finanzieren zu können. Und wie lange dauerte es, bis die unendliche westdeutsche Überheblichkeit sich endlich verbrauchte. Der

Westen gerierte sich als der reiche Verwandte, ohne dessen Vermögen die armen Schwestern und Brüder auf die Renaissance ihrer verfallenen Altstädte lange hätten warten müssen. Zugleich aber war die Sanierung des gemeinsamen kulturellen Erbes auch ein Stück Annäherung, die fünfundvierzig Jahre einer zunehmenden Entfremdung zu überwinden hatte.

Wie sehr wir das Tempo der inneren Vereinigung überschätzt haben, konnte ich 2002, zum Ende meiner ersten Legislaturperiode, noch einmal feststellen, als Bund und Länder den Solidarpakt II verhandelten. Er bedeutet nach Auslaufen des ersten Solidarpaktes fünfzehn weitere Jahre Aufbauleistung und Aufbauhilfe für die neuen Länder. Das Gesamtvolumen, das der Bund ihnen zur Verfügung stellt, beträgt 156,5 Milliarden Euro. Und schon deswegen unternahmen die süddeutschen Bundesländer kaum verhüllte Versuche, sich aus der Verantwortung zu stehlen. Es war ein mühsames und doch am Ende erfolgreiches Unterfangen, alle Länder im Boot zu behalten, und zugleich befriedigend, zuzusehen, wie sich Hessen, Baden-Württemberg und Bayern vor dem Bundesverfassungsgericht eine Schlappe holten in ihrem Bestreben, den Solidarausgleich zwischen den Krankenkassen in Ost und West abzuschaffen.

Die Vereinigung brachte eine weitere Herausforderung mit sich. Wir mussten lernen, dass die junge Nachkriegsgeneration in den beiden deutschen Staaten – einer DDR, die sich antifaschistisch postulierte, und einer rheinischen Republik mit strammem antikommunistischem Resonanzboden – unterschiedliche Optionen in ihrem oppositionellen Gestus gegen die politischen Institutionen hatte. Im Westen definierte sich diese Opposition links, im Osten verkapselte sich ein zu DDR-Zeiten völlig unbearbeiteter neonazistischer Widerhall, der sich nach der Einheit plötzlich in ein immer lauter werdendes Grölen verwandelte. Der Zulauf der Neonazis hatte auch zu tun mit dem Zusammenbruch der ökonomischen Strukturen und dem Totalverlust der Märkte in Osteuropa. Die versprengten Parteireste im Westen mit ihren Altnazis wurden interessant für junge Mitglieder. Die NPD war auf einmal mehr als nur eine leere Hülle, und auch der nun rechts gewendete ehemalige RAF-Aktivist Horst Mahler fand sich dort wieder. Die rechten Rattenfänger aus dem Westen stießen im Osten auf eine Jugendkultur, die in Teilen nur allzu bereit war, den bekannten Parolen von Fremdenhass und Antisemitismus zu folgen. Schon die Teilung war eine schwere Prüfung, und nun ist uns die Aufgabe des Zusammenwachsens auferlegt. Ich bin Optimist und sage darum: Wir können sie bewältigen und auch die Herausforderung von rechts meistern.

Dies alles hatten wir 1989 nicht einmal als Ahnung in unseren Blicken auf den Vereinigungsjubel. Klar war allerdings ziemlich bald, dass das neu vereinte Deutschland mit rund achtzig Millionen Einwohnern nicht mehr als außenpolitischer Zwerg durchkommen würde. Deutschland trat als Ganzes erneut in die Geschichte ein. Eine ungewohnte Situation, für die das Bewusstsein im Land fast völlig fehlte.

Zunächst ging es in dieser Zeit für mich aber um eine andere Herausforderung: das Zustandekommen der ersten rot-grünen Koalition in Niedersachsen. In der Wahlnacht des 13. Mai 1990 lagen wir mit 44,2 Prozent deutlich vor der CDU mit 42 Prozent. Die FDP hatte 6 Prozent erreicht und die Grünen waren mit 5,5 Prozent über die Hürde gesprungen. Bereits nach der ersten Hochrechnung gestand die CDU ihre Niederlage ein. Die FDP erklärte standhaft, mit den Sozialdemokraten unter keinen Umständen koalieren zu wollen. Also blieb nur eine rot-grüne Koalition, die auch heftig von den Unterstützern in beiden Parteien gefordert wurde. Den Koalitionsvertrag auszuhandeln gestaltete sich weniger schwierig als erwartet. In der Ablehnung der Atomenergie war man sich einig. Für die Zuständigkeiten auf Landesebene wurden tragfähige Kompromisse gefunden. Die Grünen waren schließlich in der Wirklichkeit angekommen – in Hannover ein Verdienst der späteren grünen Niedersachsen in Bonn und Berlin, Thea Dückert und Jürgen Trittin.

Heute könnte man versucht sein, diese erste erfolgreiche rot-grüne Koalition von 1990 bis 1994 als eine Art innenpolitischer Vorbereitung auf das zu sehen, was dann acht Jahre später auch im Bund Wirklichkeit werden sollte. Derart zielgerichtet war das niedersächsische Regierungsbündnis nicht. Gleichwohl hat die Zusammenarbeit in Hannover sicher mit dazu beigetragen, diese von den Konservativen so heftig bekämpfte Konstellation auch später auf Bundesebene zu ermöglichen. Mir war vor der Bundestagswahl 1998 durchaus klar, dass die damals noch junge und durch heftige programmatische Widersprüche in sich zerrissene grüne Partei kein bequemer Partner sein würde. Dennoch war die rot-grüne Option für die SPD die einzige Möglichkeit, in Bonn, später in Berlin Regierungsmacht zu erringen, zumal die FDP in geradezu babylonischer Gefangenschaft der CDU verharrte. Die Dialektik dieses Vorgangs hatte verblüffenderweise zur Folge, dass der programmatische Einfluss der FDP auf die CDU größer wurde. Dies gilt vor allem für die Wirtschaftspolitik. Mehr und mehr geriet die CDU in den Sog der doktrinären ökonomischen Theorien der FDP und driftete, anders als die CSU, in eine ebenso neoliberale Richtung ab. Um sich die Perspektive einer Koalition mit der FDP zu erhalten, skelettierte die CDU ihren Charakter als Volkspartei.

Es gibt einige Linien, die von der Regierungserfahrung in Hannover bis zur rot-grünen Bundesregierung in Berlin reichen. So ging es in Niedersachsen damals unter anderem um die Frage der »Grünen Gentechnik«, also um genetisch veränderte Nutzpflanzen, die gegen bestimmte Krankheiten resistent sein sollten, Nutzpflanzen, so das Ziel, die ohne Pestizide wachsen können. Die Fronten waren sehr verhärtet. Die Versuchsfelder, auf denen genmanipulierter Samen ausgebracht worden war, wurden regelmäßig von kleinen Gruppen zerstört. Mir ging es darum, einen Weg zu finden, die Debatte zu versachlichen. Ich setzte eine Kommission ein, die Richtlinien entwickeln sollte, mit denen gesellschaftliche Kontrolle und Folgenabschätzung gewährleistet und Forschung und Entwicklung möglich bleiben sollten. Dies war auch notwendig, weil sonst ein für Niedersachsen wichtiger Wirtschaftszweig abzuwandern drohte. Denn in Holland und Belgien waren Forschung und Aussaatversuche ohne Sanktion möglich. Die gesellschaftspolitische Auseinandersetzung drehte sich unter anderem um die Frage, wer verantwortlich sei, wenn Felder eines landwirtschaftlichen Produzenten durch gentechnisch verändertes Material »verunreinigt« würden. Es ging um klare Regelungen, die dann auch gefunden wurden. Prinzipiell galt das Verursacherprinzip. Der Konflikt, den wir damals politisch anzugehen hatten, schwelt noch heute.

Ein bekannter Hersteller von Babynahrung hat ja schon angedroht, ins Ausland zu gehen, wenn in Deutschland im großen Maßstab gentechnisch verändertes Saatgut verwendet würde. Das zeigt die Schärfe des Konflikts. Das Unternehmen argumentiert, sein Kapital sei das Vertrauen der Verbraucher. Mütter und Väter, die seine Babynahrung kauften, verließen sich darauf, dass die Produkte biologisch, ohne gentechnische Eingriffe hergestellt würden. Ein wichtiges Marketing-Argument, das tiefer liegende Bewusstseinsschichten anspricht. Es gibt viele Biologen, die entschieden davor warnen, mit gentechnisch verändertem Material umzugehen, weil die Folgen nicht abzuschätzen seien. Was mindestens nötig wäre, sei eine rigide Kennzeichnungspflicht und eine praktikable Lösung des Problems, wie zu verhindern ist, dass der Pollenflug andere Felder erreicht.

Ich habe mich an die Kommission »Grüne Gentechnik« in Niedersachsen erinnert, als ich versuchte, 2002 mit der Ethik-Kommission im Bund die schwierige Debatte um Stammzellenforschung in ruhigere Bahnen zu lenken. Eine lange Linie also, die ich auch auf die Überwindung des Konflikts Arbeit und Umwelt ausdehnen könnte, wo wir etwa in Niedersachsen durch die Renaturierung von Sumpfgebieten im Umfeld der Mercedes-Teststrecke Naturlandschaften zurückerobern konnten. Oder die Gas-Pipeline aus Norwegen durch das sensible Wattenmeer, deren Bau mit noch nie zuvor verwendeten Techniken umweltverträglich gelang. So war Niedersachsen durchaus ein Experimentierfeld, auf dem die Belastbarkeit einer denkbaren rot-grünen Koalition auf Bundesebene geprüft wurde. Mit Erfolg.

Ebenfalls angelegt war in Hannover, dass bei allen Erfordernissen einer immer zu engen finanziellen Lage die Kultur möglichst von Einsparungen verschont blieb. Wo das nicht allein durch staatliche Hilfe möglich war, wurden

»Alle werden mir nachsehen, wenn ich sage, dass Michael Naumann das Amt des Staatsministers für Kultur und Medien geschaffen hat.« Der Journalist und Verleger führte dieses Amt von Oktober 1998 bis Ende 2000.

auch private Geldgeber gewonnen. So erhielt die hannoversche Kestnergesellschaft ein neues Domizil, und die Theaterlandschaft in Niedersachsen mitsamt den Opernbühnen profitierte von der neuen Offenheit, mit der sie in der Politik rechnen konnte.

Meine eigene Beziehung zur Kultur war nicht selbstverständlich. Ich musste mir den Zugang zur Literatur, zur Malerei oder auch Musik wahrlich erarbeiten. Zu Hause haben wir weder für Schriftsteller geschwärmt noch den Namen eines einzigen Komponisten gekannt. Im Radio hörten wir Schlager jener Zeit wie die »Capri-Fischer«, denen wir sehnsüchtig auf ihrer Fahrt über das Meer folgten. Bei uns hingen auch keine Bilder an den Wänden, und von Philosophie war keine Rede. All das haben mir wirkliche Freunde nahegebracht. Die späteren Kulturabende im Kanzleramt waren keine Pflichtübungen, sondern eine Herzensangelegenheit. Menschen, die Kunst schufen, eröffneten mir eine Welt, die ich nicht kannte. Die Begegnung mit ihnen hat mich weitergebracht. Das gab mir letztlich den Antrieb, einen Staatsminister für Kultur auf Bundesebene zu etablieren, von Landespolitikern bekämpft, für das kulturpolitische Klima der Republik aber von großer Bedeutung. Alle, die dieses Amt in der Zeit meiner Kanzlerschaft ausübten, haben es auf ihre Weise positiv geprägt. Aber alle werden mir nachsehen, wenn ich sage, dass Michael Naumann es geschaffen hat.

Es war also ein aufregender Weg, der mich von Bexten über Talle und Göttingen nach Hannover brachte. Er hat mich und mein Menschenbild geformt. Und er hat dazu beigetragen, dass ich lernte, nicht allen Einflüsterungen zu trauen, sondern wesentlich auf das zu hören, was die einen »innere Stimme«, die anderen »Instinkt« nennen würden.

Der Blick zurück auf meine Herkunft und auf diese Frau und Mutter, die wir »Löwe« nannten, lässt mich fühlen, was mir immer wichtig war: diesen Anfang nie zu vergessen. Diese einfachen Kindheitstage und der klare Blick darauf haben meinen Kompass bestimmt.

Denn es gibt keine Freiheit ohne Erinnerung. Ein Volk ist vor dem Rückfall frei, wenn es sich seine Geschichte – auch ihre schlimmsten Phasen – vergegenwärtigt und verantwortungsbewusst mit ihr umgeht.

KAPITEL II

IM BANN DER GESCHICHTE

»Berlin, die Stadt, die immer nur wird und niemals ist.« Auf dem Weg zum Bundeskanzleramt, August 2002. Im Hintergrund das im Bau befindliche neue Regierungsviertel.

Zwei Jahre, von August 1999 bis Mai 2001 – solange das Kanzleramt provisorisch im ehemaligen Staatsratsgebäude der untergegangenen DDR untergebracht war –, saß ich in einem Büro mit Blick auf den Schlossplatz und auf »Erichs Lampenladen«, wie die (Ost-)Berliner den Palast der Republik respektlos getauft hatten, weil das Foyer mit unzähligen Leuchten ausgestattet war. Darin hatte einst auch die Volkskammer getagt, das Scheinparlament der DDR, das erst an ihrem Ende – nach der Wende und nach den ersten freien Wahlen – wirkliche demokratische Legitimation besaß. Eine der skurrilsten Erinnerungen an den maroden DDR-Staat wird wohl für alle Zeiten die dort abgegebene Liebeserklärung von Erich Mielke bleiben, der Spinne im Netz der DDR-Staatssicherheit, der seinen ausgespähten Opfern zurief: »Ich liebe euch doch alle!« Welch ein homerisches Gelächter folgte, als er diesen Satz von der Rednertribüne der Volkskammer aus in die Welt entließ.

Schon äußerlich wirkte der graue Koloss, der sich an der östlichen Seite des Platzes auf den Fundamenten des alten Stadtschlosses erhob, unziemlich und grob. Er stand da, um ungeliebte Geschichte zuzudecken. Die Schlossruine war von der Gruppe Ulbricht, die nach Kriegsende 1945 von Moskau nach Berlin aufgebrochen war, als Relikt einer Epoche empfunden worden, die aus dem Gedächtnis gelöscht werden sollte. Auf Geheiß Walter Ulbrichts, des ersten DDR-Staatsratsvorsitzenden, wurde 1950 gesprengt, was der Krieg vom Berliner Stadtschloss übrig gelassen hatte. Denn Ulbricht brauchte – getreu dem Moskauer Vorbild – eine gewaltige freie Fläche als Aufmarschgelände für Kundgebungen – für »machtvolle Demonstrationen der Arbeiterklasse«, wie der damalige DDR-Staatspräsident Wilhelm Pieck erklärte –, und zwar mitten im Herzen der Stadt. Und da Berlin in seiner Mitte keinen freien Platz hatte, war das Schicksal der Schlossruine besiegelt. Auch so kann Geschichte entsorgt werden. Wie oft mögen Ulbrichts und Piecks Nachfolger diese Sprengung verdammt haben, als sie sich später selbst, mit preußischem Gepränge und dem Stechschritt des Wachbataillons, als legitime preußische Erben zu verstehen glaubten. Da hätte ein umgewidmeter Königspalast doch etwas hergemacht.

So war es eben nur der »Palast der Republik«, der als architektonischer Fehltritt in das Ensemble des Schlossplatzes hineinragte und es aus der Fassung brachte. Dieser Stahlbetonpanzer, der nun abgerissen wird, macht klar, dass eine schwärende Wunde in der Stadtgeschichte und Berliner Mitte geheilt werden muss. Dabei geht es nach meiner festen Überzeugung nicht um Preußen-Nostalgie und schon gar nicht um die Rekonstruktion des Hohenzollern-Geistes. Es geht auch nicht um die Auslöschung jenes Teils der deutschen und zugleich der Berliner Geschichte, der mit der DDR verknüpft ist. Ich hatte durchaus Sympathien für den Wiederaufbau des Stadtschlosses. Dabei hatte ich die zukünftige Gestalt der Stadt im Sinn, die Wiederherstellung eines ehemals anmutigen, würdevollen Raumes zwischen Altem Museum, Zeughaus, Gendarmenmarkt und Unter den Linden, in dem Harmonie aus den Proportionen entsteht. Es ist nun eine Lücke zu füllen, die die Sprengung des Schlosses hinterlassen hat. Seit 1992 warb der Förderverein Berliner Schloss auf Initiative des Hamburger Kaufmanns Wilhelm von Boddien dafür, den Palast der Republik abzureißen und das barocke Stadtschloss wieder aufzubauen.

Diese für die neue Hauptstadt so wichtige Frage wurde in die Hand des Parlaments gelegt. Und so beschloss der Deutsche Bundestag mit der Mehrheit seiner Stimmen 2003 und 2006 den Abriss des Palastes der Republik und den Wiederaufbau des Stadtschlosses; Letzteres erst dann, wenn ein Finanzierungskonzept steht. Nun, da der »Palast« von der Bildfläche verschwunden ist, kommt erst einmal eine große grüne Fläche. Bleibt zu hoffen, dass dieses Provisorium rasch beendet wird und Fragen der Finanzierung und Nutzung des Stadtschlosses überzeugend gelöst werden. Aber Berlin, die Stadt, die immer nur wird und niemals ist, wie Ernst Bloch sagte, hat Zeit.

Diese Stadt löste bei mir von jeher Begeisterung und Gänsehaut aus. Wenn ich die Einschusslöcher an den Fassaden der Prachtbauten in der Berliner Mitte sehe, die an den Kampf zur Eroberung der Stadt durch die Rote Armee im April und Mai 1945 erinnern, wenn ich auf den Reichstag schaue, der als brennende Fackel die nationalsozialistische Machtübernahme beleuchtete, oder durch das Stelenfeld gehe, das an die Ermordung der europäischen Juden gemahnt, dann scheint es mir jede Mühe wert, alle Stationen unserer gemeinsamen Geschichte im Gedächtnis zu bewahren und in den Bauten Berlins sichtbar zu machen.

Nein, weder in dem von mir gern angenommenen Provisorium Staatsratsgebäude noch später im Neubau des Kanzleramtes gegenüber dem Reichstag konnte ich den

Blick abwenden von dem, was diese Stadt dem ersten Kanzler des neu vereinten Deutschlands, der ausschließlich in Berlin seine Arbeit zu leisten hatte, aufgab: sich die historischen Erfahrungen ins Bewusstsein zu rufen, die in der Topografie der Stadt verborgen sind.

Ich gebe ohne Umschweife zu, dass mir dieses Gefühl, das ich hier zu beschreiben versuche, weder in Hannover noch später in Bonn bewusst gewesen war. Nein, erst mit dem Umzug nach Berlin wurde mir deutlich, wie sehr unser aktuelles Handeln auch verwoben sein muss mit den kollektiven Erfahrungen, von denen die Geschichte unseres Landes erzählt. Am Ende des zerstörten Traums von einer deutschen Republik zerriss ihr Totengräber Adolf Hitler als letzter Reichskanzler in Berlin ganz legal und ohne Revolution die Verfassung von Weimar. Er beendete ein demokratisches Experiment und damit die Chance, diesem Land nach dem Ersten Weltkrieg Anschluss an die aufgeklärten Nationen zu ermöglichen. Der Zweite Weltkrieg und die Barbarei der Nazis waren die Folge. Die nunmehr zweite Chance gab es nicht zum Nulltarif. Dafür war der angerichtete Schaden zu groß und ebenso das angerichtete Leid.

Als ein Beispiel für das, was ich damit meine, steht für mich die Geschichte der Stiftung »Erinnerung, Verantwortung und Zukunft« und des fast schon zu späten Versuches, den Millionen von Zwangs- und Sklavenarbeitern Nazi-Deutschlands wenigstens mit einer materiellen Geste zu zeigen, dass ihr Leiden nicht länger verdrängt oder vergessen war. Im Sommer 1998 lud ich, damals noch Ministerpräsident in Hannover, ein rundes Dutzend Vorstandsvorsitzende der größten deutschen DAX-Unternehmen in das Gästehaus der niedersächsischen Landesregierung ein. Ich wollte ihnen im Vorfeld der Bundestagswahl klarma-

> »Es scheint mir jede Mühe wert, alle Stationen unserer Geschichte im Gedächtnis zu bewahren und in den Bauten Berlins sichtbar zu machen.« Installation einer Attrappe des ehemaligen Berliner Stadtschlosses vor dem »Palast der Republik«.

chen, dass ich eine Initiative von deutscher Wirtschaft und neuer Bundesregierung erwartete und als Kanzler bereit wäre, als Gegenleistung ein Höchstmaß an Rechtssicherheit für die auch in den USA agierenden Firmen auszuhandeln. Es ging mir also um beides, um Genugtuung für die ehemaligen Zwangsarbeiter, aber auch um Handlungsspielraum für unsere Unternehmen. Hintergrund für den Ruf nach Rechtssicherheit waren mehr als sechzig von amerikanischen Rechtsanwälten eingereichte Sammelklagen, die hohe Entschädigungsansprüche gegen deutsche Firmen geltend machten. Die betroffenen Unternehmen, unter anderem die Deutsche Bank, ThyssenKrupp und Allianz, versuchten zunächst, sich individuell mit den Forderungen auseinanderzusetzen, indem sie den Klagen in den USA mit ihren eigenen Anwälten entgegentraten. Denn die

»Nur eine gemeinsame, und zwar noble Anstrengung von Wirtschaft und Politik konnte das Problem lösen.« Erste Verhandlungen mit Vertretern der Wirtschaft (Gerhard Cromme, Krupp, links; Rolf-E. Breuer, Deutsche Bank, Mitte).

Kohl-Regierung hatte es mit Hinweis auf das Schuldenabkommen von 1953 und eine Entscheidung des Bundesverfassungsgerichts aus dem Jahre 1996 abgelehnt, eine Entschädigungsregelung für die Zwangsarbeiter ins Auge zu fassen. Ich wollte dieses unwürdige Gezerre auf dem Rücken der Opfer aus prinzipiellen Gründen beenden, zum anderen aber auch, weil ich sah, dass die Strategie der deutschen Unternehmen, sich einzeln mit den Klagen zu befassen, keine Aussicht auf Erfolg hatte. Nur eine gemeinsame – und zwar noble – Anstrengung von Wirtschaft und Politik konnte das Problem lösen.

Bei diesem Thema ging es mir aber auch um grundsätzliche Fragen des Umgangs mit der jüngeren deutschen Geschichte. Für mich war und bleibt wichtig, die kommenden Generationen, die ja keine eigene Berührung mit der Zeit des Nationalsozialismus haben, aufzuklären, ihnen klarzumachen, was historisch geschehen ist, wer Schuld auf sich geladen hat und wer heute die Verantwortung dafür trägt: das Deutschland nämlich, das ich repräsentiere. Diejenigen, die nach uns kommen, haben keine Schuld, aber sie behalten Verantwortung ebenso wie meine Generation. Dies muss jeder Generation immer wieder neu vermittelt werden. Und das wird auch geschehen. Denn es gibt keine Freiheit ohne Erinnerung. Ein Volk ist nur dann wirklich frei, wenn es sich seine Geschichte – auch ihre schlimmsten Phasen – vergegenwärtigt und verantwortungsbewusst mit ihr umgeht. Diese Verpflichtung bestand nach meiner Auffassung insbesondere gegenüber den noch lebenden Zwangsarbeitern.

Damals in Hannover, oft in frappierender Unkenntnis über die tatsächlichen Dimensionen der unter den Nazis begangenen Verbrechen der Versklavung, glaubten die Wirt-

Mit einem Händedruck beginnen Gerhard Schröder, Otto Graf Lambsdorff (rechts) und Stuart E. Eizenstat (links) am 17. Juni 2000 ihre Pressekonferenz in Berlin, auf der sie bekannt geben, dass die Verhandlungen über die Entschädigung ehemaliger NS-Zwangsarbeiter abgeschlossen sind.

schaftsvertreter, es mit einigen Hundert Millionen Mark bewenden lassen zu können. Aber im Verlauf des Einigungsprozesses mit dem Jüdischen Weltkongress und den anderen beteiligten Vereinigungen stand das Heer der Zwangsarbeiter vor aller Augen auf, und aus einer scheinbar nur praktischen Frage erwuchs die Notwendigkeit, sich erneut mit dem dunkelsten Kapitel deutscher Geschichte zu befassen. Die Verhandlungen mit den jüdischen und nichtjüdischen Organisationen und mit der amerikanischen Administration führte auf Seiten der Clinton-Regierung Stuart E. Eizenstat, der damalige Vize-Finanzminister der USA. Die prinzipielle Einigung wurde im Dezember 1999 unter Leitung des deutschen Verhandlungsführers Otto Graf Lambsdorff erreicht. Die amerikanischen Opferanwälte legten erstmals konkrete Forderungen auf den Tisch: zehn Milliarden Mark. Zusammen mit der deutschen Wirtschaft erklärten wir uns bereit, diese Summe in den Entschädigungsfonds einzuzahlen und für den Betrag je zur Hälfte aufzukommen. Eizenstat sprach von einem »großen Tag«.

Im Juni 2000 wurde nach weiteren Verhandlungen auch der Durchbruch in der Frage der Rechtssicherheit erzielt: Die deutsche Seite hatte sich, und das ist wesentlich ein Verdienst von Graf Lambsdorff, mit ihrer diesbezüglichen Forderung durchgesetzt. Nun waren alle Voraussetzungen erfüllt, und wir brachten die Gespräche zu einem endgültigen Abschluss. Zehn Milliarden Mark sollten gezahlt werden. Deutschland und die USA unterzeichneten ein Regierungsabkommen, das deutschen Firmen fast unbeschränkte Rechtssicherheit gegenüber weiteren Sammelklagen garantierte. Im März 2001 gab die Stiftungsinitiative der deutschen Wirtschaft bekannt, sie habe ihren Anteil von fünf Milliarden Mark beisammen. Die Bundesregierung beteiligte sich mit einem gleich hohen Betrag. Am 30. Mai 2001 stellte der Bundestag mit großer Mehrheit die Rechtssicherheit fest. Das war eine entscheidende Bedingung für den Beginn der Auszahlungen. Am 15. Juni überwies dann die Stiftung »Erinnerung, Verantwortung und Zukunft«, in der das Geld zusammenfloss, eine erste Auszahlung an 30 000 ehemalige polnische und tschechische Zwangsarbeiter.

Am Ende erwiesen sich selbst die zehn Milliarden Mark, die für die Einigung notwendig geworden waren, nur als ein bescheidener Betrag, den es auf mehr als 1,6 Millionen noch lebende betagte Opfer in aller Welt zu verteilen galt.

In meinen Augen war es nicht verwunderlich, dass gerade die Erinnerungskulisse Berlin dazu beitrug, diese Aufgabe zu bewältigen. Wer an die Debatte zurückdenkt, ob Bonn oder Berlin Hauptstadt des geeinten Deutschlands werden sollte, dem wird rasch klar werden – und das betrifft durchaus auch mich und alle anderen, die ebenfalls von Anfang an für Berlin plädiert hatten –, wie unglaublich unwissend und naiv wir in diese neue Epoche der Nachkriegszeit hineingeschlittert sind. Da ertönten im Plenum des Bundestages angstvolle Kommentare, dass ein von Berlin aus regiertes Deutschland fast automatisch an wilhelminische Großmäuligkeit anknüpfen würde. Stattdessen schärfte sich angesichts dieser Stadt und der hier geschmiedeten Mordpläne zur »Endlösung der Judenfrage« das Gewissen der Nation, und es wuchs auch das Bewusstsein, in welchem Maße uns die deutsche Vereinigung zu einer europäischen Mission verpflichtet.

Ahnungsvoll, aber ohne ausreichende Fantasie für die tektonischen Verschiebungen im weltpolitischen Untergrund, hatten wir das Ende der Sowjetunion miterlebt. Der Kapitalismus hatte gesiegt, und die ehemaligen Satellitenstaaten nahmen sich die Freiheit, das amerikanische Vorbild nachzuahmen. Goldgräberstimmung herrschte vor, wo Nachdenklichkeit wichtig gewesen wäre. Eigentlich auf allen Seiten war blanke Ignoranz hinsichtlich der Wirklichkeit hinter dem Eisernen Vorhang zu erkennen, die sich unseren selbstgerechten Bildern einfach nicht angleichen wollte. Aber das galt eben auch in der Gegenrichtung, wo man genauso wenig über den Westen wusste wie im Westen über den Osten und wo die Hoffnung waberte, der Anschluss an den Westen würde reichen, um sich die gleichen Lebensbedingungen unmittelbar aneignen zu können.

Nichts wussten wir über die inneren Strukturen des Sowjetstaates, nichts über die unermesslichen mentalen Unterschiede. Und auch im Oktober 1998, zu Beginn unserer ersten Legislaturperiode, als der Mauerfall und das geteilte Deutschland schon fast zehn Jahre hinter uns lagen, war immer noch nichts wirklich geklärt. Mir scheint daher der Umzug der Bundesregierung nach Berlin im Sommer 1999 die entscheidende Zäsur dafür gewesen zu sein, die neue, die Nachwendewelt in ihrer ganzen Tragweite zu erfassen – als ob ein Schleier gelüftet wurde und den Blick freilegte. Wir schauten auf eine Welt, die mit der zwischen Tulpenfeld und Dahlmannstraße in der kleinen Stadt Bonn am Rhein gepflegten betulichen Abwendung vom globalen Geschehen nicht zu begreifen gewesen war.

Erst der Umzug nach Berlin ermöglichte uns, allein schon durch die räumliche Nähe, eine verschärfte Wahrnehmung der unterschiedlichen Mentalitäten in Ost und West. Wir spürten den Veränderungsdruck, der die Landkarte des integrierten Europas revidieren sollte. Achtzig Kilometer bis zur polnischen Grenze – da wird Warschau zur Nachbarstadt. Und es wird auch klar, dass in dieser Nachbarschaft die Erinnerung an die jüngere Geschichte und den deutschen Anteil an ihr überaus wach und präsent ist. Der Schatten des Eisernen Vorhangs war gewaltig gewesen. Er hatte allerdings nur überdeckt, dass die angstbesetzte kollektive Erinnerung an deutsche Überfälle und deutsche Kriegsbereitschaft kaum verblasst war. Erst mit dem Fall des Eisernen Vorhangs und der sich daraus ergebenden Selbstbestimmung der ehemals von Moskau geknebelten Völker im Osten setzt bei ihnen das ein, was im Westen gelungen war: Vertrauen in den deutschen Nachbarn zu lernen.

Wie kein anderer hatte Willy Brandt in den siebziger Jahren erkannt, wie wichtig es für die Zukunft Europas sein würde, den durch Mauer und Eisernen Vorhang verstellten Blick dennoch nach Osten zu richten. Seine unermüdlichen Versuche, Pfade durch die verbarrikadierte Welt der Nachkriegszeit zu bahnen und das mit Waffen drohende Blockdenken durch eine Politik des Gewaltverzichts in friedlichere Bahnen zu lenken, waren zugleich ein erster Anlauf, den Schrecken zu mildern, den Nazi-Deutschland in Osteuropa und Russland hinterlassen hatte. Seine neue Ostpolitik beförderte den Wandel durch Annäherung.

Auf einem schmalen Sockel in meinem Büro im Kanzleramt stand er mir als kleine Version der von Rainer Fetting geschaffenen Skulptur gegenüber, die im Innenhof des Willy-Brandt-Hauses zu bewundern ist. So hatte ich mich an das Zwiegespräch mit ihm gewöhnt. Sein Kniefall vor dem Denkmal des Warschauer Ghettos am 7. Dezember 1970 war für uns Jüngere Ausdruck der Ehrerbietung, die wir als Deutsche unseren Nachbarn gegenüber aufbringen müssen, in deren kollektivem Gedächtnis die ungeheuerlichen Naziverbrechen eingebrannt sind. Willy Brandt hat etwas getan, zu dem wohl nur wirklich große Menschen in der Lage sind, wenn ihnen die Sprache den Dienst versagt. Beim Anblick dieser Geste stockte mir damals der Atem. Hier hat ein deutscher Regierungschef, stellvertretend für alle Deutschen, Demut bewiesen. Das Bild des knienden Willy Brandt ist zu einem doppelten Symbol geworden: zum Symbol des »Nie wieder« und zum Symbol dafür, dass wir unsere Vergangenheit anzunehmen haben als Voraussetzung, Zukunft gewinnen zu können. Auch dies gehört zur europäischen Mission der politischen Nachkriegsgeneration in Deutschland.

Bewundernswert an Brandt, dessen Biografie für mehrere erfüllte Leben reichen würde, war auch die Beharrlichkeit, mit der er Ziele verfolgen konnte. Die Politik der kleinen Schritte zum Beispiel, die darin liegende Hartnäckigkeit, sich nicht abbringen zu lassen von der Vorstellung, dass in der bipolaren Welt, die auf Trennung angelegt war, dennoch – und sei es durch die Bemühung salvatorischer Klauseln – Gemeinsamkeiten entwickelt werden müssten. Und daraus wurden Passierscheinabkommen und Abkommen über Transitwege; dieses Bestreben betraf alles, was zugleich trennte und zusammenführte.

Die Dialektik der deutsch-deutschen Nachkriegspolitik – niemand, der sie listenreicher verfolgt und ideenreicher vollzogen hätte als das Duo Willy Brandt und Egon Bahr. Zwei große Sozialdemokraten. Geschichtsbewusst, wie sie waren, begleiteten und förderten sie fast wie nebenbei, jedenfalls völlig selbstverständlich, die ersten Schritte zur europäischen Einigung. Eben so, wie es sich seit dem Heidelberger Parteiprogramm aus dem Jahr 1925 gehörte, als die SPD den großen europäischen Einheitstraum geträumt hatte und der Ruf nach den »Vereinigten Staaten von Europa« laut geworden war: »Sie [die SPD] tritt ein für die aus wirtschaftlichen Ursachen zwingend gewordene Schaffung der europäischen Wirtschaftseinheit, für die Bildung der Vereinigten Staaten von Europa, um damit zur Interessensolidarität der Völker aller Kontinente zu gelangen.« Im Heidelberger Programm sind grundsätzliche Wert- und Zielvorstellungen präzis zusammengefasst, die die Konzepte der SPD von ihren Anfängen bis in die Gegenwart nachhaltig geprägt haben. Dieser Parteitag hatte in dem Geburtsort Friedrich Eberts stattgefunden, um den Anfang 1925 Verstorbenen zu ehren.

»Ich hatte mich an das Zwiegespräch mit ihm gewöhnt.« Gerhard Schröder mit der Willy-Brandt-Skulptur in seinem Arbeitszimmer im neuen Bundeskanzleramt.

Einige Jahrzehnte später steht es nun vor aller Augen, dass Deutschland im integrierten Europa weniger furchteinflößend ist und damit gebändigter erscheint. Wie immer die Gefühlslage auch sein mag, wenn man aus Prag oder Warschau, aus Bukarest, Budapest oder auch aus Moskau nach Berlin schaut, allemal wird es beruhigen, dass dieses gewichtige europäische Zentrum Deutschland erstmals mit allen seinen Nachbarn in vertraglich gut abgesicherten friedlichen Beziehungen lebt. Und auch ich komme nicht umhin, diese Situation als die mit Abstand glücklichste zu begreifen, die Deutschland in seiner Geschichte je hatte. Die Deutschen haben ihre Lektionen gelernt, die das blutige 20. Jahrhundert ihnen auferlegt hat.

Das aus dem Wirtschaftswunder heraus gewachsene und von Bonn aus regierte halbe Deutschland war zu Zeiten des Kalten Krieges »Schaufenster« des Westens gewesen und hatte sich in seiner Sonderrolle behaglich eingerichtet. Die Einheit hatte nicht zu nationalem Überschwang beigetragen – weder im Westen noch im Osten –, aber zugleich hat sie bei vielen die Hoffnung nicht verblassen lassen, in der gewohnten westdeutschen Beschaulichkeit auch gesamtdeutsch verharren zu können. Wann hatte es zuvor in der deutschen Geschichte jemals eine derart lange Friedensperiode gegeben? Niemals jedenfalls einen solchen Wohlstand, wenn auch unterschiedlich verteilt. Nach zwei Weltkriegen und Inflation wollen die Menschen im Lande daran festhalten, nichts soll sich an diesem Zustand ändern. Von Anfang an war es die Aufgabe der rot-grünen Koalition, den Bürgern nahezubringen, dass zur Erhaltung des Wohlstands und seiner möglichen Vermehrung gleichwohl Veränderungsbereitschaft notwendig ist.

Es sind oft die Ungleichzeitigkeiten, die den Blick nach

vorn so erschweren. Was immer in den neunziger Jahren an Reformbereitschaft im Westen vorhanden war oder hätte angeregt werden können, die Vereinigung hat erst einmal bedeutet, den Ansprüchen der Menschen in den neuen Bundesländern auf Gleichstellung und Anteil am Wohlstand gerecht zu werden. Das war leider wenig stimulierend für eine Gesellschaft, die sich auf globale Herausforderungen einzustellen hatte. Die Einheit führte dazu, dass wir den Blick nicht nach außen richteten, so sehr waren wir alle mit uns selbst beschäftigt. Die Vereinigungskonjunktur erzeugte zudem den absurden Eindruck, die Einheit könne aus der Gleichung »gesamtdeutsch gleich doppelter Wohlstand« bestehen. Als sich die aus der Vereinigung resultierende Konjunkturbelebung als Strohfeuer erwies und die maroden Betriebe in der ehemaligen DDR sich als nicht konkurrenzfähig erwiesen, war der Katzenjammer groß, und da Helmut Kohl keine Antworten parat hatte, war ein Regierungswechsel vorprogrammiert.

Was für Illusionen wir selbst bei der Regierungsübernahme hatten, ergibt sich schon aus meinem Credo »Wir werden nicht alles anders machen, aber wir werden es besser machen«, das im Wahlkampf (und danach) viel zitiert wurde. Das signalisierte dem Wahlpublikum ja doch auch, es werde Gott sei Dank alles beim Alten bleiben.

Die Wirklichkeit holte uns schneller ein, als es uns lieb war. Aber vorausgesehen hatte das niemand, und es ließ sich wohl auch nicht voraussehen, was sich seit dem Wahltag im Oktober 1998 an Veränderung und dramatischer Neuordnung der Welt herauszuschälen begann. Wir wurden unmittelbar aus unserer weltabgewandten Provinzialität gerissen und standen gleich zu Beginn vor einer Entscheidung, die – das war wohl jedem politisch denkenden Menschen in diesem Moment bewusst – das westliche Bündnis erhalten oder sprengen würde: dem Eintritt in den Kosovokrieg.

In der serbischen Provinz Kosovo führte der Präsident Restjugoslawiens, Slobodan Milošević, einen rücksichtslosen Kampf gegen die albanische Bevölkerungsmehrheit. Systematische Vertreibungen, willkürliche Zerstörungen und bestialische Gräueltaten waren seit Jahresbeginn 1999 furchtbare Realität – eine Realität, der die internationale Staatengemeinschaft, insbesondere die europäischen Länder, nicht tatenlos zusehen durfte. Gerade wir Deutschen durften nicht zulassen, dass in Europa Menschenrechte aufs Brutalste verletzt wurden.

Mir war völlig klar, dass diese Frage mit darüber entscheiden würde, ob Rot und Grün regierungsfähig sein oder ob wir nur eine kurze Gastrolle auf der Regierungsbank übernähmen. Im Grunde mussten wir mit der Kosovo-Entscheidung in der Außenpolitik das nachholen, was in den neunziger Jahren von den Konservativen versäumt worden war. Da ist nicht reflektiert worden, was auf dieses vereinigte Deutschland an neuen Verpflichtungen zukommen würde. Kohl war derart reduziert auf seine Rolle als »Einigungskanzler«, dass eine Debatte darüber, was diesem Land in seiner neuen Bedeutung bevorstehen könnte, gar nicht erst geführt wurde. Aber auch die Oppositionsparteien, Sozialdemokraten und Grüne, hatten sich in Helmut Kohls politischer Wohlfühlpackung behaglich eingerichtet. Wir waren so blind, wie er uns haben wollte.

Es war also das klassische Versäumnis aller Kräfte in der deutschen Politik, zu klären und den Menschen zu erklären, dass das Nachkriegsende erreicht und die Sonderrolle, die Deutschland noch als geteiltes Land hatte spielen können, ein für alle Mal zu Ende war. Der Realitätsschock wurde aber erst 1999 wirklich spürbar. Die neue Verantwortung des Landes trat mit dem Kosovokrieg in aller Klarheit und Brutalität zutage. Wir mussten unseren Bündnisverpflichtungen nachkommen. Wegducken war nicht möglich.

Der Eintritt der Bundesrepublik in den Krieg gegen Restjugoslawien traf also die Menschen in Deutschland – und eben auch viele in den politischen Parteien – unvorbereitet. Kein Wunder, dass dem ein politisches Erdbeben folgte. Doch unter dem Druck der Verhältnisse hatten wir keine Möglichkeit, anders zu handeln. Das war für alle Beteiligten eine schwierige Erfahrung. Die Diffamierung der neuen Bundesregierung in öffentlichen Veranstaltungen, wo wir als Kriegstreiber angeprangert wurden, bis hin zu den Forderungen aus Serbien, mich vor den Internationalen Gerichtshof in Den Haag zu bringen, waren schockierend für die Regierungsfraktionen und eine innere Zerreißprobe, die den Zusammenhalt in beiden Parteien extrem gefährdete.

Auf dem Bonner Sonderparteitag der SPD im April 1999 war es vor allem Erhard Eppler zu verdanken, dass die deutschen Sozialdemokraten ihre Verantwortung schulterten, auch wenn sie diese Last fast erdrückte. Ich verstand alle, die diese Zerreißprobe kaum ertragen konnten. Dennoch durfte ich dem nicht nachgeben. Heute, Jahre später, wird klar, dass es gut war, diese Entscheidung durchzustehen. Sie und später, im November 2001, die Zustimmung zur »Operation Enduring Freedom« in Afghanistan machten uns frei, zum Irakkrieg nein zu sagen.

Und im Inneren? Ein Reformstau. Der Reflex des deutschen Volkes, angesichts einer sich dynamisch wandelnden Welt Veränderungen im eigenen Land möglichst zu vermeiden, hatte Helmut Kohl sechzehn Jahre lang im Kanzleramt gehalten. Er war die personifizierte stoische Selbstgewissheit, dass alles so bleiben kann, wie es ist. Und diese Illusion war wie eine Droge, bis Kohl sich aus dem Kanzleramt verabschiedete und uns die Wirklichkeit einholte.

Beredter Ausdruck dieser Abneigung, sich neu zu orientieren, war der Kampf um die Umsetzung des Versprechens, Berlin sei die Hauptstadt des vereinten Deutschlands. Der Deutsche Bundestag hatte sich seit seiner ersten Wahlperiode 1949 kontinuierlich dafür ausgesprochen, Parlament und Regierung nach Berlin zu verlegen, sobald die Einheit wiederhergestellt sei. Wie viele Sonntagsreden waren gehalten worden, in denen Politiker dieses Versprechen feierlich wiederholt hatten, wenn auch scheinbar ohne jede Gefahr, es je einlösen zu müssen. Und selbst als der Bundestag 1991 mit knapper Mehrheit und den Stimmen der PDS den Umzugsbeschluss fasste, gab es in allen Parteien Kräfte, die versuchten, diese Entscheidung zu hintertreiben oder zumindest zu modifizieren. Nur nicht an den gewohnten Verhältnissen rütteln, lautete allerorten die Devise. Das Bewährte sollte konserviert werden.

Dieses verbreitete Wunschdenken und das scheinbar Erfolg versprechende hartnäckige Festhalten an den ökonomischen und sozialen Segnungen der Wiederaufbau-Ära nach dem Krieg verhinderten im Wahlkampf 1998, dass unbequeme Themen zur Sprache gebracht wurden, die zudem erst langsam ins Bewusstsein drangen. So war uns zum Beispiel, von wenigen Ausnahmen abgesehen, der demografische Wandel nicht oder doch nicht ausreichend präsent. Anders lässt sich nicht erklären, dass wir als Herausforderer der Union den Slogan von Sozialminister Norbert Blüm, »Die Rente ist sicher«, noch übertrumpfen wollten. Eine von der Kohl-Regierung vorgenommene gesetzliche Änderung des Rentenrechts, der sogenannte demografische Faktor, war von uns wieder rückgängig gemacht worden. Sie stellte das Verhältnis zwischen längerer Rentenbezugsdauer der Älteren und abnehmenden Beitragszahlern bei den Jungen auf eine neue Grundlage. Wie wenig zugleich die durch die Globalisierung wirksame nationale Entgrenzung der Ökonomie unser Denken beschäftigte, offenbart mein öffentlich abgegebenes Versprechen, die Arbeitslosigkeit signifikant zu senken, was vor allem eine unbedachte Reaktion auf Lafontaines in Zahlen gegossene realitätsferne Zuversicht war, die Arbeitslosenzahl um eine Million verringern zu können. Daran wollten wir uns also messen lassen.

Vielfach konnte ich im vorgezogenen Bundestagswahlkampf von 2005 hören und lesen, wir seien in unserer ersten Legislaturperiode nicht mutig genug gewesen und hätten es an Reformwillen fehlen lassen. Aber wenn meine Diagnose der partiellen Reformallergie in der Gesellschaft die Wirklichkeit vor und nach 1998 in Deutschland treffend charakterisiert, dann – mit Verlaub – gab es dazu keine Chance. Unabhängig davon, ob handelnde Politik dazu überhaupt befähigt gewesen wäre oder nicht.

In mancherlei Hinsicht hatten wir auch Hypotheken zu tragen, die unter Kanzler Kohl eingegangen worden waren. Nehmen wir als Beispiel den europäischen Stabilitätspakt mit der Verschuldungsgrenze, die vorschreibt, dass das jährliche öffentliche Defizit, also die Nettoneuverschuldung, nicht mehr als drei Prozent des Bruttoinlandsproduktes betragen darf. Der Pakt wurde 1992 geschlossen und war Teil des Maastricht-Vertrages. Er geht von einem stetigen Wirtschaftswachstum aus, das bis dahin eine Art ökonomischer Gesetzmäßigkeit zu sein schien. Hier wird nebenbei auch noch einmal deutlich, wie weit deutsche Politik davon entfernt war, die Dimension der Vereinigung realistisch einzuschätzen. Die Vereinbarungen zum Stabilitätspakt fielen in die Zeit des kurzen Booms, der sich infolge der Wende einstellte. Das heißt, Union und FDP haben keinen Gedanken daran verschwendet oder sich nicht vorstellen können oder wollen, wie sich die Vereinigung auf das Wachstum auswirken könnte, wenn ihre materiellen Konsequenzen von der nationalen Ökonomie zu verkraften wären. Wir müssen und mussten rund vier Prozent unseres Bruttoinlandsproduktes von West nach Ost transferieren. Die Tatsache, dass diese rund achtzig Milliarden Euro jährlich im Investitionsbereich fehlen, wurde von der damaligen Politik völlig unterschätzt. Es wurde ein Pakt formuliert und durchgesetzt, der nur funktionieren konnte unter Bedingungen, die schon damals nicht mehr realistisch waren.

Kein anderes Mitglied der Europäischen Union hatte eine ähnliche Last zu schultern wie Deutschland mit den einigungsbedingten Kosten. Daher haben die anderen EU-Länder Veränderungen leichter umsetzen können und die weltwirtschaftlichen Herausforderungen in den neunziger Jahren bis heute besser oder leichter verkraftet, als wir das tun konnten. Die blauen Briefe aus Brüssel waren eine Folge unserer unvermeidlichen Verstöße gegen den Stabilitätspakt. Wir mussten also eine offensive Auseinandersetzung über den Sinn der einseitigen Betonung des Stabilitätsaspekts führen, mit dem Ergebnis, dass unter der Führung des Luxemburger Premierministers Jean-Claude Juncker der Wachstumsaspekt des Paktes in den Vordergrund gestellt wurde. Wachstumsfördernde Investitionen des Staates sollten vor allem in Phasen konjunktureller Schwäche verstärkt möglich sein. Die reine Orientierung an der Stabilität trat zurück.

Auch dies also ein Beleg für meine These, wie weit entfernt von der Wirklichkeit, in der Rückschau kann man auch sagen: wie naiv die von der Bonner Wahrnehmung geprägte Politik angesichts der massiven Veränderungen in der politischen Landschaft nach der Wende war. Das gilt auch für die Medien. Von dort kam – wenige Ausnahmen bestätigen die Regel – ganz selten ein erhellender Hinweis oder eine nachvollziehbare Analyse der sich dramatisch wandelnden Wirklichkeit. Die Provinzialität der Politik und die der Matadore der Vierten Gewalt waren reziprok.

Im später gescheiterten »Bündnis für Arbeit«, das ich zu schmieden suchte, damit die Antipoden des Wirtschaftsgeschehens sich im Austausch der Argumente auf die neuen weltökonomischen Bedingungen einstellen konnten, war ebenfalls zu spüren, wie gering die Neigung ausgeprägt war, sich auf Wandlungsprozesse einzulassen. Ziel des Bündnisses war es, einen Maßnahmenkatalog zu erarbeiten, der zwischen Bundesregierung und Spitzenvertretern der Arbeitgeberverbände und Gewerkschaften verabredet werden sollte, um Arbeitsplätze zu schaffen und die Wettbewerbsfähigkeit deutscher Unternehmen zu verbessern. Die darin angelegte Konsenspolitik stieß vor allem in den Wirtschaftsteilen der Zeitungen auf großes Misstrauen, das bezeichnenderweise gerade von denen geschürt wurde, die sich da treffen und austauschen sollten. Die Oppositionsparteien im Bundestag sprachen giftig davon, dass diese außerparlamentarische Konsenssuche das parlamentarische System aushöhlen würde. Das Poldermodell aus den

»Es bestand keinerlei Bereitschaft, aufeinander zuzugehen.« Pressekonferenz mit Dieter Hundt (links), Präsident der Bundesvereinigung der Deutschen Arbeitgeberverbände BDA, und dem DGB-Bundesvorsitzenden Dieter Schulte (rechts), Berlin, 25. Januar 2002.

urdemokratischen Niederlanden, das die organisierte Zusammenarbeit zwischen Arbeitgebern, Gewerkschaften und unabhängigen Mitgliedern im Wirtschaftsrat regelt, hatte Pate gestanden für das deutsche »Bündnis für Arbeit«, das ein wirkliches Bündnis nie werden konnte. Dazu hätte auf beiden Seiten ein Maß an Reflexion und Kenntnis der weltwirtschaftlichen Abläufe gehört, zu dem sie offenbar nicht in der Lage waren. Der holländische Erfolg wurde zwar von den Beteiligten bestaunt, aber der Weg dahin für das eigene Land verworfen.

In der letzten Sitzung des Bündnisses für Arbeit im März 2003 kristallisierte sich endgültig heraus, dass bei den beteiligten Wirtschaftsverbänden und Gewerkschaften keinerlei Bereitschaft bestand, aufeinander zuzugehen. Die Politik, die beide Gruppen im Bündnis gemacht hatten, nämlich keine eigenen Beiträge zu liefern, sondern nur den Versuch zu unternehmen, die Regierung für die eigenen Ziele zu instrumentalisieren, wurde weitergeführt. Daraufhin habe ich das Bündnis selbst für gescheitert erklärt und den Beteiligten deutlich gesagt, die Regierung werde nun allein handeln müssen, um die notwendigen Reformen voranzubringen. Vierzehn Tage später stellte ich dann im Deutschen Bundestag mein Modernisierungsprogramm der Agenda 2010 vor.

So standen wir 1998 vor einer Lage in Deutschland, in der selbstgenügsam und gern mit dem Rücken zur Wirklichkeit argumentiert wurde. Was sechzehn Jahre lang versäumt worden war, sollte nun, möglichst in kürzester Zeit, aufgearbeitet werden. Der Einheitsboom war aufgebraucht, die Einheit selbst vollzogen mit den gewachsenen Institutionen eines Sozialstaats, der vierzehn Millionen neue Anwärter auf Rente, Arbeitslosengeld und Gesundheitsfürsorge zu verkraften hatte, ohne dass die verfallenen Wirtschaftsstandorte der ehemaligen DDR dazu mit Beiträgen oder Zuschüssen ein Äquivalent hätten liefern können. So floss der Löwenanteil der Transferleistungen in die Finanzierung der sozialen Folgekosten der Einheit, der Rest in die Sanierung der verrotteten Innenstädte und öffentlichen Infrastruktur. Im Laufe der Zeit zerrann für viele das Glück der Einheit und wurde zur Last der Einheit.

Hus der Kosovokrieg, der alle
emotional umtrieb, raubte
uns, vor allem Joschka Fischer
und mir, die wir diese
Entscheidung eine – wenn auch
begrenzte – Beteiligung verantworten mussten, den
Schlaf, und trotz aller
rationalen Notwendigkeit
und der Überzeugung, das
Richtige zu tun, hatten wir
und jedes für sich immer
auch Augenblicke, in denen
wir den nagenden Zweifel
verspürten.

KAPITEL III

»... UND DOCH ALLES ANDERS«

Der Koalitionsvertrag zwischen SPD und Bündnis 90/Die Grünen ist unterzeichnet. Gerhard Schröder mit Joschka Fischer und Oskar Lafontaine, Bonn, 20. Oktober 1998.

27. September 1998, der Tag der Wahlen zum vierzehnten Deutschen Bundestag. Seit den frühen Morgenstunden kreisten meine Gedanken um das, was da auf mich zukommen könnte. Ich war nervös und keineswegs sicher, wie die Wahl ausgehen würde, wenn auch die Chancen nicht schlecht standen.

Nach dem üblichen Fotografengewimmel bei der Stimmabgabe in meinem Wahllokal in Hannover nachmittags der Flug mit der kleinen Propellermaschine, die ich im Wahlkampf zur Verfügung hatte, nach Bonn. Auf der Fahrt vom Flughafen Köln-Wahn über die Autobahn ins Regierungsviertel zur Landesvertretung Niedersachsen erreichten mich mehrere Anrufe. Uwe-Karsten Heye, Regierungssprecher in Hannover, später in der gleichen Funktion in der Bundesregierung, der in der Kolonne im Wagen vor mir saß, übermittelte die letzten Umfragezahlen, die er gerade bei den Instituten abgefragt hatte. Es würde knapp für Rot-Grün werden. Nichts war auszuschließen zu diesem Zeitpunkt, auch nicht eine Große Koalition, sollte eine rot-grüne Konstellation nicht zu realisieren sein.

Den Wahlabend verbrachte ich im Bonner Hauptquartier der SPD, der sogenannten Baracke. Als um 18 Uhr die Prognosen beider Fernsehprogramme bekannt gegeben

Wahlraum ↓

Sitzungs

wurden, war rasch klar, dass es zu einem überzeugenden Wahlsieg von Rot-Grün kommen würde. Soweit es also den Wahlausgang betraf, wich die Spannung relativ rasch. Hunderte von begeisterten Anhängern versammelten sich vor der Baracke. Sie hatten ein einziges Ziel: Sie wollten eine rot-grüne Bundesregierung, ein Ziel, das der durch Umfragen festgestellten Überzeugung des größten Teils unserer Wählerinnen und Wähler entsprach. Die Situation vor der Baracke glich der von 1969 und 1972, als wir mit Fackeln am selben Ort gestanden und die Wahlsiege von Willy Brandt gefeiert hatten. Im Laufe des Abends riefen als Erster Jacques Chirac und später Bill Clinton an, um zu gratulieren. Die vielen Anrufe und Telegramme danach habe ich kaum noch wahrnehmen können – so voller aufgeregter Freude war ich. Aber schon in der Nacht veränderte sich meine Seelenlage. Fragen drängten sich auf: Welche Entscheidungen standen nun an? Wie würden sich die Koalitionsgespräche gestalten?

Ich wäre auch kein Gegner einer Großen Koalition gewesen. Im Gegenteil, der Berg von Problemen, den uns die Kohl-Regierung hinterlassen hatte, die Notwendigkeit von Reformen legten den Gedanken an eine Große Koalition nahe. Das glanzvolle Wahlergebnis von Rot-Grün am 27. September verwies derartige Überlegungen indessen in das Reich der Fantasie.

Völlig klar war, dass eine linke Mehrheit mit der PDS zur Bildung einer Regierung politisch nicht infrage kam. Dies auch nur für denkmöglich zu halten hätte die SPD schon gespalten. Dennoch kreiste der gesamte polemische Teil des von der CDU/CSU geführten Wahlkampfes um dieses Thema. Erstaunlich, mit welcher Leichtigkeit die Union in der öffentlichen Auseinandersetzung den Ost-West-Gegen-

27. September 1998, der Tag der Entscheidung. SPD-Spitzenkandidat Gerhard Schröder und seine Frau Doris Schröder-Köpf in ihrem Wahllokal in Hannover.

satz auf die Gretchenfrage reduzieren konnte, wie es die SPD mit der PDS halte. Dass sie selbst, ohne auch nur einen einzigen wahrnehmbaren Gedanken daran zu verschwenden, ob ihr das Verdauungsbeschwerden bereiten würde, die Blockflöten der Ost-CDU geschluckt hatte, war von den West-Christdemokraten flugs verdrängt worden. Das ist bis heute so geblieben. Die von der Union übernommene Ost-CDU hatte zuvor jahrzehntelang in der Rolle eines Feigenblatts der SED agiert, ohne deren menschenfeindliche Politik im Geringsten zu kritisieren. Aber wir hatten uns wieder einmal in die Defensive drängen lassen, und wieder einmal bestimmten die Konservativen darüber, wer im deutsch-deutschen Verhältnis ein Erbe antreten könne oder ausschlagen müsse.

Ich ärgere mich noch heute darüber, dass die SPD sich nach 1990 nicht dazu durchringen konnte, für alle offen zu sein, die sich nichts hatten zuschulden kommen lassen – SED-Mitglied oder nicht. Diese unflexible Haltung führte unter anderem dazu, dass es die gewendete SED heute noch immer gibt, während die SPD in Teilen Ostdeutschlands nur marginale Bedeutung erlangt hat. Die Öffnung der SPD auch für ehemalige SED-Mitglieder, das hätte ein Beitrag sein können, die innere Einheit zu erleichtern und sie mit weniger Wunden und Blessuren voranzubringen.

Dieses Thema habe ich selbst nicht angesprochen, kann aber nicht ausschließen, dass andere Spitzenpolitiker der SPD inoffiziell darüber geredet haben. Dagegen hätte ich keine Einwände gehabt. Im Gegenteil: Die Politik der SPD, die Landesverbände souverän über Koalitionen in den Bundesländern entscheiden zu lassen und damit auch rot-rote Bündnisse möglich werden zu lassen, habe ich immer unterstützt. Vor allem aber war und bin ich entschieden dagegen, die Lebensläufe von Menschen aus der ehemaligen DDR zu diskreditieren. Wer sich schuldig gemacht hat, muss dafür bestraft und zumindest aus exponierter politischer Tätigkeit ferngehalten werden. Die Diskriminierung von Wissenschaftlern hingegen, von Pädagogen, auch von Künstlern, nur weil sie Mitglieder der SED waren, sollte endgültig beendet werden. Sie widerspricht meinem Demokratieverständnis.

Die Option einer PDS-Regierungsbeteiligung hatten wir also schon vor dem Wahlgang 1998 zu den Akten gelegt. So blieb nur die Abgrenzung, um jede Unsicherheit zu vermeiden, die eine offenere Haltung in die eigene Wählerschaft getragen hätte. Es gab keine Alternative. Es ist ein Treppenwitz der Geschichte, dass ausgerechnet Oskar Lafontaine in der »Linkspartei« sieben Jahre später von einem Vereinigungsparteitag mit der SPD träumt.

Aber an diesem Wahlabend hätte die Fantasie nicht ausgereicht, sich den politischen Weg vorzustellen, dem Oskar Lafontaine nur wenig später folgen sollte. Wir waren davon überzeugt, dass das weit in die Mitte und nach links reichende Duo Schröder/Lafontaine, das arbeitsteilig den Wahlkampf bestritten hatte – sozusagen Oskar für die Seele und Schröder für den Verstand –, uns auch durch die schwierige Regierungsbildung und das noch schwierigere Regierungsgeschäft danach geleiten würde.

Rot und Grün, beides Parteien mit wenig Regierungserfahrung auf Bundesebene. Bei der SPD lag sie lange zurück. Auch das war für mich ein Grund, mir jeden Überschwang zu verwehren, mit dem um mich herum in der Landesvertretung und vor dem Haus des SPD-Parteivorstandes der Wahlsieg 1998 gefeiert wurde. Oskar und ich standen mit unseren Frauen auf der improvisierten Bühne vor den jubelnden Anhängern. Ein grandioser gemeinsamer Auftritt, und im Rückblick doch auch schon der Anfang vom Ende der gemeinsamen politischen Arbeit.

Ich schüttelte an diesem Abend unendlich viele Hände, telefonierte mit Joschka Fischer, der später, weit nach Mitternacht, vorbeischaute, um erste Termine festzuzurren, und war doch wie in einem Kokon verpuppt, ganz auf mich selbst zurückgeworfen. Was nun? Welche Herausforderungen kommen auf dich zu, mit welchen Personen kannst du arbeiten, mit welchen nicht? Wie gehst du damit um, dass von nun an jeder Schritt unter einer unnachsichtigen öffentlichen Beobachtung stehen wird? Solche Fragen gingen mir durch den Kopf.

Ich war froh darüber, einige vertraute Mitarbeiter, deren professionelle Qualitäten ich bereits in Hannover schätzen gelernt hatte, mit nach Bonn – und später nach Berlin – nehmen zu können, Wegbegleiter, die mir loyal zur Seite stehen würden. Für das Kanzleramt dachte ich an Sigrid Krampitz, Frank-Walter Steinmeier und Bodo Hombach. Sprecher und Chef des Presseamtes sollte Uwe-Karsten Heye werden, und als Staatssekretäre im Innenministerium und im Wirtschaftsministerium wollte ich Brigitte Zypries und Alfred Tacke gewinnen.

Und dann stürzten wir uns in die Koalitionsverhandlungen, die sich außerordentlich schwierig gestalteten. Das lag nicht zuletzt daran, dass es weder bei der SPD noch bei den Grünen eine konsistente Vorstellung von einem gemeinsamen Regierungsprogramm gab. Aus innerparteilichen Proporzgründen saßen sich große Delegationen gegenüber. In beiden Parteien gab es Ideologen und Pragmatiker. Verhandlungsführer waren die Parteivorsitzenden und die Spitzenkandidaten, auf Seiten der SPD also Oskar La-

»Ich war froh darüber, einige vertraute Mitarbeiter mit nach Bonn – und später Berlin – nehmen zu können.« Gerhard Schröder im Gespräch mit Uwe-Karsten Heye.

fontaine und ich, auf Seiten der Grünen Joschka Fischer, Jürgen Trittin, Gunda Röstel und Kerstin Müller. Die inhaltlichen Schwierigkeiten hatten nicht zuletzt mit der mangelnden Regierungserfahrung beider Parteien zu tun. Zwar hatten Lafontaine und ich Erfahrung als Ministerpräsidenten, doch das ist etwas ganz und gar anderes als die Aufgabe und Arbeit des Regierungschefs der drittgrößten Industrienation.

Zur Veranschaulichung folgendes Beispiel: Für beide Koalitionspartner war es klar, dass sie auf die Nutzung der Atomenergie verzichten wollten. Das Konzept der Grünen, aber auch relevanter Teile der SPD bestand darin, dieses Ziel mithilfe der Regierungsgewalt und der parlamentarischen Mehrheit durch ein einfaches Gesetz zu erreichen.

Ich aber hatte in diesem Punkt schon Erfahrung sammeln können, und daher war mir immer bewusst, dass sich ein Ausstieg nur im Konsens mit den Energieversorgern realisieren ließ, wollte man nicht mit horrenden Entschädigungsforderungen konfrontiert werden. Ich habe mich mit dieser Einschätzung schließlich durchsetzen können, aber die Verhandlungen innerhalb der Partei und der Koalition, die dazu notwendig waren, kosteten immense Kraft. Dies ist ein Punkt, den rot-grüne Regierungsarbeit immer im Auge behalten sollte.

Interessanterweise denken diejenigen bei den Grünen und in der SPD, die sich, um ihre Programmatik zu rechtfertigen, immer wieder auf die Übereinstimmung mit der »Basis« berufen, zumeist sehr realitätsfern, geht es um die Durchsetzung politischer Konzepte durch Regierung oder Parlamentsmehrheit. Meine Erfahrung war dagegen, dass man nicht nur eine solide Mehrheit in beiden Kammern braucht, sondern das gesellschaftliche Klima ist dafür mindestens ebenso wichtig. Diese Einsicht hat meine Regierungsarbeit zumeist bestimmt. Daher der Versuch, Konsens mit Gewerkschaften oder Verbänden zu bilden, was mir gelegentlich als Missachtung der Arbeit im und als Auslagerung politischer Entscheidungen aus dem Parlament vorgeworfen wurde. Dies war aber nie der Fall.

Also keine Euphorie nach der Wahl 1998. Umso weniger, als sich schon bald abzeichnete, dass das Wetterleuchten des Krieges im Kosovo schnell näher rücken und die Hilflosigkeit Europas im Umgang mit diesem Konflikt evident sein würde. Auch die ungelösten innereuropäischen Fragen, die mit der gleichzeitigen Übernahme der Präsidentschaft in der Europäischen Union und des G7/G8-Gipfels auf uns zukamen, gaben keinen Anlass, überschwänglich zu sein. Zudem traten – und zwar rascher, als ich mir das je hatte vorstellen können – auch interne Spannungen auf, die erste Opfer forderten.

Der Erste, der von Bord ging, war Jost Stollmann, ein nicht in der SPD verwurzelter Seiteneinsteiger, den ich als Wirtschaftsminister in meine Regierungsmannschaft berufen hatte. Seine Bereitschaft, sich zur Verfügung zu stellen, hatte mir im Wahlkampf aus einer enormen Verlegenheit geholfen. Das Amt des Wirtschaftsministers und seine Besetzung waren vielleicht nicht wahlentscheidend, aber doch wichtig. Stollmann, ein äußerst erfolgreicher Unternehmer, vermittelte schon in seiner Person den direkten Draht zum Wirtschaftsestablishment, und er stand damit symbolisch dafür, dass die denkbare neue Regierung auch Wirtschaftsnähe haben würde. Er hatte seine Firma zu einem der führenden Unternehmen der Softwarebranche in Deutschland gemacht. Stollmann war ein Mensch mit marktwirtschaftlichen Überzeugungen, aber auch mit einer gewissen sozialen Sensibilität ausgestattet und vor allem mit einem Gespür für die Notwendigkeiten einer modernen Bildungspolitik als Voraussetzung für künftige wirtschaftliche Erfolge. Ein klassischer Vertreter der neuen Mitte also, die wir erreichen und für unsere Politik gewinnen wollten.

Stollmann ahnte wohl, wie mörderisch der politische Job in einer gnadenlosen Öffentlichkeit sein würde, deren Kritik er auch schon zu spüren bekommen hatte. Die Journalisten vermissten bei ihm routinierte Eloquenz und kreideten ihm seine mangelnde Medienerfahrung an. Und er selbst hatte sich wohl auch nicht hinreichend klargemacht, dass er als Regierungsmitglied und von der SPD nominierter Wirtschaftsminister gut beraten wäre, den geschichtlichen Kontext dieser sich anbahnenden Regierungskoalition ernst zu nehmen. Wer, wie es eine Zeitung aufzählte, das soziale Sicherungssystem als »Gefängnis für Normalverdiener« begriff und sich eine Mitarbeit in einem Kabinett Kohl ebenfalls vorstellen konnte, der war wohl eher darauf aus, sein Ja zur Mitarbeit in einer rot-grünen Koalition ohne Gesichtsverlust zurücknehmen zu können. Oder er war erstaunlich naiv.

Der offizielle Anlass seines Abgangs von der politischen Bühne hatte damit allerdings nur indirekt zu tun. Der lag vor allem in dem Versuch Oskar Lafontaines, sich ein »Schatzministerium« zu schneidern, was die Konsequenz hatte, dass dem Wirtschaftsministerium wichtige Kompetenzen entzogen wurden: Für den Jahreswirtschaftsbericht, Strukturpolitik und europäische Fragen sollte fortan das Finanzministerium zuständig sein. Dies war von Lafontaines künftigen Staatssekretären ziemlich rigoros ausgehandelt worden, und da ich jeden öffentlichen Streit mit Lafontaine vermeiden wollte, hatte ich dem zugestimmt. Es war eine politische, keine sachliche Entscheidung. Aber sie drückte selbstredend aus, dass sich dahinter mehr verbarg als etwa eine notwendige Neuordnung der Kompetenzen zwischen beiden Ministerien.

Oskar war entschlossen, sich im Kabinett als eine Art Schatzkanzler britischer Provenienz zu etablieren – nach dem Motto: Es ist mir gleich, wer unter mir Bundeskanzler ist. Ich schluckte diese Attitüde, wenn denn dadurch der Weg geebnet war, jeden weiteren Konkurrenzkampf zu vermeiden. Fürs Erste war damit Ruhe im Gefüge des künftigen Kabinetts eingekehrt, zumal es mir gelang, mit Werner Müller einen politikerfahreneren Ersatz für Stollmann zu gewinnen. Müller hatte mich schon in meiner Zeit als Ministerpräsident in Niedersachsen über einen langen Zeitraum in Fragen der Energiepolitik gut beraten, und ich hatte in ihm einen Kandidaten, der sehr viel besser mit den politischen Apparaten umgehen konnte als Stollmann, weil er als ehemaliger VEBA-Manager immer an der Grenzlinie zwischen Politik und Wirtschaft gearbeitet hatte. Die Energiewirtschaft ist ja als Basis einer Volkswirtschaft immer auch von politischen Aspekten beeinflusst. Insofern ein Glück für mich, und mit ihm entwickelte sich auch eine persönlich angenehme und erfolgreiche Zusammenarbeit, die geholfen hat, wirtschaftspolitisch Boden unter die Füße zu bekommen.

Dennoch blieb die Situation vor allem innerhalb der SPD nicht spannungsfrei. Wohin würde es führen, wenn Oskar sich mit dem zweiten Platz in der Hierarchie des Kabinetts nicht abfinden könnte? Solche Gedanken drängten sich mir auf, wenn ich bemerkte, dass Lafontaine unzufrieden schien. Alles, was er in Bewegung setzte, um für sich eine Art Superministerium zu schaffen und damit notabene Superminister zu werden – der Begriff Schatzkanzler war schon eingeführt –, diente ja nur dem Zweck, auf Augenhöhe mit dem Bundeskanzler zu stehen. Das Duo Lafontaine/Schröder, im Wahlkampf weit ausgreifend und erfolgreich, konnte dies in der Regierung aber nur fortsetzen, wenn beide sich bescheiden würden. Ich war entschlossen, das zu versuchen.

Wir starteten also die Regierungsarbeit nicht nur wegen der gewichtigen politischen Agenda unter erschwerten Bedingungen. Was ich nicht bedacht hatte, war Oskars Ehrgeiz, den von ihm verantworteten Teil der Politik mit einer Handschrift zu versehen, die ihn mehr und mehr in eine isolierte Position sowohl innerhalb als auch außerhalb des

Kabinetts brachte. Alsbald galt er als Traditionalist, der auf einem einsamen und erfolglosen Feldzug für die Kontrolle der internationalen Finanzmärkte focht. Er hatte immer die Hoffnung, dabei auf die Unterstützung seines französischen Kollegen Dominique Strauss-Kahn setzen zu können. Der aber schwieg beharrlich, wenn sich Oskar wieder einmal mit dem Ziel, die Leitzinsen zu senken, zur europäischen Zentralbank äußerte und sich damit eine miserable Presse einhandelte.

Dabei war sein Grundanliegen, eine effektivere Kontrolle der internationalen Finanzmärkte, durchaus sinnvoll. Aber statt seine Ziele strategisch anzulegen und Verbündete zu gewinnen, machte er sich in kürzester Zeit zum Gespött der Zunft. Er scheiterte auf der ganzen Linie. Als Weltökonom hatte er keine Fortune.

Nicht ein einziges Mal dagegen ließ er in dieser ersten Phase zwischen November 1998 und seinem Rücktritt im März 1999 erkennen, was er später als einen vorrangigen Grund für sein abruptes Ausscheiden aus der Regierung benannte: dass er Schwierigkeiten mit der deutschen Beteiligung am Kosovokrieg gehabt und deswegen schließlich die Verantwortung abgegeben habe. Nie hat er das Gespräch darüber mit mir gesucht, obwohl der Kosovo mehrfach auf der Tagesordnung des Kabinetts stand. Auch im Kabinett konnte sich niemand an eine kritische Anmerkung von ihm zur Kosovofrage erinnern. Natürlich will ich nicht ausschließen, dass der Zweifel über die Entscheidung für den Militäreinsatz im Stillen bei ihm gewachsen sein könnte. Nur hat er ihn dann für sich behalten.

Dabei hätte er vielfach Gelegenheit gehabt, seine Sicht darzulegen und gegebenenfalls auf ein Ministeramt zu verzichten, falls er sich nicht imstande gesehen hätte, unsere gemeinsame Position zum Kosovo zu teilen. Unmittelbar nach der erfolgreichen Wahl zum Beispiel gab es eine Begegnung mit Helmut Kohl im Bonner Kanzleramt. In meiner Begleitung waren Lafontaine und Fischer. Wir stellten dabei klar, dass wir die Position der Kohl-Regierung – begrenzte Teilnahme an einer militärischen Intervention – übernehmen würden. Die gleiche Zusicherung machte ich dann bei meinem ersten Kurzbesuch als deutscher Bundeskanzler beim amerikanischen Präsidenten in Washington am 8./9. Oktober 1998, worüber Fischer und ich nach unserer Rückkehr in den Koalitionsgesprächen berichteten.

Ich hatte Bill Clinton bereits vor der Wahl als Kanzlerkandidat in Washington getroffen. Wir redeten länger als vorgesehen miteinander. Er kannte die deutsche Situation recht gut und konnte deshalb nicht ausschließen, dass ich Bundeskanzler werden würde. Er hatte mit Kohl gut zusammengearbeitet, und mir schien es, als sei er an einem Regierungswechsel in Deutschland wenig interessiert – im Gegensatz zu Außenministerin Madeleine Albright, mit der ich ebenfalls sprach und die mir als Mitglied der Demokraten zum Abschluss des Gespräches viel Glück für die Wahl wünschte.

Uns allen, ob in Deutschland, in Amerika oder an welchem Ort der Erde auch immer, hatten sich die Schreckensbilder des serbischen Vernichtungsfeldzuges gegen die albanische Bevölkerung im Kosovo eingeprägt. Slobodan Milošević hatte sein Spiel ausgereizt und alles in seiner Macht Stehende eingesetzt, um ohne Rücksicht auf Verluste die Grundsteine für einen serbischen Großstaat zu legen. Dies war ihm misslungen, als er Kroatien und Bosnien überrennen wollte. Als er trotz aller Warnungen im Kosovo einmarschierte, war das der *casus belli* für die USA und ihre europäischen Verbündeten. Der Luftkrieg gegen Restjugoslawien war nicht mehr zu vermeiden.

Ein unglaubliches Flüchtlingselend zog zum Jahreswechsel 1998/99 via Bildschirm durch die Wohnstuben. Das Vorgehen der Serben zeugte von Unerbittlichkeit, von zynischer Vernichtungsbereitschaft. Die Bilder erinnerten an die Gräueltaten der deutschen Sonderkommandos im Zweiten Weltkrieg. Vielleicht war es diese Assoziation, die Joschka Fischer zu der Äußerung »Nie wieder Auschwitz« bewegte. Wer also in das Kabinett meiner Regierung eintrat, der wusste, dass es zur Beteiligung am Kosovokrieg keine Alternative gab, wenn Rot-Grün nicht schon vor Eintritt in die politische Verantwortung die Flagge streichen wollte.

Also weiter Nachdenken über Oskar Lafontaine. Es mehrten sich im Verlauf der Zeit die Anzeichen einer zunehmenden Verstimmung oder Unzufriedenheit bei ihm. Schon in den Koalitionsverhandlungen – Lafontaine war als Parteivorsitzender selbstverständlich Verhandlungsführer der SPD – gab es erste Irritationen. Wir hatten im Wahlkampf angekündigt, dass der Ertrag der Ökosteuer – sollte es sie denn geben – in die Rentenkasse fließen würde, ein Weg, die Lohnnebenkosten zu senken. Zu meinem Erstaunen wollte Lafontaine jetzt wieder davon abrücken. Erst Walter Riester gelang es, diesen Punkt durchzusetzen, mit einem sich sträubenden Oskar Lafontaine als Gegenüber.

Auch später geriet ich immer wieder in Verwunderung. Wir hatten relativ rasch die Steuerreform anzupacken. Natürlich setzte ich voraus, dass die Gesetze dazu im Finanzministerium ausgearbeitet würden, und war deshalb einigermaßen erstaunt, als ich hörte, dass die Koalitionsfraktionen sie einbringen sollten. Begründet wurde dieses Verfahren mit dem größeren Tempo, denn die Fraktionen sind im Gegensatz zur Regierung bei der Einbringung von Gesetzesvorhaben nicht an bestimmte Fristen gebunden. Dieses Vorgehen führte dazu, dass die Fraktionen insbesondere bei der Belastung von Rückstellungen der Energieunternehmen abenteuerlich hohe Summen ins Spiel brachten. Ich glaube nicht, dass die Beschleunigung des Verfahrens der wirkliche Grund für Lafontaines Auftrag war. Entweder überschaute er die Konsequenzen einer solchen überhöhten Besteuerung nicht, oder er wollte – was wahrscheinlicher ist – mit dieser Politik nicht unmittelbar verbunden werden. Ich erinnere mich sehr genau, ihn danach gefragt zu haben. Auf meine Vorhaltung, das könne man doch nicht verantworten, eine derart hohe Besteuerung von Rückstellungen beispielsweise, lautete seine Antwort, das sei ja nicht *sein* Gesetz, sondern das der Fraktionen.

Jedenfalls hatten sich die Dinge nicht so entwickelt, wie Lafontaine es sich wohl vorgestellt hatte. Seine internationale Rolle kam wie erwähnt schnell in die Kritik, und er focht Auseinandersetzungen mit der Bundesbank aus, bei denen die Funken flogen. Seine Kritik an ihrer überzogenen Zinspolitik schien mir berechtigt, aber die Art und Weise, wie er sie öffentlich vertrat, vergiftete das Verhältnis zwischen Regierung und Bundesbank, ohne dass wir die Möglichkeit hatten, uns gegen sie durchzusetzen, denn ihre Unabhängigkeit war gesetzlich garantiert und wurde von ihr beharrlich verteidigt.

Nach meiner Einschätzung ging es zu diesem Zeitpunkt schon um die Nachfolge von Hans Tietmeyer als Bundesbankpräsident. Wir hatten uns intern auf den hessischen Finanzminister Ernst Welteke geeinigt. Mein Eindruck war, dass Lafontaine an dieser Verabredung nicht festhalten wollte und seinen engsten Berater und Freund Heiner Flassbeck protegierte. Ihn in dieses Amt zu befördern hätte eine neu konstituierte Regierung wie unsere in eine Auseinandersetzung mit der Fachöffentlichkeit gezwungen, die sachlich nicht durchzuhalten gewesen wäre.

Oskars trotziger, zuweilen auch unsicherer Umgang mit den Medien tat ein Übriges, um aus dem Siegertyp den Verlierer werden zu lassen. Wieder einmal ließe sich belegen, wie schnell jemand hinauf und wieder hinunter geschrieben werden kann. Er verstärkte damit die Bereitschaft einiger Medien, die rot-grüne Koalition insgesamt als ineffizient und wirtschaftsfeindlich darzustellen.

Offenbar bereitete es ihm Schwierigkeiten, dass – ungeachtet des großzügigen Zuschnitts seines Ministeriums – für unsere Partner in Europa und in der Welt nur die Nummer eins in der Regierung, der Kanzler also, und nicht er von Interesse war. Gegen das Amt des Bundeskanzlers ist kein Kraut und auch kein noch so großes Ministerium gewachsen. Schon beim Rücktritt von Jost Stollmann hatte die *Frankfurter Allgemeine Zeitung* getitelt: »Stollmann verzichtet – Schröder und Lafontaine beschwören freundschaftlichen Umgang« und eine Äußerung von mir vor dem Parteirat zitiert: Nun werde es wieder Debatten geben, »wer unter wem« Bundeskanzler sei. Lafontaine und Schröder seien fest entschlossen, mit dieser Angelegenheit »offen umzugehen« und sich nicht auseinanderdividieren zu lassen. Es sei, so Lafontaine, ein in Europa einmaliges »Experiment«, dass ein Parteivorsitzender als einfaches Regierungsmitglied in einem Kabinett sitze. Dies könne nur funktionieren, wenn Schröder und er so freundschaftlich wie im Wahlkampf miteinander umgingen. Lafontaine, so war im selben Artikel zu lesen, »appellierte an die Partei, das Verhältnis zwischen ihm und Schröder nicht zu einem Gegeneinander zu stilisieren«.

Der »Zweikampf« zwischen uns war also schon von Anfang an ein medialer Hit. Nichts war so wichtig wie die Wasserstandsmeldungen über Nähe oder Distanz zwischen Lafontaine und mir. Das war vor der Regierungsbildung so und hörte danach nicht auf. Vielleicht hätte es geheilt werden können, wären wir politisch in eine ruhigere Phase geraten, als es tatsächlich der Fall war.

Aber der Kosovokrieg, der alle emotional umtrieb, raubte uns, vor allem Joschka Fischer und mir, die wir diese Entscheidung einer – wenn auch begrenzten – Beteiligung verantworten mussten, den Schlaf, und trotz aller rationaler Notwendigkeit und der Überzeugung, das Richtige zu tun, hatten wir und jeder für sich immer auch Augenblicke, in denen wir den nagenden Zweifel verspürten. Mir war klar, dass die zu leistende Bündnistreue die Nagelprobe für die Regierungsfähigkeit der rot-grünen Koalition sein würde. Dennoch verständigten wir uns darüber intern in einem Dauergespräch, an dem natürlich auch Verteidigungsminister Rudolf Scharping teilhatte, der in der öffentlichen Diskussion über diesen Zeitenwechsel der deutschen Außenpolitik eine wichtige und gar nicht zu überschätzende Rolle spielte. Und obwohl ich faktisch täglich mit Oskar Lafontaine telefonierte oder im Gespräch ihm gegenübersaß, erinnere ich mich nicht, dass auch wir darüber geredet hätten.

Zugleich hatten wir ein ehrgeiziges innenpolitisches Reformprogramm anzupacken, und mit Beginn des neuen Jahres stand die Präsidentschaft in der Europäischen Union und bei der G7/G8, dem Treffen der sieben wichtigsten Industrienationen plus Russland, auf unserer Agenda. Zwangsläufig absorbierte also die Außenpolitik einen Großteil unserer Kraft.

Vielleicht ist es auch darauf zurückzuführen, dass die Abklärung einer notwendigen Arbeitsteilung zwischen Oskar Lafontaine und mir zu kurz geriet. Heute sehe ich ein wesentliches Motiv für seine Beschäftigung mit der internationalen Finanzwelt und der von ihm angestrebten Regulierung der Finanzmärkte darin, dass ich mich zunehmend mit außenpolitischen Fragen zu befassen hatte. Wollte er gleichziehen? Oder hatte er wenig Lust, sein Ministerium ordentlich zu führen? Das aber wäre dringend nötig gewesen, zumal das Finanzministerium wie fast alle anderen Ministerien und ihre Beamtenschaft nach sechzehn Jahren Unionsherrschaft kaum in der Lage war, auf Knopfdruck mit der neuen Regierung und ihrer Programmatik umzugehen. Aus den Oppositionsparteien floss Häme, und sie forderten den Superminister auf, seine Hausaufgaben zu machen.

Es war zermürbend, und in den Umfragen ging die Koalition in den Keller. Das war mit ein Grund dafür, warum ich am 10. März 1999 im Kabinett aus der Haut fuhr und eine Politik anmahnte, die nicht als »wirtschaftsfeindlich« abgestempelt werden könne. Alles andere, sagte ich, sei »mit mir nicht zu machen«. Erneut zeigte sich, dass Kabinettssitzungen fast wie auf einem öffentlichen Marktplatz stattfanden. Natürlich wurde mein Ausbruch nach draußen getragen und ausgerechnet in der *Bild*-Zeitung auf die Meldung »Schröder droht mit Rücktritt« zugespitzt.

Wie in meiner ersten Regierungserklärung am 10. November 1998 angekündigt, war ich ausdrücklich daran interessiert, mit den Unternehmern, mit Großindustrie und

Mittelstand, ein gedeihliches und kooperatives Verhältnis zu erreichen. Ich war und bin auch heute noch davon überzeugt, dass sich nicht gegen, sondern nur mit den in der Wirtschaft Handelnden ein Klima der Zusammenarbeit schaffen lässt. Das holländische Poldermodell, das diesen Weg so erfolgreich vorzeichnete, war für mich ein Beispiel dafür, dass die Antagonisten in der Wirtschaft, Gewerkschaften und Unternehmer, im »Bündnis für Arbeit« gemeinsame Strategien entwickeln können, die den weltwirtschaftlichen Veränderungen Rechnung tragen. Dabei hatte ich nicht ausreichend berücksichtigt, dass sich die mental noch in Ost und West gespaltene, nur äußerlich vereinte Nation schwertun würde, Kapital und Arbeit gemeinsam als Zugpferde vor dem Karren zu sehen, der Kurs auf die globalisierte Welt nehmen sollte.

Die Verständigungsschwierigkeiten innerhalb der Koalition, aber auch mit den gesellschaftlichen Gruppen taten ein Übriges, um den notwendigen rationalen Diskurs zu verhindern. Das galt auch für Oskar Lafontaines Zuversicht, dass es etwa der deutschen Regierung zusammen mit der damaligen linken französischen Regierung unter Lionel Jospin in den Gremien des Internationalen Währungsfonds (IWF) gelingen könnte, dem amerikanischen Einfluss entgegenzutreten. Mein Gefühl war, dass er sich Illusionen machte über die Bereitschaft in Großbritannien, in Italien und eben in Frankreich, eine so prononciert deutsche Finanzpolitik zu unterstützen. Das internationale Presseecho jedenfalls war verheerend. Die Fleet Street in London stempelte ihn zum »gefährlichsten Mann Europas«, und natürlich mussten dabei Anleihen an die Nazizeit gemacht werden, um das Missfallen an einer selbstbewussten deutschen Politik möglichst drastisch darzustellen.

Um das durchzustehen, hätte Lafontaine ein dickeres Fell haben müssen. Und so kamen wohl viele Gründe zusammen, die ihn dazu brachten, das Handtuch zu werfen. Am 11. März 1999 hatte ich seine Demission schriftlich, von einem Boten gebracht, auf dem Schreibtisch. Als ich den verschlossenen Umschlag aus meinem Vorzimmer hereingereicht bekam, war mir sofort klar, dass dies nur ein Rücktrittsschreiben sein konnte. Ich kannte in dem Moment noch nicht das Ausmaß seines Rückzugs. Betraf er nur das Amt des Finanzministers, oder schloss er auch den Parteivorsitz und das Bundestagsmandat ein? Ich habe natürlich sofort versucht, Kontakt mit Oskar Lafontaine aufzunehmen. Nach Eingang seines Schreibens bat ich meine Sekretärin, Marianne Duden, eine Telefonverbindung mit ihm herzustellen. Nach mehreren vergeblichen Anläufen erreichte sie ihn dann über sein Handy. Sie teilte ihm meinen Wunsch mit, ein Gespräch mit ihm zu führen. Darauf sagte er zu ihr: »Mit dir, Marianne, spreche ich gern, aber mit ihm nicht mehr.« So kam eine Telefonverbindung nicht zustande, und es haben auch keine weiteren Gespräche stattgefunden.

Die Begründung für seinen Entschluss hat Lafontaine später nachgereicht. In einem Fernsehinterview hat er ausgeführt, dass die mangelnde Teamfähigkeit – er sprach von »schlechtem Mannschaftsspiel« – Grund für seinen Rücktritt gewesen sei. Später wurden weitere Begründungen nachgeschoben, zum Beispiel, wie schon erwähnt, seine angebliche Gegnerschaft zum Kosovokrieg. Ich halte das für eine Legende.

Nach Erhalt des Rücktrittsschreibens versuchte ich sofort, meinen Vizekanzler Joschka Fischer zu informieren. Wir erreichten ihn per Handy auf der Promenade des

Rheinufers, wo er sein Lauftraining absolvierte. Er machte sofort kehrt, sprang in das nächstbeste Auto seiner ihn begleitenden Sicherheitsbeamten vom BKA und saß kurze Zeit später verschwitzt vor mir auf einem Besucherstuhl in meinem Büro im Bonner Kanzleramt. Der eloquente Vollblutpolitiker Joschka nahm die erstaunliche Mitteilung in kurzen Sporthosen, auf dem Kopf eine Baseballkappe, an den Füßen gelenkschonende Laufschuhe, zur Kenntnis und wischte sich bei der Lektüre des zweizeiligen Schreibens Schweißbäche von der Stirn. Abgesehen von der äußeren Erhitzung war Joschka kühl abwägend, nachdenklich. Dies sei, sagte er, eine in ihren Folgen unüberschaubare Erschütterung für die SPD und die Koalition.

Der Nächste, der in mein Büro hastete, in der Hand einen Zettel mit einer schnell hingekritzelten Notiz, war Uwe-Karsten Heye, der mitteilte, dass Lafontaine nicht nur von seinem Ministeramt, sondern auch vom Parteivorsitz zurückgetreten sei und noch dazu sein Bundestagsmandat niedergelegt habe. Joschka sagte nur: »Gerd, das musst du jetzt machen!« Mit diesen knappen Worten riet er mir, den Parteivorsitz zu übernehmen. Wir einigten uns schnell auf eine kurze öffentliche Mitteilung. Darin drückte ich mein Bedauern über den Rücktritt aus, dankte Oskar für die geleistete Arbeit. Eine ziemlich wortkarge Erklärung.

Als Joschka wieder draußen war und auch Heye sich verabschiedet hatte, trat ich wie immer, wenn ich eine unübersichtliche Lage zu bedenken hatte, an das bodentiefe Fenster, durch das eine späte Sonne ihre letzten Strahlen schickte. Vorfrühling und ein frühes leichtes Grün im Park des Kanzleramtes. Ich versuchte meine Gedanken zu ordnen und konnte doch nicht vermeiden, dass mir die lange gemeinsame Zeit, die Lafontaine und ich, trotz mancher Rivalität freundschaftlich verbunden, hinter uns hatten, in rascher Bilderfolge durch den Kopf ging. Klar, dass Regierung und Partei durch diese Totaldemission in einige Turbulenzen geraten würde. Lafontaine war der unangefochtene Star der Partei. Ich dagegen galt als zu pragmatischer und machtbewusster Mensch, der die Seele der Partei nicht wirklich wärmen konnte. Diese Rolle war Lafontaine zugefallen, und er hatte sie brillant ausgefüllt. In dieser Kombination als Kopf und Herz der Partei hatten wir eine Spannweite entfaltet, die nun aufgekündigt war.

Der, dem die Parteimitglieder Zuneigung entgegenbrachten und den sie als ihren eindeutigen Liebling betrachteten, der auch für Wahlkämpfe bislang unverzichtbar schien, verabschiedete sich aus der gemeinsamen Arbeit, und übrig blieb der, dessen Arbeit geschätzt und der ebenfalls als Wahlkämpfer gebraucht wurde, dem man aber nicht die gleiche Zuneigung entgegenbrachte wie dem allseits verehrten Parteivorsitzenden Lafontaine. Eine vertrackte Lage.

Unvermeidlich wohl, dass in einer solchen Situation die Erinnerungen schweifen. Erstmals waren wir uns Ende der siebziger Jahre begegnet. Im Dezember 1979 muss es gewesen sein, ich war damals noch Bundesvorsitzender der Jungsozialisten, Oskar Oberbürgermeister in Saarbrücken. Vor dem Bundesparteitag in Berlin hatte es eine Zusammenkunft der Parteilinken gegeben, und auf dieser Sitzung hatte Reinhard Klimmt, zu jener Zeit Vorsitzender der SPD Saarbrücken, vorgeschlagen, dass wir die Kandidatur von Oskar Lafontaine für den Parteivorstand unterstützen sollten. Ich kannte ihn damals nicht. Aber für die Saarländer war er schon der aufkommende Star. Für ihn zu votieren war rasch beschlossene Sache. Im Freizeitheim Linden in

Hannover, wo sich die Parteilinke traf, begann also der unaufhaltsame Aufstieg von Oskar Lafontaine in der SPD. Bald darauf beendete ich meine Zeit als Juso-Bundesvorsitzender und wurde 1980 erstmals direkt in den Bundestag gewählt. In der Zeit zwischen 1980 und 1985 – in diesem Jahr wurde er Ministerpräsident des Saarlandes – haben wir uns gelegentlich in Bonn gesehen, ohne uns näher kennenzulernen.

Wirklich aufmerksam aufeinander wurden wir erst etwa 1985. Er galt inzwischen als unangefochtene Nummer eins im Nachwuchskader der SPD, und ich wurde 1986 nach der knapp verlorenen Wahl in Niedersachsen Oppositionsführer in Hannover. In dem vorangegangenen Wahlkampf hatte sich Oskar sehr engagiert, und ich habe ihn hin und wieder im Saarland besucht.

Beide avancierten wir zu »Enkeln« von Willy Brandt, ein Attribut, durch das einem bundesweite Aufmerksamkeit zuteil wurde. Die Enkelgeneration war ein Kunstgriff, der seine Wirkung hatte. Auf einmal war ich nicht nur regionaler Oppositionspolitiker in Niedersachsen, sondern auch jemand, auf den man im nationalen Maßstab, jedenfalls als Sozialdemokrat, zu achten hatte. In dieser Riege war Oskar der Star. Später trat Björn Engholm dazu, noch etwas später Scharping.

Zwischen Lafontaine und mir stellte sich ein enges und vertrauensvolles Verhältnis ein. Bis heute halte ich an meiner Einschätzung fest, nie wieder einen so begabten politischen Menschen kennengelernt zu haben. Er hatte ein breites Spektrum an Erfahrungen und besaß die Gabe, sich schnell in fremde Sachverhalte einzuarbeiten. Komplizierte Zusammenhänge konnte er in der Öffentlichkeit klar und einfach darstellen. Und vor allem verfügte er über glänzende rhetorische Fähigkeiten.

»In dieser Kombination als Kopf und Herz der Partei hatten wir eine Spannweite entfaltet, die nun aufgekündigt war.« Gerhard Schröder und SPD-Bundesvorsitzender Oskar Lafontaine, hier noch in ihrer Zeit als Ministerpräsidenten, im Bonner Erich-Ollenhauer-Haus, April 1997.

Im Rückblick wird jedoch erkennbar, dass seine Begabungen vor allem dann aufblitzten und ihm als gute Eigenschaften zur Verfügung standen, wenn er sich in der Opposition befand. Er hat – und dies ist ein durchgängiges Merkmal – eine unbewusste Scheu, Verantwortung zu übernehmen und Handlungs- und Gestaltungsfantasie zu entwickeln. Genau genommen war dies der Grund für die Entfremdung zwischen ihm und dem sozialdemokratischen Übervater Brandt. Willy hatte in ihm den Kronprinzen gesehen und wollte ihm 1987 seine Nachfolge antragen. Die *Süddeutsche Zeitung* kam mit der Schlagzeile »Lafontaine übernimmt Parteivorsitz der SPD« auf den Markt. Das war tatsächlich Faktum vor Mitternacht und wurde nach Mitternacht wieder zurückgenommen. Lafontaine winkte, nachdem er seiner Nominierung bereits zugestimmt hatte, schließlich doch ab, was ihm Willy Brandt nie verziehen hat.

Vielleicht war ihm der Schatten zu mächtig, den Brandt warf. So übernahm Hans-Jochen Vogel am 14. Juni 1987 nach Brandts Rücktritt den Parteivorsitz. Dass Lafontaine Ministerpräsident des Saarlandes war, könnte als Argument gegen die von mir vermutete Verantwortungsscheu herangezogen werden. Doch auch das war ein Amt, das seinen Sinn vor allem in der Opposition gegen Bonn hatte. Vornehmlich ging es darum, dem Bund Hilfe gegen die durch den sterbenden Bergbau entstandene Überschuldung des Saarlandes abzutrotzen. Es gelang Lafontaine dann ja auch, Bund und Länder in die Pflicht zu nehmen. Er brachte sie dazu, die Haushaltsnotlage des Saarlandes anzuerkennen und durch höhere Zuwendungen zu mildern.

Seine Bereitschaft, mir fast ein Jahrzehnt nach der eigenen verlorenen Bundestagswahl 1990 die Kandidatur gegen

Kohl zu überlassen und nicht selbst anzutreten, ist für mich ebenfalls ein Beleg, der meine Deutung stützt. Niemand hätte ihm 1998 eine Kandidatur streitig machen können. Und ich schon gar nicht. Auf jedem Parteitag wäre er mit satter Zweidrittelmehrheit zum Anwärter auf das Kanzleramt gewählt worden.

Ich dachte auch an die verschlungenen Pfade, die ich hatte gehen müssen, bevor ich das wichtigste politische Amt in unserem Land anstreben konnte. 1998 stand ich mitten im Wahlkampf in Niedersachsen, und wir hatten vereinbart, dass es vom Ausgang dieser Wahl abhängen sollte, wer von uns beiden bei der im selben Jahr anstehenden Bundestagswahl als Kanzlerkandidat ins Rennen ginge.

Es war mein vierter Wahlkampf in Niedersachsen. Zwei Wahlen hatte ich gewonnen, die letzte 1994 mit absoluter Mehrheit. Dieses Kunststück musste erneut gelingen, wenn ich mir eine Chance, Bundeskanzler zu werden, ausrechnen wollte. Heute habe ich eher das Gefühl, dass mit dieser Verabredung zwischen uns Umwege gegangen wurden, die dem Parteivorsitzenden Oskar Lafontaine die Möglichkeit ließen, den Eindruck zu erwecken, sein Verzicht sei eine großmütige Geste gewesen und er habe nur das Beste für die Partei im Blick gehabt. Was aber war der tiefere Grund für diesen Verzicht? Diese Frage habe ich mir immer wieder gestellt.

Meine Antwort, die ich in aller Vorsicht gebe, die einzige, die mir plausibel erscheint, hängt mit dem Attentat auf Lafontaine am 25. April 1990 zusammen. Fassungslos habe ich damals die Nachricht von dem blutigen Anschlag vernommen. Auf einer Wahlveranstaltung in Köln-Mülheim hatte eine Frau, die sich später als geistig verwirrt erwies, mit einem Messer auf ihn eingestochen und ihn

»Wir avancierten zu ›Enkeln‹ von Willy Brandt.« Der SPD-Vorsitzende (rechts) mit dem Führungsnachwuchs seiner Partei beim Frühjahrstreffen der Sozialdemokraten am 22. März 1987 in Norderstedt bei Hamburg. Von links nach rechts: Gerhard Schröder (Vorsitzender der SPD-Fraktion im niedersächsischen Landtag), Heidemarie Wieczorek-Zeul (Mitglied im SPD-Präsidium), Oskar Lafontaine (saarländischer Ministerpräsident), Rudolf Scharping (SPD-Vorsitzender von Rheinland-Pfalz), Björn Engholm (SPD-Vorsitzender von Schleswig-Holstein), Hertha Däubler-Gmelin (stellvertretende Fraktionsvorsitzende der SPD im Bundestag).

lebensgefährlich am Hals verletzt. Stundenlang kämpften die Ärzte um sein Leben, und auch nach der Operation war er nicht außer Lebensgefahr. Er hatte viel Blut verloren und wohl, wie ich mich erinnere, fast eine Stunde neben dem Rednerpult gelegen, da die Notärzte ihn nicht für transportfähig hielten. Erst am nächsten Tag gaben die Ärzte Entwarnung.

Da es zu diesem Vorfall mitten im Wahlkampf kam, blieb ihm kaum Zeit, die psychischen Folgen des Attentats zu verarbeiten. Er war gezwungen zu verdrängen. Und noch heute sehe ich die lange Reihe sozialdemokratischer Pilger an seinem Krankenbett, allen voran Hans-Jochen Vogel, damals Parteivorsitzender, die auf ihn einredeten, die Kandidatur nicht niederzulegen. Ich weiß noch, wie betroffen vor allem Johannes Rau war, der als Ministerpräsident von Nordrhein-Westfalen bei der Veranstaltung in der ersten Reihe gesessen hatte, hinter ihm, in der zweiten Reihe, eine Frau in weißem Kleid, die mehrfach versucht hatte, zu ihm vorzudringen. Die Attentäterin hatte eigentlich Rau angreifen wollen; Lafontaine wurde zum Opfer, weil er nach ihrer eigenen Aussage »günstiger stand«. Sie gelangte schließlich mit zwei Blumensträußen auf die Bühne, vermeintlich, um ein Autogramm zu erbitten. In den Blumen versteckt hielt sie das Messer.

Ich hatte immer das Gefühl, dass die Ablaufgeschwindigkeit – gestern fast tot, mit Glück das Attentat überlebt und wenig später wieder im Wahlkampf – die Verdrängung befördert und dazu geführt hat, dass der Vorgang fast in Vergessenheit geriet. Nur einer wird ihn nicht vergessen haben: Oskar. Wie oft mag er im Traum davon heimgesucht worden sein. Wie groß muss die Erschütterung gewesen sein, mit der er umzugehen hatte – von dem umfassenden Vertrauensverlust gar nicht zu reden, der eingetreten sein muss. Wie viel Überwindung ist vonnöten, sich erneut in größere Menschenmengen zu begeben? Und wie viel Kraft ist aufzubringen, um Distanz dazu zu erwerben?

Ende der neunziger Jahre hatte ich Mühe, seinen Verzicht auf die Kandidatur zu verstehen. Heute glaube ich, über eine Erklärung dafür zu verfügen. Es gab andere Hinweise, etwa sein schon erwähnter Verzicht auf die Nachfolge Willy Brandts als Parteivorsitzender, für den er sogar das Zerwürfnis mit dem verehrten Vorbild auf sich nahm. Oder: Es war, wie mir berichtet wurde, unendlich viel Überredungskunst notwendig in der Nacht, die seiner flammenden Rede auf dem Mannheimer Parteitag 1995 folgte, um ihn davon zu überzeugen, dass er am nächsten Tag als Gegenkandidat zu Rudolf Scharping für den Parteivorsitz antreten müsse. Mit seiner Rede hatte er die Herzen der Delegierten erobert, die mit seiner Kandidatur die Erwartung verbanden, aus der schwierigen Situation nach der Wahlniederlage 1994 herausgeführt zu werden. In den Medien war von einem kalkulierten Auftritt, gar von Putsch die Rede. Dafür gibt es keinerlei Beleg. Es war der begeisternde Oppositionspolitiker Lafontaine mit einem mitreißenden Appell gewesen. Er tat eben das, was er am besten konnte. Putsch, welch ein Unsinn.

Auch in seinem späteren Handeln oder Nichthandeln zeigte er eher Neigung zu Opposition, eine Eigenschaft, die sich mit der Erfahrung des Attentats noch verstärkt haben dürfte. Und seine totale Demission im März 1999? Vielleicht ist sie mit der in den Keller gegangenen öffentlichen Zustimmung zu erklären, vielleicht auch mit der von dem Attentat herrührenden Furcht, sich erneut zu exponieren.

Insoweit sind sein Austritt aus der SPD und sein politisches Comeback bei der zweifach gewendeten PDS letzte Bestätigung für meine Vermutung. Dort, bei der WASG oder PDS, kann er es sein und wird es bleiben: der geborene Oppositionspolitiker. Keine einzige Forderung, die er jetzt formuliert, wird er je in Wirklichkeit verwandeln müssen, und er kann sich in dem warmen Gefühl baden, immer recht zu behalten. Ihm ist Aufmerksamkeit sicher, ohne dass er besondere Verantwortung übernehmen müsste. Schade.

Viele Gedanken dieser Art, so erinnere ich mich, gingen mir auch an jenem 11. März 1999 durch den Kopf. Auch in den Jahren danach war das Rätsel Oskar Lafontaine immer wieder Gegenstand meines Nachdenkens. Ich konnte auf seinen Rücktritt nicht mit Bitterkeit oder enttäuschter Freundschaft reagieren, musste aber lernen, damit umzugehen.

Persönlich und emotional war ich eigentlich erst getroffen, als er zu seiner Selbstrechtfertigung Gründe suchte und mich in seiner *Bild*-Kolumne mit Reichskanzler Brüning verglich, »der mit seiner Sparpolitik Massenarbeitslosigkeit verursachte und Hitler den Weg bereitete«. Das war ein abstruser Vergleich, den Joschka Fischer als »historisch abwegig« bezeichnete und meine Frau dazu veranlasste, Lafontaine zum Parteiaustritt aufzufordern. Getroffen war ich, als seine öffentliche Beschimpfung begann, als er sein Buch »Das Herz schlägt links« veröffentlichte und das vorbereitete, was er wohl als Rückkehr in die politische Arena verstand. Da habe ich gedacht: Man kann sich ja trennen müssen, weil der eine nicht mehr kann oder nicht mehr will oder nicht mehr kann *und* nicht mehr will. Aber muss man sich dann rachsüchtig Steine ins Kreuz werfen? Ich habe auf seine Anwürfe nie öffentlich geantwortet und tue das auch jetzt nicht. Es reicht, einen Mitstreiter verloren zu haben.

»Wir beide zusammen konnten als Führungsduo zumindest den Versuch unternehmen, den Verlust auszugleichen, den Oskars Rücktritt für die SPD bedeutete.« Im Gespräch mit Franz Müntefering.

Damals, in meinem Büro, als meine Gedanken um diesen Verlust kreisten, ging es vor allem darum, möglichst schnell dem Tief entgegenzuwirken, in das Regierung und Partei durch Lafontaines Rücktritt geraten konnten. Nach und nach trafen die stellvertretenden Vorsitzenden der SPD ein, Heidemarie Wieczorek-Zeul kam, und wenig später stand mir Franz Müntefering zur Seite. Mir war klar, dass ich keine Alternative hatte und Oskars Nachfolge im Parteivorsitz antreten musste. Das fand auch Franz, und nach einigem Zögern stimmte Heidemarie ebenfalls zu – nachdem Müntefering von sich aus eine Kandidatur, die Heidemarie vorschlug, kategorisch ausgeschlossen hatte.

Wenige Monate später bat ich ihn, der gerade als Verkehrsminister ins Bundeskabinett eingetreten war, den Posten des Generalsekretärs der Partei anzunehmen. Wir beide zusammen konnten als Führungsduo zumindest den Versuch unternehmen, den Verlust auszugleichen, den Oskars Rücktritt für die SPD bedeutete. Ein Sonderparteitag, der am 12. April 1999 in Bonn stattfand, musste die aufgebrochene Führungsfrage klären. Mir war es auch wichtig, eine überzeugende Mehrheit für die Nachfolge von Oskar Lafontaine im Parteivorsitz zu erreichen. Natürlich hat mich die Möglichkeit, ein Amt zu bekleiden, dessen Ahnenreihe von Bebel bis Brandt reichte, beeindruckt und nicht wenig stolz gemacht. Das waren Vorgänger, ohne die eine Geschichte der Arbeiterbewegung, der Aufklärung und Emanzipation nicht hätte geschrieben werden können.

Auf dem Parteitag ging es auch um den Kriegseintritt im Kosovo. Diese wichtige Zusammenkunft meiner Partei in Bonn – so empfand ich es schon damals und sehe es noch deutlicher im Rückblick – konnte auch deswegen erfolgreich bewältigt werden, weil ihre Tonlage, die Form der Auseinandersetzung über Krieg und Frieden, über Oskars Abgang und die mir daraus erwachsende Notwendigkeit, für das Amt des Parteivorsitzenden zur Verfügung zu stehen, vor allem durch einen Redebeitrag von Erhard Eppler geprägt wurde.

Gewiss, ich hatte mich bemüht, alles zu vermeiden, was auch nur entfernt in die Nähe von Rechthaberei hätte geraten können. Mir war völlig klar, dass für manchen in der Partei – und darüber hinaus in der Gesellschaft insgesamt – die Vorstellung unerträglich war, dass erneut deutsche Soldaten, in diesem Fall Kampfpiloten, in einer Region eingreifen sollten, die im Zweiten Weltkrieg so sehr unter deutscher Fremdherrschaft gelitten hatte. Deshalb hatte ich gleich zu Beginn meiner Rede ganz selbstverständlich zugestanden, dass man auch zu anderen Schlussfolgerungen kommen könne und jedes Recht habe, dies in der Partei offen zu vertreten. Gleichwohl konnte ich keinen Zweifel daran lassen, dass ich von der Notwendigkeit eines aktiven deutschen Beitrags überzeugt war. Aber ich spürte, dass meine Argumente allein nicht ausreichen würden, um eine große Mehrheit der Delegierten zu überzeugen.

Eppler fand die richtigen Worte. Erneut waren wir Zeugen seiner intellektuellen Kraft und Sensibilität, mit der er sich auch diesem Thema näherte, und deshalb will ich wenigstens den Schluss seiner Rede zitieren: »Lasst mich noch eine letzte, eine sehr allgemeine Bemerkung machen: Die 68er-Bewegung hat uns viel Neues und Gutes gebracht. Sie hat aber auch einiges verschüttet. Etwas von dem, was sie verschüttet hat, ist das Gespür für Tragik. Wir sind ja dabei, alles, was traurig ist, tragisch zu nennen. Nein, tragisch ist eine Situation, wenn man schuldig wird, ganz gleich, was man tut. Natürlich wird man schuldig, wenn man Bomben wirft. Die Frage ist doch nur, wie man noch schuldiger wird. Deshalb muss diese Partei jetzt diesen tragischen Konflikt, auf den sie gar nicht vorbereitet ist, aushalten. Sie muss lernen, was eine tragische Entscheidung ist, und sie muss das dann so aushalten, dass jeder dem anderen zugesteht, dass er gute Gründe hat. Dann muss die Regierung handeln. Ich habe den Eindruck, sie handelt so, dass wir

»Ich habe den Eindruck, die Regierung handelt so, dass wir ein bisschen weniger schuldig werden, als wenn wir nichts täten.« Erhard Eppler am 12. April 1999 auf dem Sonderparteitag der SPD in Bonn, bei dem es um den Einsatz deutscher Soldaten im Kosovokrieg ging.

ein bisschen weniger schuldig werden, als wenn wir nichts täten.«

Das Berührende an dem Beitrag Epplers war, dass er den Kern des Konflikts erfasste und ihn herausschälte. Wir mussten ja auch zur Kenntnis nehmen, dass in der Region etwas im Gange war, das auf mich wirkte, als knüpfte es direkt an die durch zwei Weltkriege nur unterbrochene Geschichte des Balkans an, eine Geschichte, die – soweit sie hier von Interesse ist – bis zum Anfang des 19. Jahrhunderts zurückreicht.

Kein österreichischer Vielvölkerstaat, kein Tito, unter dessen Knute der serbokroatische Seilakt Jugoslawien entstanden war, hatten die unter der Oberfläche liegenden ethnischen, religiösen und machtpolitischen Schichten auslöschen können. Der zugleich gelungene und misslungene Versuch des Wiener Kongresses 1814/15, nach dem Sturz Napoleons die politische Landkarte Europas zu erneuern, entfaltete fast zwei Jahrhunderte später eine unvorhergesehene Wirkung. Damals, Anfang des 19. Jahrhunderts, fanden sich wahrlich nicht unmaßgebliche Vertreter der Mächte zusammen, die Napoleon besiegt hatten. Welch ein imponierendes Namenregister hatte dieser Kongress aufzuweisen. Für Österreich Fürst von Metternich, für Russland Zar Alexander I., für England Viscount Castlereagh, für Frankreich Charles-Maurice de Talleyrand-Périgord, für Preußen Karl August Fürst von Hardenberg und Friedrich Wilhelm von Humboldt. Große Namen. Sie zogen die neuen Grenzen in Europa. Aber bei aller strategischer Gewitztheit säten sie doch zugleich den Samen der Zwietracht, den die auf dem Wiener Kongress erzielte Einigung nur verdeckte. Ihr größter Fehler war zudem, dass sie den Drang der Bürger nach Mitbestimmung in ihren Ländern, angefacht durch den aufkommenden Liberalismus und die Ausbildung der Nationalstaaten, nicht beachteten.

Zumindest teilweise erklärt der Wiener Kongress mir diesen brachialen Ausbruch eines irgendwie verspäteten Hasses und religiös gründenden Fundamentalismus, verknüpft mit einem ebenso verspäteten serbischen Sendungsbewusstsein, das schon den Ausbruch des Ersten Weltkrieges mit befördert hatte, jedenfalls als willkommener Anlass für Österreich und den Gernegroß in Berlin, Wilhelm II., herhalten musste. Damals, im Juni 1914, war es in dem tödlichen Attentat auf den österreichischen Thronfolger Franz Ferdinand zutage getreten, als hätte dadurch eine Revision der Geschichte bewerkstelligt werden können. Die Folge war stattdessen unendliches Leid, das sich von Sarajevo über ganz Europa ausbreiten sollte.

Jetzt, an der Schwelle zum 21. Jahrhundert, den neuerlichen Brandherd auf dem Balkan nicht nur zu löschen, sondern die Region zu einem friedlichen Miteinander zu bringen, das schien mir die wirkliche Herausforderung zu sein. Zugleich war dies eine Auseinandersetzung ohne Vorbild. Auslöser war kein auch nur entfernt sichtbares imperiales Interesse; Rohstoffe spielten ebenso wenig eine Rolle wie etwa irgendwelche sonst so viele Kriege auslösenden Grenzstreitigkeiten. Es ging auch nicht um *regime change*, eine Vokabel, die erst später an Bedeutung gewinnen sollte. Es ging ausschließlich um humanitäre Ziele. Und damit auch darum, ob das integrierte Europa gemeinsam Lehren aus der blutigen Geschichte des 20. Jahrhunderts zu ziehen bereit war.

Nach zwei grauenhaften Weltkriegen stand das integrierte Europa vor der Aufgabe, zu verhindern, dass sich auf dem Balkan erneut mit Strömen von Blut der Geschichts-

Flüchtlingslager Kukes, Albanien, Mai 1999.

revisionismus austoben konnte. Im Rückblick erscheint es mir nicht wenig symbolhaft, dass Beginn und Ende des Kosovokrieges genau in die Zeit der deutschen Präsidentschaft im Europäischen Rat fielen. Joschka Fischer und mir war dabei von vornherein klar, dass alle unsere Anstrengungen darauf gerichtet sein mussten, das einzige Kriegsziel, den Rückzug der serbischen Armee aus dem Kosovo, möglichst schnell zu erreichen und damit den Krieg rasch zu beenden. Außerdem musste Serbien – auch darin stimmten wir überein – garantieren, dass dieser Rückzug endgültig sei. Und daraus folgte zudem: Nach Einstellung der Kampfhandlungen würde es zur Sicherung des wiederhergestellten Friedens notwendig sein, Soldaten zu stationieren, auch Soldaten der Bundeswehr.

Über die Lage auf dem Balkan, über die fast mittelalterlich anmutenden Strukturen in Teilen Bosniens und im Kosovo lernte ich am meisten von Michael Steiner, der mir als außenpolitischer Berater im Kanzleramt zur Seite stand. Steiner war ein Jahr zuvor aus Sarajevo zurückgekehrt, wo er von 1996 bis 1997 als Erster Stellvertreter des Sonderbeauftragten der UN für den Balkan, des Schweden Carl Bildt, gearbeitet hatte. Einen so kenntnisreichen Berater zu haben war eine glückliche Fügung. Steiner bestärkte uns in unserer Mutmaßung, ein Ende des gerade in eine heiße Phase geratenden Krieges sei nur zu erreichen, wenn es gelänge, Russland ins Boot zu holen. Moskau hatte lange den Eindruck erweckt, als stehe es auch aus einer Art panslawischer Emotion heraus an der Seite Belgrads, eine Allianz, die der serbische Regierungschef Milošević als Trumpfkarte ausspielen konnte.

Es war die überaus verdienstvolle Leistung des deutschen Außenministers, die zögerlichen Russen schließlich davon zu überzeugen, dass es in ihrem eigenen Interesse war, Belgrad die Unterstützung aufzukündigen. Vielleicht hat zu diesem Umschwenken beigetragen, dass die USA und die Engländer eine öffentliche Debatte über die Option führten, auch Bodentruppen in den Kosovo zu entsenden, wenn sich herausstellen sollte, dass die Luftschläge gegen kriegswichtige Ziele in Restjugoslawien und im Kosovo keine ausreichende Wirkung haben würden. Bodentruppen und damit eine auf unvorhersehbar lange Zeit denkbare Stationierung von Nato-Truppen in der Region konnten nicht im geostrategischen Interesse Moskaus liegen.

Jedenfalls fand sich Anfang Juni 1999 der damalige russische Jugoslawienbeauftragte Wiktor Tschernomyrdin zu einem Dreiergespräch mit dem amerikanischen Unterhändler Strobe Talbott und dem finnischen Präsidenten Martti Ahtisaari, den ich zuvor, im Mai, bei einem Blitzbesuch in Helsinki für eine EU-Vermittlungsmission hatte gewinnen können, auf dem Petersberg bei Bonn ein. Um dieses Treffen zu ermöglichen, hatte Joschka Fischer alle nur denkbaren diplomatischen Hebel in Bewegung gesetzt. Dabei einigte man sich auf klare Bedingungen für den Abbruch der Kampfhandlungen.

Ahtisaari sollte folgenden Drei-Punkte-Plan umsetzen:
- Belgrad zieht sämtliche paramilitärische Kräfte und die serbischen regulären Truppen endgültig aus dem Kosovo ab.
- Belgrad erklärt sich einverstanden, die Provinz Kosovo unter ein UN-Mandat zu stellen.
- Belgrad ist bereit, eine internationale militärische Besatzung unter Nato-Führung zu akzeptieren.

Alle Friedensbemühungen schienen allerdings auf der Kippe zu stehen, als die Sondermeldungen über die Ticker der Agenturen jagten, amerikanische Nato-Bomber hätten die chinesische Botschaft in Belgrad in Schutt und Asche gelegt. Mir war sofort klar, dass dieser Vorfall nicht einfach nur unter die Rubrik »bedauerlicher Kollateralschaden« fallen würde. Und die Toten und die verwundeten Opfer dieses unverzeihlichen Fehlers führten ja auch dazu, dass die chinesischen Massen wie auch ihre Regierung in heftigen Aufruhr gerieten.

Ausgerechnet für diesen Zeitpunkt – Mai 1999 – hatte ich meine erste offizielle China-Reise als Kanzler geplant. Die Stationen waren längst festgelegt, ebenso die Teilnehmer. Absagen wollte ich unter dem Eindruck der Ereignisse nicht, aber wir konnten unmöglich unser sorgfältig vorbereitetes Gesprächs- und Besichtigungsprogramm absolvieren.

So wurde die Delegationsreise verschoben, und ich flog nur mit Steiner und Heye zu einem eintägigen Arbeitsbesuch nach Peking. Über zehn Stunden hin, wenige Stunden Aufenthalt, zehn Stunden Rückreise. Aber mir war der Besuch wichtig; es ging mir darum, mich offen und öffentlich und als Vertreter der Allianz bei der chinesischen Regierung für den Vorfall zu entschuldigen. Nur so würde China sein Gesicht wahren können. Und mein Eindruck bei der Begegnung mit der chinesischen Führung war: Meine Entschuldigung verfehlte ihre Wirkung nicht. Entsprechend groß wurde in den Medien des Landes darüber berichtet. China behielt im Balkankonflikt seine neutrale Position bei, und der Weg war frei für Ahtisaaris Mission.

Ich war davon überzeugt, dass dieser ausgefuchste und international erfahrene Diplomat als Vermittler der Europäischen Union der richtige Mann sein und die notwendige Verhandlungskraft gegenüber der jugoslawischen Regierung aufbringen würde. Sicher kam ihm dabei die Aura der Neutralität zugute, die Finnland besitzt und die die Unparteilichkeit des Vermittlers garantierte. Er hatte Erfolg, und dieser Erfolg überstrahlte das europäische Gipfeltreffen in Köln, zu dem Ahtisaari Anfang Juni 1999 mit der Botschaft stieß: »Der Krieg ist zu Ende!«

Die geplante Delegationsreise nach China, die wir hatten absagen müssen, war als Einstieg in eine neue Politik gegenüber diesem Land gedacht gewesen. Deswegen sei mir an dieser Stelle ein kleiner Exkurs erlaubt. Auf die Verbesserung der deutsch-chinesischen Beziehungen legte ich von Beginn meiner Kanzlerschaft an großen Wert. Deshalb beschloss ich, jedes Jahr mindestens einmal nach China zu

»Der Krieg ist zu Ende!« Martti Ahtisaari nach seiner geglückten Vermittlungsmission in Belgrad, 3. Juni 1999.

reisen. Natürlich war der Ausbau der wirtschaftlichen Beziehungen mit China für Deutschland als exportstärkstes Land der Welt von größter Bedeutung. Der Erfolg der deutsch-chinesischen Wirtschaftsbeziehungen ist eindrucksvoll: Zwischen 1999 und 2005 verdreifachte sich das Handelsvolumen auf über 60 Milliarden Euro. Ich bin sicher, dass sich gesellschaftlicher Wandel in diesem Land der Widersprüche auch über wirtschaftlichen Austausch vollzieht. Die durch das enorme ökonomische Wachstum bewirkten Modernisierungsschübe haben eine Öffnung der chinesischen Gesellschaft, insbesondere in den Städten, nach sich gezogen.

Die ökonomische Zusammenarbeit ist aber nur ein Aspekt der deutsch-chinesischen Partnerschaft. China ist in den vergangenen Jahren ein großes internationales Gewicht zugewachsen, mit dem das Land sehr verantwortungsvoll umgeht – etwa im Nordkoreakonflikt, aber auch bei der Bewältigung der Wirtschaftskrise, in die Asien 1997/98 geraten war. Keine der großen globalen Herausforderungen – etwa im Klimaschutz, in der Energiepolitik und bei der Wahrung des Friedens – wird sich künftig ohne China bewältigen lassen. Deshalb habe ich das Land immer auf dem Weg einer multilateral angelegten Politik unterstützt.

Auch die Europäische Union hat sich für eine strategische Partnerschaft mit China und für den Ausbau der Beziehungen auf allen Ebenen entschieden. Die deutsche Chinapolitik stand nie im Gegensatz zu dieser europäischen Strategie, auch nicht in der heiß diskutierten Frage, ob das EU-Waffenembargo gegen China aufgehoben werden soll. Nachdem es im Juni 1989 zu dem blutigen Militäreinsatz gegen demonstrierende Studenten auf dem Platz des Himmlischen Friedens in Peking gekommen war, beschloss die Europäische Union weitreichende Sanktionen, die aber bereits nach wenigen Monaten wieder eingestellt wurden. Lediglich das symbolträchtige Waffenembargo blieb bestehen. In den beinahe zwei Jahrzehnten, die seitdem vergan-

Die erste offizielle Reise des neuen Bundeskanzlers nach China Anfang November 1999. Im Hintergrund der Palast der himmlischen Klarheit in Peking, der als bedeutendstes Bauwerk des Landes gilt.

gen sind, hat sich China jedoch verändert. Die chinesische Führung hält den Embargobeschluss für diskriminierend, und die Europäische Union hat beschlossen, auf eine Beendigung des Embargos hinzuarbeiten, auch weil es eine leere Hülle ist: Waffenlieferungen sind aufgrund der restriktiven Exportbestimmungen gar nicht möglich und auch politisch nicht erwünscht. Ich halte meine Position nach wie vor für richtig, denn das Verhängen von Sanktionen muss in der internationalen Politik immer wohlüberlegt sein. Sanktionen zielen auf Isolierung. Das mag sich in manchen Fällen als notwendig erweisen. Wer aber in Beziehungen zu anderen Staaten auf Dialog und Veränderungsbereitschaft setzt, muss auch bereit sein, wieder von Sanktionen abzurücken. Dass die neue italienische Regierung unter Prodi dies ebenso sieht, freut mich.

Berechtigte Kritik an China zielt auf die Menschenrechtslage. Wir Europäer – und gerade wir Deutschen – sollten uns aber vor Selbstgerechtigkeit hüten. Wir können in China nicht von heute auf morgen eine Qualität rechtsstaatlicher Standards erwarten, die für unsere Demokratie mühsam genug erkämpft werden mussten. Ich rate hier, ohne die reale Situation in China zu verkennen, zu mehr Geduld. Die Verstöße gegen die Menschenrechte in China beendet man nicht durch Strafmaßnahmen, lautes Dröhnen und schon gar nicht auf einen Schlag, sondern nur durch beharrliche Kommunikation. Deshalb habe ich 1999 den deutsch-chinesischen Rechtsstaatsdialog initiiert. Er trägt zum gesellschaftlichen Modernisierungsprozess in China bei. Wir müssen diesen Prozess weiter stützen, denn nur ein im Innern stabiles, sozial gerechtes und rechtsstaatliches China wird für die Weltgemeinschaft ein verlässlicher und verantwortungsbewusster Partner sein können.

Zurück zum Kosovokrieg. Europa zog aus ihm die Lehre, dass es ohne Hilfe der USA nicht in der Lage war, einen solchen Konflikt auf dem Kontinent zu lösen. Um eine Diskussion in Gang zu bringen, wie Europa in Zukunft militärisch auf eigenen Füßen stehen könne, hatte Tony Blair im Oktober 1998 bei einem informellen Treffen in Pörtschach, das anlässlich der zu Ende gehenden österreichischen Ratspräsidentschaft stattfand, die Idee einer europäischen Sicherheitsidentität auf die Tagesordnung gesetzt. Die Europäer sollten, so sein Vorschlag, »operative Fähigkeiten« entwickeln, damit sie in zukünftigen Krisenfällen, in denen sich die Vereinigten Staaten nicht engagieren wollten, selbst handlungsfähig wären.

Schon die im Dezember 1995 in Paris unterzeichnete Vereinbarung von Dayton, Ohio, in der die Serben den durch Luftschläge der Amerikaner durchgesetzten Waffenstillstand in Bosnien-Herzegowina und die Schutzzone Sarajevo akzeptierten, hatte klargemacht, dass die Nato-Schutztruppe mit UN-Mandat, die für die Einhaltung des Abkommens sorgen sollte, ohne die USA nicht zustande gekommen wäre. Ihr gehörten zeitweilig bis zu zwanzigtausend amerikanische Soldaten an.

Die USA scheinen mir bis heute nicht wirklich entschieden, wie sie mit der Europäischen Union umgehen wollen. Immer wieder schallen Ermunterungen zu größerer Selbständigkeit und einer Partnerschaft, die auf einer gemeinsamen Wertegemeinschaft gründet, über den Ozean. Steht aber die Verwirklichung größerer europäischer Unabhängigkeit tatsächlich auf der Tagesordnung, versuchen die Amerikaner, sie möglichst zu hintertreiben. Das war nicht nur am 20. November 2000 so, als die Außen- und Verteidigungsminister der EU als Konsequenz aus dem Kosovokrieg die volle Operationsfähigkeit einer schnellen Eingreiftruppe von mindestens hunderttausend Mann innerhalb von drei Jahren ankündigten: Sogleich warnten die USA sehr deutlich und werteten den Beschluss als Versuch, die Autorität der Nato infrage zu stellen.

Um ihren Interessen Nachdruck zu verleihen, ist manchen Politikern in den USA ein zerstrittenes Europa lieber. *Divide et impera* gilt aus der Sicht Washingtons auch für den Umgang mit der Europäischen Union. Das war unter Clinton nicht anders als unter George W. Bush, und es betrifft nicht nur den militärischen Bereich. Gleiches gilt für die Handels- und Wirtschaftspolitik. Nach dem Ende des Ost-West-Konflikts schieben sich im transatlantischen

Verhältnis mehr und mehr die innenpolitischen Interessen der USA in den Vordergrund, sodass zunehmend der Eindruck entsteht, die amerikanische und die europäische Weltsicht driften auseinander. Das gilt für den Umgang mit dem Terrorismus, das gilt auch für völkerrechtliche Fragen und den Internationalen Gerichtshof in Den Haag und nicht weniger für den Umweltschutz. Brüssel hat in Washington keinen erheblichen Stellenwert, und daran sind die Europäer nicht schuldlos, denn Washington kann darauf bauen, dass es in jeder europäischen Hauptstadt Eitelkeiten zu wecken vermag. Auch auf die Sonderbeziehungen zu Großbritannien können sich die USA verlassen, und so war die Blair-Initiative von Pörtschach auch nicht von anhaltendem Engagement Englands begleitet. Die amerikanischen Freunde zeigten sich »not amused« – was den Ehrgeiz der britischen Regierung, eine »europäische Sicherheitsidentität« anzustreben, gleich wieder dämpfte.

Im Übrigen wurde eine, wenn auch störanfällige, außenpolitische Linie aller EU-Staaten erst realistisch, seit das vereinigte Deutschland in die dazu notwendige Willensbildung einbezogen ist. Das war ein langer Weg, der fast ein Jahrzehnt in Anspruch nahm. Es war der damalige Generalsekretär der Vereinten Nationen Boutros Boutros-Ghali, der sich 1993 für die »volle Beteiligung Deutschlands« an sämtlichen friedenserhaltenden und Frieden schaffenden Einsätzen aussprach. Er nannte es zugleich einen »Irrglauben«, der Ansicht zu sein, die internationale Gemeinschaft fürchte sich vor Einsätzen bewaffneter deutscher Soldaten oder befürworte sie jedenfalls nicht in Ländern, in denen Deutsche aus geschichtlichen Gründen glaubten, nicht selbst eingreifen zu dürfen. Dieser Hinweis machte jedoch kaum Eindruck auf die innenpolitische Debatte in Deutschland.

Allerdings muss man dabei bedenken, dass Boutros-Ghalis Bemerkung hierzulande auf eine Mentalität stieß, die völlig unvorbereitet darauf war, dass mit der gerade vollzogenen Vereinigung und der Entstehung des größeren Deutschlands auch eine umfassendere außenpolitische Verantwortung verbunden sein würde. Wenn dies aus heutiger Sicht realitätsfern wirkt, mag das ein Hinweis darauf sein, wie schnell sich die Befindlichkeiten ändern: Anfang der neunziger Jahre waren nur wenige nachdenkliche Beobachter im Ausland in der Lage, die durch zwei Weltkriege geprägte Selbstwahrnehmung der Deutschen richtig einzuschätzen. So gab es denn hinsichtlich der Beteiligung deutscher Soldaten an militärischen Einsätzen im Ausland eine Binnensicht und eine Außensicht, die nicht zueinanderpassten.

Gemessen an dem, was sich gerade mal eine Flugstunde von Deutschlands südlicher Grenze entfernt in Bosnien-Herzegowina abspielte, wirkte die deutsche Debatte allerdings sehr verschroben und weltentrückt. Ich erinnere mich, dass wir 1993 heftig darüber diskutierten, ob deutsche Besatzungen in den AWACS-Maschinen der Nato mitfliegen dürften, wenn diese im Auftrag der Vereinten Nationen zur Durchsetzung ihrer Beschlüsse eingesetzt werden sollten. Unumstritten waren nur humanitäre Einsätze wie etwa die Bereitstellung von Transportflugzeugen der Bundeswehr, mit denen Teile der Bevölkerung Bosniens aus der Luft versorgt wurden. Währenddessen wuchsen in der Nato erste Zweifel an der Bündnistreue des vereinigten Deutschlands.

Das Bundesverfassungsgericht brachte schließlich Ordnung in die unübersichtliche Rechtslage. So lehnte es das

Gericht 1993 ab, eine einstweilige Anordnung gegen die Teilnahme deutscher Soldaten an den AWACS-Flügen über Bosnien zu erlassen. Ein Jahr später kamen die Karlsruher Richter zu der Erkenntnis, das Grundgesetz autorisiere den Bund »nicht nur zum Eintritt in ein System kollektiver Sicherheit und zur Einwilligung in damit verbundene Beschränkungen seiner Hoheitsrechte«, sondern biete auch die verfassungsrechtliche Grundlage »für die Übernahme der mit der Zugehörigkeit zu einem solchen System typischerweise verbundenen Aufgaben.« Damit war es möglich, dass Deutschland sich voll an UN-Friedensmissionen beteiligen« konnte.

Dann folgte 1996 der Beschluss des Bundestages – übrigens mit den Stimmen der SPD –, sich mit rund dreitausend Soldaten an der SFOR-Truppe in Bosnien zu beteiligen. Der Verlängerung dieses Mandats stimmte der Bundestag dann im Juni 1998 mit den Stimmen der Abgeordneten von Bündnis 90/Die Grünen zu. Trotz dieser weitgehend geklärten rechtlichen Lage war das Bewusstsein in Deutschland über die denkbaren Folgen weit weg von der Wirklichkeit. Vielleicht war es eine List der Geschichte, dass ausgerechnet Rot-Grün die politische Führung übernehmen musste, um Deutschlands Verantwortung in Gänze gerecht zu werden.

Das Jahr 2001, das erste des neuen Jahrhunderts, auf das sich so viele Hoffnungen gerichtet haben, dass wir endlich das blutige Erbe des 20. Jahrhunderts hinter uns lassen könnten, stand vom jenem sonnigen New Yorker Vormittag des 11. September an unter dem schockierenden Eindruck, die Bedrohung des Weltfriedens habe eine neue Dimension angenommen.

KAPITEL IV

DER 11. SEPTEMBER 2001 UND DIE FOLGEN

»Braucht irgendjemand Hilfe?«, schreit dieser Mann am 11. September 2001 nach dem Einsturz der Twin Towers des World Trade Center in New York.

Am 26. Mai 2004 erschien in der angesehenen *New York Times* ein bemerkenswertes Editorial in eigener Sache unter der Überschrift »Die Times und der Irak«. Der Text soll hier in vollem Wortlaut zitiert werden:

Von den Herausgebern
Die Times und der Irak

Während des vergangenen Jahres haben wir in dieser Zeitung die Entscheidungen, die zum Einmarsch der Vereinigten Staaten im Irak führten, aus heutiger Sicht beleuchtet. Wir haben die Fehler der amerikanischen und der mit ihnen zusammenarbeitenden Geheimdienste vor allem in ihren Erkenntnissen über Waffen des Irak und seine Verbindungen zu internationalen Terroristen untersucht. Wir sind den Beschuldigungen nachgegangen, die Regierung sei zu leichtgläubig gewesen oder habe die Stimmung für ihre Zwecke angeheizt und missbraucht. Nun ist es höchste Zeit, uns derselben Prüfung zu unterziehen.

Bei der Durchsicht vieler hundert Artikel, die im Vorfeld des Krieges und zu Beginn der Besatzungszeit geschrieben wurden, stießen wir auf eine gewaltige Menge journalistischer Leistungen, auf die wir stolz sein können. Was wir berichteten, spiegelte in den meisten Fällen präzise unseren Kenntnisstand zum damaligen Zeitpunkt wider – Wissen, das meist mühsam von den Geheimdiensten erfragt werden musste, die ihrerseits nur über lückenhafte Informationen verfügten. Waren die Angaben in diesen Artikeln unvollständig oder deuteten sie in eine falsche Richtung, so traten später gesicherte und umfassendere Erkenntnisse an ihre Stelle. Das ist der normale Gang der täglichen Berichterstattung.

Andererseits sind wir jedoch auf etliche Meldungen gestoßen, die nicht so präzise waren, wie sie hätten sein sollen. In einigen Fällen wurden Informationen, die damals umstritten waren und heute als fragwürdig gelten, nicht genügend geprüft und unbehelligt durchgewunken. Heute wäre uns wohler zumute, wenn wir manche Behauptungen damals energischer hinterfragt hätten, als neue Beweise auftauchten – oder eben nicht auftauchten.

Obwohl die problematischen Artikel von verschiedenen Verfassern stammten und verschiedene Themen behandelten, hatten sie doch eines gemein: Sie alle beruhten mehr oder weniger auf Mitteilungen aus einem Kreis von Exilirakern oder Überläufern, denen an einem Regimewechsel im Irak gelegen war und deren Glaubwürdigkeit während der letzten Wochen zunehmend öffentlich in Zweifel gezogen worden ist. In Artikeln der *Times* wird mindestens seit 1991 des Öfteren der bekannteste Anti-Saddam-Agitator, Ahmad Chalabi, als Quelle genannt. Er vermittelte Reportern auch Kontakte zu anderen Exilirakern. Chalabi wurde zu einem Günstling der Falken in der

Regierung Bush, und erst vergangene Woche wurden die Zahlungen eingestellt, die er für seine Dossiers aus dem Umfeld der Exilanten erhalten hatte. Regierungsstellen, die den Einmarsch im Irak für zwingend nötig hielten, bestätigten oft und diensteifrig die Schilderungen dieser Exilanten, was den Journalisten die Arbeit nicht erleichterte. Mittlerweile räumen Mitglieder der Regierung ein, in manchen Fällen Fehlinformationen aus Exilantenkreisen aufgesessen zu sein. Genauso ist es vielen Nachrichtenorganen ergangen – und eben auch uns.

Einige der Kritiker unserer Berichterstattung über diese Zeit haben die Schuld bestimmten Redakteuren zugeschoben. Unserer Untersuchung zufolge ist das Problem jedoch vielschichtiger. Redakteure auf verschiedenen Ebenen hätten die Reporter zu mehr Skepsis anhalten und ihre Arbeit einem kritischen Blick unterziehen müssen, doch waren sie anscheinend zu sehr versessen darauf, Knüller rasch ins Blatt zu bringen. Die Schilderungen der irakischen Überläufer wurden nicht immer gegen deren entschlossenes Bestreben abgewogen, den Sturz Saddam Husseins herbeizuführen. Schreckensmeldungen über den Irak wurden häufig so platziert, dass sie dem Leser förmlich ins Auge sprangen, während nachfolgende Artikel, die das Behauptete infrage stellten, manchmal unter »ferner liefen« in der Versenkung verschwanden. In einigen Fällen folgte überhaupt keine Richtigstellung.

Am 26. Oktober und am 8. November 2001 beispielsweise wurden, jeweils auf Seite 1, Aussagen irakischer Überläufer zitiert, die von einem geheimen

Lager im Irak berichtet hatten, in dem islamistische Terroristen ausgebildet und biologische Waffen produziert würden. Diese Hinweise sind niemals überprüft worden.

Ein anderer Leitartikel, den die Zeitung am 20. Dezember 2001 brachte, begann mit den Worten: »Ein irakischer Überläufer, der sich als Bauingenieur ausgab, berichtete, er sei bis vor einem Jahr an der Modernisierung geheimer Anlagen zur Produktion biologischer, chemischer und atomarer Waffen in unterirdischen Gewölben, Privatvillen wie auch unterhalb des Saddam-Hussein-Krankenhauses in Bagdad beteiligt gewesen.« Wie die Zeitungen des Knight-Ridder-Konzerns vergangene Woche berichteten, haben amerikanische Untersuchungsbeamte den Mann – sein Name ist Adnan Ihsan Saeed al-Haideri – Anfang dieses Jahres in den Irak gebracht, damit er sie zu den Orten führe, an denen er gearbeitet haben wollte; die Beamten hätten dort jedoch keinerlei Hinweise auf eine Nutzung für Waffenprogramme gefunden. Natürlich ist weiterhin nicht auszuschließen, dass doch noch chemische oder biologische Waffen im Irak zutage gefördert werden, doch in diesem Fall sieht es so aus, als hätten wir uns im Verein mit der Regierung täuschen lassen. Dies hatten wir unseren Lesern bis zum heutigen Tag nicht mitgeteilt.

Am 8. September 2002 titelte die Zeitung: »US-Regierung: Hussein verstärkt seine Bestrebungen, sich Bauteile für Atombomben zu beschaffen.« In dem Bericht ging es um die Aluminiumröhren, die die Bush-Administration beharrlich als Bauelemente für eine Anlage zur Urananreicherung bezeichnete. Die Information stammte nicht von Überläufern, sondern aus den besten zu dieser Zeit verfügbaren Geheimdienstquellen. Trotzdem hätte mit dieser Information vorsichtiger umgegangen werden müssen. Es gab Hinweise, die es fraglich erscheinen ließen, dass sich die Röhren für kerntechnische Zwecke eigneten, doch wurden diese Zweifel erst nach 1700 von 3600 Wörtern eines langen Artikels geäußert und somit gut versteckt. Regierungsmitglieder durften sich indessen ausführlich darüber auslassen, weshalb dieser Hinweis auf die atomtechnischen Ambitionen des Irak es erfordere, Saddam Hussein zu entmachten: »Das erste Anzeichen für einen ›rauchenden Colt‹«, argumentierten sie, »könnte ein Atompilz sein.« Fünf Tage später erfuhren die Reporter der *Times*, dass sich die Geheimdienste über die Röhren nicht einig waren. Die Bedenken wurden auf Seite 13 weit hinten in einem Artikel geäußert, dessen Überschrift nicht erkennen ließ, dass wir dabei waren, unsere frühere Einschätzung zu revidieren (»Das Weiße Haus benennt irakische Schritte zum Bau verbotener Waffen«). Zweifel an der behaupteten Bedeutung der Röhren zitierte die *Times* am 9. Januar 2003, als die Internationale Atomenergiebehörde dieses wichtigste Beweisstück infrage stellte. Darüber wurde auf Seite 10 berichtet, obgleich die Meldung doch wohl auf Seite 1 gehört hätte.

Am 21. April 2003, in der Zeit, als amerikanische Waffensucher den US-Truppen in den Irak folgten, erschien auf der Titelseite ein Artikel, der die Überschrift trug: »Irakischer Wissenschaftler versichert: Verbotene Waffen wurden bis kurz vor Kriegsausbruch gebunkert.« Er begann so: »Ein Wissenschaftler, der eigenen Angaben zufolge mehr als ein Jahrzehnt lang im Chemiewaffenprogramm des Irak beschäftigt war, hat einem amerikanischen Militärteam nach Äußerungen von Mitgliedern des Teams erzählt, der Irak habe nur wenige Tage vor dem Beginn des Krieges chemische Waffen und biologische Kampfausrüstung zerstört.«

Dem Informanten zufolge hatte der Irak Atomwaffen nach Syrien transportiert und mit al-Qaida zusammengearbeitet – zwei damals wie heute äußerst umstrittene Behauptungen. Dabei erweckte der ganze Tonfall, in dem der Bericht gehalten war, den Eindruck, dieser »Wissenschaftler« – der sich dann in einem späteren Artikel als Mitarbeiter des Militärgeheimdienstes bezeichnete – habe den Amerikanern die ersehnte Rechtfertigung für den Einmarsch geliefert. Die *Times* hat keine weiteren Schritte unternommen, um die Aufrichtigkeit dieses Informanten und den Wahrheitsgehalt seiner Behauptungen zu überprüfen.

Eine Auswahl der Artikel zu diesem Themenspektrum einschließlich der hier erwähnten haben wir unter *www.nytimes.com/critique* online gestellt. Dort findet sich auch eine detaillierte Erörterung des Berichts über die Aluminiumröhren, die der Militärberichterstatter der *Times* Michael Gordon letzten Monat für die *New York Times Review of Books* verfasst hat. In Resonanz mit der Kritik der *Review* an der Irak-Berichterstattung gibt seine Betrachtung Einblick in die Schwierigkeiten einer überwiegend auf Geheiminformationen basierenden Zeitungsarbeit.

Wir glauben, die Themen »Waffen im Irak« und »Politik der Fehlinformation« sind noch längst nicht ausschöpfend behandelt, und wir werden mit unserer offensiven Berichterstattung fortfahren, um alle Missverständnisse aus dem Weg zu räumen.

So entschuldigten sich die Herausgeber der *New York Times* für die Berichterstattung ihrer Zeitung über den Irakkrieg. Wenig später tat dies auch die *Washington Post*. Beide Blätter, immer noch die besten auf dem Zeitungsmarkt der USA, hätten ihr Renommee aufs Spiel gesetzt, hätten sie ihr Eingeständnis weiter hinausgezögert, dass sie in manchen Fällen zu leichtgläubig der Propaganda der eigenen Regierung gefolgt waren, was dann zu einer Fehleinschätzung der tatsächlichen Gründe für den Kriegseintritt der Bush-Administration geführt hatte.

Dieser Artikel bestätigt, was mir in den vielen Monaten vor der endgültigen Entscheidung für den Krieg im Irak allmählich klar geworden war. Entgegen allem, worauf ich lange Zeit vertraut hatte, ging es nicht um die Bekämpfung des organisierten und von bestimmten Staaten geschützten Terrorismus, also nicht um eine Antwort auf den 11. September.

Vier Monate nach diesem Angriff auf die Vereinigten Staaten flog ich nach Washington, um mit Präsident Bush über den Kampf gegen den internationalen Terrorismus zu sprechen. Ich versicherte ihm, dass eine bewiesene Zusammenarbeit zwischen al-Qaida und Saddam Hussein politisch nicht anders zu bewerten sei als die Unterstützung von al-Qaida durch die Taliban. In einem solchen Fall würde Deutschland erneut seine Bündnisverpflichtungen an der Seite der Amerikaner in vollem Umfang erfüllen. Ich weiß nicht, wann genau im Jahr 2002 der Wechsel der Begründung für einen Krieg gegen den Irak Saddam Husseins vollzogen wurde – wann also der Kampf gegen den internationalen Terrorismus in den Hintergrund und die Frage möglicher Massenvernichtungswaffen im Irak in den Vordergrund trat –, doch auf jeden Fall machte mich dieses Umschwenken zunehmend misstrauisch.

In diesen Zusammenhang gehört der Auftritt des Ex-Generalstabschefs und damaligen Außenministers in der Bush-Administration Colin Powell vor dem Sicherheitsrat der Vereinten Nationen am 5. Februar 2003. Powell – offenkundig in Opposition zum außenpolitischen Kurs von Vizepräsident Cheney und dem stellvertretenden Verteidigungsminister Wolfowitz – hatte nach dem Ausscheiden aus dem Amt bekannt gegeben, dieser Vortrag sei der »Schandfleck meiner Karriere« gewesen. An diesem Tag hatten die USA fahrlässig ihre internationale Reputation aufs Spiel gesetzt und weitgehend verspielt. Fast alles, was Powell in diesem historischen Moment der Weltöffentlichkeit über den Irak vortrug, über die al-Qaida-Verbindungen in den Irak, über mobile Giftgaslabors ebenso wie über Massenvernichtungswaffen, fußte auf unseriösen oder gar falschen Angaben von Überläufern und Informanten, die den Krieg schüren wollten. Offenbar wussten einige von denen, die den Außenminister in diese Situation brachten, wie wenig haltbar ihre Kriegsmotive waren. Wer mag, kann Bush und Powell zugute halten, dass beide sich erst im Nachhinein über die Intrigen und die Intriganten Klarheit verschafft haben, die Powell als Kronzeugen mit zweifelhaften, ja erfundenen Indizien gegen den Irak in den Zeugenstand der Weltorganisation schickten. Wenn sie sich haben täuschen lassen, so lag darin jedoch eine erhebliche Fahrlässigkeit im Umgang mit Informationen der eigenen Sicherheitsdienste.

Derartige Auftritte trugen dazu bei, dass die weltweit zu

spürende überwältigende Solidarität mit den USA nach den Attentaten vom 11. September 2001 in das krasse Gegenteil umschlug. Für alle Freunde der Vereinigten Staaten – und auch ich zähle dazu – ist die Frage noch nicht endgültig beantwortet, warum es zum Krieg kommen musste. Mir scheint, dass ein ganzes Bündel von Gründen zu beschreiben wäre, die den Weg markieren, auf dem Amerika in den Krieg gegen den Irak marschierte. Viele meiner Gespräche mit Regierungschefs in der Zeit danach kreisten um diese Frage. Und keinem von ihnen könnte man den Vorwurf des Antiamerikanismus machen, nur weil sie mit Befremden auf den Wechsel des Begründungszusammenhangs und die zunehmend einsamen Entscheidungen Washingtons reagierten.

Ein Grund liegt gewiss darin, dass wir alle den religiös und entsprechend moralisierend daherkommenden Neokonservatismus in den USA völlig unterschätzt haben, der seit dem Antritt der Bush-Administration die Weltmacht auf einen verhängnisvollen Kurs brachte. Wir hatten ja eher den Eindruck, dass die letzte verbliebene Supermacht die Rolle nicht ausfüllen wollte, die ihr die Umbrüche der achtziger und neunziger Jahre mit dem Ende der bipolaren Welt eigentlich auf den Leib geschrieben hatten. Statt die Chancen zu sehen und zu nutzen, die es den USA geradezu vorschrieb, für die Welt eine Friedensordnung jenseits der Orthodoxie des Kalten Krieges zu suchen, orientierten die Amerikaner ihre Außenpolitik nach der Amtszeit von Bill Clinton in erster Linie an ihren innenpolitischen Interessen.

Das waren Erfahrungen, die schon vor den Terroranschlägen lagen, und sie trugen wesentlich zu einer beginnenden transatlantischen Entfremdung bei. Doch alle Skepsis war wie weggeblasen und ohne Belang, als der 11. September 2001 sich in die Festplatte der Welt ätzte und seither aus dem Gedächtnis der Völker nicht mehr zu löschen ist. Keine Fantasie hätte ausgereicht, um sich vorzustellen, dass zwei Zivilflugzeuge bewusst und ohne Rücksicht auf das Leben der Passagiere in die Twin Towers, das Wahrzeichen der Metropole New York, gelenkt werden und weitere Tausende von Menschen in den Tod reißen würden. Blauer Himmel, ein herrlicher Herbsttag. Um 8.45 Uhr morgens in New York geschah der Zeitenwechsel. Unsicherheit und universelles Misstrauen sind in dieser Minute zu beherrschenden Gefühlen in der Weltgesellschaft geworden.

Der 11. September 2001, ein Dienstag, begann für mich ganz normal. Es war die Woche der Haushaltsberatung im Deutschen Bundestag. Der Bundesfinanzminister Hans Eichel hatte den Haushalt einzubringen. Natürlich bestand für mich Präsenzpflicht in der Debatte, die um 11.00 Uhr morgens begann. Um 13.30 Uhr hatte ich den damaligen ungarischen Ministerpräsidenten Orbán zu empfangen, der zur Eröffnung der neuen ungarischen Botschaft nach Berlin gekommen war. Wir besprachen Fragen des Beitritts seines Landes zur Europäischen Union. Wirkliche Probleme gab es nicht zu erörtern angesichts des vielfach bekräftigten Willens der Ungarn, sich der EU anzuschließen. Also *business as usual*. Kurz vor 15.00 Uhr war ich wieder in meinem Büro und arbeitete die Rede zum Haushalt durch, die ich am Tag darauf im Deutschen Bundestag zu halten hatte. Mir stand das übliche Ritual bevor: meine Rede, die zu erwartende geschliffene Antwort des damaligen Oppositionsführers Friedrich Merz, dröhnende Banalitäten des Vorsitzenden der FDP und schließlich der komödiantenhafte Auftritt des Bayern Michael Glos.

In diesen Minuten stürzte die Leiterin meines Büros, Sigrid Krampitz, ins Arbeitszimmer. Ich erinnere mich genau an ihre Worte: »Es gibt einen Angriff auf das World Trade Center in New York.« Unmittelbar danach wurde der erste Anruf zu mir durchgestellt. Es war meine Frau, die schluchzend sagte: »Mach das Fernsehen an, es ist schrecklich.« Für sie, die als Journalistin in New York gelebt hatte, war diese Stadt mehr als nur ein Ort in der Welt. New York war zu ihrer Stadt geworden, die für sie wie keine andere das Miteinander der Kulturen lebt und die in Manhattan die kunterbunte Spiegelung des blauen Planeten mit all seiner menschlichen Vielfalt bietet. New York ist für viele die Stadt der Freiheit und der Toleranz. Über Jahrhunderte war diese Stadt Zufluchtsort für Bedrängte, Verfolgte und Flüchtlinge aus aller Welt. Ein Symbol der Hoffnung, ein Versprechen auf Glück und ein besseres Leben. Doris hatte zwei Jahre in New York gelebt. Ihre Tochter Klara ist dort geboren, und sie liebt diese Stadt.

Ich schaltete den Fernseher an. Die Bilder, die ich sah, erschütterten mich zutiefst. Ich kann ihre Abfolge nicht mehr rekapitulieren, aber ich entsinne mich, gesehen zu haben, wie verzweifelte Menschen aus den Fenstern der Twin Towers sprangen. Menschen, die wussten, dass sie sterben würden, und nur dem weit qualvolleren Tod durch Ersticken oder Verbrennen entkommen wollten. Ich erinnere mich an Menschen, die auf den Straßen um ihr Leben rannten, und an meine eigenen Tränen, geweint aus Mitleid mit jenen unschuldigen Menschen, die dem Inferno ausgesetzt waren. Ohnmacht und daraus folgende Wut auf die Täter waren meine ersten Reaktionen.

Über tiefergehende politische Implikationen habe ich in diesen Momenten noch nicht nachgedacht. Zu sehr stand ich unter dem Eindruck des Grauens. Mir war aber klar, dass nach diesen Angriffen auf Amerika nichts wieder so sein würde wie zuvor. Klar war auch, dass wir uns in der Regierung sehr schnell über die Folgen zu vergewissern hatten. Also telefonierte ich mit Außenminister Fischer, mit Innenminister Schily und Verteidigungsminister Scharping, die ich sofort zu mir ins Kanzleramt einbestellte. Als Erster kam Fischer, ungemein ernst und besorgt. Den Teilnehmern dieser ersten Konferenz war bewusst, dass die amerikanische Regierung handeln musste und handeln würde. Mir kam es darauf an, dass Deutschland möglichst geschlossen, also unter Einbeziehung der Opposition, zu agieren und ebenso geschlossen seine Bündnispflichten zu erfüllen hatte. Dass dies auch die mögliche Teilnahme der Bundeswehr an amerikanischen Militäreinsätzen einschließen könnte, stand mir deutlich vor Augen. Es galt, das Kabinett, die Koalition und die Opposition von der Notwendigkeit uneingeschränkter Solidarität mit den Vereinigten Staaten von Amerika zu überzeugen.

Unmittelbar nach unserem Treffen telefonierte ich mit dem Bundestagspräsidenten Wolfgang Thierse, mit dem SPD-Fraktionsvorsitzenden Peter Struck und den anderen Vorsitzenden der im Bundestag vertretenen Parteien und Fraktionen und lud sie zu einer Besprechung um 20.00 Uhr im Kanzleramt ein. Der Bundessicherheitsrat kam um 17.00 Uhr zusammen. Kurz vor dieser Sitzung telefonierte ich mit dem Bundespräsidenten Johannes Rau. Auch in diesem Gespräch ging es ausschließlich um die Frage der Solidarität mit den Vereinigten Staaten von Amerika, und wir waren uns in der Sache einig.

Im Anschluss an die Sitzung gab ich öffentlich eine kurze Stellungnahme ab. Ich sagte unter anderem: »Dies ist eine

Kriegserklärung gegen die gesamte zivilisierte Welt. Wer diesen Terroristen hilft oder sie schützt, verstößt gegen alle fundamentalen Werte, die das Zusammenleben der Völker, auch untereinander, begründen.« Bereits vor der Sitzung des Bundessicherheitsrates hatte ich George W. Bush ein Telegramm mit folgendem Wortlaut geschickt: »Sehr geehrter Herr Präsident, mit Entsetzen habe ich von den verabscheuungswürdigen terroristischen Anschlägen auf das World Trade Center in New York und das Pentagon in Washington erfahren, bei denen so viele Menschen ihr Leben verloren haben. Meine Regierung verurteilt diese terroristischen Akte auf das Schärfste. Das deutsche Volk steht in dieser schweren Stunde an der Seite der Vereinigten Staaten von Amerika. Ich möchte Ihnen und dem amerikanischen Volk mein tief empfundenes Beileid und meine uneingeschränkte Solidarität aussprechen. Unsere Anteilnahme gilt den Opfern und deren Angehörigen.«

Im Laufe des Nachmittags telefonierte ich mit Präsident Chirac, Premierminister Blair und Präsident Putin. Auch Gespräche mit europäischen und außereuropäischen Kollegen verliefen ähnlich. Alle brachten ihre tief empfundene Abscheu angesichts der verbrecherischen Anschläge und ihren Willen zum Ausdruck, an der Seite der Amerikaner zu stehen.

Unmittelbar nach dem Gespräch mit den Partei- und Fraktionsvorsitzenden unterrichtete ich am Abend die Presse und gab folgende Erklärung ab: »Ich habe, weil es jetzt nicht nur um deutsche, sondern um europäische und darüber hinausreichende Solidarität geht, mit Frankreichs Staatspräsident Jacques Chirac, mit Premierminister Tony Blair und mit dem russischen Präsidenten Putin telefoniert. Wir sind alle der gleichen Einschätzung und alle der gleichen Meinung, dass es jetzt darum geht, gegen diesen Angriff auf die zivilisierte Welt Solidarität mit den Vereinigten Staaten zu üben. Ich werde versuchen – er ist derzeit nicht im Lande –, mit dem belgischen Premierminister und derzeitigen EU-Ratspräsidenten in Kontakt zu treten, um nach Möglichkeit, über das morgige Treffen der EU-Außenminister hinaus, weitere europäische Solidarität zu organisieren. Ich denke, dass das notwendig ist und dass das auch für alle, mit denen ich habe sprechen können, eine Selbstverständlichkeit ist.«

An Schlaf war in der Nacht vom 11. auf den 12. September nicht zu denken. Ich arbeitete an einem Text für eine Rede vor dem Deutschen Bundestag. Die Haushaltsberatungen waren selbstverständlich ausgesetzt worden. Wie schon vor der Kosovo-Entscheidung standen wir Ereignissen gegenüber, auf die niemand vorbereitet war und von denen wir doch insgeheim gehofft hatten, dass unsere Generation sie nie würde erleben müssen. Erneut mussten wir uns gedanklich an eine Situation herantasten, die einen düsteren Schatten auf die Welt legte. Während ich den Redeentwurf überarbeitete, gingen mir viele Fragen durch den Kopf. Worauf hatten wir uns als Bündnispartner der USA einzustellen? Standen wir möglicherweise ebenfalls im Fokus einer terroristischen Organisation? Aber wie sollte man sich gegen einen unsichtbaren Gegner zur Wehr setzen? Und auch: Welche Konsequenzen für das nationale und internationale Recht würden den Geschehnissen folgen? Diese und ähnliche Fragen erörterte ich in jener Nacht mit dem Bundessicherheitsrat und den Getreuen.

Am nächsten Morgen gab ich vor dem Deutschen Bundestag folgende Erklärung ab:

»Der gestrige 11. September 2001 wird als schwarzer Tag

für uns alle in die Geschichte eingehen. Noch heute sind wir fassungslos angesichts eines nie da gewesenen Terroranschlags auf das, was unsere Welt im Innersten zusammenhält.

Wir wissen noch nicht, wer hinter dieser Kriegserklärung an die zivilisierte Völkergemeinschaft steht. Wir wissen noch nicht einmal, wie viele Tausende ganz und gar unschuldiger Menschen den Attentaten zum Opfer gefallen sind. Wir wissen und erfahren aber: Jetzt geht es darum, unser Mitgefühl, unsere Solidarität zu zeigen: Solidarität mit der Bevölkerung der Vereinigten Staaten von Amerika, und zwar Solidarität aller, die für Frieden und Freiheit einstehen, in Deutschland, in Europa und überall auf der Welt.

Zweitausend Menschen haben sich gestern Abend zu einer spontanen Beileidskundgebung und zu einem Gottesdienst im Berliner Dom versammelt. Im Anschluss an diese Sitzung des Deutschen Bundestages wird ein ökumenischer Trauergottesdienst in der Sankt-Hedwig-Kathedrale stattfinden.

Der Deutsche Gewerkschaftsbund und die Bundesvereinigung der Deutschen Arbeitgeberverbände haben dazu aufgerufen, am Donnerstag um zehn Uhr für fünf Minuten in der Arbeit innezuhalten. Die Bundesregierung wird diesem Aufruf für die Institutionen des Bundes folgen.

Meine Damen und Herren, ich habe dem amerikanischen Präsidenten das tief empfundene Beileid des gesamten deutschen Volkes ausgesprochen. Ich habe ihm auch die uneingeschränkte – ich betone: die uneingeschränkte – Solidarität Deutschlands zugesichert. Ich bin sicher, unser aller Gedanken sind bei den Opfern und ihren Angehörigen. Ihnen gilt unser Mitgefühl, unsere ganze Anteilnahme.

»Jetzt geht es darum, unser Mitgefühl, unsere Solidarität zu zeigen.« Regierungserklärung zu den Terroranschlägen in den USA, Deutscher Bundestag, 12. September 2001.

Ich möchte hier in Anwesenheit des neuen amerikanischen Botschafters Dan Coats noch einmal ausdrücklich versichern: Die Menschen stehen in dieser schweren Stunde fest an der Seite der Vereinigten Staaten von Amerika. (Hier notiert das Protokoll Beifall im ganzen Hause.)

Selbstverständlich bieten wir den Bürgern und Behörden der Vereinigten Staaten von Amerika jede gewünschte Hilfe an, natürlich auch bei der Ermittlung und Verfolgung der Urheber und Drahtzieher dieser niederträchtigen Attentate.

Bei meinem Gespräch mit den Partei- und Fraktionsvorsitzenden am gestrigen Abend bestand völlige Einmütigkeit darüber, dass diese außergewöhnliche Situation das Zusammenstehen aller Demokraten erfordert. Die gestrigen Anschläge in New York und Washington sind nicht nur ein Angriff auf die Vereinigten Staaten von Amerika; sie sind eine Kriegserklärung gegen die gesamte zivilisierte Welt. Diese Art von terroristischer Gewalt, das wahllose Auslöschen unschuldiger Menschenleben, stellt die Grundregeln unserer Zivilisation infrage. Sie bedroht unmittelbar die Prinzipien menschlichen Zusammenlebens in Freiheit und Sicherheit, all das also, was in Generationen aufgebaut wurde. Gemeinsam werden wir diese Werte – sei es in Amerika, sei es in Europa oder wo auch immer in der Welt – nicht zerstören lassen.

In Wirklichkeit – das zeigt sich immer mehr – sind wir bereits eine Welt. Deshalb sind die Anschläge in New York, dem Sitz der Vereinten Nationen, und in Washington gegen uns alle gerichtet. Der gestrige terroristische Angriff hat uns noch einmal vor Augen geführt: Sicherheit ist in unserer Welt nicht teilbar. Sie ist nur zu erreichen, wenn wir noch enger für unsere Werte zusammenstehen und bei ihrer Durchsetzung zusammenarbeiten.

Wir müssen nun rasch noch wirksamere Maßnahmen ergreifen, um dem Terrorismus weltweit den Nährboden zu entziehen. Ich habe gestern Nachmittag mit dem französischen Staatspräsidenten Chirac und Ministerpräsident Jospin, mit dem britischen Premierminister Blair und dem russischen Präsidenten Putin gesprochen. Wir sind uns in der Bewertung einig, dass die Terrorakte eine Kriegserklärung an die freie Welt bedeuten.

Die Außenminister der Europäischen Union werden noch heute zu einer Sondersitzung zusammentreten. Danach wird es notwendig sein, dass die Europäische Union auf höchster Ebene ihre Solidarität zum Ausdruck bringt. Ich habe den amtierenden Ratspräsidenten der Europäischen Union, den belgischen Ministerpräsidenten Verhofstadt, gebeten, eine entsprechende Initiative zu ergreifen.

Viele Menschen werden sich fragen: Was bedeuten diese Anschläge für uns in Deutschland? Ich habe gestern Abend unverzüglich eine Sitzung des Bundessicherheitsrates einberufen. Wir haben auf der Grundlage der uns zugänglichen Informationen die Lage eingehend analysiert. Derzeit liegen keine Hinweise auf eine außerordentliche Bedrohung der Sicherheit unseres Landes vor. Gleichwohl haben wir zusätzliche Maßnahmen ergriffen, die zum Schutz der Menschen in unserem Lande erforderlich sind. Das betrifft insbesondere die Sicherheit des Luftraums und des Flugverkehrs sowie den Schutz amerikanischer und anderer herausgehobener Einrichtungen.

Darüber hinaus werden wir gemeinsam überlegen müssen, welche längerfristigen Konsequenzen aus diesen fürchterlichen Anschlägen zu ziehen sind. Der Bundessicherheitsrat wird heute Vormittag zu einer erneuten Sitzung zusammenkommen. Es ist selbstverständlich, dass wir alle Fraktionen des Deutschen Bundestages, die Vorsitzenden der politischen Parteien, aber auch die Öffentlichkeit über die weiteren Entwicklungen informieren werden. Die nächste Unterrichtung der Partei- und Fraktionsvorsitzenden erfolgt, wie verabredet, bereits heute Mittag im Bundeskanzleramt.

Ich bin davon überzeugt: Gemeinsam werden wir uns dieser verbrecherischen Herausforderung gewachsen zeigen. Freiheit und Demokratie, die Werte des friedlichen Zusammenlebens der Menschen und der Völker, werden diese Prüfung bestehen.«

Nach der erneuten Lektüre bin ich sicher, dass eine solche oder doch sehr ähnliche Rede in allen demokratischen Parlamenten nach dem 11. September 2001 vorgetragen wurde.

Nach der Abgabe der Regierungserklärung, die einmütig positiv aufgenommen worden war, tagte erneut der Bundessicherheitsrat. Wegen der Geheimhaltung in diesem Gremium kann ich auf Einzelheiten der Diskussion nicht eingehen, aber das Ergebnis lag auf der Hand: Wir verständigten uns darauf, die Bildung einer internationalen Koalition gegen den Terror zu unterstützen und dass dies die offizielle Linie der Außen- und Sicherheitspolitik der Bundesregierung in den nächsten Tagen und Wochen sein werde. Obwohl uns keine Hinweise auf eine akute Bedrohung in Deutschland vorlagen, ordnete Schily an, unverzüglich die Grenzkontrollen zu verschärfen und die Sicherheitsstufen auf Flughäfen, bei bestimmten Fluggesellschaften, vor amerikanischen, israelischen und jüdischen Einrichtungen sowie bei den Bundesministerien zu erhöhen. Verteidigungsminister Scharping versetzte einige Divisionen der Bundeswehr in erhöhte Alarmbereitschaft, verstärkte die Luftraumüberwachung und erklärte, die deutschen Liegenschaften der US-Armee seien unter den Schutz der Bundeswehr gestellt worden. Schily suchte darüber hinaus sofort das Gespräch mit den Haushaltsexperten des Bundestages, um zusätzliche Mittel für das Technische Hilfswerk und den Zivilschutz zu beschaffen.

Am 12. September fand um 11:00 Uhr ein ökumenischer

Gottesdienst in der Berliner Sankt-Hedwig-Kathedrale statt, der zu einer weiteren Manifestation der Solidarität mit dem amerikanischen Volk wurde. Danach fuhr ich zum Bundespräsidenten, den ich über die Sitzungen des Bundessicherheitsrates und das dort abgestimmte politische Vorgehen zur Bildung einer internationalen Koalition gegen den Terrorismus unterrichtete. In dieser Unterredung ließ ich bereits anklingen, dass mit einem militärischen Vorgehen der Vereinigten Staaten von Amerika zu rechnen sei und dass mein Hinweis auf die uneingeschränkte Solidarität mit ihnen in diesem Fall auch, soweit gewünscht, den Einsatz der Bundeswehr bedeute. Im Tagesverlauf schlossen sich weitere Diskussionen an. Auch informierte ich fortwährend die Fraktionsvorsitzenden über den Stand der Dinge.

Inzwischen war meine Frau in Berlin eingetroffen, und wir besuchten zusammen den US-Botschafter Coats und dessen Frau in der amerikanischen Botschaft in der Neustädter Kirchstraße, um auch persönlich unser Mitgefühl und unseren Beistand zu erklären. Für mich und meine Frau war es ein bewegender Moment. Den beiden fehlten die Worte, so erschüttert waren sie, schockiert wie wir, und nach einem kurzen Gespräch verabschiedeten wir uns von ihnen.

Parallel zu den internen Sitzungen des Sicherheitskabinetts im Kanzleramt liefen die Beratungen in der Europäischen Union und in der Nato. Am Mittwochabend erklärte der Nato-Rat, dass es sich bei dem Angriff auf New York und Washington um den Bündnisfall nach Artikel 5 des Nato-Vertrages handle. Dies gelte jedenfalls dann, wenn es sich erweise, dass die Anschläge von einem fremden Staat aus geleitet oder durch diesen Staat unterstützt worden seien. Wir hatten sichergestellt, dass die deutsche Linie in

den Beratungen der Nato-Gremien unserer Überzeugung und der von mir ausgedrückten uneingeschränkten Unterstützung für Amerika folgte. Deutschland musste und wollte seinen Bündnisverpflichtungen in vollem Umfang nachkommen. Es war aber nicht nur die formale Erfüllung einer übernommenen Verpflichtung.

Am Abend des 12. September telefonierte ich mit Präsident George W. Bush. Das Gespräch fand gegen 19.40 Uhr statt. Ich übermittelte ihm persönlich unser Mitgefühl und die Bereitschaft Deutschlands, Gegenmaßnahmen der USA vorbehaltlos mitzutragen. Er zeigte sich sehr dankbar für diese Haltung. Wir sprachen nur kurz, denn natürlich hat-

»Den beiden fehlten die Worte, so erschüttert waren sie, schockiert wie wir.« Gerhard Schröder und Doris Schröder-Köpf statten US-Botschafter Daniel R. Coats und seiner Frau am Tag nach den Attentaten einen Kondolenzbesuch ab.

ten viele Kollegen aus anderen Ländern ebenfalls das Bedürfnis, mit dem Präsidenten zu reden und ihm ihre Unterstützung zuzusichern. Es lag auf der Hand, dass nur eine weltweite Koalition in der Lage sein würde, diejenigen, die hinter den Anschlägen standen, zu entlarven und schließlich dingfest zu machen. Das vor allem musste das erklärte Ziel aller jetzt notwendigen Maßnahmen sein.

Den Aufruf des amerikanischen Präsidenten Bush zum »globalen Krieg gegen den Terror« interpretierten wir genau so. Zumal dem ja auch intensive diplomatische Bemühungen der USA und Großbritanniens um die Bildung einer internationalen Antiterrorkoalition folgten. Schon in ihren ersten Stellungnahmen hatten der russische Präsident Putin und Chinas Staatspräsident Jiang Zemin indirekt ihre Bereitschaft bekundet, daran mitzuwirken.

Somit war es nur logisch, dass im UN-Sicherheitsrat mit der Resolution 1368 am 12. September 2001 die Anschläge einstimmig als »Bedrohung des Weltfriedens und der internationalen Sicherheit« verurteilt wurden. Gleichzeitig bekräftigte das Gremium, »dass diejenigen, die den Tätern, Drahtziehern und Förderern helfen, sie unterstützen oder ihnen Zuflucht gewähren, zur Rechenschaft gezogen werden«. Damit setzte der Sicherheitsrat die von Privatpersonen durchgeführten Anschläge mit einem kriegerischen Angriff eines Staates gegen einen anderen gleich und bestätigte dem angegriffenen Amerika das Recht auf Selbstverteidigung. So wurde ein Vorgehen gegen die Kräfte in Afghanistan legitimiert, die den Attentätern Schutz boten.

Die Logik dieser auch neues internationales Recht setzenden Erklärung, in der ein Terroranschlag als kriegerischer Angriff bewertet wurde, führte dazu, dass die USA die Nato um die Auslösung des Bündnisfalls ersuchten. Erstmals in ihrer Geschichte wurde ein solches Begehren an die westliche Allianz herangetragen. So war der 4. Oktober 2001, als der Bündnisfall vom Nato-Rat beschlossen wurde, auch der Beginn einer neuen Zeitrechnung. Mit Ausnahme der PDS stellten sich alle Parteien des Bundestages hinter den Beschluss der Nato, Bündnissolidarität walten zu lassen. Mehr noch, in einer Entschließung bekräftigten die deutschen Regierungs- und Oppositionsfraktionen ihre Bereitschaft, den USA über verbale Erklärungen hinaus auch konkret Beistand zu leisten. In der Entschließung heißt es: »Dazu zählen politische und wirtschaftliche Unterstützung sowie die Bereitstellung geeigneter militärischer Kapazitäten zur Bekämpfung des internationalen Terrorismus.«

Immer wieder muss ich Notizen und Zeittafeln zurate ziehen, um mich zu vergewissern, wie sich der Ablauf der Ereignisse nach den Attentaten gestaltet hat. Es waren dramatische Tage und Wochen, in denen es Entscheidungen von großer Tragweite zu treffen galt. Heute wissen wir, dass die Täter eine breite Spur gelegt hatten, die bis in Floridas Flugschulen führte, wo das merkwürdige Verhalten der Flugschüler aufgefallen war; mindestens ein Agent des FBI meldete diese Beobachtung seinen Vorgesetzten. Es geschah nichts, und es ist auch müßig, darüber zu streiten, ob und unter welchen Bedingungen die Anschläge hätten verhindert werden können. Zwischenzeitlich wissen wir mehr über das hinter ihnen stehende Netzwerk al-Qaida, mehr auch über Osama bin Laden. Heute können wir auch besser die fundamental religiös abgesicherte Skrupellosigkeit der Terroristen einschätzen. Wer aber hätte damals die Fantasie aufgebracht, sich die grauenhaften Szenen in New York auszumalen, die dann weltweit immer wieder in *slow motion* auf den Bildschirmen abliefen.

Aber genau das war offenbar das Kalkül der Terroristen. Ihre beste Tarnung war die Unfähigkeit der Menschen – auch der politisch Verantwortlichen –, sich vorzustellen, was sich dann in New York und Washington ereignet hat.

Wir mussten also handeln. Die Vorbereitungen zur Bildung einer weltweiten Antiterrorkoalition kamen unter dem Eindruck der Ereignisse zügig voran. Niemals zuvor und niemals danach in meiner aktiven Zeit bestand in der Weltgemeinschaft eine derartige Einigkeit in der Bereitschaft zur Solidarität mit den Vereinigten Staaten wie damals. Dabei ging es Fischer und mir von vornherein nicht um die Frage, *ob* sich Deutschland auch an militärischen Maßnahmen beteiligen sollte, sondern ausschließlich um das *Wie* der möglichen Unterstützung. Mit Bedacht hatte ich darauf in Absprache mit dem Bundesaußenminister bereits in meinen ersten Stellungnahmen und in der Rede vom 12. September 2001 im Deutschen Bundestag unmissverständlich hingewiesen. Wir beide gedachten diese Linie unter allen Umständen aufrechtzuerhalten. Deshalb war unser Handeln in den folgenden Tagen und Wochen vor allen Dingen von dem Bestreben geprägt, unsere Position in der Öffentlichkeit, also in unserem Volk, und natürlich auch in unseren Parteien als den tragenden Kräften der Regierungskoalition zu verankern.

Am Freitag, dem 14. September 2001, kam es zu einer bewegenden Veranstaltung in Berlin. In Anwesenheit des amerikanischen Botschafters und der Spitzen von Opposition und Regierung sprach Bundespräsident Johannes Rau vor mehr als 200 000 Bürgern am Brandenburger Tor. Nie zuvor habe ich eine solche Bereitschaft einer derart großen Menge von Menschen erlebt, den USA zur Seite zu stehen. Gewiss spielte dabei auch Dankbarkeit für die Leistungen der Amerikaner beim Wiederaufbau unseres Landes nach dem Zweiten Weltkrieg und vor allem für die Sicherheitsgarantie, die sie Deutschland und insbesondere Berlin in der Vergangenheit geboten hatten, eine große Rolle. Aber ich bin sicher, dass die dort Versammelten am meisten durch die Bilder von den Angriffen auf New York und Washington bewegt wurden.

Ich will nicht verschweigen, dass es im Anschluss an die Kundgebung zu einer Kontroverse zwischen Johannes Rau und mir kam. Der Bundespräsident hatte getreu seinen eigenen Überzeugungen und der Ansicht, die er immer in seinen Reden vertreten hatte, zwar unsere Solidarität mit den Vereinigten Staaten unterstrichen, sich aber skeptisch zu einem militärischen Vorgehen geäußert. In einem Fernsehinterview, das ich an dem Sonntag nach der Veranstaltung gab, musste ich deutlich machen – und wurde dabei vielleicht zu deutlich –, dass die Richtlinien der Politik vom Bundeskanzler und nicht vom Bundespräsidenten bestimmt würden, und das, betonte ich, habe auch in dieser Frage zu gelten. In Gesprächen danach haben wir unsere Meinungsverschiedenheit dann sehr freundschaftlich ausgeräumt. Mich bewegte damals die Furcht, dass wir uns, indem wir die Entschlossenheit Deutschlands relativierten, außenpolitisch in unserer Handlungsfähigkeit beschneiden könnten. Aber mehr noch trieb mich die Sorge um, dadurch würde der Versuch, dem Volk und der eigenen Koalition die Notwendigkeit militärischer Maßnahmen als Ultima Ratio zu vermitteln, erschwert. Ich wollte unter allen Umständen an der zwischen Fischer und mir vereinbarten Linie, die ich von Beginn an eingeschlagen hatte, festhalten, um erst gar keine Zweifel an unserer Entschiedenheit aufkommen zu lassen.

Am 7. Oktober 2001 starteten die Amerikaner die militärische Operation *Enduring Freedom*, nach mehrfachen erfolglosen Ultimaten an die Taliban, Osama bin Laden, den Kopf von al-Qaida, auszuliefern. Zusammen mit der »Nordallianz«, die die innerafghanische Opposition repräsentierte, gelang es den USA, die Herrschaft des Taliban-Regimes in Afghanistan entscheidend zu schwächen, jedenfalls die Region um Kabul zu befreien. Gleichzeitig konnten Ausbildungslager der al-Qaida-Kämpfer zerstört werden.

Diese Auseinandersetzung folgte der Leitlinie der Resolution des UN-Sicherheitsrates, wonach Länder, die Terroristen schützen oder ihnen Zuflucht gewähren, auch mit militärischen Maßnahmen der Weltgemeinschaft rechnen müssen. Um die militärischen Erfolge abzusichern, bedurfte es weiterer Truppenkontingente, die wesentlich von den Nato-Verbündeten gestellt werden sollten. Daher war auch die Bundesregierung gefragt. Am 8. November 2001 fiel erneut eine weitreichende Entscheidung. Erstmals in der Geschichte der Bundesrepublik hatte ich die Verantwortung auf mich zu nehmen und das Kabinett dafür um Zustimmung zu bitten, dass deutsche Soldaten außerhalb Europas zu einem Kriegseinsatz kommandiert werden sollten. Unser Beschluss lief darauf hinaus, nicht weniger als 3900 Soldaten bereitzustellen, ein Schritt, der bedeutete, dass Deutschland aktiver Teil von *Enduring Freedom* und der weltweiten Koalition gegen den Terrorismus wäre.

In den folgenden Tagen und Wochen ging es für Fischer und mich allein um die Frage, ob es uns gelingen würde, unsere Vorstellungen unseren eigenen Parteien genügend nahezubringen, ob wir sie dazu bewegen könnten, für eine eigene Mehrheit im Bundestag zu sorgen, der über eine militärische Beteiligung abzustimmen hatte. Dabei interessierte uns die Opposition nur am Rande, wussten wir doch, dass man dort bereit sein würde, unter allen Umständen Solidarität mit dem angegriffenen Amerika zu üben. Sowohl in der SPD als auch bei den Grünen kristallisierten sich Gruppen heraus, die sich gegen eine deutsche Beteiligung an einer militärischen Aktion aussprachen, ohne allerdings die Bündnisverpflichtungen zu bedenken und die Konsequenzen, wenn wir uns weigerten, sie zu erfüllen. Ich habe das organisierte Verantwortungslosigkeit genannt.

Bundesaußenminister Fischer, der in dieser Zeit im Rahmen der operativen Außenpolitik Übermenschliches leistete, war angesichts der Diskussion in seiner Partei zeitweise bereit, das Maß an Widerständen gegen unseren außenpolitischen Kurs hinzunehmen, was auf den Verlust der eigenen Mehrheit hinausgelaufen wäre. In langen Diskussionen mit ihm konnte ich ihn davon überzeugen, dass dies unsere Regierungsfähigkeit entscheidend geschwächt und unsere außenpolitischen Einflussmöglichkeiten erheblich beeinträchtigt hätte. Also entschied ich, die Abstimmung über die Beteiligung der Bundeswehr am Einsatz in Afghanistan mit der Vertrauensfrage zu verbinden, um die Abweichler in der Koalition auf meinen Kurs zu zwingen. Zuvor hatte ich mit Frank-Walter Steinmeier und Sigrid Krampitz die Frage erörtert, ob ich die kraftraubende Überzeugungsarbeit einstellen und ein negatives Votum als Antwort auf die Vertrauensfrage in Kauf nehmen sollte. Die Konsequenz wären Neuwahlen gewesen, wegen der Schwäche der Grünen womöglich mit der Folge einer Großen Koalition. In Anbetracht der heraufziehenden weltpolitischen Probleme und der in ihrer Folge entstehenden Verwerfungen in der Weltwirtschaft erschien uns eine solche Perspektive verantwortbar. Ich habe schließlich entschieden, diese Möglichkeit nicht weiterzuverfolgen. Der Grund war eher persönlicher denn politischer Natur. Ich konnte und wollte einem äußerst loyalen Joschka Fischer einen solchen Schritt nicht zumuten.

Eine ähnliche Situation hatten wir zu Beginn des Kosovokrieges durchzustehen. Damals, 1998/99, ging es wie in der Zeit nach dem 11. September 2001 darum, die Fähigkeit von Rot-Grün unter Beweis zu stellen, Deutschland auch in schwierigsten Zeiten, gestützt auf die eigene Mehrheit und in Einklang mit unseren prinzipiellen Positionen, zu regieren. Diese Vorstellung habe ich kurz und präzise als programmatische Aussage in meiner Rede vom 16. November 2001 zur Begründung der Vertrauensfrage auf den Punkt gebracht: »Die Entscheidungen, die für die Bereitstellung deutscher Streitkräfte zu treffen sind, nimmt niemand auf die leichte Schulter. Auch ich nicht. Aber sie sind notwendig, und deshalb müssen sie getroffen werden. Wir erfüllen damit die an uns gerichteten Erwartungen unserer Partner und leisten das, was uns objektiv möglich ist und politisch verantwortet werden kann. Aber mehr noch. Durch diesen Beitrag kommt das vereinte und souveräne Deutschland seiner gewachsenen Verantwortung in der Welt nach. Wir müssen erkennen: Nach den epochalen Veränderungen seit dem Herbst 1989 hat Deutschland seine volle Souveränität zurückgewonnen. Es hat damit aber auch neue Pflichten übernommen, an die uns die Verbündeten erinnern. Wir haben kein Recht, darüber Klage zu führen. Wir sollten vielmehr damit zufrieden sein, dass wir seit den epochalen Veränderungen von 1989 gleichberechtigte Partner in der Staatengemeinschaft sind.« Genau darauf kam es Fischer und mir an, und genau diese Vorstellung von Souveränität und außenpolitischer Verantwortung hatten wir durchzusetzen.

Es könnte der Eindruck entstehen, dass es in unserer Suche nach Orientierung ausschließlich um die Klärung politischer Optionen durch streng rationale Erwägungen ging. Ein solcher Eindruck wäre indessen grundfalsch. In diesen Wochen quälte mich vor allem die Verantwortung den betroffenen Soldaten und ihren Familien gegenüber. Ich habe darüber oft mit meiner Frau gesprochen, deren Klugheit und Geradlinigkeit in der Bewertung von Sachverhalten und auch von Menschen ich immer wieder aufs Neue bewundere. Dass sie sich aber je in zu treffende Entscheidungen eingemischt hätte, ist eine Legende. Mich hat die Möglichkeit, Menschen durch meine Entscheidungen in Gefahr zu bringen, mehr bewegt als jede abstrakte Debatte über die Legitimation des Militärischen schlechthin.

Wir hatten gemeinsam mit den Bündnispartnern den Weg zu einem politischen Neuanfang des vom Bürgerkrieg zerstörten Afghanistan militärisch, aber auch politisch abzusichern. Für diesen politischen Neubeginn hatten wir mit der Einladung der UN-Konferenz über die Zukunft Afghanistans auf dem Petersberg bei Bonn selbst die Weichen gestellt. Wir waren dazu prädestiniert, weil die Afghanen gegenüber Deutschland ein besonderes Vertrauen zeigten. Deshalb hatten wir das Privileg, Gastgeber bei diesem internationalen Treffen zu sein, und die deutsche Diplomatie konnte so das Ihre zu einer erfolgreichen Konferenz beitragen. Eingeladen waren alle Völker und relevanten Gruppen Afghanistans mit Ausnahme der Taliban.

Ich werde den 5. Dezember 2001, den Schlusstag der Petersberg-Konferenz, nicht vergessen, an dem ich bei der

feierlichen Unterzeichnung der »Bonn Agreement« genannten Friedens- und Übergangsvereinbarung anwesend war. Es war eine spektakuläre Veranstaltung, die ich auf dem Bonner Petersberg erlebte. Delegierte in Stammestracht erweckten den Eindruck, als seien sie gerade den Kämpfen entronnen. Aber immerhin gehörten auch Frauen der Delegation an. Ob Bestand haben würde, was vereinbart war, wusste niemand.

Erneut will ich dabei die Rolle von Joschka Fischer hervorheben, der hinter den Kulissen einen großen Beitrag geleistet hat, um zu diesem Ergebnis zu gelangen. Mit der Vereinbarung sollte der zweiundzwanzig Jahre dauernde Bürgerkrieg beendet, der Weg in eine stabile Zukunft Afghanistans geöffnet und eine Übergangsregierung unter Hamid Karsai gebildet werden. Das Ziel war, innerhalb von zwei Jahren zu einer Normalisierung des politischen Lebens und zu Neuwahlen zu gelangen.

Wenig später erteilte der Sicherheitsrat der Vereinten Nationen in New York das Mandat zur Entsendung einer multinationalen Schutztruppe nach Afghanistan. Der Beschluss war einstimmig und auf zunächst sechs Monate begrenzt. Auch die Aufgabe der Schutztruppe wurde vom Sicherheitsrat beschrieben: Sie sollte auf der Basis der Petersberger Beschlüsse die afghanische Übergangsregierung darin unterstützen, die Sicherheit in der Hauptstadt Kabul und ihrer Umgebung zu gewährleisten. Es war zugleich ein »robustes Mandat«, die Soldaten waren also mit der Erlaubnis ausgestattet, sich selbst und die Mission auch mit Waffengewalt zu verteidigen, wenn sich dies als nötig erweisen sollte.

Die Abstimmung im Bundestag am 16. November über die Beteiligung Deutschlands an *Enduring Freedom* war er-

»Das Ziel war, innerhalb von zwei Jahren zu einer Normalisierung des politischen Lebens in Afghanistan und zu Neuwahlen zu gelangen.« Gruppenfoto auf dem Petersberg bei Bonn anlässlich der Unterzeichnung des Abschlussdokuments der Konferenz.

folgreich. Mit 336 Ja-Stimmen waren es zwei mehr als erforderlich. Eine klare Mehrheit der Regierungskoalition. Die Opposition hatte – obwohl in der Sache nicht anderer Meinung – geschlossen gegen den Afghanistan-Einsatz gestimmt, in der Hoffnung, dass die Koalition die angestrebte Mehrheit nicht zusammenbringen würde. Eine Fehlkalkulation, glücklicherweise. Doch wie gefährdet diese Mehrheit war, lässt sich an den 77 persönlichen Erklärungen von SPD- und Grünen-Mitgliedern ablesen, die nachgereicht wurden.

Wir hatten uns also außenpolitisch erwachsen gezeigt und zu verstehen gegeben, dass mit Deutschland zu rechnen ist, wenn es darum geht, Verantwortung für die Geschicke der Welt zu übernehmen.

Dies alles war durch die Ereignisse vom 11. September 2001 ausgelöst worden. Es schien am Ende dieses Jahres klar zu sein, dass es auch den USA darum ging, die Hintermänner zu stellen, die sich auf Video- und Tonbändern zu ihrer Verantwortung für die Terroranschläge von New York und auf das Pentagon bekannten. In Afghanistan war im Übrigen auch ein Video aufgetaucht, das Bin Laden im Gespräch mit einem Religionsführer zeigt, in dem er keinen Zweifel daran lässt, dass er es war, der die Attentäter zu dieser Schreckenstat geführt hatte.

Die Identifizierung der Attentäter lieferte einen weiteren Grund, der uns Deutsche auf den Plan rief: Die wichtigsten Figuren aus dieser terroristischen Schattenwelt stammten aus einer Zelle in Hamburg, wo sie als Studenten ein unauffälliges Leben geführt hatten. Es war eine schockierende Tatsache, dass Deutschland so etwas wie ein Stützpunkt und Rückzugsgebiet für einen Teil der in Afghanistan ausgebildeten Attentäter war. Schon Ende September hatte das FBI eine Liste mit Fotos von neunzehn Männern veröffentlicht, die an der Selbstmordattacke beteiligt gewesen waren. Um – wie sich später herausstellte – von eigenen fatalen Versäumnissen abzulenken, sickerten zudem aus diversen amerikanischen Geheimdienstquellen Vorwürfe gegen die deutschen Sicherheitsbehörden, sie hätten das Treiben der in Hamburg ansässigen Extremisten und damit die Planung der Anschläge aufdecken können.

Keiner dieser Vorwürfe hatte wirklich Substanz. Denn es gab keinerlei Verdachtsmomente gegen die Täter, die in Hamburg als Studenten sehr vorsichtig agiert und nicht den geringsten Anlass zu polizeilicher Aufmerksamkeit geboten hatten. Dennoch standen wir unter Druck. Wir mussten unsere Sicherheitsmaßnahmen ausweiten, um der angenommenen Bedrohung gerecht zu werden. So brachten wir ein Sicherheitspaket auf den Weg, das drei Milliarden Euro kostete, finanziert durch eine Erhöhung der Tabak- und Versicherungssteuer. Teil dieser Maßnahmen zur Bekämpfung des Terrorismus war auch die Einfügung eines Paragrafen 129b in das Strafgesetzbuch. Er stellte künftig die Mitgliedschaft und Unterstützung terroristischer Vereinigungen auch im Ausland unter Strafe.

Terroristische Aktivitäten, die im Ausland begangen werden, können seitdem von Deutschland aus verfolgt werden. Die deutschen Behörden sind nun auch dann berechtigt, Vereinigungen zu verfolgen, wenn diese im Bundesgebiet zwar keine Straftaten begehen, in fremden Staaten aber als terroristisch gelten. Außerdem wurde das Religionsprivileg im Vereinsrecht gestrichen, damit extremistische Organisationen keine Möglichkeit haben, sich einem Verbot zu entziehen. Das am 30. November 2001 verabschiedete »Gesetz zur Finanzierung der Terrorbekämpfung« brachte besonders dem Innenminister Otto Schily herbe Kritik ein, denn wir verstärkten mit dem Geld die Visa-Abteilungen in den Botschaften, vor allem im arabischen Teil der Welt; wir führten eine Auskunftspflicht der Banken über Konten verdächtiger Organisationen ein; vor allem aber verstärkten wir BKA und Verfassungsschutz und statteten die Ermittlungsbehörden mit der Befugnis aus, Daten auszutauschen, was als Einschränkung der Bürgerrechte heftig attackiert wurde. Eine weitere Prüfung für die rot-grüne Koalition.

Das Jahr 2001, das erste des neuen Jahrhunderts, auf das sich so viele Hoffnungen gerichtet hatten, dass wir endlich das blutige Erbe des 20. Jahrhunderts hinter uns lassen könnten, stand von jenem sonnigen New Yorker Vormittag des 11. September an unter dem schockierenden Eindruck, die Bedrohung des Weltfriedens habe eine neue Dimension angenommen. Sollte jetzt der schließlich überwundene Ost-West-Gegensatz durch eine andere, nur sehr vage zu fassende globale Gefahr abgelöst werden? Wir setzten darauf, dass die USA mit der Bildung der weltweiten Koalition gegen den Terror die einzig rationale Antwort auf die schwere psychische Erschütterung gaben, die sie mit der Wunde »Ground Zero« erlitten hatten.

Im Jahr 2002 begann dann die Suche nach der richtigen Strategie, die es nach den ersten militärischen Erfolgen in Afghanistan zu verfolgen galt. Nicht nur wir in Berlin waren der Überzeugung, dass der Schauplatz Afghanistan noch für lange Zeit unsere Anstrengungen binden würde. Wir durften auf keinen Fall eine Baustelle hinterlassen und damit die Taliban geradezu einladen, das Land erneut unter ihr fundamentalistisches Regime zu stellen.

Am 9. Mai 2002 flog ich nach Afghanistan, um mir einen

persönlichen Eindruck von der Lage des Landes nach dem jahrzehntelangen Bürgerkrieg zu verschaffen. Meiner Delegation gehörten einige Vertreter deutscher Unternehmen an, die sich beim Wiederaufbau in Afghanistan engagieren wollten; außerdem der Intendant der Deutschen Welle, Erik Bettermann, und der Präsident des Organisationskomitees der Fußballweltmeisterschaft 2006, Franz Beckenbauer. Wie immer auf solchen Kanzlerreisen waren etwa zwanzig Journalisten mit an Bord.

Unsere Reise führte uns zunächst nach Usbekistan. Das Land hatte der Bundeswehr nach intensiven Verhandlungen, die ich mit dem Präsidenten des Landes, Islam Karimow, geführt hatte, die Einrichtung eines Lufttransportstützpunktes in Termes erlaubt. Dort kamen wir um sieben Uhr morgens an und wurden sehr freundlich vom usbekischen Ministerpräsidenten Utkir Sultanow begrüßt. Wir hatten nur eine knappe Stunde Aufenthalt, aber da die Gastfreundschaft ein fester Bestandteil der Kultur dieses Landes ist, mussten wir in aller Eile ein reichhaltiges Frühstück bewältigen. Um acht Uhr startete dann die Transall-Maschine Richtung Kabul.

Die Transall ist ein Transportflugzeug der Bundeswehr. Für mich und meine Delegation war dieser Flug ein eindrückliches Erlebnis. Es öffnet sich eine riesige Heckklappe, über die man in das dunkle Innere des Flugzeugs gelangt. An den langen Seitenwänden befinden sich Hängevorrichtungen aus Stoff, die Sitzbänke bilden. Mit mehreren Gurten festgezurrt hatte jeder Einzelne einen zwar unbequemen, aber sicheren Platz. So saßen wir also da, aufgereiht zu beiden Seiten des Bauches der Transall. In der Mitte dieser riesigen Transportmaschine befanden sich Kisten mit Lebensmitteln, Getränken, Medikamenten und technischem

Gerät, als Nachschub für die Soldaten im deutschen Feldlager in Kabul. Da die Transall-Maschinen keine Fenster im Laderaum haben, konnten wir keinen Blick auf die Landschaft werfen. Nachdem die Flughöhe erreicht war, hatte ich Gelegenheit, auf einer kleinen Bank im Cockpit Platz zu nehmen und den Piloten über die Schulter zu schauen. Ich war fasziniert von der Berglandschaft, die sich unter mir erstreckte. So weit der Blick reichte: eine zerklüftete Wildnis von bizarrer Schönheit. Unfassbar, dass sich hier in den vergangenen Jahrzehnten blutige Kriege abgespielt hatten. So überflogen wir den Hindukusch.

Um neun Uhr Ortszeit landeten wir auf dem Flughafen Kabul. Er war notdürftig sowohl für militärische Transporter als auch für einen bescheidenen zivilen Luftverkehr hergerichtet. Der Vorsitzende der Übergangsverwaltung Afghanistans, der spätere Präsident Hamid Karsai, sein Außenminister und weitere Beamte der Administration erwarteten uns am Rollfeld. Sie waren zu einer offiziellen Begrüßung mit militärischen Ehren angetreten, so wie es sich protokollarisch für Staatsbesuche gehört. Man hatte an alles gedacht: Fahnen, rote Teppiche, eine Militärkapelle, die sowohl die afghanische als auch die deutsche Hymne spielte. Dies war die liebenswürdigste Begrüßung, die ich je erlebt habe – auch wenn noch nicht alles perfekt war. Hier drückte sich das engagierte Bemühen eines werdenden Staates aus.

Nach diesem Empfang wurden wir in gepanzerten Fahrzeugen der Bundeswehr zum Feldlager des deutsch-holländisch-österreichisch-dänischen Kontingents der Internationalen Schutztruppe ISAF gebracht. Teil dieses riesigen Areals vor den Toren Kabuls war das deutsche Feldlager, wo mich Brigadegeneral Carl-Hubertus von Butler, der Kom-

mandeur der ISAF-Truppe, begrüßte. Er unterrichtete mich über die Sicherheitslage in und um Kabul und führte mich anschließend durch das Feldlager. Angesichts der widrigen Umstände in diesem vom Krieg geschundenen Land machte dieses Zeltlager einen absolut ordentlichen, geradezu perfekten Eindruck. Mit bescheidenen Mitteln, aber präzise geplant und durchgeführt, hatte es die Bundeswehr geschafft, ihren Soldaten hier eine erträgliche Unterkunft zu bieten – von sauberen Schlaf- und Waschgelegenheiten bis hin zu Gemeinschaftszelten, wo am Abend gesellige Treffen stattfanden. Eindrucksvoll war auch das Feldlazarett. Es hatte den Standard eines typischen deutschen Kreiskrankenhauses und war in der Lage, eine medizinische Versorgung von erstaunlichem Umfang – bis hin zu komplizierten Operationen – zu gewährleisten. Es war insgesamt eine vorbildlich organisierte kleine Welt, die die Bundeswehr hier geschaffen hatte. Organisation und Ausrüstung dieses Feldlagers brachten der Bundeswehr hohe Anerkennung nicht nur von ihren ausländischen Kameraden, sondern auch von der afghanischen Bevölkerung. Es hatte sich herumgesprochen, dass das deutsche Feldlager ein hervorragendes Krankenhaus beherbergt, und so fanden unsere Soldaten immer wieder vor den Toren kranke afghanische Kinder, die dort ausgesetzt wurden in der Hoffnung, ihnen werde medizinische Hilfe zuteil. Und selbstverständlich haben sich Sanitäter und Bundeswehrärzte dieser Kinder angenommen und sie nach der Behandlung zu ihren Familien zurückgebracht.

In meinen Gesprächen, die ich dann sowohl mit der Übergangsverwaltung als auch mit dem Leiter der UN-Mission, Lakhdar Brahimi, führte, wurden das deutsche Engagement und insbesondere die jungen deutschen Sol-

»Dies war der liebenswürdigste Empfang, den ich je erlebt habe.« Ankunft Gerhard Schröders in Kabul, wo er vom Vorsitzenden der Übergangsregierung, Hamid Karsai, mit militärischen Ehren begrüßt wird.

»Eine vorbildlich organisierte kleine Welt, die die Bundeswehr hier geschaffen hatte.« Im Feldlager des deutschen Kontingents der Internationalen Schutztruppe ISAF, 9. Mai 2002.

daten außerordentlich gelobt. Hier, aber auch bei Besuchen anderer Auslandsmissionen Deutschlands habe ich immer wieder erlebt, dass sich das Image des deutschen Militärs in der Welt in sehr erfreulicher Weise gewandelt hat. Dies ist das Verdienst junger Soldaten, die in ihrem Auftreten deutlich machen, dass sie nicht in das Gastland gekommen sind, um die Einwohner zu bevormunden, sondern um zu helfen. Ein Bruch mit alten militaristischen Traditionen Deutschlands hat sich vollzogen und wird in der Praxis der Bundeswehr eindrucksvoll bestätigt.

Zwei Projekte, die ich besuchte, sind mir in besonderer Erinnerung geblieben. Mit deutschen Mitteln wurde ein ziviles Minenräumunternehmen gefördert. Uns wurde vorgeführt, wie deutsche Experten Afghanen unterrichteten, versteckte Landminen zu orten und zu zerstören. Davon gibt es Abertausende in diesem Land. Sie stellen eine tödliche Bedrohung dar. Diese Minen zu finden und unschädlich zu machen war eine ganz praktische Voraussetzung dafür, dass die Menschen in Kabul langsam wieder in ein ziviles Leben zurückfinden konnten.

Das andere Projekt war eine von Deutschland geförderte Mädchenschule, die Jamal Mina Girls School. Räume und Unterrichtsmaterial waren ärmlich, im Vergleich viel dürftiger als die Ausstattung, die ich in den fünfziger Jahren in der zweizügigen Volksschule kennengelernt habe. Doch die Mädchen zeigten ein Engagement, das unser eigenes in meiner Kindheit bei Weitem übertraf. Man spürte förmlich, von welcher Dankbarkeit sie beseelt waren, endlich sichere Räume zum Lernen gefunden zu haben, ohne Verbote oder Gewalt. Spätestens hier fand ich bestätigt, wie wichtig und richtig unsere Entscheidungen gewesen waren, die dazu beigetragen hatten, die Herrschaft der Taliban zu beenden.

Zwei weitere Projekte, die in die Zukunft wiesen, will ich noch erwähnen. Das eine war die Vereinbarung über die Zusammenarbeit im Medienbereich, die der afghanische Minister für Information und Kultur und der schon erwähnte Intendant der Deutschen Welle, Erik Bettermann, unterzeichneten. Politische Sendungen der Deutschen Welle sollten zukünftig auch im afghanischen Fernsehen ausgestrahlt werden. Und dann begleitete mich ja noch Franz Beckenbauer, der legendäre deutsche Fußballer, der in dem traditionell fußballbegeisterten Afghanistan höchste Anerkennung genoss. Er hatte meine Einladung spontan aus der

»Die Mädchen zeigten ein Engagement, das unser eigenes in meiner Kindheit bei Weitem übertraf.« In einer Klasse der Jamal Mina Girls School.

Überzeugung heraus angenommen, er könne durch seine Anwesenheit ein Zeichen des Optimismus setzen. Er führte Gespräche über Sportfragen mit dem Erziehungsminister, mit Vertretern des im Aufbau begriffenen Fußballverbandes und des Nationalen Olympischen Komitees. Seine Erfahrungen und seine Anregungen waren hilfreich und wurden dankbar aufgenommen. Und natürlich durfte am Ende ein kleines Match mit der Jugendfußballmannschaft der Amani-Schule Kabul nicht fehlen.

Die Afghanistan-Reise hat mich tief bewegt. Ich habe ein Volk kennengelernt, das sich nach Frieden sehnt und ein eigenes Leben in Sicherheit aufbauen wollte. Aber diese Menschen brauchten Hilfe. Umso dankbarer waren sie für das Engagement der Deutschen, nicht zuletzt das der Soldaten, die den Übergang zum Frieden sichern sollten. Es war mir aber auch klarer denn je geworden, dass unser Engagement noch viele Jahre dauern konnte.

Unsere Hoffnung, dass die USA von einer ähnlichen Einschätzung der Lage ausgehen würden, hatte allerdings Präsident George W. Bush mit seiner Rede vom 29. Januar 2002 schwer erschüttert, in der er ankündigte, er wolle die nächsten militärischen Schläge gegen den Irak, den Iran und Nordkorea führen, die »Achse des Bösen«, wie er sie in fast biblischer Sprache nannte. Wir waren uns innerhalb des Sicherheitskabinetts der Bundesregierung schnell einig, dass sich in diesen Ankündigungen eine andere Dimension der Auseinandersetzung offenbarte als die, sich des fundamentalistisch-religiös begründeten Terrorismus zu erwehren. Wir suchten vergeblich nach einem Zusammenhang mit dem 11. September des Vorjahres und al-Qaida. Hier traten die »Schurkenstaaten« aus der Strategieküche der Neokonservativen auf die Weltbühne, eine Gruppe von Ländern, die, tatsächlich oder nur vermeintlich, nationale Programme zur Herstellung von Massenvernichtungswaffen betreiben.

Ich versuchte nach Bushs Rede, innenpolitisch mit der Bemerkung gegenzusteuern, dass sich »Deutschland nicht an Abenteuern beteiligen« werde – dass wir allerdings von den Amerikanern auch keine Abenteuer erwarteten. Diese Bemerkung war sehr ernst gemeint. Sie war zuallererst an die deutsche Bevölkerung gerichtet, aber nicht allein. Schon bei der Münchner Sicherheitskonferenz im Februar empfingen wir von der amerikanischen Delegation höchst irritierende Signale. Hier zeichneten sich erstmals Washingtons Vorstellungen von der zweiten Phase des Antiterrorkriegs ab.

Der Vize-Verteidigungsminister Paul Wolfowitz, einer der *black knights* der Bush-Administration, machte, assistiert vom einflussreichen Senator John McCain, den europäischen Konferenzteilnehmern unmissverständlich klar, dass die USA ihr weiteres Vorgehen im Krieg gegen den Terror nicht von der Zustimmung der Verbündeten abhängig machen würden. Koalitionen, so die unverblümte Ankündigung in völliger Überschätzung der militärischen Erfolge in Afghanistan, hätten keinen Eigenwert, und die jeweilige Mission werde sich in Zukunft selbst das passende Ad-hoc-Bündnis schaffen. Notfalls werde man die vorgesehenen Ziele auch allein verfolgen. Niemand ahnte damals in München, dass dies die genaue Beschreibung des amerikanischen Vorgehens beim Kriegseintritt gegen den Irak war.

Ich flog also am 31. Januar 2002 mit einigem Unbehagen zu einem erneuten Kurzbesuch nach Washington, um mit Präsident Bush die Lage zu erörtern. Natürlich galt mein Gespräch vor allem der neuen Strategie der USA. Ich machte dem amerikanischen Präsidenten klar, dass für den Irak das Gleiche zu gelten habe wie für Afghanistan, sofern es darum gehe, gemäß der Entschließung des UN-Sicherheitsrates zu handeln, wonach kein Land, das Terroristen beherbergt oder schützt oder sonstwie begünstigt, ungeschoren davonkommen werde. Dann, aber nur dann, hätten uns die USA an ihrer Seite. Bush versicherte, dass in dieser Frage nichts beschlossen sei und dass man die Verbündeten selbstverständlich vor jeder Entscheidung konsultieren werde.

Dennoch waren wir auf dem Rückflug eher unsicher, wie sich die Lage in Washington entwickeln würde. Unverkennbar hatte sich die psychologische Situation verändert, in der die USA nach dem 11. September selbst den Schutz in der internationalen Gemeinschaft gesucht hatten. Die amerikanischen Verbündeten, so unsere vorläufige Analyse, sahen sich nach den ersten Erfolgen in Afghanistan und der Vergewisserung pakistanischer Bündnisnähe wieder im Vollbesitz ihrer politischen und militärischen Handlungsfähigkeit.

Ende Mai 2002 erwarteten wir den Besuch von George W. Bush in Berlin. Es war bereits spürbar, wie sehr sich auch in der Bevölkerung die Sympathien für diesen Präsidenten verändert hatten. Weniger als ein Jahr nach der großen Solidaritätskundgebung in Berlin und der gemeinsamen Trauer nach dem 11. September 2001 wurde dieser Besuch von heftigen Protesten gegen die sich anbahnende oder doch befürchtete neue Orientierung der amerikanischen Außenpolitik begleitet. Mehr als hunderttausend Demonstranten beteiligten sich an unterschiedlichsten Aktionen gegen Bush. Wir sahen uns gezwungen, strengste Sicherheitsvorkehrungen zu treffen. Halb Berlin war abgesperrt. Auch das trug wenig dazu bei, die Stimmung in der Bevölkerung zugunsten des US-Präsidenten ins Positive zu wenden.

Dann überraschte uns Bush mit einer außergewöhnlich moderaten Rede vor dem Deutschen Bundestag. Auch in den Gesprächen, die ich mit ihm führte, deutete kein Anzeichen darauf hin, dass bereits die Weichen für einen weiteren Krieg gestellt seien. Ich betonte, dass meine Position der »uneingeschränkten Solidarität« im Kampf gegen den Terrorismus für die deutsche Regierung weiterhin gültig sei. Sollte sich der Irak wie zuvor Afghanistan tatsächlich als Schutzraum und Zufluchtsort für al-Qaida-Kämpfer erweisen, würden wir zuverlässig an der Seite der USA stehen. Allerdings hätten wir dafür zur Zeit keine Belege. Wir sicherten dem Präsidenten engste Zusammenarbeit der Nachrichtendienste zu und hatten überwiegend den Ein-

druck, dass die zeitweilig auf eindeutigen Konfrontationskurs gerichtete Irakpolitik Washingtons wieder zurückgenommen worden war.

Unsere klare und unnachgiebige Haltung im Kampf gegen den Terror hatte auch durch den schrecklichen Anschlag von Djerba in Tunesien wenige Woche zuvor noch einmal eine traurige Bestätigung gefunden. Ein Selbstmordattentäter hatte am 12. April 2002 einen vollen Tanklastzug vor der Al-Ghriba-Synagoge zur Explosion gebracht. Dabei starben neunzehn Menschen, vornehmlich Touristen, darunter vierzehn Deutsche. Von den dreiundvierzig Besuchern, die sich zum Zeitpunkt der Explosion in dem Gotteshaus aufhielten, blieben nur dreizehn unverletzt. Alle anderen waren entweder tot oder wurden mit schweren Verbrennungen in die Krankenhäuser von Djerba gebracht. Der

»Dann überraschte er uns mit einer außergewöhnlich moderaten Rede.« Der amerikanische Präsident George W. Bush vor dem Deutschen Bundestag im Reichstagsgebäude. In der ersten Reihe die Vertreter der obersten Verfassungsorgane (von links) Klaus Wowereit, Wolfgang Thierse, Johannes Rau, Gerhard Schröder und Hans-Jürgen Papier.

Terror, so waren wir überzeugt, hatte damit auch unser Land erreicht.

Am zweiten und letzten Tag seines Berlin-Besuches bei einem Mittagessen im Kanzleramt saßen Bush mitsamt seiner Delegation und meine Mannschaft gemeinsam und sehr entspannt zu Tisch. Bei diesem Arbeitsessen ging es allerdings fast gar nicht um die großen politischen Themen. Es war mal wieder Fußballweltmeisterschaft, und Bush fragte nach den Chancen der deutschen Nationalmannschaft. Meine nicht sehr hoffnungsvolle Einschätzung ihrer Qualitäten wurde dann durch die Teilnahme am Endspiel gegen Brasilien glänzend widerlegt.

Was mich trotz der entspannten Atmosphäre beschäftigte und in gewisser Weise misstrauisch machte: Immer wieder klang auch in unseren Gesprächen unter vier Augen durch, wie sehr sich dieser Präsident als »gottesfürchtig« und im Einklang mit dieser für ihn höchsten Instanz verstand. Das hat mich während seines Besuches immer wieder beschäftigt. Ich kann gut verstehen, wenn jemand ein sehr gläubiger Mensch ist und sein privates Leben an der Zwiesprache mit Gott ausrichtet, in diesem Fall im Gebet. Das Problem, das ich mit einer solchen Position habe, beginnt dort, wo sich der Eindruck aufdrängt, politische Entscheidungen seien die Folge des Gesprächs mit Gott. Wer politische Entscheidungen so legitimiert, kann nicht zulassen, dass diese durch Kritik oder Gedankenaustausch mit anderen verändert oder auch nur relativiert werden. Ließe er das nämlich zu, verstieße er gegen einen Auftrag Gottes, den er im Gebet erhalten hat. Diese Absolutheit im Anspruch, die mir im Jahr 2002 keineswegs nur in Gesprächen mit dem amerikanischen Präsidenten, sondern auch in seinen Äußerungen vor der Öffentlichkeit immer wieder begegnete, verstärkte meine politische Skepsis – ungeachtet meiner persönlichen Sympathie für Amerika und seinen Präsidenten. Ich habe George W. Bush häufig auf internationalen Konferenzen gesehen. Sicher, er ist konservativ. Aber als Eiferer im neokonservativen Sinne ist er mir nie begegnet. Die Dämonisierung des George W. Bush lenkt nach meiner Auffassung eher ab von der notwendigen kritischen Auseinandersetzung mit einem politischen Bündnis in den Vereinigten Staaten, das ich als problematisch für die Welt und für Amerika ansehe: das Bündnis von neokonservativen Intellektuellen und christlichen Fundamentalisten, das erheblichen Einfluss auf die Politik der USA und ihres Präsidenten hatte und noch hat.

Ich halte die Säkularisierung, die Trennung von Staat und Religion, für einen großen zivilisatorischen Fortschritt. Im Übrigen kritisieren wir zu Recht, dass in den meisten islamischen Staaten die Bedeutung der Religion für die Gesellschaft und der weltliche Charakter der Rechtsordnung nicht deutlich voneinander zu unterscheiden sind. Doch nehmen wir nicht so bereitwillig zur Kenntnis, dass es in den USA bei den christlichen Fundamentalisten und ihrer Bibelauslegung ähnliche Tendenzen gibt. Wenn beide Seiten für sich in Anspruch nehmen, im Besitz der allein gültigen Wahrheit zu sein, dann gibt es für friedliche Lösungen kaum Spielraum.

Wir haben versucht, den Krieg zu verhindern. Bis zur letzten Minute. Ich bin sicher: Es hätte einen anderen Weg zur Entwaffnung des Diktators gegeben, den Weg der Vereinten Nationen.

KAPITEL V

MUT ZUM FRIEDEN

»Am 15. Februar 2003 demonstrierten weltweit Millionen Menschen gegen den drohenden Krieg. Ich sehe heute noch die beeindruckenden Bilder vor mir, wie sich fünfhunderttausend Demonstranten auf der Straße des 17. Juni in Berlin versammelten.«

Von Mai bis September 2002 verdichteten sich die Hinweise darauf, dass die USA eine Intervention im Irak zumindest nicht ausschließen mochten. Der sich in den täglichen Nachrichten abzeichnende äußere Ablauf der Ereignisse bis zum Eintritt der USA und seiner Verbündeten in den Krieg gegen den Irak war für jeden nachvollziehbar, nicht hingegen die psychologische Situation, das innenpolitische Klima und der außenpolitische Druck; Faktoren, die sich infolge der ablehnenden deutschen Haltung zu diesem Krieg entwickelten. Für mich stand zudem die Frage im Raum, ob unser Nein zum Eintritt in den Krieg die transatlantische Distanz nur verstärken oder ob es zu einem Bruch führen würde.

Die Gründe für ein Nein habe ich erstmals nach der Sitzung des SPD-Präsidiums am 1. August 2002 öffentlich vorgetragen. Zugleich war immer zu berücksichtigen, dass auch innerhalb der Europäischen Union Kräfte am Werk waren, die den Kommentatoren nicht nur der deutschen Medien genügend Stoff dafür lieferten, als Folge der deutschen Haltung auch eine Spaltung der EU in Betracht zu ziehen, wobei die Verantwortung dafür natürlich bei den Kriegsgegnern gesucht wurde.

Sehr früh hatte der britische Premierminister Tony Blair klargemacht, dass er ohne Einschränkungen an der Seite

Amerikas stehen würde. Seine Motive haben wir nie miteinander besprochen. Sicher war es zunächst seine Absicht, durch äußersten Druck auf das Regime im Irak die politischen Ziele der späteren Kriegskoalition ohne Krieg zu erreichen. Für ihn standen die Sonderbeziehungen zwischen den USA und dem Vereinigten Königreich doch eher im Vordergrund. Und ich schließe auch nicht aus, dass seine Haltung innenpolitisch motiviert war, bestimmt von dem Ziel, den britischen Konservativen auch auf dem Gebiet des britisch-amerikanischen Verhältnisses die Kompetenz zu nehmen, die ja während der Ära Thatcher/Reagan eindeutig bei den Tories gelegen hatte. In letzter Konsequenz geriet er so in die Rolle des goetheschen Zauberlehrlings, weil er zum Gefangenen seiner eigenen politischen Linie wurde.

Dieser britische Premier, durchaus ein Mann von festen moralischen Überzeugungen und alles andere als kriegsbegeistert, zahlte und zahlt einen hohen persönlichen Preis für sein Engagement in dieser Frage. Blair ist gewiss einer der bedeutenden Nachkriegspremiers seines Landes. Unsere freundschaftliche Zusammenarbeit ist – entgegen der öffentlichen Wahrnehmung – durch die Differenzen in der Irakfrage zu keiner Zeit getrübt worden.

Dass vor allem Berlusconi und Aznar die amerikanische Irakpolitik bedingungslos unterstützten – und zwar unabhängig vom Wechsel der Begründungen für einen möglichen Krieg –, verstärkte die Differenzen in der Europäischen Union. Besonders bemerkenswert war allerdings die Art und Weise, wie die deutsche Opposition, namentlich die Union, mit dieser Frage umging. Die CDU-Parteivorsitzende ließ es sich nicht nehmen, im Vorfeld eines USA-Besuchs am 20. Februar 2003 in der *Washington Post* die deutsche Außenpolitik anzugreifen: Unter der Überschrift »Schröder spricht nicht für alle Deutschen« führte sie aus, dass ein Gewalteinsatz als letztes Mittel nie ausgeschlossen werden dürfe. Wer das tue, schwäche den Druck auf Diktatoren und verringere nicht, sondern erhöhe die Wahrscheinlichkeit eines Krieges.

Erstaunlich bei dieser Aufschaukelung der Emotionen war: Niemand wusste mehr zu würdigen, dass Deutschland im weltweiten Kampf gegen den Terror und bei Friedenseinsätzen nach den USA das größte Truppenkontingent gestellt hatte. Mehr als achttausend deutsche Soldaten waren in Auslandsmissionen im Einsatz. Auch dachte niemand mehr daran, dass ich meine politische Zukunft mit in die Waagschale geworfen hatte, als ich im Bundestag die Abstimmung vom 16. November 2001 über die Beteiligung Deutschlands an *Enduring Freedom* an die Vertrauensfrage knüpfte, um die Zustimmung meiner eigenen und der Mehrheit der Grünen-Fraktion zu erreichen.

Die Erinnerung an diese Abstimmung macht im Übrigen klar, in welcher auch emotionalen Nähe Deutschland im Herbst 2001 zu den USA stand. In dieser Phase, in der es für mich selbstverständlich, wenn auch nicht einfach war, alles zu tun, um eine Entscheidung für den Beitritt zum Antiterrorbündnis herbeizuführen, hatten die USA überall in der Welt jede denkbare Unterstützung. Und jedem, mit dem ich in Europa geredet habe, war bewusst, dass sich daraus auch militärische Aktionen entwickeln könnten, was sich dann ja auch in Afghanistan unmittelbar einstellte. Es gab also in der damaligen Situation ein solides Einverständnis zwischen Amerika und Europa.

Ich sah deshalb auch keinen Grund, Bush zu misstrauen, als er bei seinem Besuch in Deutschland im Mai 2002 wiederholt versicherte: »Es ist nichts entschieden, es ist nichts über meinen Tisch gegangen, und selbstverständlich wird es vor einer Entscheidung Konsultationen geben.« Wir hatten nach dem schon erwähnten gemeinsamen Essen der Delegationen im Berliner Kanzleramt insgesamt den Eindruck, dass in Washington eine neue Nachdenklichkeit eingesetzt hatte, wobei vor allem Außenminister Colin Powell, zu dem Joschka Fischer in stetem Kontakt stand, eine gute und wohl auch – jedenfalls zeitweilig – einflussreiche Rolle spielte.

Mit Rücksicht auf die inneramerikanische Diskussion sahen wir im ersten Halbjahr 2002 keinen Anlass, uns zu einem möglichen Irakkrieg öffentlich zu positionieren. Zu diesem Zeitpunkt war es ja für die Amerikaner nicht mehr als eine Vermutung, dass der Irak Massenvernichtungswaffen gebunkert habe. Und wir vertrauten auf den erfahrenen Hans Blix, den schwedischen UN-Chefinspekteur, der sich mit seinem Team im Irak auf der Suche nach eben diesen Waffen befand. Wir warteten auf seinen Bericht vor dem UN-Sicherheitsrat. Erst dann würde eine Entscheidung fällig werden.

Doch zunehmend erhielten wir nach Bushs Besuch Signale, die uns mehr und mehr zu der Auffassung kommen ließen, die USA wollten in jedem Fall den Feldzug gegen den Irak führen, gleichgültig mit welcher Begründung. Daher nutzte ich die Sitzung des Präsidiums der SPD am 1. August 2002, um deutlich zu machen, dass sich aus den bisherigen Erkenntnissen eine Intervention gegen den Irak nicht legitimieren ließe. Geradezu unverständlich fand ich die Reaktion der Opposition und einiger besonders bellizistisch agierender Medien, die es ungeheuerlich fanden, dass ich damit den Irak zum Wahlkampfthema gemacht hätte. Wie hätte ich wohl den Wahlkampf bestehen können, ohne eine

29. April 2002: Joschka Fischer trifft den amerikanischen Außenminister Colin Powell in Washington.

klare Haltung zu diesem die Menschen bewegenden Thema zu zeigen? Das wurde erst recht nötig, nachdem wir die Brandrede des amerikanischen Vizepräsidenten Richard B. Cheney hatten zur Kenntnis nehmen müssen, die er am 26. August 2002 vor Veteranen in Nashville/Tennessee hielt.

Diese Rede hatte es in sich. Sie war ein geschickt gestricktes Pamphlet und wohlvorbereitetes Stück Agitation zur Begründung der bevorstehenden Intervention, von der, so Cheney, selbstredend nur Dummköpfe oder Feiglinge glauben könnten, sie sei noch zu vermeiden. Allerdings mochte selbst er nicht mehr behaupten, dass al-Qaida im Irak Unterschlupf gefunden habe. Daher beschwor er nun die Existenz einer terroristischen Unterwelt, die sich über mehr als sechzig Länder erstrecke. Ihre Bekämpfung erfordere alle zur Verfügung stehenden Mittel der Diplomatie, der Finanzen, der Nachrichtendienste, der Strafverfolgung und des Militärs. Man werde die Feinde der Vereinigten Staaten im Lauf der Zeit finden und besiegen, und dies bedeute – ein letztes Mal kam er hier auf den Ursprung der Auseinandersetzung zu sprechen – im Falle Osama bin Ladens, wie Präsident Bush sich ausgedrückt habe: »Wenn er am Leben ist, kriegen wir ihn. Wenn er tot ist, haben wir ihn schon.«

Bin Laden hatte sich dem Zugriff der Spezialeinheiten immer wieder entziehen können. Daher wohl auch der Ratschlag aus der CIA-Zentrale, das Kampffeld zu verlagern und nunmehr Saddam Hussein zum »Todfeind« (Cheney) zu erklären. Um das zu begründen, machte Cheney aus bloßen Vermutungen Gewissheiten. Dazu brauchte er einen ziemlich langen Anlauf. Ich zitiere aus der Rede in Nashville: »Wir wissen jetzt, dass Saddam Hussein seine Bemühungen, Nuklearwaffen zu beschaffen, wieder aufgenommen hat. Neben anderen Quellen haben wir diese Information aus erster Hand von Überläufern … Ebenso hat Saddam ein ausgefeiltes Programm zur Verheimlichung seiner aktiven Bestrebungen ersonnen, chemische und biologische Waffen herzustellen … Sollten alle seine ehrgeizigen Ziele verwirklicht werden, wären die Auswirkungen für den Nahen Osten, für die Vereinigten Staaten und den Weltfrieden enorm. Das gesamte Spektrum von Massenvernichtungswaffen wäre dann in den Händen eines Diktators, der bereits den Einsatz solcher Waffen unter Beweis gestellt und sowohl im Krieg gegen den Iran als auch gegen sein eigenes Volk befohlen hat. Bewaffnet mit einem Arsenal dieser Waffen des Terrors und Herr über zehn Prozent der Ölreserven

»Für keinen seiner Irrtümer – oder waren es bewusste Verfälschungen? – hat er sich je verantworten müssen.« US-Vizepräsident Richard B. Cheney bei seiner Brandrede vor Kriegsveteranen in Nashville/Tennessee, 26. August 2002.

der Welt, könnte Saddam Hussein versuchen, die Beherrschung des gesamten Nahen Ostens anzustreben, die Kontrolle über einen Großteil der weltweiten Energiereserven zu erlangen, die Freunde der Vereinigten Staaten in der ganzen Region direkt zu bedrohen und die Vereinigten Staaten oder jede andere Nation nuklearer Erpressung auszusetzen. Mit anderen Worten, es besteht kein Zweifel, dass Saddam Hussein jetzt Massenvernichtungswaffen besitzt.« Daher seien die Risiken der Untätigkeit sehr viel größer als die Risiken des Handelns.

Dann setzt sich Cheney – allerdings nur rhetorisch – mit einem kritischen Argument gegen einen Krieg im Irak auseinander und spricht erstmals von einem Kriegsgrund, der sich am Ende als der einzig übrig gebliebene erweisen sollte: *regime change*. Und den begründet er in der folgenden Passage: »Ein anderes Argument lautet, der Widerstand gegen Saddam Hussein würde in diesem Teil der Welt noch größere Probleme schaffen und den umfassenden Krieg gegen den Terror behindern. Meiner Ansicht nach trifft das Gegenteil zu. Ein Machtwechsel im Irak würde der Region eine Reihe von Vorteilen bringen. Wenn die gravierendsten Bedrohungen beseitigt sind, werden die freiheitsliebenden Menschen der Region eine Chance zur Förderung der Werte haben, die dauerhaften Frieden herbeiführen können. Bezüglich der Reaktion der Araber auf der Straße sagt der Nahostexperte Professor Fouad Ajami voraus, dass man nach der Befreiung auf den Straßen in Basra und Bagdad zweifelsohne ebenso wie damals die Menschenmenge in Kabul in Freude ausbrechen und die Amerikaner bejubeln wird!« Welch eine Aneinanderreihung von Fehleinschätzungen! Für keinen dieser Irrtümer – oder waren es bewusste Verfälschungen? – hat sich Cheney je verantworten müssen.

Schlusspunkt der Hinweise, die mich alarmierten, war eine Rede von Präsident Bush, die er am 12. September 2002 vor der Generalversammlung der Vereinten Nationen hielt. Noch fehlte die letzte Eindeutigkeit, aber es zeichnete sich doch klar ab, dass Washington eine Intervention im Irak zumindest erwog. Bush verwies auf die gemeinsame Herausforderung: Wenn sich das irakische Regime weiterhin durch Täuschungsmanöver aus der Affäre ziehen wolle, müsse die Welt den Irak bewusst und entschieden zur Rechenschaft ziehen. Es sei dringend geboten, mit dem UN-Sicherheitsrat an den notwendigen Resolutionen zu arbeiten. Aber über die Absichten der Vereinigten Staaten sollten keine Zweifel bestehen: Die Resolutionen des UN-Sicherheitsrates müssten umgesetzt, den gerechtfertigten Forderungen, Frieden und Sicherheit zu wahren, müsse Folge geleistet werden – oder ein Vorgehen gegen den Irak werde unvermeidlich. Die Inspektionsreisen von Hans Blix verloren zunehmend an Bedeutung.

In den regelmäßigen Sitzungen, zu denen ich mich mit den Außen- und Sicherheitspolitikern und dem Chef des Bundeskanzleramtes traf, wie auch in den Gesprächen mit Außenminister Joschka Fischer wurden die Analysen und Berichte von Blix immer wieder erörtert. Das Fazit schien uns eindeutig: Die UN-Waffeninspekteure fanden keine Spur von Massenvernichtungswaffen im Irak. Die stoisch-beharrliche Haltung von Blix bei der akribischen Durchforstung aller ebenerdigen und unterirdischen Anlagen im Irak im Zuge der Suche nach ABC-Waffen, deren Existenz von Teilen der amerikanischen Administration ebenso stoisch-beharrlich behauptet wurde, nötigt mir noch im Nachhinein Respekt ab.

Der auf rüde Weise beiseitegeschobene Wahrheitssucher der Vereinten Nationen hat später in einem Buch seine Erfahrungen wiedergegeben. In einer von der Kritik als brillant bezeichneten Analyse zeigt er ganz nebenbei, wie vor den Augen der Weltöffentlichkeit ein groß angelegtes Propagandamanöver inszeniert wurde. Und Blix hat recht. Genau dies gelingt dem Autor, der die Behauptung, der Irak verfüge über Massenvernichtungswaffen, als »die Mutter aller Fehlurteile« über den Irak bezeichnet. Nein, die Erkenntnisse des UN-Chefinspekteurs passten offenkundig nicht in das Bild, das die amerikanische Administration vom Irak zu zeichnen gewillt war.

Meine Übereinstimmung mit der Haltung von UN-Generalsekretär Kofi Annan war von Anfang an klar. Annan hatte sich im Februar 2002 in einer Rede vor dem Deutschen Bundestag fast ausschließlich mit Afghanistan beschäftigt. Auch für ihn war die Entwicklung in Afghanistan ein Modell, aber in ganz anderer Weise, als es die amerikanische Regierung sah, die es als ein Argument für einen Einmarsch in den Irak benutzte. Annan warb eindringlich dafür, sich langfristig in dem heimgesuchten Land Afghanistan zu engagieren und nicht zu früh abzuziehen. Für ihn sei Afghanistan ein Beispiel für nachhaltigen Frieden *(sustainable peace)*, was er gleichberechtigt neben eine auf Dauerhaftigkeit angelegte Strategie der nachhaltigen Entwicklung *(sustainable development)* setzte. Seine Warnung galt politischer Kurzatmigkeit, und sie galt dem Fehler der Vergangenheit, Konfliktherde ohne langfristiges Stabilisierungskonzept zu schnell wieder sich selbst zu überlassen. Es gelte, die Regel *no exit without strategy* zu beherzigen. Annan sah voraus – was auch unserer Sorge entsprach –, dass Afghanistan durch einen Strategiewechsel der USA zu früh allein gelassen wer-

den könnte. Der weitgehende Abzug der für den Krieg im Irak benötigten amerikanischen Truppen aus Afghanistan war die Wiederholung des Fehlers, vor dem Annan vergeblich warnte. Heute, da sich die Talibankämpfer wieder verstärkt auf den Kampffeldern Afghanistans zeigen, rächt sich dieses Vorgehen.

Zu Recht konnte Annan darauf bauen, dass seine Botschaft in Berlin gehört würde. Immer wieder hatte die Bundesregierung bei den Außenministertreffen der EU, in Ge-

»Seine Warnung galt politischer Kurzatmigkeit.« UN-Generalsekretär Kofi Annan am 28. Februar 2002 während seiner Rede vor dem Deutschen Bundestag.

sprächen mit Washington und im Europäischen Rat darauf gedrungen, sich nicht auf militärische Lösungen allein zu verlassen. Wer den Terrorismus austrocknen will, muss seine Ursachen ergründen und den Konflikt zwischen Arm und Reich nachhaltig entschärfen, der keinen Terror legitimiert, aber den Terroristen eine Begründung verschafft, mit der sie ihre Gewalttaten rechtfertigen. Auf lange Sicht kann es nur um Prävention und nicht um Intervention gehen.

Am 28. Januar 2003 verkündete Präsident Bush in seiner jährlichen »Rede zur Lage der Nation«, Außenminister Colin Powell werde am 5. Februar vor dem UN-Sicherheitsrat nachrichtendienstliche Erkenntnisse über irakische Rüstung und Terrorverbindungen auf den Tisch legen. Bush ließ keinen Zweifel daran, dass er den Kampf gegen das irakische Regime als gerechte Sache sah. Der Tag des Sturzes von Saddam Hussein, erklärte er, werde der Tag der Befreiung sein. Die Politik der USA hänge »nicht von den Entscheidungen anderer ab«, fügte er hinzu.

Ich reagierte auf die Rede von Bush mit einer öffentlichen Stellungnahme, in der ich es begrüßte, dass Außenminister Powell dem Sicherheitsrat in der nächsten Woche die Indizien unterbreiten werde, über die Amerika verfüge – ohne Kenntnis darüber, was Powells angekündigter Auftritt zur Sprache bringen würde. Es sollte dabei um Informationen über die Existenz von Massenvernichtungswaffen gehen. Das war uns deshalb wichtig, weil neue Erkenntnisse die Arbeit der Inspekteure erleichtern würden und für das Verhalten Deutschlands im Sicherheitsrat bedeutsam waren. An dem schon erwähnten 5. Februar 2003 beschuldigte Powell im Sicherheitsrat den Irak mit – wie sich dann herausstellte – fabrizierten Beweisen und falsch interpretierten Satellitenaufnahmen, Raketenabschussrampen und

»Powell hatte nach dem Ausscheiden aus seinem Amt bekannt gegeben, dieser Tag sei der ›Schandfleck meiner Karriere‹ gewesen.« Der US-Außenminister während seiner Ausführungen vor dem Weltsicherheitsrat, New York, 5. Februar 2003. Er zeigt ein Röhrchen mit weißem Pulver, das angeblich Milzbranderreger enthält.

Sprengköpfe mit biologischen Kampfstoffen in verschiedenen Teilen des Landes zu verstecken und über mobile Laboratorien zur Herstellung biologischer Kampfstoffe zu verfügen. Und er fügte hinzu, man wisse von Kontakten auf hoher Ebene zwischen dem irakischen Geheimdienst und al-Qaida.

Eine Woche später versuchte eine kleine Delegation von hochrangigen Beamten des Auswärtigen Amtes aus Berlin, bei den Sicherheitsberatern des amerikanischen Präsidenten in Washington noch einmal die deutsche Position darzulegen und die USA von einem Krieg abzuhalten. Ich ließ wiederholen, was ich auf der Nato-Tagung im November 2002 in Prag gesagt hatte: Afghanistan werde zum Gradmesser des Erfolges unseres Kampfes gegen den Terror. Die Eröffnung einer Front ohne zwingende Beweise einer Zusammenarbeit zwischen der irakischen Regierung und dem internationalen Terrorismus halte die Bundesregierung für kontraproduktiv. Im Übrigen hätten unsere Dienste, wie auch die Dienste Großbritanniens und Frankreichs, bisher keine direkte Verbindung zwischen Irak und al-Qaida feststellen können. Dann wurde erläutert, dass die politischen Kosten einer militärischen Aktion nach der Überzeugung der Bundesregierung höher sein würden als der politische Nutzen. Als Gründe ließ ich nennen:

- Gefahren für die territoriale Integrität des Irak.
- Gefahren für die regionale Stabilität, zu denen eine mögliche Stärkung des Iran gehöre, was eine Nahostlösung erschweren würde. Die vorrangige Behandlung des israelisch-palästinensischen Konflikts auf der Basis der *road map* hätten wir bevorzugt.
- Es sei eine Schwächung der breiten Koalition im Kampf

gegen internationalen Terrorismus zu befürchten, ein Kampf, der noch sehr lange dauern werde, mindestens zehn bis fünfzehn Jahre.
- Die These des amerikanischen Politikwissenschaftlers Samuel P. Huntington, der bereits lange vor dem 11. September 2001 gewarnt hatte, es drohe der Kampf der Kulturen in der internationalen Politik, könne sich bewahrheiten: Tatsächlich könne ein *clash of civilizations* die Folge sein, wenn in der islamischen Welt der Eindruck entstünde, dass die westliche Welt einseitig gegen die islamische Welt vorgehe. Es komme darauf an, die Herzen und Hirne der islamischen Eliten und Jugend zu gewinnen; dies lasse sich mit Krieg nicht erreichen, vielmehr sei eine Zunahme terroristischer Gewalt zu erwarten.
- Die gesellschaftliche/politische Situation im Irak lasse den schnellen Aufbau eines demokratischen und liberalen Systems nicht erwarten. Sollte es zu einem militärischen Eingreifen im Irak kommen, wäre danach ein sehr langes Engagement mit hoher finanzieller und personeller Belastung erforderlich, um Institutionen und Strukturen aufzubauen.
- Die Bundesregierung zweifle nicht daran, dass Präsident Bush bei einer militärischen Aktion die US-Bevölkerung hinter sich scharen könne, und glaube auch, die USA würden einen Krieg gewinnen. Allerdings habe die Bundesregierung erhebliche Zweifel, dass die Bevölkerung der USA und die der Staaten Europas bereit seien, den enormen finanziellen Aufwand zu akzeptieren, den ihnen eine langfristige Präsenz im Irak abverlangen würde. Es genüge nicht, aus einem Krieg als Sieger hervorzugehen, sondern es gelte auch, den Frieden zu gewinnen.

»Es hätte einen anderen Weg zur Entwaffnung des Diktators gegeben, den Weg der Vereinten Nationen.« Fernsehansprache nach Beginn des Kriegs gegen den Irak, 21. März 2003.

Die politische Abwägung all dieser Überlegungen führe für die Bundesregierung zu der Schlussfolgerung, dass ein militärisches Vorgehen gegen den Irak derzeit nicht die richtige Option sei. Dasselbe Ziel – die Abrüstung und Entwaffnung des Irak – sei friedlich »mit einer Erhöhung der Zahl der UN-Inspektoren und einem verschärften Inspektionsregime bei erheblich geringeren politischen Risiken und Kosten zu erreichen«.

Ich versage es mir, die Antwort der damaligen Sicherheitsberaterin Condoleezza Rice und ihres Stellvertreters zu zitieren. Es war eindeutig, dass – auf welcher Informationsgrundlage auch immer – in Washington ein völlig anderes Bild von der politischen Situation vor dem Irakkrieg vorherrschte oder angenommen oder erhofft wurde, als wir es uns erarbeitet hatten. Und ebenso deutlich war, dass unsere Einschätzung ohne jede Wirkung blieb und bleiben sollte.

Vom 20. März 2003 an sprachen die Waffen, der Krieg gegen den Irak hatte begonnen. In einer kurzen Fernsehansprache wies ich noch einmal auf unsere politischen Anstrengungen hin: »Wir haben versucht, den Krieg zu verhindern. Bis zur letzten Minute. Ich bin sicher: Es hätte einen anderen Weg zur Entwaffnung des Diktators gegeben, den Weg der Vereinten Nationen. Und mich berührt, dass ich mich in der Haltung einig weiß mit der großen Mehrheit unseres Volkes, mit der Mehrheit im Weltsicherheitsrat und der Mehrheit aller Völker. Es ist die falsche Entscheidung getroffen worden. Die Logik des Krieges hat sich gegen die Chancen des Friedens durchgesetzt.«

Und als Hinweis auf eine zum Zeitpunkt dieser Niederschrift aktuelle Debatte über die Zusammenarbeit der Dienste während des Irakkrieges noch zwei Sätze aus meiner ersten Antwort auf den Kriegsbeginn: »Deutschland, das habe ich versichert, beteiligt sich nicht am Irakkrieg. Aber natürlich wird Deutschland seine Verpflichtungen im Rahmen des Nato-Bündnisses erfüllen.« Damit wollte ich deutlich machen, dass Deutschland den Vereinigten Staaten als Bündnispartner Überflugrechte nicht versagen würde. Auch war klar, dass wir natürlich für den Schutz amerikanischer Einrichtungen und hier stationierter Soldaten sorgen würden. Dass daraus später eine aktive Kriegsbeteiligung der Bundesregierung konstruiert werden sollte, gehört zu den Absurditäten, von denen diese Auseinandersetzung öffentlich begleitet wurde. Das Notwendige hat der heutige Außenminister Frank-Walter Steinmeier am 20. Januar 2006 in einer Debatte im Deutschen Bundestag über die Rolle des Bundesnachrichtendienstes in aller Klarheit gesagt: »Wir haben in der Folge dieser Entscheidung [gemeint ist die Nichtbeteiligung am Irakkrieg] den USA und der Koalition Überflugrechte sowie Start- und Landerechte gewährt. Wir haben den Schutz von Militärobjekten in Deutschland übernommen. Wir haben die logistischen Basen weiterhin bereitgestellt. Selbstverständlich haben wir auch die Zusammenarbeit unserer Dienste nicht suspendiert. Das war unsere Haltung. Sie war nicht zweideutig und nicht geprägt von Doppelmoral. Sie war aus meiner Sicht richtig, differenziert und verantwortungsvoll.

Sie war richtig, weil die USA trotz aller Differenzen in der Zeit Partner und Verbündete blieben. Sie war richtig, weil unser gemeinsamer Gegner der internationale Terrorismus war und ist. Deutsche Soldaten – das dürfen wir in dieser Debatte nicht vergessen – standen damals gemeinsam mit Amerikanern, Franzosen, Briten und anderen in Afghanistan. Deutsche Marineeinheiten patrouillierten am Horn von Afrika, und in Kuwait waren ABC-Schutzpanzer der Bundeswehr stationiert.«

In diesen Zusammenhang gehört auch die Auseinandersetzung über die weitere Nato-Strategie Anfang Februar 2003. Nato-Generalsekretär Robertson hatte vorgeschlagen, einer möglichen Bedrohung der Türkei mit umfangreichen Schutzmaßnahmen zu begegnen. Es ging insbesondere um Beobachtungen der Situation durch die Nato-Aufklärungsflugzeuge AWACS und um die Stationierung von Patriot-Raketensystemen zum Schutz des Territoriums der Türkei. Ich hielt solche konkreten Planungen für das falsche Signal, weil dadurch der Eindruck verstärkt werden musste, dass ein Krieg unvermeidbar war. Ich wusste mich einig mit Frankreich und Belgien, die ebenfalls befürchteten, mit derartigen Maßnahmen würden weitere Schritte auf dem Weg zu einem Krieg eingeleitet werden. Letztlich ging es seitens der Kriegsbefürworter auch um den Versuch, die Nato als Verteidigungsbündnis in Kriegsvorbereitungen einzubinden. Zudem gab es Äußerungen aus der Türkei, die darauf hindeuteten, sie könnte sich entgegen ihren bisherigen Festlegungen dazu entschließen, aktiv in mögliche Kämpfe gegen den Irak einzugreifen, um ihre Position gegenüber den Kurden im Nordirak zu verbessern.

Nach intensiven Diskussionen erklärten wir uns bereit, der Türkei Patriot-Raketen neuester Bauart, die zu jener Zeit nur die Niederlande und Deutschland besaßen, für reine Schutzmaßnahmen zur Verfügung zu stellen, und versicherten darüber hinaus, dass die deutschen Besatzungen in den AWACS-Aufklärungsflugzeugen weiterhin ihre Arbeit verrichten würden – beides entsprechend unserer Grundsatzposition: nur für den Fall, dass das Nato-Mitglied Türkei vom Irak aus angegriffen, sich selbst aber an möglichen Kämpfen nicht beteiligen würde. Andernfalls, so unser deutlicher Hinweis an die türkische Regierung, müssten wir unsere Unterstützung zurückziehen.

Von amerikanischer, auch von britischer Seite setzte sofort eine Kampagne ein. Diese Politik, hieß es, würde zur Zerstörung der Nato führen, weil wir einem Bündnispartner den Schutz verweigern würden. Das war eine Behauptung, die begierig von der deutschen und internationalen Presse aufgegriffen wurde, willkommen als Anlass zu bisweilen aggressiven Attacken gegen mich und meine Regierung. Gleichwohl behielten wir unsere Position bei.

Was auch immer unsere eigene Einschätzung der Gründe Washingtons für diesen Krieg wert sein mag, noch überzeugender sind Beurteilungen aus Insider-Quellen. Und dies erst recht, wenn sie aus der Feder des Sicherheitskoordinators Richard A. Clarke stammen, der noch von Präsident Clinton ernannt worden war und von George W. Bush im Amt gehalten wurde, bis er entnervt aufgab, weil er die Irakpolitik seines Präsidenten für verantwortungslos hielt. Clarke schreibt im elften Kapitel seines Buches »Against All Enemies«:

»In der Geschichte gibt es selten einen einzigen Grund, warum zwei Staaten Krieg gegeneinander führen. Die Gründe, die die Regierung Bush für ihren Krieg vorlegte, erfuhren mit der Zeit eine Wandlung: Statt des Terrorismus waren es bald die Massenvernichtungswaffen, dann das Leid des irakischen Volkes. Zusätzlich zu den öffentlich genannten Argumenten gab es noch weitere, die in der Washingtoner Bürokratie diskutiert wurden.

Fünf Beweggründe werden den drei einflussreichsten Beratern (Cheney, Rumsfeld und Wolfowitz) und Präsident Bush zugeschrieben:

– Den Schlamassel zu beseitigen, den die erste Regierung Bush hinterließ, als sie 1991 gestattete, dass Saddam Hussein nach dem ersten Golfkrieg seine Macht festigte und seine Gegner umbrachte.
– Eine große feindliche Militärmacht auszuschalten und so die strategische Lage Israels zu verbessern.
– Eine arabische Demokratie zu schaffen, die als Vorbild für andere freundlich gesinnte arabische Länder dienen könnte, die heute von inneren Unruhen bedroht werden, vor allem Ägypten und Saudi-Arabien.
– Den Abzug der Amerikaner aus Saudi-Arabien zu er-

möglichen, wo sie zwölf Jahre lang als Gegengewicht zum irakischen Militär stationiert waren und als Auslöser antiamerikanischer Drohungen die Stabilität der dortigen Regierung gefährdeten.
– Noch eine weitere ungefährliche Ölquelle für den amerikanischen Markt zu sichern und damit die Abhängigkeit von Saudi-Arabien zu verringern, weil es dort eines Tages vielleicht einen Umsturz geben könnte.«

Auch die erneute Lektüre dieses wichtigen Buches von Richard A. Clarke ist spannend und gibt entscheidende Hinweise auf die psychologischen Determinanten in der Bush-Administration, die zum Irakkrieg geführt haben.

Auch in Deutschland mahlten die Propagandamühlen auf Hochtouren, und ihre Apologeten saßen in vielen Redaktionen. In Berlin brachte ein Kommentator Folgendes auf Zeitungspapier, und zwar auf das des *Tagesspiegels* vom 8. Februar 2003:

»Fast jeder Tag bringt neue Belege, wie gefährdet Deutschlands Ansehen und Einfluss in der Welt sind ... Nie in den letzten fünfzig Jahren stand die Bundesrepublik so allein da. Das ist ein Desaster für ein Land, dessen Selbstverständnis auf der Integration in europäische und transatlantische Strukturen beruht. Es bedeutet ein Scheitern seiner Außen- und Wirtschaftspolitik, die doch so sehr auf Einbindung in Koalitions- und Vertragssysteme ausgerichtet ist und Alleingänge strikt ablehnt. Rumsfelds bitterböser Vergleich Deutschlands mit Kuba und Libyen ist verletzend und überzogen.« Dann trumpfte er auf mit der scharfsinnigen Bemerkung, Deutschland müsse sich fragen, ob Rumsfelds Vorwürfe im Kern vielleicht gar nicht so abwegig seien. »Und ob vielleicht Deutschland etwas falsch macht und nicht Amerika, wenn es so einsam um uns wird … Eine gespenstische Ruhe liegt über Deutschland. Es hat sich selbst eingeschlossen. Dabei steht fest: Wir müssen da raus.«

Wenige Tage zuvor, am 30. Januar 2003, war die gemeinsame Ergebenheitsadresse der acht Staats- und Regierungschefs aus Großbritannien, Dänemark, Spanien, Tschechien, Italien, Polen, Portugal und Ungarn an die USA veröffentlicht worden. Sosehr ich die neuen EU-Mitglieder aus Osteuropa verstehen konnte, die sich aus historischen Gründen an die Seite der USA stellen wollten, so wenig vermochte ich beim Rest der EU-Staaten, die das Dokument unterzeichnet hatten, eine auch nur annähernd gleichrangige Legitimation zu erkennen.

Da hatte vor allem England aus ausschließlich innenpolitischen Gründen in bewährter Manier hinter den Kulissen die acht Unterschriften besorgt. Die Labour-Regierung stand im eigenen Land unter enormem Druck und musste dem Vorwurf der Isolierung Großbritanniens in Europa etwas entgegensetzen. Silvio Berlusconi war in besonderem Maße statusorientiert. Die hervorragenden Beziehungen zwischen Frankreich und Deutschland waren ihm schon immer ein Dorn im Auge gewesen. Hinzu kam, dass Deutschland sich um einen Sitz als permanentes Mitglied im UN-Sicherheitsrat bewerben wollte, und prompt hatte sich Berlusconi mit dem gleichen Bestreben zu Wort gemeldet. Italien hatte zu keiner Zeit Aussichten auf einen solchen Sitz, und weil das so war, unternahm die italienische Regierung aus Prestigegründen den Versuch, Deutschlands Wunsch, der von einer breiten Mehrheit der Mitglieder der Vereinten Nationen unterstützt wurde, zu torpedieren und eine Zweidrittelmehrheit in der Hauptversammlung zu verhindern.

Auch beim EU-Gipfel in Nizza hatten die konservativen Regierungen in Italien und Spanien gekämpft wie die Löwen, um denselben Stimmenanteil im Europäischen Rat wie Deutschland und Frankreich zu erhalten. Dieses Tauziehen in Nizza endete damit, dass Frankreich, Italien, Deutschland und Großbritannien die gleiche Stimmenzahl erhielten.

Welch eine Chance wurde durch den »Brief der acht« vertan! Eine gemeinsame Haltung Europas hätte dazu beitragen können, Amerika von einem verhängnisvollen Fehler abzuhalten. Da allerdings die USA aufgrund der Äußerungen irakischer Überläufer, auf die sie ihr ungeprüftes Vertrauen setzten, mehr und mehr den Eindruck gewannen, sie hätten nur einen militärischen Spaziergang vor sich, wäre auch der Einfluss eines mit einer Stimme sprechenden Europa fraglich gewesen. Aber so hatten wir überhaupt keine Chance, in Washington Gehör zu finden.

Da ich als Erster deutlich gemacht hatte, dass Deutschland an Abenteuern nicht teilzunehmen gedenke, allerdings auch keine Abenteuer erwarte, musste ich die daraufhin einsetzende Medienoffensive vorerst als Einziger verkraften. Die französische Position umriss der damalige Außenminister de Villepin in einer Rede vor dem Sicherheitsrat der Vereinten Nationen. De Villepin hielt eine scharfe Gegenrede zu Powell, die ihm – was unüblich ist – den Beifall der anwesenden Sicherheitsratsmitglieder einbrachte. Als dann auch Jacques Chirac aufgrund der Lage im UN-Sicherheitsrat endgültig sein Nein zu diesem Krieg formulierte, waren wir zu zweit und damit etwas weniger unter Druck als jeder allein. Dies galt erst recht, als der russische Präsident ebenfalls der Antikriegsallianz beitrat. Schließlich waren es nur noch Arabesken, die aus Washington zu uns herüberdrangen, doch wurde jede Verbalattacke aus amerikanischen Regierungskreisen gegen die Kriegsgegner in Europa begierig von den deutschen Medien aufgegriffen, etwa wenn Donald Rumsfeld Deutsche und Franzosen als das »alte Europa« bezeichnete, das gegen den Irak nicht gebraucht werde.

Nun ist keiner gegen Irrtümer gefeit, weder ein Politiker noch eine renommierte Zeitung. Doch kann ich mich nicht erinnern, dass sich auch nur eine einzige deutsche Zeitung, die für die Beteiligung Deutschlands an diesem Krieg eintrat und am Ende jeden Begründungszusammenhang aus Washington ungeprüft akzeptierte, bei ihren Lesern für eine Berichterstattung entschuldigt hätte. Nein, die Größe der *New York Times* und – wenn auch nicht ganz so ausgeprägt – der *Washington Post* hat keine deutschsprachige Zeitung gezeigt. Schade. Keiner der sich in ihrer Kriegsbereitschaft überschlagenden Kommentatoren hat diese Einstellung beibehalten. Sie reichte gerade mal für die Zeit bis zum Krieg und zu dem kurzen triumphalen Empfinden, bei den Siegern zu stehen, als Bush im Pilotenoverall auf dem Flugzeugträger *USS Abraham Lincoln* vor der amerikanischen Küste sein »Mission accomplished« in die Welt entließ. Es lohnt, in den Archiven zu blättern.

Bei dieser Sachlage und den ihr folgenden klimatischen Bedingungen weltweit wird es nicht verwundern, dass ich mich immer wieder in der Situation sah, mir die Frage zu stellen, ob ich die für die Bundesregierung und für mein Land eingenommene Haltung auch würde durchhalten können. Da war es wichtig, dass mich auch die sich zunehmend vertrauensvoll entwickelnden Beziehungen zum französischen Staatspräsidenten Jacques Chirac immer wieder ermutigten, dem Trommelfeuer zu widerstehen, dem ich innen- und außenpolitisch ausgesetzt war. Chirac nahm ja eine fast stoische Haltung ein, auch wenn es noch so stürmisch über den Atlantik wehte. Keine Boykottdrohung gegen französischen Wein und andere Produkte seines Landes, keine noch so absurde Schmähung schaffte es, ihn wankelmütig zu machen. Man denke nur an die in den USA geborene Idee, in einem patriotischen Akt die Pommes frites fortan nicht mehr *french fries*, sondern *freedom fries* zu nennen, ein Vorschlag, der in den Cafeterien des Repräsentantenhauses tatsächlich umgesetzt, vor kurzem aber klammheimlich zurückgenommen wurde.

Innerlich war ich entschlossen, eher zurückzutreten, als in der Sache Kompromisse zu schließen. Ein Abrücken von der Absage an den Irakkrieg kam für mich nicht in Frage. Chirac war nicht weniger entschlossen als ich, allerdings wollte er seine Position als Mitglied der fünf Vetomächte im Sicherheitsrat der Vereinten Nationen in seinen öffentlichen Äußerungen zumindest offenhalten und abwarten, was die UN-Waffeninspektionen im Irak ergeben würden. Natürlich hatte er über den französischen Geheimdienst auch eigene Erkenntnisse. Für ihn war die Gewissheit, dass meine Haltung spätestens seit der Cheney-Rede unumkehrbar war, mindestens ebenso wichtig wie für mich die Übereinstimmung mit Frankreich in dieser Frage. Dazu kam, dass auch der russische Staatspräsident Wladimir Putin zunehmend auf Distanz zu der immer wahrscheinlicher werdenden amerikanischen Interventionspolitik gegen den Irak ging. In wechselnden Gesprächen zwischen uns gewann diese Dreierkonstellation immer mehr politische Dynamik.

Mit Jacques Chirac gab es in den letzten acht Wochen vor Beginn des Irakkrieges mehr als ein Dutzend intensiver Telefonate und Treffen. Dabei galten unsere Konsultationen vor allem der gegenseitigen Versicherung, in der Sache Irak ohne Wenn und Aber zusammenzustehen.

Ich erinnere mich an den Nato-Gipfel im November 2002 in Prag, der öffentlich von der grotesken Frage begleitet war, ob sich Bush und Schröder die Hände schütteln würden. Dem vorangegangen war die Weigerung Rumsfelds in Warschau, meinem Verteidigungsminister Peter Struck die Hand zu geben. Also ging es in Prag für so manchen Berichterstatter vorrangig um die Frage: Handschlag – ja oder nein? Beim üblichen »Familienfoto« der Staats- und Regierungschefs stand ich unmittelbar hinter Bush, der sich in diesem Moment zu mir umdrehte und mir mit den Worten »Darauf warten jetzt alle« die Hand reichte und lachte. Eine Bemerkung, die typisch für seine persönliche Art des Umgangs war.

In der folgenden Sitzung des Bündnisses habe ich geredet und dabei meine Position noch einmal deutlich gemacht. Es wurde eine Rede, die, wie sich später zeigte, vor allem von Teilen der amerikanischen Generalität beachtet wurde. Ich machte deutlich, dass *Enduring Freedom* zu Ende geführt werden müsse, und unterstrich, es gelte, darauf alle Kräfte zu konzentrieren. Denn die Intervention in Afghanistan sei noch längst nicht zu unseren Gunsten entschieden. Und ich warnte davor, nichts zu beginnen, was von der eigentlichen Auseinandersetzung mit dem Terrorismus ablenken und die Koalition gegen ihn eher schwächen als stärken würde. Das waren klare Worte und ganz im Sinne jener amerikanischen Militärs, die ebenfalls davor warnten, sich eine weitere Last auf die Schultern zu legen.

Die Berichte der UN-Waffeninspekteure an den Sicherheitsrat der Vereinten Nationen Ende Januar und im Laufe des Februars zeigten, dass es Fortschritte in der Kooperation des irakischen Regimes gab. Hans Blix wie auch der

Nato-Gipfeltreffen in Prag, 21. November 2002: »Bush drehte sich zu mir um und gab mir mit den Worten ›Darauf warten jetzt alle‹ die Hand.«

Chef der Internationalen Atomenergiebehörde, Mohammed ElBaradei, machten deutlich, dass keine Beweise für Massenvernichtungswaffen vorlägen oder gar noch ein Atomwaffenprogramm existiere. Dies stand in krassem Gegensatz zu den Aussagen Colin Powells im UN-Sicherheitsrat am 5. Februar. Chirac, Putin und ich waren – in Übereinstimmung mit der Mehrheit im UN-Sicherheitsrat – der Überzeugung, dass es noch eine Chance gab, den Krieg zu verhindern: noch intensivere Inspektionen. Ihre Ausweitung bot die Chance, Zeit zu gewinnen, Zeit, die notwendig war, um zum einen die Arbeit der Inspekteure zu unterstützen und zum anderen die auftauchenden Risse in der sich abzeichnenden »Koalition der Willigen« zu vertiefen. Blair und Aznar standen unter starkem Druck der Öffentlichkeit. Blair hatte es mit einem gewaltigen Widerstand in seiner Labour Party zu tun. Die Zivilgesellschaften Europas zogen in Massen auf die Straßen.

Am 15. Februar demonstrierten weltweit Millionen Menschen gegen den drohenden Krieg. Ich sehe heute noch die beeindruckenden Bilder vor mir, wie sich fünfhunderttausend Demonstranten auf der Straße des 17. Juni in Berlin versammelten. Niemand kann beschreiben, welch eine tiefe Rechtfertigung und Bekräftigung der eigenen politischen Position eine solche öffentliche Unterstützung bedeutet. Auch zahlreiche Intellektuelle stärkten mir in dieser schwierigen Phase den Rücken.

Ich erinnere mich noch gut an Gespräche im Januar und Februar im Kanzleramt mit Künstlern und Schriftstellern, die von Klaus Staeck und Manfred Bissinger zusammengerufen wurden. Günter Grass, Martin Walser, Jürgen Flimm, Wolf Lepenies, Oskar Negt und viele andere waren dabei. Grass zitierte Matthias Claudius:

»'s ist Krieg! 's ist Krieg! O Gottes Engel wehre,
Und rede du darein!
's ist leider Krieg – und ich begehre
Nicht schuld daran zu sein!«

Es wurden lange Abende – und für mich besonders wichtige, denn sie zeigten mir, wie wenig wieder einmal die in

Gerhard Schröder besucht den Nobelpreisträger Günter Grass in dessen Haus in Behlendorf.

Kommentaren veröffentlichte Meinung mit der öffentlichen Meinung übereinstimmte. Die Menschen spürten, dass da ein ungerechter Krieg vor der Tür stand, der viel Leid über ein Land, vielleicht eine ganze Weltregion bringen würde.

Im UN-Sicherheitsrat wurde in dieser Phase mit aller Kraft um die Verhinderung des Krieges gerungen. Kofi Annan hatte deutlich darauf hingewiesen, dass die Resolution 1441 des UN-Sicherheitsrates, die sowohl die Entwaffnung als auch die Inspektionen im Irak zum Inhalt hatte, keine völkerrechtliche Legitimation für einen Krieg darstellte. Die USA – Großbritannien und Spanien im Schlepptau – suchten nach Wegen, um eine solche Rechtfertigung möglichst schnell vorzuweisen, wobei sie die Inspektionen schlicht ignorierten. Das war aber nicht die Zielrichtung der Mehrheit im UN-Sicherheitsrat.

Putin, Chirac und ich vereinbarten eine gemeinsame Erklärung Deutschlands, Frankreichs und Russlands, um unsere Position abzustecken und das Zustandekommen einer den Krieg legitimierenden Resolution im UN-Sicherheitsrat zu erschweren. Dabei kam allen drei Ländern eine wichtige Rolle zu: Russland und Frankreich als Vetomächten und Deutschland als Vorsitzland im UN-Sicherheitsrat. Manchmal frage ich mich, ob es nicht ein Wink des Schicksals war, dass gerade wir am 1. Februar 2003 als nichtständiges Mitglied den Vorsitz dieses Gremiums übernahmen.

Am 9. Februar 2003 traf ich im Regierungsgästehaus in der Berliner Pücklerstraße mit Wladimir Putin zusammen, um mit ihm über den Text zu reden. Es war einer dieser kalten Winterabende in Berlin, und ich kann mich noch daran erinnern, wie wir gemeinsam in einer Pressekonferenz vor dem Haus unsere Statements abgaben. Putin und ich ließen keinen Zweifel daran, dass wir einer militärischen Interven-

tion im Irak nicht zustimmen würden. Anschließend reiste er nach Paris weiter, wo er zusammen mit Chirac die gemeinsame Erklärung der Öffentlichkeit präsentierte. In ihr bekräftigten wir, dass die Entwaffnung des Irak das gemeinsame Ziel der internationalen Gemeinschaft darstelle und möglichst rasch zum Abschluss gebracht werden müsse.

Wir betonten, dass wir die Debatte im Geist der Freundschaft und des Respekts, der unsere Beziehungen zu den Vereinigten Staaten und anderen Ländern kennzeichne, fort-

»Wir ließen keinen Zweifel daran, dass wir einer militärischen Intervention im Irak nicht zustimmen würden.« Putin und Schröder erläutern am 9. Februar 2003 in Berlin die Ergebnisse ihres vorangegangenen Gesprächs.

setzen wollten. Jeder Lösung müssten die Grundsätze der Charta der Vereinten Nationen zugrunde liegen, an die Kofi Annan kürzlich erinnert habe. Wir befürworten die Fortsetzung der Inspektionen und eine substanzielle Aufstockung ihrer Kapazitäten. Und weiter: »Es gibt noch eine Alternative zum Krieg. Der Einsatz von Gewalt kann nur ein letztes Mittel darstellen. Russland, Deutschland und Frankreich sind entschlossen, der friedlichen Entwaffnung des Irak alle Chancen zu geben.«

Nachdem der »Brief der acht« die Spaltung Europas für alle sichtbar gemacht hatte, war es ein weiterer wichtiger Schritt für mich, einen Kompromiss in der Europäischen Union herbeizuführen. Der griechische Ministerpräsident Simitis hatte am 17. Februar 2003 zu einem Sondergipfel nach Brüssel eingeladen, um über eine gemeinsame Erklärung zu diskutieren. Daraus entwickelte sich eine überaus turbulente, emotionsgeladene Sitzung. Chirac redete sich in einen Wutanfall hinein, bei dem er die osteuropäischen Staaten, die den Brief der acht unterzeichnet hatten, heftig attackierte. Ich konnte seine Enttäuschung über die außenpolitische Naivität dieser Länder verstehen, war aber auf dem Gipfel bemüht, eine Lösung zu finden, der alle EU-Mitglieder zustimmen konnten. Es gelang uns, eine gemeinsame Erklärung zu formulieren. Darin wurde hervorgehoben, dass die vorrangige Verantwortung für die Entwaffnung des Irak beim Sicherheitsrat der Vereinten Nationen liege und die laufende Arbeit der UN-Inspekteure die volle Unterstützung der Europäischen Union erhalte. Sie sollten, hieß es, die Zeit und die Mittel bekommen, die der Sicherheitsrat für nötig halte. Das waren Positionen, auf die ich großen Wert legte, weil es mir darum ging, deutlich zu machen, dass es keine Lösung außerhalb der UN-Strukturen geben dürfe. Im Gegenzug setzten die Kriegsbefürworter durch, dass Gewalt als letztes Mittel nicht ausgeschlossen sei.

Die Reaktion der Opposition und von Teilen der Medien in Deutschland auf diese Erklärung war, gelinde gesagt, schizophren. Vor dem Gipfel wurde mir vorgeworfen, ich hätte mit meiner klaren Antikriegshaltung Europa gespalten. Nach dem Gipfel, auf dem diese Spaltung scheinbar überwunden worden war, unterstellte man mir, ich sei, weil ich die Ultima Ratio Krieg nicht habe verhindern können, zurückgerudert und hätte einen Kurswechsel vollzogen. Natürlich war das beschlossene Papier ein Kompromiss, der aber deutlich machte, dass es das Ziel der Europäischen Union bleiben musste, eine friedliche Lösung des Konfliktes herbeizuführen. Formulierungen wie »Die Zeit läuft ab«, die im Raum standen, waren für uns nicht akzeptabel und wurden aus der Gipfelerklärung gestrichen. Eine Veränderung unserer deutschen Position war damit nicht verbunden.

Ungeachtet dieser gemeinsamen europäischen Linie arbeiteten Spanien und Großbritannien mit den USA weiter an einer den Krieg legitimierenden UN-Resolution, die am 24. Februar dem UN-Sicherheitsrat vorgelegt wurde. Sie forderte das UN-Gremium auf, zu beschließen, dass der Irak seine »letzte Chance« zur Abrüstung nicht genutzt habe. Dem Irak sollte diesem Entwurf zufolge kein Ultimatum gestellt werden. Das Papier berief sich dabei auf ein Kapitel der UN-Charta, in dem die Anwendung militärischer Gewalt unter bestimmten, eng umgrenzten Bedingungen erlaubt wird. Zudem verwies der Entwurf auf die Feststellung der Resolution 1441, der Irak habe seine Abrüstungsverpflichtungen bereits »erheblich verletzt«. Darüber hinaus habe Bagdad es versäumt, uneingeschränkt bei der Umsetzung dieser Resolution zu kooperieren. Der Irak stelle eine Gefahr für den Weltfrieden und die internationale Sicherheit dar. Diese Resolution sollte der Freifahrschein für den Krieg sein.

An diesem Tag trafen Jacques Chirac und ich uns in Berlin, um unser weiteres Vorgehen abzustimmen. Das Abendessen fand in der ältesten Berliner Gaststätte, »Zur letzten Instanz«, statt. Chirac mag dieses Restaurant und bestellte auch an diesem Abend wieder sein Lieblingsgericht, nämlich Eisbein. Natürlich war der Name der Gaststätte für die Journalisten ein gefundenes Fressen. *Der Tagesspiegel* titelte: »Ganz altes Europa: Wo schon Napoleon speiste«.

Uns aber war gar nicht nach Scherzen zumute. Es war ein ernstes Gespräch, an dem auch die beiden Außenminister Joschka Fischer und Dominique de Villepin teilnahmen. Wir versicherten uns nochmals unserer Auffassungen. Auf keinen Fall wollten wir die Logik des Friedens durch eine Logik des Krieges ersetzen. Deshalb hatten wir uns auf eine deutsch-russisch-französische Gegenposition geeinigt, die wir zuvor schon in Telefonaten und Gesprächen ausgelotet hatten. Wir legten dem Sicherheitsrat ein gemeinsames Memorandum für eine friedliche Entwaffnung des Irak vor, das auch von China unterstützt wurde.

Mit ihrem Resolutionsentwurf hatten die USA, Großbritannien und Spanien die endgültige Spaltung des UN-Sicherheitsrates herbeigeführt. Von den fünfzehn Mitgliedern konnten sich die USA lediglich der Stimme Bulgariens sicher sein. Die drei afrikanischen Ratsmitglieder Angola, Kamerun und Guinea wurden von den USA mit vielfältigen

»Auf keinen Fall wollten wir die Logik des Friedens durch eine Logik des Krieges ersetzen.« Arbeitsessen mit dem französischen Staatspräsidenten im Berliner Restaurant »Zur letzten Instanz«, im Hintergrund Joschka Fischer.

Mitteln umworben und waren dennoch nicht bereit, sich der Resolution anzuschließen. Syrien hatte sich schon im Vorfeld auf ein Nein festgelegt. Ebenso verweigerten Chile und Mexiko ihre Zustimmung. Die Kriegsbefürworter waren – selbst wenn man die Vetostimmen von Frankreich, Russland und China nicht mitzählte – isoliert. Diese Isolation konnten die Amerikaner in den folgenden Wochen nicht mehr aufbrechen.

Es war uns gelungen, die Resolution, die den Krieg rechtfertigen sollte, gemeinsam im Sicherheitsrat zu verhindern. Trotzdem überkamen mich keine Siegesgefühle, denn ich ahnte bereits, dass die USA auch ohne Sicherheitsratsbeschluss einen Krieg führen würden.

Die Zeit vor und nach dem Irakkrieg und die Schreckenswochen der Invasion haben meine persönlichen Beziehungen zu Jacques Chirac und Wladimir Putin erheblich verändert. Wie waren uns jeweils sehr viel nähergekommen und hatten gelernt, dass wir uns aufeinander verlassen konnten. Am Anfang meiner Regierungszeit, etwa beim Gipfel der Europäischen Union unter meiner Präsidentschaft 1999 in Berlin, war mein Verhältnis zu Chirac distanziert, zuweilen frostig gewesen. Aber jenseits dessen ist Chirac auch jemand, dem man sich erst annähern muss, wenn er es denn zulässt, um zu erschließen, wer sich da hinter der großen Geste des überzeugten Franzosen verbirgt. Diesen Zugang zu ihm erleichtert Bernadette Chirac, eine ungewöhnlich interessante und kluge Frau, sehr selbstbewusst und lebensfroh. Es ist ein Vergnügen, mit ihr zu reden. Und schließlich war es auch meine Familie, meine Frau und meine Kinder, durch die auch er eine emotionale Nähe zu uns allen gewann. Vor allem Viktoria, unsere russische Adoptivtochter, und Jacques Chirac haben ein herzliches Verhältnis. Bis heute telefonieren sie gelegentlich miteinander. Da es keinen Dolmetscher gibt, können sich die beiden zwar hören, aber nicht verstehen, was ihrem Verhältnis aber keinen Abbruch tut.

Diese Zugewandtheit ist Teil seiner sehr differenzierten Persönlichkeit. Es lohnt sich, Chirac zuzuhören, wenn er von seinen politischen Erfahrungen und Erinnerungen erzählt, von seinen Begegnungen in den letzten vierzig Jahren. Er ist ungewöhnlich kenntnisreich, was den Nahen Osten und Asien, vor allem China, angeht. Stets ist er bemüht, den Gestus des Patriarchalischen, des Staatsmännischen zu pflegen – ganz im Sinne des Selbstverständnisses der Grande Nation, die er regiert. Daneben gilt sein Interesse der Kunst und den Menschen in seiner Umgebung. Das macht Chirac, wenn man die Chance hat, ihm näherzukommen, zu einem sehr liebenswürdigen Menschen. Chirac ist für mich eine der überragenden politischen Persönlichkeiten des vergangenen und des angebrochenen Jahrhunderts. Wenn ich darüber nachdenke, wen ich in eine ähnliche Kategorie einordnen würde, dann kommt mir Bill Clinton in den Sinn, ein überaus kluger und würdevoller Politiker mit einer unglaublichen Ausstrahlung. Keiner der amerikanischen Präsidenten seit John F. Kennedy hatte so viel Charisma wie Bill Clinton. Auch ich konnte mich dem nicht entziehen.

Aber zurück zu Chirac. Das Pathos französischer Selbstdarstellung wirkt bei ihm ganz und gar selbstverständlich. Ich gebe gern zu, dass ich jeden Besuch in Paris genossen habe. Für deutsche Repräsentanten befürworte ich einen eher bescheidenen Auftritt, alles andere wäre nach den Erfahrungen mit den Machthabern der Nazizeit unangemessen. Ich habe immer gesagt: Wir fahren nicht vor, wir kommen. Und so wollte ich den Auftritt meiner Regierung von innen wie von außen wahrgenommen wissen.

Andererseits wird bei der Repräsentation unseres Landes zuweilen am falschen Platz gespart. So ist etwa der fehlgeplante Bankettsaal im Bundeskanzleramt ein schlauchartiges Gebilde, in dem Kommunikation nur schwer zustande kommt, weil die Gesprächspartner an den jeweiligen Tischenden eine enorme Lautstärke entwickeln müssen, um sich zu verständigen. Der Raum ist ein Kommunikationskiller. Vielleicht erhält die Bundesrepublik jetzt mit Schloss Meseberg bei Gransee in Brandenburg, ein Angebot der Messerschmitt-Stiftung, das ich angenommen habe, ein Äquivalent für einladende Orte wie Camp David oder Rambouillet. Natürlich ist die französische Tradition prunkvoller Repräsentanz nicht übertragbar. Wir sollten sie auch nicht kopieren. Aber auf manche Staatsgäste mag unser Auftreten so wirken, als wollten wir uns eher verstecken. Das ist unseres Landes nicht würdig.

Seit der Revolution von 1789 begreifen Franzosen ihren Staat als eine Institution, die im Interesse der Minderbemittelten Macht begrenzt. Diese Auffassung teilen Links und Rechts in Frankreich. So sieht es Chirac ebenfalls als Aufgabe des Staates an, dafür zu sorgen, dass auch die sogenannten kleinen Leute ein materiell abgesichertes Leben führen können. Bei ihm wird dieses Engagement vorwiegend patriarchalisch geprägt sein, aber es ist seine fest verankerte, zweifelsfreie Grundüberzeugung. Klar, er weiß um Unterschiede, auch Klassenunterschiede, und er ist sicher auch jemand, der das, was er für Gleichmacherei halten würde, ablehnt. Dennoch hat er ein sensibles Verhältnis zum Selbstbewusstsein der unteren Schichten, das er meiner Einschätzung nach zu fördern und zu stärken sucht.

Und dann der Dritte im Bunde, Wladimir Putin. Seine Bescheidenheit ist auffällig. Er braucht keinen Prunk, keine Prachtentfaltung. Natürlich wird der Umgang mit ihm dadurch erleichtert, dass er sehr gut Deutsch spricht. Im Übrigen ist er außergewöhnlich gut informiert über Deutschland. Er liest deutsche Zeitungen, verfolgt aber auch die politischen Berichte und Nachrichten im deutschen Fernsehen. Besucht man Ljudmila und Wladimir Putin zu Hause, erlebt man echte Gastfreundschaft. Sie tun alles, damit man sich bei ihnen wohlfühlt. Ich habe selten erlebt, dass meine Frau und ich zur Familie eines Regierenden so schnell ein unkompliziertes und ungezwungenes Verhältnis aufbauen konnten wie zu den Putins. Ihre Töchter, heute zwanzig und einundzwanzig Jahre alt, zwei sehr intelligente junge Frauen, sprechen ebenfalls fließend Deutsch. Beide studie-

ren und führen – soweit die nötigen Sicherheitsvorkehrungen es zulassen – ein ziemlich normales Leben.

Als ich Putin das erste Mal traf, fiel mir neben seiner wachen Intelligenz seine ungewöhnliche Fitness auf. Dass er den schwarzen Judogürtel trägt, hat sich ja mittlerweile herumgesprochen. Weniger bekannt ist vielleicht, dass er auch ein ausdauernder Schwimmer und sehr guter Reiter ist. Anders als seine Vorgänger lebt er eher asketisch. Das gilt besonders für seine Trinkgewohnheiten. Um ein solches Riesenland regieren zu können, sind Fitness und Selbstdisziplin unbedingt erforderlich. Russland hat elf von insgesamt vierundzwanzig Zeitzonen. Das heißt, man ist von Deutschland aus schneller in New York, als Putin von Mos-

»Sie tun alles, damit man sich bei ihnen wohlfühlt.« Gerhard Schröder und seine Frau zu Besuch bei Wladimir und Ljudmila Putin, hier am 7. Januar 2001 bei einer Schlittenfahrt in Kolomenskoje, dem einstigen Sommersitz der Zaren.

kau aus in den äußersten Winkel seines Landes reisen kann. Dieser Mann hat eines der schwersten Ämter, die auf der Welt zu vergeben sind.

Meine Einschätzung von Putin hat sich in vielen langen Gesprächen entwickelt, in denen wir kein Thema, keinen schmerzlichen Konflikt ausgespart haben. Seine Vision ist die Rekonstruktion Russlands als Weltmacht, die mit den USA auf gleicher Höhe verhandelt, redet und agiert. Er weiß, dass Russland, um dieses Ziel zu erreichen, strategisch immer enger zu webende Beziehungen zu Europa aufbauen muss. Putin ist entschlossen, diesen Weg zu beginnen und, soweit es ihm möglich ist, in eine irreversible Entwicklung zu führen. Dabei hofft er auf die Hilfe Europas, vor allem aber auf Deutschlands Unterstützung. Und beide Länder handeln dabei nicht nur im eigenen, sondern vor allem im europäischen Interesse.

Ich habe die Sorge, die deutsch-russischen Beziehungen könnten wieder re-ideologisiert werden und die schon abgelegten antirussischen Vorurteile, die aus der kommunistischen Vergangenheit des Landes herrühren, zu neuem Leben erwachen. Vorurteile, geschürt durch die Interessen der amerikanischen Außenpolitik unter Bush ebenso wie durch eine historisch abgeleitete Aversion Polens gegen den russischen Nachbarn. Das wäre eine verheerende Entwicklung, nicht nur für das deutsch-russische Verhältnis.

Die zweite Besorgnis, die mich umtreibt, besteht darin, dass die gerade erlangte Freiheit und Unabhängigkeit in der deutschen Außenpolitik wieder aufgegeben werden könnte und man sich wieder an die Rockschöße amerikanischer Außenpolitik klammert – mit verhängnisvollen Folgen für die Interessen Deutschlands in Europa und Europas in der

Welt. Wenn die SPD eine außenpolitische Rolle spielen will, was sie meiner Meinung nach tun muss, dann sollte sie alles daransetzen, diese immer nur relative Unabhängigkeit zu verteidigen.

Relativ heißt hier, dass niemand an unserer Bündnisbereitschaft und Bündnisfähigkeit Zweifel aufkommen lassen darf. Den langen Weg nach Westen hat Deutschland erfolgreich beschritten. Wir gehören zu den aufgeklärten demokratischen Nationen der Welt. Nun stehen wir vor der Frage: Ist unsere Außenpolitik der amerikanischen unterworfen, oder ist sie mehr? Ich habe darauf eine eindeutige Antwort, nicht im Sinne nationalstaatlicher Alleinstellung, sondern immer im Hinblick auf die europäische Mission Deutschlands. Nur im Rahmen dieser Orientierung können wir unsere europäisch verwurzelte eigenständige Außen- und Sicherheitspolitik bestimmen. Wie unser Verhältnis zu Russland gestaltet werden soll, hängt unmittelbar damit zusammen, aber auch die Frage, wie wir der Türkei den Weg nach Europa ebnen können.

In unserer verwickelten Wirklichkeit, in der es mehr und mehr gelten wird, die verschiedenen Bindungen in ihren Relationen zueinander zu verstehen und zu gestalten, wird es auch darum gehen, über das transatlantische Verhältnis neu nachzudenken und sich vorzuwagen in eine Ära nach dem Irakkonflikt. Die USA dürfen nicht erneut in eine fruchtlose Isolation vom Weltgeschehen abgleiten. Dass diese Gefahr besteht, weiß jeder, der die innenpolitische Debatte in den USA verfolgt.

Mit dem voreilig verkündeten Ende des Irakfeldzuges wurde ja nicht vorweggenommen, was heute erst entwickelt werden muss: eine Exit-Strategie für die USA, ein Ausstiegsszenario, das den Irak als Nation überleben lässt.

»Mission accomplished«, sagte George W. Bush. Sie war nicht erfüllt, und sie ist bis heute nicht abgeschlossen. Über zweitausendfünfhundert tote GIs sind ein schreckliches Zeichen, dass die Krieger des Dschihad ihr Schlachtfeld gefunden haben. Für die USA wurden die Schalmaienklänge der irakischen Überläufer zu einem bösen Debakel, das ihre gesamte nachrichtendienstliche Organisation aus dem Takt brachte und fast aus den Angeln hob.

Eine Ausstiegsstrategie ist nicht in Sicht, und der Aufstand der aus dem Dienst geschiedenen Generäle gegen Verteidigungsminister Rumsfeld ist ein Beleg dafür, dass man in Amerika beginnt, sich mit der mangelnden Rationalität der Regierung und ihrer Vertreter auseinanderzusetzen. Ebenso wird deutlich, dass mit dem Hinweis auf den Patriotismus amerikanischer Prägung allein Gefolgschaft für diesen Krieg nicht mehr herbeigeführt werden kann. Ich setze erneut auf die Fähigkeit der Amerikaner, sich von Irrtümern zu befreien und wieder einmal einen neuen Anlauf zu wagen, der dann auch dazu führen könnte, die transatlantische Wertegemeinschaft neu zu beleben.

Vielleicht ist jetzt der Zeitpunkt gekommen, die USA zu ermutigen, den Kriegsschauplatz Irak zu verlassen. Allerdings bedürfte es dazu einer immensen strategischen Vorbereitung, die es allen Beteiligten ermöglichen müsste, das Gesicht zu wahren, und den sicheren Rückzug der Soldaten einschlösse. Der Krieg kostet Milliarden und Abermilliarden Dollar. Zum Kriegsmaterial kommen die Kosten der täglichen Zerstörung im Irak hinzu, die Umweltlasten, die zerbombten Kulturstätten und die geraubten oder vernichteten Kulturgüter, die Pensionslasten und die psychische Betreuung Abertausender von GIs, die mit seelischen Verwundungen aus diesem Krieg zurückkehren. Ganz abgesehen davon, dass die USA dem Schicksal aller Industrienationen nicht entgehen können und zunehmend unter den Druck eines nicht mehr finanzierbaren Haushaltslochs geraten.

Wir brauchen also eine Friedensinitiative, die den Terroristen das Wasser abgräbt und sie entmutigt. Dazu werden die USA allein die Kraft nicht haben. Europa und möglichst eine erneute weltweite Koalition, eingeschlossen die arabischen Länder und Israel, müssen dazu einen Beitrag leisten. Den Weg dahin müssen wir jetzt bahnen, weil sonst die Gefahr besteht, dass der Terror weltweit weitere Lunten legt. Und dann steht mehr auf dem Spiel als eine transatlantische Irritation.

Das bleibt dabei: Rot-Grün hat zahllose verkrustete Strukturen unseres Landes aufgebrochen. Viele Aufgaben – vielleicht zu viele – warteten auf uns. Dabei war nicht immer sicher, ob die Menschen mit diesen Veränderungsprozessen zurechtkommen würden. Unbequeme Reformen stoßen vor allem bei denjenigen auf große Besorgnis, die nicht von ihnen betroffen sind.

KAPITEL VI

AUFBRUCH – DIE ERSTE LEGISLATUR-PERIODE

Wahlabend in Bonn, 27. September 1998. Die Sieger feiern vor dem Erich-Ollenhauer-Haus.

Hätten wir uns die Zeit genommen, genau hinzusehen und die Zeichen zu deuten, dann hätten wir schon vor dem Jahr 2000 im Blick haben können, dass wir inmitten eines Zeitenwechsels stehen, der viele Gewissheiten und viele Hoffnungen verblassen lässt. Der Blick zurück zeigt deutlich, wie wenig von dem Veränderungsdruck, der mit dem Ende des Ost-West-Systemstreits einherging, in das Bewusstsein der Völker gedrungen war. Das galt für Europa und nicht weniger für die USA, besonders aber für die politischen und kulturellen Eliten Deutschlands, das so lange Nahtstelle des Ost-West-Konfliktes gewesen war.

Wir knüpften bei der Übernahme der Regierungsverantwortung daher auch direkt an die Bewusstseinslage der rheinischen Republik an, die sich im Schlagschatten der Weltpolitik ohne Aufhebens wegducken und unverdrossen ihre Außenhandelsbilanz verbessern konnte. Rekordüberschüsse wurden jedes Jahr gemeldet. Zur gleichen Zeit hatte sich – auch als Ausweis der Überlegenheit kapitalistischen Wirtschaftens gegenüber einer sozialistischen Mangelwirtschaft – in der Bundesrepublik ein Konsens herausgebildet, der alles in allem darauf gerichtet war, jedem einen fairen Anteil am gemeinsam erwirtschafteten Wohlstand zu ermöglichen.

Dies war die Grundlage dessen, was als »Rheinischer Kapitalismus« in die Wirtschaftsgeschichtsbücher eingegangen ist und heute als antiquiert belächelt wird. Die Konsensgesellschaft der späten siebziger und achtziger Jahre im vorigen Jahrhundert war auch Antwort auf die Teilung der Welt zu jener Zeit. Der Kalte Krieg war sozusagen eingehegt durch die beiden Bündnisse, und jeder wusste, dass es keinen Sieger geben würde, gingen die beiden gegeneinandergerichteten Systeme aufeinander los. Der Kalte Krieg hatte seine heißen Stellvertreterkriege in der Zweiten und Dritten Welt. Seine abstoßenden Seiten, die Kapital vernichtende und Ressourcen vergeudende Rüstung und beständige Aufrüstung auf beiden Seiten, führten auch dazu, die Verteilung von Armut und Reichtum auf dem blauen Planeten auf lange Sicht zu zementieren. Dennoch fand ein gesellschaftlicher Wettbewerb statt. Und der »Rheinische Kapitalismus« war lange Zeit erfolgreich und konnte seine Überlegenheit gegenüber dem Osten und hier vor allem gegenüber dem zweiten deutschen Staat triumphierend demonstrieren. Doch nach dem Mauerfall begann das Fundament zu bröckeln, auf dem der wirtschaftliche Erfolg der Bundesrepublik Deutschland hatte wachsen können. Das Jahr 2000, das erste Jahr übrigens, das eine gewisse Stabilisierung der rot-grünen Regierungsarbeit mit sich brachte, war zugleich gekennzeichnet durch eine Verschärfung der Parteienkrise, die mit der Flucht Oskar Lafontaines aus der politischen Verantwortung im März 1999 ihren Anfang genommen hatte und mit der Parteispendenaffäre Helmut Kohls eine Fortsetzung fand, die den Ruf der CDU ruinierte. Kohls Nachfolger im Parteivorsitz, Wolfgang Schäuble, war das nächste Opfer einer selbstzerstörerischen Auseinandersetzung innerhalb der CDU.

Auch die vor allem ostdeutsche PDS geriet in eine ernste Krise, als Parteichef Bisky und Fraktionschef Gysi ankündigten, sie wollten auf dem Herbstparteitag des Jahres 2000 ihre Ämter zur Verfügung stellen. Und zugleich wurde die Republik erschüttert von um sich greifenden rechtsradikal motivierten Attentaten. Im Juli ein Sprengstoffanschlag auf den Düsseldorfer S-Bahnhof Wehrhahn; neun Menschen wurden zum Teil lebensgefährlich verletzt. Die Opfer kamen aus Russland, sechs von ihnen waren jüdischen Glaubens. Am 3. Oktober wieder ein Anschlag in Düsseldorf, diesmal auf die Synagoge.

Ich reiste sofort an den Ort des Geschehens. Otto Schily und Paul Spiegel, der Vorsitzende des Zentralrats der Juden, begleiteten mich. Ich wollte klarmachen, dass die Bundesregierung fest an der Seite der wachsenden Jüdischen Gemeinde in Deutschland stehe, und wies auch in den Tagen danach öffentlich darauf hin, dass es hier politische Versäumnisse gegeben habe und leider immer noch gebe. Anschläge auf jüdische Einrichtungen, vor allem Schändungen jüdischer Friedhöfe, waren keine neue Erscheinung in der Geschichte der Bundesrepublik Deutschland. Jetzt aber kam rassistische Gewalt gegen farbige Menschen in bisher nicht gekanntem Ausmaß hinzu. Selbstkritisch ist anzumerken, dass die Politik eine Strategie schuldig blieb, die diesen Namen verdient hätte. Es existierte keine in der Gesellschaft breit akzeptierte Analyse der Ursachen von Rechtsradikalismus, und infolgedessen gab es auch keinen überzeugenden Plan, ihn wirkungsvoll zu bekämpfen. Es gab und gibt wichtige Initiativen, vor allem in den Kommunen, bestehend aus einer Mischung von Prävention und sozialer Integration. Ein funktionierendes nationales Netzwerk aus gesellschaftlichen Aktivitäten und staatlicher Unterstützung musste jedoch erst entwickelt werden. Darüber hinaus galt es, Deutschland darauf einzuschwören, dass Gesellschaft und

Staat Regelverletzungen, Übertretung von Gesetzen oder gar Gewalt nicht dulden würden, sondern mit aller erdenklichen Härte dagegen vorzugehen beabsichtigten. Der von mir propagierte »Aufstand der Anständigen« und die Bereitstellung staatlicher Mittel waren Ansätze zur Entwicklung einer Strategie gegen Rechts.

Dabei hatte ich nur zu gut den Wahlkampf der CDU Hessen unter ihrem Spitzenmann Roland Koch Anfang 1999 in Erinnerung, dem es gelungen war, Hans Eichel aus dem Amt des Ministerpräsidenten zu verdrängen. Seine Unterschriftenaktion, die ihm viele Stimmen einbrachte, richtete sich vordergründig gegen die Pläne zur Veränderung des Staatsangehörigkeitsrechts, mobilisierte aber ausländerfeindliche Emotionen und instrumentalisierte sie für Wahlkampfzwecke. Vorausgegangen war eine jahrzehntelange Auseinandersetzung um Fragen von Einwanderung und Integration, nicht zuletzt um die ideologisch besetzte Frage, wer Deutscher sein dürfe. Der politische Streit entzündete sich immer wieder an der Asylgesetzgebung. Mit unglaublicher Rücksichtslosigkeit nutzten CDU und CSU latent vorhandene Vorurteile der Bevölkerung, um Macht zu gewinnen und zu festigen. Dass die Integration von ausländischen Mitbürgern und eine rationale Einwanderungspolitik vor diesem Hintergrund immer schwerer zu verwirklichen waren, interessierte die Scharfmacher in den sich auf das Christentum berufenden Parteien nicht. Im Zweifel für die Macht und gegen die christlichen Überzeugungen.

Das war Wasser auf die Mühlen der rechten Szene, konnte sie doch den Eindruck haben, in einer Gesellschaft zu leben, die Ausländern mit Ressentiments begegnete und es nur nicht wagte, offen fremdenfeindlich zu agieren.

»Es gab keinen überzeugenden Plan, den Rechtsradikalismus wirkungsvoll zu bekämpfen.« Der Präsident des Zentralrats der Juden in Deutschland, Paul Spiegel (rechts), und der Vorsitzende der jüdischen Gemeinde in Düsseldorf, Esra Cohn (Zweiter von rechts), erläutern am 4. Oktober 2000 Bundeskanzler Gerhard Schröder und dem nordrhein-westfälischen Ministerpräsidenten Wolfgang Clement den Hergang des Anschlags auf ihre Synagoge.

Diesen Bestrebungen musste die Bundesregierung entgegenwirken. In zäher Kleinarbeit, oft auch eigenen Ängsten vor Abstrafung durch das Wahlvolk zum Trotz, veränderten wir zunächst das Staatsangehörigkeitsrecht. Die Einbürgerung wurde erleichtert, die doppelte Staatsbürgerschaft befristet ermöglicht. Auch stellten wir 75 Millionen Mark zur Bekämpfung des Rechtsradikalismus in den Haushalt ein. Mein damaliger Regierungssprecher Uwe-Karsten Heye gründete zusammen mit Paul Spiegel, zu jener Zeit Präsident des Zentralrates der Juden, und Michel Friedman den Verein »Gesicht Zeigen! Aktion weltoffenes Deutschland«. Sie wollten damit deutlich machen, dass der politische Kampf gegen Rechtsradikale nur zu gewinnen ist, wenn er mit zivilgesellschaftlichem Engagement einhergeht. Neben vielen Prominenten schlossen sich dem Verein auch der DGB und Einzelgewerkschaften als kollektive Mitglieder an. Er ist noch heute aktiv und weiterhin, wie viele andere Initiativen, die in die gleiche Richtung weisen, enorm wichtig. Nach dem Tod von Johannes Rau habe ich sein Amt als Schirmherr von »Gesicht Zeigen!« übernommen.

Wenn ich mir die sehr unterschiedlichen Eindrücke aus jener Zeit vergegenwärtige, dann unter anderem deswegen, weil sich darin etwas spiegelt, was auch der Verlauf des »Bündnisses für Arbeit« zeigte, dessen Partner immer taktischer agierten: die Erosion eines Fundaments, das nur als Ausdruck des Ost-West-Konflikts Stabilität besaß, eines Konflikts, der auch und nicht zuletzt der Wettbewerb der Systeme war. Dieser hatte seine Bedeutung verloren, und damit relativierten sich auch seine Regeln – leider inklusive der gesellschaftlichen Verantwortung unternehmerischen Handelns, auf das wir immer noch glaubten bauen zu können.

Es gelang nicht, darüber öffentlich nachzudenken. Unsere politische Aufmerksamkeit galt vornehmlich den mit dem Ost-West-Gegensatz vermeintlich beendeten, aber jetzt vehement wieder an die Oberfläche drängenden Konflikten ethnisch-religiösen Ursprungs auf dem Balkan. Wir hatten schlicht keine Kapazitäten für einen reflektierenden öffentlichen Diskurs frei. Zudem schien es, als dümpelten alle Institutionen, die die Debatte über die Folgen der Globalisierung und das Ende des Ost-West-Konflikts auch hätten führen können, orientierungslos in der Nachwendezeit, jetzt, da sie ihrer im Kalten Krieg angesammelten Gewissheiten beraubt waren. Parteien, Kirchen, Unternehmerverbände und Gewerkschaften, aber auch die Europäische Union, die Nato, die Vereinten Nationen – keiner war wirklich in der neuen Realität angekommen.

Die oberflächlich als Sieg des Kapitalismus missverstandene Überwindung des Ost-West-Gegensatzes führte zu einer ungeahnten Entfesselung des kapitalistischen Systems. Der Wegfall der Systemkonkurrenz und, an ihrer Stelle, die Globalisierung als Konkurrenzkampf international agierender Unternehmen sowie ein verschärfter Wettbewerb zwischen ganzen Volkswirtschaften haben dem »Rheinischen Kapitalismus« die Basis entzogen. So gesehen waren die gesamten sieben Jahre rot-grüner Regierung auch ein Nachholen dessen, was uns zu Beginn unserer Arbeit nicht zur Verfügung stand – ein umfassendes reformerisches Programm. Im Nachhinein war das vielleicht sogar ein Segen, denn wie hätte wohl das Design eines Reformprogramms ausgesehen, das intellektuell auf die politischen Erfahrungen der achtziger und neunziger Jahre gegründet gewesen wäre?

Dazu kam der Kosovokrieg, und wir hatten dann mit dem

aufbrechenden internationalen Terrorismus einen ebenso verwirrenden wie unvorhergesehenen weltweiten Konfliktstoff zu bewältigen. Angesichts dieser Sachlage war es nicht verwunderlich, dass manche Institutionen in schon überwunden geglaubte Verhaltensweisen zurückfielen. Scheinbar verinnerlichte Erkenntnisse über Umweltschutz und Ressourcenknappheit wurden über Bord gekippt. Für manchen aus den Wirtschaftsverbänden galt ökologische Verantwortung als intellektuelle Altlast, die den Fortschritt behinderte. Auch die Weigerung der USA, sich zu einer Politik durchzuringen, die auf den Klimawandel reagiert, ist dafür ein beredtes Beispiel.

In einem veröffentlichten Schreiben an den amerikanischen Senator Hagel hatte Bush im März 2001 begründet, warum er das Kyoto-Protokoll ablehnte. Es erfasse, argumentierte er, nur die Industrieländer und nehme damit achtzig Prozent der Weltbevölkerung von den Verpflichtungen aus. Die Veröffentlichung dieses Schreibens hatte zu einer massiven internationalen Kritik geführt. Der Direktor der UN-Umweltbehörde, Klaus Töpfer, sprach von einem besorgniserregenden Rückschlag für den weltweiten Klimaschutz. Tony Blair kündigte an, in dieser Sache an Präsident Bush schreiben zu wollen. Offensichtlich hatten sich die Hardliner in der neuen US-Administration durchgesetzt. Vor allem Vizepräsident Cheney, der lange Jahre in der Ölindustrie tätig gewesen war, wurde ein maßgeblicher Einfluss zugeschrieben.

Im Juli 2001 sollte in Bonn die entscheidende Weltklimakonferenz stattfinden. Wegen der strikt ablehnenden Haltung der Amerikaner war eine politische Konfrontation zwischen der Europäischen Union und den USA auf dieser Konferenz vorprogrammiert. Deshalb kam meinem geplanten Antrittsbesuch bei Präsident Bush Ende März 2001 eine erhöhte Bedeutung zu. Ich hoffte, der Bush-Administration mit meiner Betonung der wirtschaftlichen Chancen des Klimaschutzes eine Brücke zu bauen, denn auch in den USA wuchs das Bewusstsein, dass wirtschaftliche Anreize zur Effizienzsteigerung für eine sichere Energieversorgung mindestens so wichtig sind wie die Erschließung neuer Primärenergieträger. Ich wollte daher im Vorfeld der Klimakonferenz mein Engagement in dieser Sache öffentlich sichtbar machen. Deshalb schrieb ich am 19. März 2001 einen Brief an den amerikanischen Präsidenten, um ihn von meiner Position zu überzeugen. Ich appellierte an ihn, dass wir uns in transatlantischer Verantwortung der globalen Herausforderung des Klimaschutzes stellen und die Umsetzung der von den Industrieländern eingegangenen Pflichten zur Verminderung der Treibhausgase gewährleisten müssten. Denn nur auf dieser Grundlage würden in einem nächsten Schritt auch wichtige Schwellenländer bereit sein, ihren wirtschaftlichen Möglichkeiten entsprechende Regelungen zu treffen.

Mein Appell verfehlte seine Wirkung. Nach meinem Besuch in Washington war klar, dass sich die USA nicht umorientieren würden. Ich hatte nach meinen Gesprächen mit dem amerikanischen Präsidenten den Eindruck, dass ein offener Bruch mit der sehr offensiven Politik Bill Clintons in der Frage des Klimaschutzes beabsichtigt war und man sich erst recht von dem absetzen wollte, was der Bush-Gegner Al Gore im US-Wahlkampf zu Umweltfragen gesagt hatte. Und nicht zuletzt bestimmten die massiven Interessen der amerikanischen Ölindustrie die unnachgiebige Haltung Washingtons.

Und in Deutschland: *business as usual*. Der Preis für Rohöl – dabei noch weit entfernt von heutigen Größenordnungen – kletterte in den Jahren 1999 und 2000 beständig nach oben. Prompt lief die Opposition Sturm gegen die Ökosteuer. Zeitungen machten »Wutwellen« aus. In solchen Fällen liegt es immer sehr nahe, alle Antworten zurückzuweisen, die von der Politik formuliert werden. Nicht die Bedingungen radikaler und sich wie im Zeitraffer wandelnder politischer und ökonomischer Wirklichkeiten standen im Mittelpunkt des Nachdenkens, sondern die Neigung, der Politik und hier vor allem der rot-grünen Bundesregierung die Schuld für die von ihr nicht steuerbaren Veränderungen anzulasten, auf die gleichwohl politisch reagiert werden musste.

Als ein Beispiel sei hier die Einführung und schrittweise Anhebung der Ökosteuer genannt – eigentlich ein unpassender Begriff, da ja nicht Umwelt besteuert, sondern ökologisch und zugleich ökonomisch vernünftiges Verhalten mit marktkonformen Mitteln erreicht werden sollte. Dagegen stand eine Kampagne der Opposition und breiter Teile der Presse, mit der die Wirtschaftsverbände gegen das Vorhaben mobilisiert wurden. Übrigens: Noch im Bundestagswahlkampf 2005 versprach die Union, die Ökosteuer angesichts hoher Benzinpreise erheblich zu reduzieren. Davon ist heute keine Rede mehr, weder in der Union noch bei den Vertretern der Wirtschaft. Und das aus guten Gründen. Weil man sich – anders als in rot-grüner Zeit – nicht mehr als Kampfverband gegen die Regierung betrachtet, beginnt man sich mit der Sache selbst zu beschäftigen.

Die hinter der Ökosteuer stehende Idee ist ebenso einleuchtend wie zukunftsträchtig, weil sie ökologisch und ökonomisch Sinn macht. Die durch die Steuer verursachte Verteuerung der Energieressourcen zwingt zu einem sparsamen Umgang mit ihnen. Das schont sie und hilft, die natürlichen Lebensgrundlagen zu erhalten. Schon das ist jedenfalls langfristig auch ökonomisch ein großer Gewinn. Aber die Vorteile sind ebenso mittel- und kurzfristig wirksam. Nicht zuletzt durch die gewollte Verteuerung der Energie wurde Deutschland weltweit Vorreiter bei neuen, energiesparenden Technologien und im internationalen Maßstab die absolute Nummer eins auf dem Markt für regenerative Energieträger – und das trotz klimatischer Nachteile gegenüber anderen Weltregionen.

Vorstellungen der Umweltpolitiker gingen zwar bisweilen weit über das aktuell Verkraftbare hinaus, doch durch intensive Debatten in der Koalition gelang es immer wieder, für alle Seiten zufriedenstellende Kompromisse zu finden. In diesen Prozessen war und ist es vor allem Aufgabe der SPD, das ökologisch Notwendige mit dem unter Wettbewerbsgesichtspunkten ökonomisch Vertretbaren zu verbinden. Dies musste einer SPD, die sich des Umweltthemas spät, aber dann umso intensiver annahm, immer wieder klargemacht werden. Es gehört ohne Zweifel zu den strategisch bedeutsamsten gesellschaftlichen Veränderungen, dass die Koalition diese umstrittenen Schritte erfolgreich vollzogen und durchgesetzt hat.

Ein anderes Beispiel ist die Auseinandersetzung um die Riester-Rente, also die Einführung einer kapitalgedeckten Zusatzrente als Ergänzung zur gesetzlichen Rentenversicherung. Der Aufbau einer zweiten Säule der Alterssicherung war wegen der demografischen Entwicklung notwendig geworden, darin waren sich alle, die sich auskennen, einig. Nach der Wende mussten zudem die Rentner aus den

»Der sparsame Umgang mit den Energieressourcen hilft, die natürlichen Lebensgrundlagen zu erhalten.«

neuen Ländern einbezogen werden; schon das war für die Rentenkasse schwer zu verkraften gewesen.

Mit anderen Worten: Die Finanzlage der Rentenversicherung war dramatisch defizitär, und deshalb brauchten wir – wie Arbeitsminister Walter Riester es formulierte – die Pflicht zur Eigenvorsorge, den Aufbau einer kapitalgedeckten Zusatzrente.

Man muss kein Rentenexperte sein, um zu begreifen, dass unser Rentensystem, das durch Beiträge der aktiv Beschäftigten und der Unternehmen gespeist wird, unter einen doppelten Druck geraten ist. Die Zahl der sozialversicherten Beschäftigten nimmt aufgrund der demografischen Entwicklung ab. Gleichzeitig ändern sich die Erwerbsbiografien. An die Stelle langfristiger Arbeitsverhältnisse – häufig im erlernten Beruf und in einem einzigen Betrieb – treten mehr und mehr unterbrochene Arbeitsverhältnisse. Die Beschäftigungsdauer verringert sich, und Phasen von Unterbeschäftigung oder gar Arbeitslosigkeit nehmen zu. Auf der anderen Seite steigt die Lebenserwartung und damit die Rentenbezugsdauer. Diese Faktoren waren im bisherigen System allein nicht mehr auszubalancieren. Folglich musste das Dach der Rentenversicherung, das bis dahin nur durch die Säule der Umlagefinanzierung, also der Beiträge der Beschäftigten und der Unternehmen, getragen worden war, durch die Säule Kapitaldeckung ergänzend gestützt werden – wobei »Kapitaldeckung« nur ein anderes Wort für Eigenvorsorge ist.

Und in der Tat bedurfte es einer neuen Balance zwischen Solidarität, die das Prinzip der sozialen Sicherungssysteme war und ist, und eigener Verantwortung der Einzelnen. Jedem in der Gesellschaft ist abzuverlangen, dass er das, was ihm objektiv möglich ist, für sich und seine Familie zuvörderst aufbringt, bevor er die Solidarität des Sozialstaates in Anspruch nimmt. Und genau diese Auffassung von Sozialstaatlichkeit war den Traditionalisten in meiner Partei, vor allem aber den Gewerkschaftsfunktionären schwer nahezubringen. Dies führte dazu, dass die Durchsetzung der notwendigen Veränderungen im eigenen Lager oft mehr Kraft erforderte als das Überwinden der Opposition in Parlament und Gesellschaft.

Die Geschichte dieser ersten, die kommenden dreißig Jahre in den Blick nehmenden Rentenreform ist es wert, von Historikern beschrieben zu werden. Sie ist – um es vorwegzunehmen – für mich der Beginn einer notwendigen und noch immer ausstehenden Auseinandersetzung darüber, wo der Konkurrenzkampf zwischen den Parteien enden und Verantwortungsethik stehen muss.

Erst nach der Regierungsübernahme hatten wir in der Koalition tatsächlich die tiefe Finanzkrise der Rentenversicherung in ihrer ganzen dramatischen Dimension erkannt. Um dennoch die angestrebte Verringerung des Rentenversicherungsbeitrages von 20,3 auf 19 Prozent zu erreichen, hatten wir die Ökosteuer beschlossen, deren Erträge in die Senkung der Lohnnebenkosten einfließen sollten. Aus der Mehrwertsteuer kam zusätzlich ein Prozentpunkt dazu. Die Reduzierung des Rentenversicherungsbeitrages wäre höher ausgefallen, hätte ihn nicht die Kohl-Regierung für das Jahr 1998 zu niedrig angesetzt, weshalb in den Rentenkassen die vom Gesetzgeber geforderte Schwankungsreserve von einem Monat in Höhe von 8,4 Milliarden Mark fehlte. Auch dieses von der Vorgängerregierung hinterlassene Defizit musste zuerst über Steuermittel ausgeglichen werden.

Walter Riester hatte als Bundesminister für Arbeit und Sozialordnung einen wenig beneidenswerten Job, als er 1999 begann, die Illusion auszuräumen, die Rente sei sicher. Das stimmte unter anderem schon deshalb nicht, weil etwa fünf Millionen Arbeitnehmer mit sozialversicherungsfreien Jobs nicht an der Finanzierung der Sozialsysteme beteiligt waren. Erst als wir diese sogenannten 630-Mark-Jobs versicherungspflichtig machten, sie dafür aber steuerfrei stellten, konnten wir die Beitragsbasis einigermaßen stabilisieren. Insgesamt war klar, dass so ziemlich alles auf den Prüfstand gehörte, was die bisherige Rentenformel ausmachte. Hellste Aufregung herrschte, als dies öffentlich wurde. Als sich dann herausstellte, dass die Anpassung der Rente an die Entwicklung der Nettolöhne künftig kaum zu realisieren sein würde, häuften sich die Orkanwarnungen.

Die Union startete mit einer Kampagne unter der Überschrift »Rentenbetrug« durch und hatte dabei auch noch die Gewerkschaften an ihrer Seite. Dabei hätte jeder, der rechnen konnte, leicht herausfinden können, dass sich das Niveau der umlagefinanzierten Altersrente nicht halten ließ und deshalb eine zweite, auf Eigenverantwortung basierende Säule notwendig sein würde. Dabei drehte sich die Auseinandersetzung vor allem darum, ob diese zweite Säule der Eigenvorsorge freiwillig oder obligatorisch sein sollte – eine Debatte, die auch innerhalb der Koalition stattfand, denn diese Frage war bei den Grünen mindestens so umstritten wie in der SPD. Die als »Zwangsrente« diffamierte obligatorische Vorsorge hatte keine Chance. Walter Riester, der in der ersten Legislaturperiode von Rot-Grün diesen wohl schwierigsten Reformauftrag bearbeitete, stand in kontinuierlichem Kontakt mit mir, und ich kann auch im

Rückblick sagen, dass ich nicht ein einziges Mal an einen Wechsel an der Spitze seines Ministeriums gedacht habe – obwohl durch das Streuen solcher Gerüchte Zwietracht zwischen uns gesät werden sollte. Wir konnten allerdings nicht vorhersehen, dass uns die Auseinandersetzung um die Rentenreform bis in das Jahr 2002 begleiten würde.

Vor seinem Eintritt in das Kabinett kannte ich Walter Riester nicht näher. Er hatte sich als moderner Tarifpolitiker einen Namen gemacht. Was ich von ihm und über ihn gelesen hatte, bestärkte mich in meinem Entschluss, ihn in meine Mannschaft zu berufen. Ich sollte nicht enttäuscht werden. Riester agierte kenntnisreich und mit der Autorität eines Menschen, der durch seinen Beruf – er ist Fliesenlegermeister – und seine gewerkschaftliche Arbeit geprägt war. Die Versuche, ihm mangelnde Kenntnis der Arbeitswelt vorzuwerfen, was gegenüber dem rot-grünen Kabinett gern geschah, entbehrten jeder Grundlage. Im Kabinett war er wegen seiner Kollegialität hoch geachtet. Persönlich hat es mir sehr leidgetan, als ich ihm eröffnen musste, dass ich wegen der Zusammenlegung des Wirtschafts- und Arbeitsressorts auf seine Mitarbeit im neuen Kabinett ab 2002 verzichten musste. Auch nach dieser schwierigen Entscheidung hat er mir seine Loyalität nicht aufgekündigt.

Wir wollten die Opposition bei der Rentenreform möglichst mit im Boot haben. Doch diese politische Entscheidung hatte einen quälend langen Prozess zur Folge. Der misslungenen Blockade der Unionsparteien bei der Steuerreform folgte nun die Blockade der Rentenreform. Zwar gab sich die Union verhandlungsbereit, allerdings nur so lange, bis wir schließlich auf ihre Forderungen eingingen. Taten wir das, wurde flugs nachgeladen, und die nächste unabdingbare Forderung lag auf dem Tisch. So entstand

»Er bearbeitete in der ersten Legislaturperiode von Rot-Grün den wohl schwierigsten Reformauftrag.« Gerhard Schröder und Walter Riester, Bundesminister für Arbeit und Sozialordnung, stellen auf einer Pressekonferenz im Kanzleramt am 11. Mai 2001 die Rentenreform vor.

ein Verhandlungsmarathon, der die Rentenreform zu einer unendlichen Geschichte werden ließ.

Diese Strategie hatte Langzeitfolgen. Die öffentliche Schimpfkanonade war an Rot-Grün, vor allem aber an die SPD gerichtet. Der Vorwurf des »Rentenbetrugs« und der »Rentenlüge« zermürbte die eigene Fraktion und bildete sich zunehmend auch in immer schlechter werdenden Umfrageergebnissen ab. Mehr und mehr verdichtete sich dabei in der Gesellschaft der verheerende Eindruck, Politik sei zunehmend lösungsunfähig und verliere ihre Handlungskompetenz. Zu beobachten war eine unsägliche Melange der an einem innenpolitischen Konsens weitgehend uninteressierten Wirtschaftsverbände auf der einen und der ihr eng verbundenen Union auf der anderen Seite. Die Union erwartete zugleich von den ihr nahestehenden Verbandsvertretern im »Bündnis für Arbeit«, jeden Anschein eines Erfolgs für die Regierung zu vermeiden. Und die Gewerkschaften, die sich trotz gegenteiliger Erkenntnisse von der sozialdemokratisch geführten Regierung einen Aufschub tiefgreifender Reformen erhofften, bliesen in das gleiche Horn, weil sie programmatisch noch einen Kurs steuerten, der sich von der guten alten Zeit der verflossenen westdeutschen Bundesrepublik nicht zu lösen vermochte.

Kurz vor der zweiten und dritten Lesung des Gesetzes im Bundestag veröffentlichte die CDU im Januar 2001 eine Art Fahndungsplakat, auf dem »Rentenbetrug« stand. Darauf war ich wie ein Untersuchungsgefangener abgebildet. Viele Abgeordnete empörten sich. Die CDU-Vorsitzende erklärte dann, sie könne verstehen, dass dieses Plakat manchem missverständlich erscheine. Wie eine Entschuldigung klang das nicht. Der Vorgang zeigt, mit welcher Aggressivität – bis hin zu persönlichen Verunglimpfungen – die Diskussion um eine der größten Reformen geführt wurde.

Am 26. Januar 2001 erzielte die rot-grüne Mehrheit im Deutschen Bundestag als Ergebnis zermürbender Gespräche mit den Gewerkschaften und immer wieder neuer Kompromisse das »Gesetz zur Reform der gesetzlichen Rentenversicherung«. Das war aber nur ein Teil der Rentenreform. Die staatliche Förderung der ergänzenden Zusatzvorsorge musste noch in den Bundesrat. Insgesamt hatten wir über 20 Milliarden Mark bereitgestellt, um damit den Aufbau einer Altersvorsorge zu realisieren. Und am 11. Mai 2001 folgte im Bundesrat wie erwartet die Überweisung des

»Förderprogramms für die zusätzliche Altersvorsorge« an den Vermittlungsausschuss. Den Überweisungsbeschluss hatte die Unionsmehrheit im Bundesrat gefasst, um das Gesicht zu wahren. Die Union brauchte ihrerseits ein paar Veränderungen im Entwurf, um ihm am Ende zustimmen zu können. Aber welche Kraft hatte dieser Erfolg für eine der gesellschaftspolitisch wohl wichtigsten Reformen gekostet. Es war eine immens wichtige Weichenstellung, hinter die zurückzufallen nicht möglich sein würde. Am Ende bleibt zu konstatieren: Der nervenaufreibende, quälend langwierige Prozess verdeckte die Epoche machende Wirkung der Reform.

Die langfristige Erschütterung des Vertrauens in die Entscheidungs- und Handlungsfähigkeit der politischen Institutionen, die derartige politische Prozesse wie das Ringen um die Rentenreform verursachen, scheint mir auf der Hand zu liegen – erst recht, wenn es, wie bei der Rente, um Themen geht, die die Existenz der meisten Bürger berühren. Wen wundert es da, dass sich die Krise der Parteien immer tiefer frisst. Beide Volksparteien haben Probleme, Nachwuchs zu rekrutieren. Das Wahlergebnis vom September 2005, das schließlich nur die Große Koalition als gangbaren Weg offenließ, zeigt SPD und CDU/CSU praktisch gleich schwach mit einem Stimmenanteil von jeweils etwa 35 Prozent. Wer glaubt, diese Schwäche der Volksparteien sei ein eher zufälliges und vorübergehendes Ereignis, dem empfehle ich nachdrücklich, darüber noch einmal nachzudenken.

Vielleicht ist die Große Koalition ja auch eine notwendige Verschnauf-, aber hoffentlich keine Denkpause, in der sich die Parteien selbstkritisch befragen können, ob sie mit ihrer Art der Behandlung wichtiger politischer Problemfelder so fortfahren wollen. Hier denke ich vor allem an Entwicklungen, die mit dem demografischen Wandel zusammenhängen. In Ostdeutschland wird dieser Prozess noch verstärkt durch die weiterhin spürbare ökonomisch bedingte Abwanderung in den Westen. In der Auseinandersetzung um die Riester-Rente – und auch deshalb ist mir die Erinnerung an ihr Zustandekommen so wichtig – ging es nicht um einen Wettbewerb der effizienten Lösungen, an dem sich ja die Opposition hätte beteiligen können. Im Gegenteil, sie stand, beharrlich die Realität verweigernd, mit dem Rücken zur Zukunft. Dabei war dies nur eine Reformnotwendigkeit von vielen, die wir noch vor uns hatten und haben. Dennoch bin ich nicht pessimistisch. Die sieben Jahre Rot-Grün waren für die vor uns liegenden Anstrengungen, unser Land auf dem jetzigen Niveau zu halten, von größter Bedeutung. Dafür gab es gelungene und, wie ich selbstkritisch konstatieren muss, auch weniger gelungene Anläufe.

Unter der Überschrift »Der Weg nach vorn für Europas Sozialdemokraten« legten Tony Blair und ich am 8. Juni 1999 in London ein gemeinsames Papier vor. Es war der Versuch, eine Strategie europäischer Sozialdemokraten zu formulieren, die eine angemessene Antwort auf die beiden großen Herausforderungen der Zeit – demografischer Wandel und Globalisierung – geben sollte. Es ging im Wesentlichen um zwei Problemkreise: Wie effizient muss eine kapitalistische Wirtschaft sein, um weiterhin Sozialstaatlichkeit zu ermöglichen? Und: Wo beginnt ökonomische Effizienz Humanität zu zerstören? Und welche Rolle spielt in diesem Prozess der Markt? Anders ausgedrückt: Wo müssen dem Marktge-

»Die beiden großen Herausforderungen der Zeit: demografischer Wandel und Globalisierung.« London, 8. Juni 1999: Tony Blair und Gerhard Schröder präsentieren ihr gemeinsames Strategiepapier.

schehen Grenzen gesetzt werden, damit eine totale Ökonomisierung der Gesellschaft verhindert werden kann? Wie können sich Unternehmen verbesserte Wirtschaftsbedingungen zunutze machen, um neues Wachstum und neue Arbeitsplätze zu schaffen? Vor allem suchten wir nach einem Weg, den scheinbaren Widerspruch zwischen Angebots- und Nachfragepolitik aufzulösen.

Das Papier enthielt in Ansätzen vieles von dem, was dann später in der Agenda 2010 erneut aufgegriffen werden sollte.

Denn um genau diese Fragen ging und geht es auch bei deren Umsetzung. Die allseitige Entrüstung über Blairs und meinen Vorschlag verhinderte eine inhaltliche Debatte. Wieder einmal!, bin ich versucht zu sagen.

Ich habe das Schröder/Blair-Papier erneut gelesen. Die Grundanalyse halte ich nach wie vor für richtig, auch wenn einige Instrumente noch nicht ausgereift waren. Zu wenig ist darüber zu finden, dass sich in einer alternden Gesellschaft die Notwendigkeit einstellt, ein klares Bild von den eigenen Bildungsressourcen zu gewinnen. Denn eine »alternde« Gesellschaft hat ja zwei Seiten. Die eine ist der Rückgang von Familien, in denen Kinder aufwachsen. Das hat mittlerweile dazu geführt, dass wir 2005 in Deutschland gerade noch 686 000 Geburten hatten, 20 000 weniger als 2004. Gleichzeitig werden wir immer älter und bleiben dabei vergleichsweise gesund: Die aktive Lebenszeit wächst. Untersuchungen weisen aus, dass ein heute Sechzigjähriger die gleiche psychische und physische Kondition hat wie ein Fünfzigjähriger im Jahr 1985. Das aktive Alter hat sich also in weniger als einer Generation um ein Jahrzehnt erweitert. Aus dieser Tatsache bezieht der Begriff »lebenslanges Lernen« seine Substanz. Allerdings sehe ich nicht genügend Ansätze, die Rahmenbedingungen zu schaffen, die Lernen bis ins hohe Alter ermöglichen würden. Zugleich verkünden sechzig Prozent der deutschen Unternehmen, sie wollten keinen Arbeitnehmer über fünfzig Jahre einstellen. Welche Kurzsichtigkeit. Es gibt rühmliche Ausnahmen, leider noch zu wenige. Hier sind gesellschaftliche Verantwortung und das Eigeninteresse der Unternehmen gefragt.

Und daran mangelt es offensichtlich. Kein Zweifel: Die deutschen Unternehmen haben sich in der ersten Hälfte der ersten Dekade dieses Jahrhunderts auf den Märkten der

Welt bravourös geschlagen. Betriebswirtschaftlich ist alles in Ordnung. Schlank und effizient stellen sie ihre Wettbewerber in den Schatten. Aber es wird Zeit, eine ernsthafte Debatte über den Preis dieser Strategie zu führen. Schlankheit und Fitness der global tätigen Unternehmen wurden erkauft mit einer dramatisch hohen Zahl von Entlassungen. Die Folgen dieser Strategie wurden und werden der Politik überantwortet, ohne dass diese über dafür notwendige Lösungsmöglichkeiten verfügt.

Ich hatte mir ja nicht aus reinem Vergnügen auf der CeBIT 2000 in Hannover die Lage der Unternehmen schildern lassen, denen Software-Spezialisten fehlten. Mein Vorschlag, die Greencard, also die Aufenthalts- und Arbeitserlaubnis für Softwarespezialisten aus dem Ausland, einzuführen, war der Versuch, der deutschen Wirtschaft mehr Internationalität zu verschaffen und Computerfachleute ins Land zu holen. Die Personalentwicklungsabteilungen der deutschen Industrie hatten den Bedarf über Jahrzehnte nicht erkannt oder ignoriert. Hinzu kam ein restriktives Einwanderungsrecht, das eher fremdenfeindlichen Vorurteilen als der Vernunft folgte.

Der demografische Wandel könnte durch Einwanderung gemildert werden. Auch darauf, das wurde schon bei der Greencard-Initiative klar, ist Deutschland nicht vorbereitet. Wie wenig dies im Bewusstsein vor allem des konservativen Teils der Politik verankert ist, machte im NRW-Wahlkampf 2000 der damalige Herausforderer von der CDU und ehemalige Zukunftsminister aus dem Kabinett Kohl, Jürgen Rüttgers, mit einem besonders dümmlichen Einwurf deutlich: Er erfand den Slogan »Kinder statt Inder«.

Trotz aller Reformen ist unser gesamtes Staatsbürgerschafts- und Aufenthaltsrecht noch immer zu sehr darauf angelegt, Zuzug und Einwanderung möglichst zu erschweren. Ich erinnere mich noch, wie schwierig es war, die Länderinnenminister dafür zu gewinnen, den Softwarespezialisten ein mehr als fünfjähriges Aufenthaltsrecht zu ermöglichen. Wider besseres Wissen lassen wir es zu, dass ausländische Studenten unmittelbar nach dem Ende ihres Studiums unser Land verlassen müssen, weil sie keine Aufenthaltserlaubnis bekommen, obwohl sie Arbeitsangebote vorweisen können. Absurd, dass wir sie kostenlos studieren lassen, um sie danach, abgesehen von wenigen Ausnahmen, in ihre Heimat zurückzuschicken. Ein selbstbewusstes und offenes Land handelt anders.

All das wollten wir mit einem neuen Einwanderungsrecht so verändern, dass eine Immigration nach Deutschland nach klaren und humanitären Regeln möglich wäre. Um die Unionsmehrheit im Bundesrat wenigstens zu einigen notwendigen Änderungen des Ausländerrechts zu bewegen, wurde aus dem Einwanderungsrecht das »Zuwanderungsrecht«. Das war nur ein erster halber Schritt. Alle, die heute so gern in den USA ein Vorbild sehen, dem sie nacheifern wollen, verkennen, dass Amerika und sein ökonomisches System vor allem durch Einwanderung in der Vorwärtsbewegung gehalten wird. Exportweltmeister sein und bleiben zu wollen und zugleich Deutschland abschotten, das muss scheitern. Wir brauchen Einwanderung, und wir dürfen ökonomische Dynamik und kulturellen Austausch nicht als Gegensatzpaar begreifen.

Immerhin haben wir jetzt ein – wenn auch noch nicht ausreichendes – Einwanderungsrecht. Das wäre ohne Rot-Grün noch nicht der Fall. Das Gleiche gilt für das Antidiskriminierungsgesetz und, wie schon beschrieben, auch für den Atomkompromiss, der vor allem von der Erkenntnis getragen ist, dass alle Ressourcen begrenzt sind und dass wir gut daran tun, in die Forschung für erneuerbare Energien zu investieren. Die Energiekonzerne willigten ein, in ihren bestehenden Atomkraftwerken nur noch eine festgelegte Gesamtstrommenge zu produzieren. Das bedeutete eine gesetzlich geregelte Begrenzung der Laufzeit. Der Kompromiss bedeutete zudem das Ende der atomaren Wiederaufarbeitung und die Reduzierung der Atomtransporte. Das war das Optimum dessen, was ohne Schadensersatzleistungen gegen die Betreiber durchzusetzen war. Darüber hinaus war der Atomkompromiss ein wichtiger Beitrag zum inneren Frieden.

Zur Erinnerung: In einer dramatischen Nachtsitzung am 14. Juni 2000 hatten wir uns endlich geeinigt. Wir, das waren Werner Müller, Jürgen Trittin, Frank-Walter Steinmeier und ich auf der einen Seite und Ulrich Hartmann (e.on), Dietmar Kuhnt (RWE), Gerhard Goll (EnBW) und Manfred Timm (HEW) auf der anderen Seite.

In letzter Minute wollte Goll sich querlegen, um für das Kernkraftwerk Obrigheim Sonderregelungen auszuhandeln. Das ganze Projekt drohte zu scheitern. Ausschlaggebend für den Erfolg war schließlich eine Kompromissformel für Obrigheim, die uns später bei den Koalitionsverhandlungen im Jahre 2002 noch erhebliche Probleme bereiten sollte.

Die gesellschaftspolitische Bedeutung dieses Atomkonsenses ist nie wirklich zutreffend gewürdigt worden, und das hat einen simplen Grund. Den Gegnern der Kernenergie ging der Kompromiss nicht weit genug und den Befürwortern zu weit. Die einen, unterstützt von der Opposition, machten den energiepolitischen GAU aus, die anderen skandierten »Konsens ist Nonsens«. Das Ergebnis straft

»Die einen machten den energiepolitischen GAU aus, die anderen skandierten ›Konsens ist Nonsens‹.« Gemeinsam mit Gerhard Schröder erläutern Ulrich Hartmann (links) und Dietmar Kuhnt auf einer Pressekonferenz im Berliner Kanzleramt die Ergebnisse ihrer Verhandlungen.

beide Lügen. Der Anteil der Kernenergie in der Stromproduktion konnte deutlich zurückgefahren werden. Er liegt heute bei 28 Prozent. Was aber wichtig ist: Deutschland ist, wie schon erwähnt, weltweit die Nummer eins in der Nutzung alternativer Energieträger.

Wir haben die Energieproduktivität um 24 Prozent steigern können und damit den Energieeinsatz effizienter gemacht. In meiner Regierungszeit wurde die Erzeugung von Strom aus erneuerbaren Energien verdoppelt, was dazu geführt hat, dass in Deutschland die Emission der Treibhausgase um 19 Prozent sank. Heute liefern die erneuerbaren Energien einen erheblichen Beitrag zur Stromerzeugung. Dieser Anteil wurde von 1998 bis 2004 um etwa 30 Prozent gesteigert. Und die erneuerbaren Energien sind in zunehmendem Maße zu einem bedeutenden Wirtschaftsfaktor geworden: Etwa 150 000 Menschen sind in Deutschland in diesem Bereich beschäftigt. Wir haben damit begonnen, jährlich rund sechs Milliarden Euro in erneuerbare Energien zu investieren.

Der Atomkonsens ist gegenwärtig erneut in der Diskussion. Der Unionsteil der Großen Koalition möchte den Ausstieg aus dem Ausstieg, zumindest jedoch längere Laufzeiten. Der SPD-Teil wünscht keine Änderungen. Der Koalitionsvertrag enthält ein Moratorium. Was sollte ein sozialdemokratischer Umweltminister tun? Er könnte es sich leicht machen. Der Koalitionsvertrag stärkt ihm den Rücken, aber eben nur für diese Legislaturperiode. Die Frage, die die SPD sich stellen muss, ist, ob der Konsens nicht insgesamt wichtiger ist als ein kurzfristiger Erfolg. Geänderte Machtverhältnisse lassen sich nicht ausschließen, auch nicht eine Regierung gegen die demokratische Linke in Deutschland. Der Druck von Interessengruppen, die eine Renaissance der Atomenergie behaupten, verstärkt sich zunehmend. Eine Regierung aus CDU und FDP würde ihm nicht standhalten wollen. Angesichts einer solchen Perspektive lohnt es sich, jenseits der Formalien über Inhalte nachzudenken. Worin liegen die entscheidenden Gründe für den Konsens? Was wollten wir im Kern?

In der Vereinbarung zwischen der Bundesregierung und den Energieversorgungsunternehmen (EVU) vom 14. Juni 2000 ist das präzise beschrieben. Es heißt dort: »Bundesregierung und Versorgungsunternehmen verstehen die erzielte Verständigung als einen wichtigen Beitrag zu einem umfassenden Energiekonsens. Die Beteiligten werden in Zukunft gemeinsam daran arbeiten, eine umweltverträgliche und im europäischen Markt wettbewerbsfähige Energieversorgung am Standort Deutschland weiterzuentwickeln. Damit wird auch ein wesentlicher Beitrag geleistet, um in der Energiewirtschaft eine möglichst große Zahl von Arbeitsplätzen zu sichern.«

Und weiter heißt es: »Der Streit um die Verantwortbarkeit der Kernenergie hat in unserem Land über Jahrzehnte hinweg zu heftigen Diskussionen und Auseinandersetzungen in der Gesellschaft geführt. Unbeschadet der nach wie vor unterschiedlichen Haltungen zur Nutzung der Kernenergie respektieren die EVU die Entscheidung der Bundesregierung, die Stromerzeugung aus Kernenergie geordnet beenden zu wollen.«

Damit war klar: In Deutschland würde die Ära der Kernenergie zu einem wirtschaftlich vertretbaren Zeitpunkt beendet. Der Grund für diese Entscheidung war für mich weniger ideologischer Natur, sondern erwuchs vornehmlich aus der Erkenntnis, dass die Entsorgungsfrage ungelöst geblieben war und ungemein schwer zu lösen sein würde, jedenfalls im nationalen Maßstab.

Darüber hinaus kam es mir vor allen Dingen darauf an, endlich eine Energieversorgung auf die Beine zu stellen, die auf den sorgsamen und sparsamen Umgang mit den natürlichen Ressourcen setzt, hierzu alle erdenklichen Technologien nutzt und die zukünftigen Investitionsströme in diese Sektoren wie auch in den der erneuerbaren Energien lenkt.

Es ging also darum, eine völlig neue Energiepolitik zu entwickeln. Stärker gefördert werden sollten der sparsame Umgang mit Ressourcen und massive Investitionen in erneuerbare Energieträger, also in die Solar-, Wind- und Biomasse-Energie. Diese äußerst erfolgreiche Strategie sollte auch in Zukunft unter allen Umständen verteidigt, der bequeme und letztlich nicht tragfähige Ausweg Atomenergie dagegen dauerhaft verbaut werden. Die gesellschaftliche Zustimmung dafür ist nach meiner Auffassung nach wie vor vorhanden.

In diesem Zusammenhang muss die Frage der Entsorgung atomaren Mülls, insbesondere seiner Endlagerung, geklärt werden. Ich halte es für einen Fehler auch meiner Regierung, dass nur darüber nachgedacht wurde, dieses Problem ausschließlich auf nationaler Ebene zu regeln. Dicht besiedelte Länder wie Deutschland bieten nur sehr begrenzte geologische Lagermöglichkeiten. Ich glaube daher nicht, dass es eine Lösung der Entsorgungsfrage innerhalb unserer Grenzen geben kann. Wir sollten den Versuch unternehmen, diese Frage in Zusammenarbeit mit Russland anzugehen. Deutsche Technologie, entsprechende Finanzierungsbeiträge der deutschen Energieversorger und die weitaus besseren Lagermöglichkeiten in Russland sollten zu einem Konzept zusammengeführt werden, das für alle Beteiligten von Nutzen ist. Es gibt ein Modell einer solchen Zusammenarbeit, an das man anknüpfen könnte. Auf dem G8-Gipfel im Juni 2002 in Kanada vereinbarten wir, 20 Milliarden Dollar zur Verfügung zu stellen, um das russische Nuklearmaterial aus Sprengköpfen und abgewrackte Atomreaktoren aus U-Booten sicher für die Umwelt und unerreichbar für Terroristen zu entsorgen. Inzwischen ist unter deutscher Mitwirkung die Entsorgung der ersten Atom-U-Boote angelaufen, der Bau eines Langzeitzwischenlagers wurde begonnen. Nach diesem Muster könnte auch die Entsorgung deutschen Atommülls in Russland – natürlich unter internationaler Kontrolle durch die IAEA – vereinbart werden.

Ich bleibe dabei: Rot-Grün hat zahllose verkrustete Strukturen unseres Landes aufgebrochen. Viele Aufgaben – vielleicht zu viele – warteten auf uns. Dabei war nicht immer sicher, ob die Menschen mit diesem Veränderungsmarathon zurechtkommen würden. Unbequeme Reformen stoßen vor allem bei denjenigen auf große Zustimmung, die nicht von ihnen betroffen sind. Das ist nur menschlich, führte aber zu der schwierigen Stimmungslage, die uns in den Wahlen wie eine Heimsuchung traf. Solange eine Opposition den Eindruck vermittelt, sie könne die notwendigen Veränderungen durchsetzen, ohne dass sich etwas ändert, wird es Reformpolitik in Deutschland schwer haben. Erst als die Union 2005 auf ein Wirtschafts- und Steuerprogramm setzte, das von der Programmkommission der FDP hätte geschrieben sein können, merkte das Wahlvolk, dass es vor einen Interessenkarren gespannt werden sollte, der mit seinem realen Leben wenig bis gar nichts zu tun hatte.

Licht und Schatten halten sich wohl die Waage, wenn ich zurückblicke und eine wahrhaftige Bilanz der ersten Legislaturperiode zu ziehen versuche. Eine nachhaltige Erholung am Arbeitsmarkt und ein konjunktureller Aufschwung, der auf dem Arbeitsmarkt Wirkung gezeigt hätte, wollten sich nicht einstellen. Gut ein Jahr vor den Wahlen lagen 2001 die Arbeitslosenzahlen wieder bei über vier Millionen. Diese Zahl überdeckte die erste Stufe der Steuerreform und etwaige Freude darüber, dass Einkommen bis zu 14000 D-Mark steuerfrei bleiben sollten, der Eingangssteuersatz auf 19,9 Prozent (davor 22,9 Prozent) gebracht wurde und der Spitzensteuersatz auf 48,5 Prozent (davor 51 Prozent) sinken würde. Kapitalgesellschaften mussten ihre Gewinne einheitlich mit 25 Prozent besteuern statt zuvor mit 30 Prozent für ausgeschüttete und 40 Prozent für einbehaltene Gewinne. Bei Personengesellschaften trat an die Stelle der Gewerbesteuer eine pauschale Anrechnung auf die Einkommensteuer. Dank der Ökosteuer konnte die Rentenversicherung um 0,2 Prozent auf 19,1 Prozent abgesenkt werden, dafür verteuerte die zweite Stufe der Ökosteuer Benzin um sieben Pfennig je Liter und jede Kilowattstunde um 5,8 Prozent. Nicht zu vergessen: Die Höchstförderung beim BAFöG stieg von 1030 auf 1140 D-Mark.

Im Frühjahr 2001 traten Ulla Schmidt und Renate Künast die Nachfolge von Andrea Fischer (Grüne), Gesundheit, und Karl-Heinz Funke (SPD), Landwirtschaft, an. Mit Renate Künast wurde in der Tat ein neues Kapitel deutscher Agrarpolitik aufgeschlagen. Auslöser für diese überfällige Neuorientierung war eine Krise, die aus Großbritannien importierte Rinderseuche BSE. Das war ein nachhaltiger Schock, der uns dazu brachte, den Schwerpunkt des ehemaligen Landwirtschaftsministeriums auf Verbraucherschutz und Ernährung zu verlagern. Renate Künast warb für das Ende der Überschussproduktion und für Konzentration auf die Qualität landwirtschaftlicher Produkte. Denn nicht erst seit BSE steckte die Landwirtschaftspolitik in der Krise. Schon vorher war das Vertrauen der Verbraucher erschüttert worden. Im Kern lautete die Kritik, die moderne Intensivlandwirtschaft gewährleiste nicht mehr durchweg die Erzeugung gesunder und hochwertiger Lebensmittel und sei außerdem mit massiven Umweltbelastungen wie dem Rückgang der Artenvielfalt oder Verunreinigungen von Böden und Grundwasser verbunden. Auch die Bedeutung der Futtermittel für den vorbeugenden Gesundheitsschutz war nicht hinreichend beachtet worden. Nicht die Betriebsgrößen, sondern die Produktionsweisen der Agrarindustrie riefen die Kritik hervor.

Vor diesem Hintergrund brauchten wir das Leitbild einer anderen Landwirtschaft: Abschied von der einseitig auf Mengenwachstum und Preiswettbewerb ausgerichteten Produktion; stattdessen Hinwendung zu einer sich in die Natur einfügenden Form der Bewirtschaftung, die zwar ökonomisch effizient ist, aber den Wettbewerb vor allem über Qualität sucht.

Eine nachhaltige Landwirtschaft kann nicht einfach vom Staat verordnet werden. Es kommt vielmehr entscheidend darauf an, dass die Nachfrage nach gesunden und ökolo-

»In Renate Künast fand ich eine engagierte Mitstreiterin für die anstehenden Neuerungen in der Agrarpolitik.« Die Bundesministerin für Verbraucherschutz, Ernährung und Landwirtschaft bei der Eröffnung der »Grünen Woche« in Berlin am 19. Januar 2001.

gisch produzierten Nahrungs- und Futtermitteln erhöht wird. Es sollten daher nur noch die Betriebe gefördert werden, deren Wirtschaftsweise den Anforderungen des Gesundheits- und Umweltschutzes entsprach. Dazu gehörte aber auch, dass den Betrieben bei der Umstellung geholfen wurde.

Für diese Ausrichtung auf Qualität mussten wir neue Strukturen der Zusammenarbeit zwischen Landwirtschaft, Ökolandbau, Ernährungswirtschaft und Handel schaffen. Unser Ziel war, dass diese Produkte in jedem Supermarkt ihren Stammplatz finden.

Diese Umorientierung in der Agrarpolitik liegt im vitalen Interesse der Verbraucher. Sie liegt aber ebenso im Interesse der vielen qualitätsbewussten Landwirte. Ihnen sollten tragfähige wirtschaftliche Perspektiven eröffnet werden. Was wir brauchen, ist Vertrauen in unsere Landwirtschaft, denn Vertrauen stärkt die Nachfrage nach den Agrarprodukten. Aber auch die Verbraucher sind in der Pflicht. Eine qualitäts- und umweltbewusste Landwirtschaft kann es nur geben, wenn wir uns als Verbraucher beim Einkauf für Qualität entscheiden und bereit sind, dafür den entsprechenden Preis zu bezahlen. Eine solche Haltung ist Ausdruck einer wachsenden Kultur der Wertschätzung gesunder Lebensmittel und einer intakten Umwelt.

In der Koalition hatten wir uns auf meinen Vorschlag geeinigt, dass die Grünen das Gesundheitsressort abgeben und ein neu zugeschnittenes Ressort für Verbraucherschutz, Ernährung und Landwirtschaft übernehmen sollten.

Ich habe häufig mit meiner Frau Doris über Wirkung und Wahrnehmung unserer Politik im Alltag der Menschen diskutiert. Denn Doris war selbstverständlich meine wichtigste Verbindung zur Außenwelt, zur Welt außerhalb des Berliner Politikbetriebs – so auch während der BSE-Krise. Von ihr habe ich erfahren, wie es Müttern und Vätern geht, die ihre Kinder gesund ernähren wollen und angesichts von BSE und Schweinepest verunsichert an der Ladentheke stehen. Es war ihre Idee, Fragen des Verbraucherschutzes im Ministerium stärker zu verankern und die Prioritäten neu zu setzen. Diesen sehr überzeugenden Vorschlag habe ich damals dankbar aufgegriffen und in Renate Künast eine engagierte Mitstreiterin für die anstehende Neuerung gefunden.

Es entspricht der Praxis in allen Koalitionen, dass die Partner ihr Personal selbst bestimmen. So wartete ich also auf die Entscheidung der Grünen. Ich war überrascht, dass die Wahl auf Renate Künast fiel. Sie war auf Bundesebene kaum bekannt. In den Koalitionsverhandlungen hatte sie für die Grünen die rechtspolitischen Themen vertreten. Offenbar war sie die Kandidatin von Joschka Fischer, der sie auch mit dem ihm eigenen Durchsetzungswillen an den Start brachte. Sie hat sich als eine Bereicherung des Kabinetts erwiesen. Es ist gewiss nicht zuletzt ihr Verdienst, dass die Themen »gesunde Ernährung« und »Verbraucherschutz« in der Öffentlichkeit mit meiner Regierung verbunden wurden. Und in der Tat, die veränderten Schwerpunkte in der Landwirtschaft gehören gewiss zu den wichtigen Reformanstrengungen, die die rot-grüne Koalition in der Gesellschaft durchsetzen konnte.

Die Idee, Ulla Schmidt in das Kabinett zu berufen, lag nahe. Sie war eine der profiliertesten Sozialpolitikerinnen in der SPD-Fraktion und hatte bei den Rentenentscheidungen hervorragende Arbeit geleistet. Das Gesundheitsressort gehört ohne Zweifel zu den schwierigsten in jeder Bundesregierung. Die Anforderungen an die Gesundheitspolitik sind außerordentlich vielfältig. Die Patienten erwarten eine Versorgung auf höchstem medizinischen Niveau, ohne dafür nennenswerte Eigenbeiträge leisten zu wollen. Für meine Regierung war es wichtig, allen garantieren zu können, dass sie nach den modernsten Standards von Forschung und Technik behandelt werden, und zwar unabhängig vom persönlichen Einkommen. Schritte in eine Zweiklassenmedizin waren für uns undenkbar.

Die Akteure der Angebotsseite im Gesundheitssystem – Ärzte, Apotheker, Pharmaindustrie und die Kassen – haben vor allem ökonomische Interessen. Sie wollen für ihre Leistungen möglichst gut bezahlt werden, und jeder von ihnen glaubt, seine partikularen Interessen in der Öffentlichkeit als das Gesamtinteresse der Gesundheitspolitik ausgeben zu können. Die Krankenkassen in Deutschland sind zu teuer, ihre Verwaltungsausgaben unberechtigt hoch. Etwa 250 verschiedene Krankenkassen zeigen eines: Das an sich sehr leistungsfähige deutsche Gesundheitssystem ist intransparent, marktfeindlich, aber durch Lobbyisten so vermachtet, dass noch jeder Gesundheitsminister an einer durchgreifenden Reform gescheitert ist. Die unterschiedlichen Erwartungen und Interessen führen dazu, dass das System langsam, aber sicher unbezahlbar wird.

In diese Schlangengrube wurde Ulla Schmidt gesetzt. Sie hat sich bisher bravourös geschlagen. Weitergehende Reformansätze, wie etwa die Freigabe des Apothekenbesitzes (bisher durfte ein Apotheker nur eine Apotheke besitzen, jetzt immerhin vier) oder auch die Möglichkeit der Kassen, mit Ärzten unter Umgehung der Ärzteverbände Verträge auszuhandeln, scheiterten am Widerstand der Opposition im Bundesrat. Es ist nur zu hoffen, dass die Union aus ihren

Fehlern gelernt hat und die Große Koalition jetzt anpackt, was der CDU-Teil in der Vergangenheit blockierte. Auch das Gesundheitssystem braucht eine neue Balance zwischen solidarischer Finanzierung und eigener Verantwortung seiner Nutzer.

Die rot-grüne Bundesregierung hat die richtigen Akzente gesetzt, konnte sich aber wegen der Machtverhältnisse in unserer Gesellschaft und im Bundesrat mit einer nachhaltigen Reform nicht durchsetzen. Insoweit ist zu hoffen, dass die mit ungleich größerer Entscheidungsmacht ausgestattete Große Koalition eine umfassende und sinnvolle Gesundheitsreform entschieden in die Wege leitet und dafür sorgt, dass das im europäischen Maßstab erstklassige deut-

»Es ist zu hoffen, dass die Große Koalition eine umfassende Gesundheitsreform entschieden in die Wege leitet, die die CDU in der rot-grünen Vergangenheit blockiert hat.« Ulla Schmidt bei ihrer erneuten Vereidigung als Bundesministerin für Gesundheit, 22. November 2005.

sche System beibehalten werden kann und auf Dauer finanzierbar bleibt.

Wenn ich heute die eine oder andere Aufzeichnung durchblättere, habe ich oft genug ein Déjà-vu-Erlebnis. Und auch Personen sehe ich wieder vor mir, die mir sehr nahe waren. Johannes Rau zum Beispiel, der für mich zu den wirklich großen Bundespräsidenten zählt und der ganz sicher in eine Reihe mit dem unvergessenen Gustav Heinemann gehört. Seine Berliner Rede aus dem Jahr 2000 ist so aktuell, als wäre sie in diesen Tagen des Jahres 2006 geschrieben worden. Ihr Titel: »Ohne Angst und Träumereien: Gemeinsam in Deutschland leben«. Die Rede beschäftigt sich mit dem Thema der mangelnden Integration der unter uns lebenden mehr als sieben Millionen Ausländer und damit, dass sie unsere Gesellschaft verändert haben. Es lohne sich, darüber nachzudenken, sagte Rau, was dies für das Zusammenleben in unserem Land bedeute. Und er wies darauf hin, was heute mit dem Schlagwort »Parallelgesellschaft« bezeichnet wird. Einen Gegensatz zwischen »wir hier« und »die da«, sagte er, vertrage eine demokratische Gesellschaft auf Dauer nicht. Und auch das fügte er hinzu: Dass offenkundige Neonazis von »national befreiten Zonen« sprechen könnten, sei »ein Alarmsignal für Rechtsstaat und Demokratie und ein Grund zur Scham für alle wirklichen Patrioten«.

Bundespräsident Johannes Rau war während seiner ganzen Amtszeit ein wichtiger Mahner, dem es immer wieder gelungen ist, uns aus der tagespolitischen Routine zu reißen. Er hat dabei die Grenzen seines Amtes nie überschritten und bezog dennoch auch in der aktuellen Debatte stets klare Positionen. Das erreichte er allein mit der Kraft der

»Den Gegensatz von ›wir hier‹ und ›die da‹ verträgt eine demokratische Gesellschaft auf Dauer nicht.« 12. Mai 2000: Bundespräsident Johannes Rau spricht sich in seiner »Berliner Rede« im Haus der Kulturen der Welt für eine neue Einwanderungspolitik aus.

Worte, die ihm wie kaum einem anderen zur Verfügung standen. Als er knapp ein Jahr nach dem Ende seiner Amtsperiode verstarb, wussten wir alle und weit über die eigene Partei hinaus, dass wir mit ihm eine große Persönlichkeit der deutschen Sozialdemokratie und der deutschen Politik verloren hatten.

Und natürlich gehört auch Rudolf Scharping zu denen, die ihren Anteil daran haben, dass meine Kanzlerschaft und damit die Rückgewinnung der Regierungsmacht für die deutschen Sozialdemokraten nicht zur Episode wurde. Er war mir als damaliger Verteidigungsminister unentbehrlich, als es darum ging, außenpolitische Verantwortung zu übernehmen und mit den Bündnispartnern im Kosovo zu intervenieren. Dass es ihm gelang, dies auch gegenüber einer zweifelnden Fraktion und Koalition durchzusetzen, ist unter anderem seiner sehr rationalen, sachlichen Haltung zu verdanken. Auch die von ihm in Gang gebrachte Bundeswehrreform war dafür ein Beispiel. Es war seine Entscheidung, der zu diesem Zweck eingesetzten Kommission unter der Leitung des früheren Bundespräsidenten Richard von Weizsäcker in wesentlichen Punkten zu folgen, nicht aber der De-facto-Abschaffung der Wehrpflicht zuzustimmen, wie sie von der Kommission erwogen worden war.

Auch ich bin gegen die Abschaffung der Wehrpflicht und des damit verbundenen Ersatzdienstes. Dass die Bundeswehr so weitgehend in die Gesellschaft integriert ist, hat mit ihrer Verankerung zu tun, die wesentlich durch die Wehrpflicht geprägt ist.

Rudolf Scharping hatte also meine volle Unterstützung, als er sich nicht von der vor allem von der FDP und den Grünen getragenen Debatte um die Wehrpflicht beirren

ließ. Ich finde es nach wie vor schade, dass er – nicht zu seinem Besten beraten – zunehmend ein Bild in der Öffentlichkeit abgab, das seine bis dahin so erfolgreiche Arbeit als Verteidigungsminister überlagerte. Es hat mich Überwindung gekostet, mich von ihm zu trennen. Er allein hätte es verhindern können, wenn er rechtzeitig gehandelt hätte. Doch was bleibt, ist seine mitentscheidende Rolle, als es darum ging, die Antwort auf den terroristischen Angriff auf die USA vom 11. September 2001 zu formulieren und nach dem Kosovo- auch den Afghanistaneinsatz und die Teil-

»Er war mir unentbehrlich, als es darum ging, außenpolitische Verantwortung zu übernehmen.« Bundesverteidigungsminister Rudolf Scharping beim Besuch deutscher KFOR-Soldaten am 21. August 2000 in Prizren (Kosovo).

nahme an der Militäraktion *Enduring Freedom* im Bundestag positiv zu entscheiden.

Erst auf dieser Grundlage konnte unser Nein zum Irakkrieg erfolgen. Die klare Absage an die militärische Option durch die Bundesregierung, durch Kanzler und Außenminister, wirkte sich zweifellos auf den Ausgang der Bundestagswahl 2002 aus. Für unseren außenpolitischen Kurs hatten wir die überwältigende Unterstützung der Menschen in unserem Land. Das galt nicht in gleichem Maße für die Innenpolitik. Ich habe sie ja schon beschrieben, die Gründe dafür benannt. Gewiss war ebenfalls von Bedeutung, dass wir die Folgen der Flutkatastrophe an Elbe und Oder ruhig, entschieden und mit der dabei notwendigen Schnelligkeit in den Griff bekamen. Die von dieser Katastrophe betroffenen Menschen, das weisen alle Untersuchungen aus, wussten, dass sie ihrer Regierung vertrauen konnten, wenn es hart auf hart kam.

Beides zusammen – das Nein zum Krieg und der Einsatz bei der Jahrhundertflut – war in seiner Wirkung von dem konservativen Herausforderer unterschätzt worden. Die Flut verursachte einen Schaden von rund zehn Milliarden Euro – nicht davon zu reden, dass es im Osten vor allem Menschen traf, die gerade glaubten, endlich durchatmen zu können, und dann doch wieder fast vor dem Nichts standen. Hier war es notwendig, den Betroffenen klar zu signalisieren, dass die verantwortlichen Politiker sie nicht im Stich lassen würden. Wir durften uns auf keinerlei Feilschen darüber einlassen, wer für den Milliardenschaden aufzukommen hatte. Daher der Vorschlag, den Wiederaufbau der Infrastruktur – zerstörte Wohnhäuser, weggeschwemmte Straßen oder fortgerissene Brücken und Schienentrassen – mit der Verschiebung der geplanten

»Die Katastrophe traf vor allem Menschen, die gerade glaubten, endlich durchatmen zu können, und dann doch wieder fast vor dem Nichts standen.«
Gerhard Schröder mit Georg Milbradt, Ministerpräsident von Sachsen, in den überfluteten Straßen von Grimma.

zweiten Stufe der Steuerreform um ein Jahr zu finanzieren. So konnte eine zusätzliche Neuverschuldung des Bundes vermieden werden. Mangels eigener Ideen stimmte die Opposition zu, scheute sich allerdings nicht, anzukündigen, nach der Wahl werde man alles wieder rückgängig machen.

Mutmaßlich hatte auch die Hartz-Kommission zur Reform des Arbeitsmarktes zumindest einen atmosphärischen Beitrag dazu geleistet, dass sich die Umfragen in den Monaten vor der Wahl langsam zugunsten der Koalition verbesserten. Peter Hartz hatte die dreizehn Bausteine eines geschlossenen Konzepts vorgelegt, für die er in der nach ihm benannten Kommission trotz der überaus heterogenen Besetzung ein einstimmiges Votum erzielt hatte. Ich kannte Peter Hartz aus seiner Tätigkeit bei Volkswagen. In der Zeit, als ich dem Präsidium des Aufsichtsrates angehörte (1990 bis 1998), war er auf Vorschlag des damaligen Vorstandsvorsitzenden Ferdinand Piëch ins Unternehmen geholt worden. Hartz hatte sich mit innovativen Arbeitszeitmodellen weit über den Konzern hinaus rasch einen guten Namen gemacht.

Peter Hartz strotzte vor Optimismus, als er die Ergebnisse des Kommissionsberichts im Mai 2002 vortrug. Er wollte die ganze Gesellschaft dazu einladen, Arbeitslosigkeit zum Thema jedes Einzelnen zu machen. Keiner, betonte er, dürfe sich aus der Mitverantwortung stehlen. Er nannte das eine Aufgabe für alle »Profis der Nation«, womit er nicht nur Politiker, Manager, Unternehmer und Gewerkschafter meinte. Hartz zählte auch Wissenschaftler, Pädagogen, Geistliche, Journalisten und Künstler auf sowie Vertreter sozialer Einrichtungen, Arbeitsloseninitiativen und Vereine, die er zu einem gemeinsamen Aufbruch ermuntern wollte, womit er zugleich das Ende der Larmoyanz und die Überwindung des Stimmungstiefs einforderte.

Das fanden einige ziemlich unerhört, dass da jemand gegen den Trend argumentierte. Hartz verkörperte eine fast amerikanisch anmutende Zuversicht und die Botschaft: Traut euch endlich etwas zu! Lag es am beginnenden Wahlkampf, der die politischen Lager polarisierte, oder an unserer eigenen Fantasielosigkeit, dass wir diese Botschaft nicht ernst genug nahmen, um sie im Wahlkampf populär zu machen? Hartz vertraute auf eine Erfahrung, die er als erfolgreicher Arbeitsdirektor von Volkswagen gemacht hatte: Man kann die Belegschaft eines Unternehmens, das in die roten Zahlen geraten ist, dazu bringen, in einer gemeinsamen Anstrengung mit dem Management – auch durch vorübergehenden Verzicht – den Karren wieder flottzumachen. Er hoffte und erwartete, dass dies auch auf eine politisch verzagte Gesellschaft übertragen werden könnte. So ließ er sich dann zu der Prophezeiung hinreißen, dass bei der Umsetzung seiner dreizehn Module die Arbeitslosenzahlen bis 2005 von vier auf zwei Millionen reduziert werden könnten. Ein Blick etwa auf die Situation der Langzeitarbeitslosen, die sich ja unter anderem daraus ergibt, dass wir es auch mit einem dramatischen Bildungs- und Ausbildungsdefizit zu tun haben, hätte klargemacht, dass dieses strukturelle Problem durch kein noch so ausgefeiltes Modul entschärft werden kann. Wir haben es bis heute nicht gelöst; Jahr für Jahr produziert mangelhafte Ausbildung einige zehntausend künftige Arbeitslose. Zehn Prozent der Schüler eines Jahrgangs scheitern jedes Jahr schon am Hauptschulabschluss. Ein Skandal, der sich im Faltenwurf des Föderalismus versteckt. Bei Kindern von Asylsuchenden und Einwanderern erhöht sich der Prozentsatz derer, die an unserem Schulsystem scheitern, sogar auf bis zu 40 Prozent.

Nein, das Problem der Arbeitslosigkeit muss noch umfassender angegangen werden, als es der löbliche und von Rot-Grün teilweise auch umgesetzte Vorschlag der Hartz-Kommission versucht hat. Es wäre in der Tat eine vornehme Aufgabe aller »Profis der Nation«, über die Ursachen von Arbeitslosigkeit nachzudenken und darüber, wie sie in einer zunehmend wissensbasierten Arbeitswelt vermieden werden kann. Dabei sind viele Aspekte zu beachten. Dazu gehört die Tatsache, dass es »Langzeitarbeitslose« gibt, die in Wirklichkeit als »Frührentner« freiwillig oder gegen ihren Willen aus dem Arbeitsleben ausgeschieden sind. Dazu gehört ganz dringend eine umfassende Überprüfung unseres Schulsystems – verbunden mit der Frage, wie Finnland es schafft, jeweils bei den Testergebnissen der Pisa-Studien an der Spitze zu stehen. Zumindest die Ganztagsschule als Regelschule in Bewegung zu setzen war ein Versuch der rot-grünen Koalition auf diesem Weg. Dazu gab sie den Ländern vier Milliarden Euro aus der Bundeskasse als materiellen Anreiz.

Dazu gehört aber auch, wenigstens den Gedanken zuzulassen, der Kostenwettlauf im Gesundheitssystem könnte unter anderem damit zusammenhängen, dass eine Generation zum alten Eisen geworfen wird, die gerade mal das fünfzigste Lebensjahr erreicht hat. Arztpraxen verwandeln sich in Sozialstationen für eine immer länger werdende Warteschlange von Menschen, für die es offenbar in der Gesellschaft keine sinnvolle Beschäftigung gibt. Jeder weiß, dass Ausgrenzung krank macht. Welch eine Vergeudung, welch eine Nichtachtung von Konnen und Erfahrung. Und das alles mit dem Wissen, dass wir einerseits eine zu niedrige Geburtenrate haben und dass sich andererseits das aktive Alter der Großelterngeneration immer weiter ausdehnt auf viele Jahre, in denen sie für uns alle segensreiche Arbeit verrichten könnte.

Am 22. September 2002 schlossen die Wahllokale wie üblich um 18 Uhr, und dem folgte eine spannende Wahlnacht, in der Verlust oder Erhalt der Regierungsverantwortung in jeder Hochrechnung wechselten. Unvergesslich der Auftritt von Edmund Stoiber, bei dem er auf den vermuteten Wahlerfolg der Union »schon mal ein Glas Champagner öffnen« wollte. Am Ende lag die SPD mit gerade mal sechstausend Stimmen vor der Union und blieb stärkste Partei. Die Grünen holten 8,6 Prozent und damit knapp zwei Prozent mehr als vier Jahre zuvor, während wir einen Verlust von 2,4 Prozent zu verkraften hatten und bei 38,5 Prozent landeten. Im Willy-Brandt-Haus in der Stresemannstraße in Berlin-Kreuzberg wechselte die Stimmung von einer Hochrechnung zur anderen. Gegen Mitternacht und mit dem Auftauchen von Joschka Fischer, dessen unbändiger Optimismus mich durch die gesamte Wahlauseinandersetzung begleitet und immer wieder ermutigt hatte, brauchten wir kaum noch daran zu zweifeln, dass wir die Verantwortung für das Land erneut erhalten würden.

Als wir dann in den großen Saal im fünften Stock des Willy-Brandt-Hauses traten, schlug uns Erleichterung entgegen. Unter den Gästen viele Künstler, Publizisten, Schriftsteller, die für diesen Erfolg mitgestritten hatten, für mich auch ein Beleg dafür, dass es in den zurückliegenden Jahren gelungen war, einen Gesprächsfaden zu knüpfen zwischen Kultur und Politik. Alle Kulturstaatsminister der ersten Legislaturperiode von Rot-Grün, Michael Naumann und

»Im Willy-Brandt-Haus in Berlin-Kreuzberg wechselte die Stimmung von einer Hochrechnung zur anderen.« SPD-Wahlparty in der Nacht vom 22. auf den 23. September 2002.

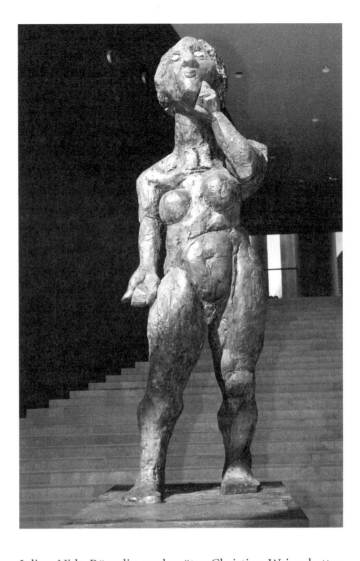

»Ich grüßte sie, wann immer ich an ihr vorbeiging.« Markus Lüpertz' »Philosophin«.

Julian Nida-Rümelin und später Christina Weiss, hatten daran einen großen Anteil. Und ich genoss meine stille Freude darüber, dass das neue Kanzleramt ein Ausstellungsort für zeitgenössische Kunst werden konnte. Dort steht eine große Skulptur von Markus Lüpertz, die »Philosophin«, eine sich unverstellt preisgebende, erdhafte Frauenfigur, die Rubens in Entzücken versetzt hätte und die so fest und unverzagt in der Eingangshalle Tag für Tag auf mich wartete. Ihr Gesichtsausdruck ist voller Milde, Freundlichkeit und vor allem Nachdenklichkeit, ihr Blick ist in weite Ferne gerichtet – für mich wie eine Aufforderung, den eigenen Blick offenzuhalten, über den begrenzten Horizont hinaus. Ich grüßte sie, wann immer ich an ihr vorbeiging.

Das Europa, von dem wir träumen, orientiert sich an klaren friedenspolitischen Leitlinien, die den Brücken nach innen und nach außen Vorrang den Brücken mit den Waffen einschließen.

KAPITEL VII

EUROPA, DIE LEISE WELTMACHT

»Europa kann als politische Einheit nur funktionieren, wenn sie von Deutschland und Frankreich gemeinsam mitgetragen wird.« Jacques Chirac und Gerhard Schröder, hier bei ihrem Statement zu der sich abzeichnenden amerikanischen »Einbahnstraßenpolitik« im Irak, Berlin, 24. Februar 2003.

Die Weltbevölkerung wächst weiter, wenn auch geringfügig langsamer. Insgesamt leben derzeit 6,6 Milliarden Menschen auf der Erde. In jedem Jahr kommen 78 Millionen Neubürger dazu, etwa so viele, wie Deutschland Einwohner hat. Im gerade hinter uns liegenden Jahrhundert waren es noch über 80 Millionen. Das Problem liegt in der Divergenz: Die Bevölkerungszahlen steigen dort am stärksten, wo es für die Betroffenen ökonomisch am schwersten zu verkraften ist. So hat sich die Bevölkerung Äthiopiens in den vergangenen fünfzig Jahren mehr als vervierfacht; sie wuchs von 18 auf 73 Millionen Menschen, und für die kommenden fünfzig Jahre rechnen die Vereinten Nationen mit einer weiteren Verdreifachung.

Trotz des dort ungehemmt tödlich wirkenden Aidsvirus steigen die Bevölkerungszahlen in Afrika am schnellsten; allerdings wird der absolute Zuwachs in Asien mit Abstand der höchste sein. Indien wird ungefähr zur Jahrhundertmitte mit dann 1,5 Milliarden Menschen China als bevölkerungsreichstes Land ablösen.

Etwa die Hälfte der heutigen Weltbevölkerung ist unter 26 Jahre alt. Das ist, wie es in einer UN-Untersuchung heißt, die bisher größte Kinder- und Jugendgeneration. Ich will hier nur eine Folge nennen, die von der Weltarbeitsorganisation ILO in Genf festgestellt wurde: Seit Mitte des vergangenen Jahrhunderts hat sich die Zahl der Menschen im Erwerbsalter weltweit verdoppelt und hat damit das Wachstum der Arbeitsplätze überflügelt. Konkret heißt das nach Schätzung der ILO, dass bereits heute eine Milliarde Menschen im erwerbsfähigen Alter arbeitslos oder nur geringfügig beschäftigt sind. 470 Millionen Arbeitsplätze, so besagt eine Studie der Deutschen Stiftung Weltbevölkerung, müssten in den nächsten zehn Jahren weltweit zusätzlich geschaffen werden, damit das jetzt schon dramatisch hohe Niveau der Arbeitslosigkeit nicht weiter ansteigt.

Schon diese wenigen Zahlen machen klar, dass es keinen nennenswerten Politikbereich mehr gibt, der mit nationalen Lösungen allein bedient werden könnte. Mein Ausflug in die jedermann verfügbaren Zahlen der UN oder renommierter Institute dient vor allem der Selbstvergewisserung. Wie weit entspricht unsere europäische Politik den Anforderungen, die sich aus der stetig wachsenden Weltbevölkerung ergeben? Dass die Verhandlungen über eine weitere Öffnung des Welthandels im Sommer 2006 geplatzt sind, ist jedenfalls ein Signal in die falsche Richtung.

Der Protektionismus der Industrienationen von Europa bis Amerika, die vor allem den Agrarbereich für die Produkte aus der Dritten Welt verschließen, ist extrem kurzsichtig. Das gilt beispielsweise für Baumwolle, deren Anbau in den USA mit 3,7 Milliarden Dollar an direkten und indirekten Hilfen für die rund 25 000 Baumwollfarmer im Süden subventioniert wird, sodass der Preis künstlich niedrig gehalten wird. Damit können weder das Schwellenland Ägypten noch die Entwicklungsregion der Sahelzone auf dem Weltmarkt konkurrieren. Das eröffnet keine Hoffnung für die so junge Weltbevölkerung. Im Gegenteil, sie muss zusehen, wie ihre Zukunft verbaut wird. Mit dieser Politik werden Ungleichheit und Armut weiter wachsen. Wir werden weiter endlose Züge von Hungerflüchtlingen erleben, die über das Meer zu uns kommen, und statt ihnen Chancen im eigenen Land zu eröffnen, werden wir versuchen, des Zustroms mit polizeilichen Mitteln Herr zu werden. Und diese Hoffnungslosigkeit ist der Humus, auf dem Terrorismus gedeihen kann.

Über alle diese Fragen habe ich in meiner Amtszeit mit vielen Staatsmännern, insbesondere aus Afrika, gesprochen. So zum Beispiel mit Nelson Mandela. Er ist ganz sicher eine der beeindruckendsten Politikerpersönlichkeiten des 20. Jahrhunderts. Auch nach seinem Rückzug aus dem Amt des Staatspräsidenten beschäftigen ihn weiterhin die großen Fragen der Weltpolitik. Allerdings ist der Schwerpunkt seiner Arbeit inzwischen die Bekämpfung von Aids in seinem Lande. Auch hier weit aufgeklärter als viele seiner Kollegen im ANC, der Regierungspartei Südafrikas, sammelt er mit der ihm eigenen Hartnäckigkeit Geld für seine Stiftung, um seinem Ziel, diese Pandemie zu besiegen, näherzukommen.

Mandela ist nicht nur ein großer Staatsmann, er ist ein außergewöhnlicher Mensch. Mir begegnete er immer mit herzlicher, ansteckender Fröhlichkeit. Ich habe viel darüber nachgedacht, wie es ihm nach über 25 Jahren Haft gelungen sein mag, eine derart lebensbejahende Haltung zu bewahren, noch dazu gänzlich ohne Hass auf das Apartheidregime zu sein, das die nichtweiße Bevölkerung versklavte und ihn ein Viertel seines Lebens eingesperrt hielt.

Thabo Mbeki, der Nachfolger Mandelas, versucht erfolgreich, dessen Erbe fortzusetzen. Wenn er auch gewiss nicht so charismatisch ist wie sein großer Vorgänger, habe ich ihn gleichwohl als einen der führenden Staatsmänner Afrikas kennengelernt. Auch außerhalb seines Kontinents hat sein Wort – etwa bei den Beratungen im Kreise der G8-Staaten – Gewicht. Sehr kenntnisreich in wirtschaftlichen Fragen, gehört er einer Generation an, die die Transformation seines Volkes von einer revolutionären Bewusstseinslage in die Verantwortung für die ganze Gesellschaft zu leisten hat.

Mbeki ist heute ein Garant dafür, dass die unter Mandela begonnene Politik der Versöhnung fortgesetzt wird. Gleichzeitig setzt er neue Akzente, indem er die großen Unternehmen seines Landes verpflichtet, Angehörigen der schwarzen Mehrheit in Südafrika mehr Verantwortung in Führungspositionen zu geben.

Oft sprach ich auch mit dem aus Ghana stammenden UN-Generalsekretär Kofi Annan. Persönlich absolut integer, ist er einer der bedeutendsten Generalsekretäre, die die Vereinten Nationen je gehabt haben. Die Zusammenarbeit mit ihm ist eine reine Freude. Als überzeugter und kämpferischer Demokrat ist er weit entfernt von jenen Eiferern, die jeweils ihre Vorstellungen von Demokratie ohne Rücksicht auf die kulturellen und sozialen Traditionen anderer Länder exportieren wollen. Er ist gleichsam die Inkarnation der besten Inhalte der UN-Charta, des in ihr verankerten Anspruchs, auftauchende Konflikte in der Welt, solange es irgendwie geht, friedlich zu lösen. Seine Sensibilität, gerade den kleinen und schwächeren Nationen gegenüber, wird darin deutlich, dass sein persönliches Credo die Orientierung an der Stärke des Rechts anstelle des Rechts des Stärkeren ist. Darin vor allem liegt seine moralische Autorität, gegen die seine oberflächlichen Kritiker, namentlich in den USA, nichts ausrichten können.

Alle Regierungschefs aus der Dritten Welt, mit denen

ich geredet habe, setzten ihre Hoffnungen auf eine aufgeklärte europäische Weltpolitik. Aber dabei tauchte auch immer wieder die Frage auf: Warum spielt in der gegenwärtigen Debatte in Europa über Trends der Zukunft das Thema Weltbevölkerung eine so geringe Rolle, obwohl doch die sich daraus ergebenden Konflikte mit Händen zu greifen sind?

Ich glaube, das hat viel damit zu tun, dass unser Bewusstsein einseitig auf die gegenläufige Entwicklung in den westlichen Industrienationen gerichtet ist. Hier schrumpft die Bevölkerung, oder sie beginnt – wie in den USA – seit Anfang des 21. Jahrhunderts zu schrumpfen. In Europa altern die Gesellschaften am schnellsten in Italien und Spanien, sogleich gefolgt von Deutschland.

Die von mir eingesetzte Zuwanderungskommission unter Leitung der ehemaligen Bundestagspräsidentin Rita Süssmuth hat in ihrem Bericht aus dem Jahr 2001 festgestellt, dass die Bevölkerung in Deutschland bei gleichbleibender Geburtenrate und ohne Zuwanderung bis zum Jahr 2050 auf 59 Millionen sinken würde. Das ist ein Minus von rund 23 Millionen gegenüber heute. Selbst bei einem Nettozustrom von 15 Millionen Zuwanderern bis 2050 würde sich die Einwohnerzahl auf 75 Millionen verringern, was noch immer eine erhebliche Alterung der Gesellschaft zur Folge hätte.

Die Einwanderungszahlen, die wir bräuchten, um in Deutschland eine Balance zwischen Jung und Alt zu halten, zeigen, dass es utopisch wäre, zu glauben, wir könnten unsere demografischen Probleme mit massiver Einwanderung lösen. Dagegen sprechen mindestens zwei Gründe: Zum einen agiert Deutschland nicht im luftleeren Raum. Es steht in einer sich künftig noch verschärfenden Konkurrenz zu anderen, vor allem westeuropäischen, Industrienationen, die ebenfalls am liebsten den gut ausgebildeten und auch sprachlich versierten Einwanderer für sich gewinnen wollen. Die Gefahr besteht, dass die ehemaligen Kolonialmächte erneut einen Menschenhandel in Gang setzen könnten, zum Schaden der Dritten Welt. Wir würden ja ihre Eliten »aufkaufen«, die sie selbst dringend benötigen, um ihren Weg aus Armut und Abhängigkeit zu finden. Und zweitens würden wir mit einer Einwanderung, die den Geburtenrückgang ausgleichen sollte, unsere eigenen Gesellschaften mit einer Integrationsaufgabe belasten, die sie überfordern würde. Schon jetzt bedarf es ja einer großen Kraftanstrengung, um den gegenwärtigen – viel zu bescheidenen – Stand der Einwanderung zu bewältigen. Wir brauchen Einwanderung, aber maßvoll und für Gesellschaften wie die unsere verkraftbar.

Ich habe Vorschläge zu einer solchen gesteuerten Einwanderung gemacht. Um die verfahrene Diskussion über Deutschland als Einwanderungsland aufzubrechen, kündigte ich, wie schon erwähnt, die Einführung einer sogenannten Greencard für Computerspezialisten an. Mir war klar, dass diese Idee die Opposition, heillos verstrickt in eine reaktionäre Einwanderungspolitik, in große Schwierigkeiten bringen würde. Erstmals konnte sie nicht gegen die Einwanderung in unsere Sozialsysteme polemisieren, also auf Neid und Fremdenhass setzen, sondern sah sich einer Phalanx aus Politik, aufgeklärter Gesellschaft, vor allem aber der Wirtschaft gegenüber, die diese Spitzenkräfte dringend brauchte.

Die Greencard-Regelungen waren noch zu bürokratisch. Doch es kamen immerhin mehr als 17 000 Spezialisten, vornehmlich aus Osteuropa und Indien, nach Deutschland.

Wegen der letztlich zu restriktiven Greencard-Bestimmungen und auch wegen des Zusammenbruchs des neuen Marktes, von dem vor allem Unternehmen der Informations- und Kommunikationstechnologien betroffen waren, blieb diese Zahl hinter meinen Erwartungen zurück. Ein Grund dafür war sicher auch, dass zu einem größeren Erfolg ein Ruf gehört, den sich Deutschland und die meisten anderen europäischen Länder bislang noch nicht erwerben konnten, nämlich ein hohes Maß an Weltoffenheit und Internationalität, das immer noch eher in den USA vermutet wird.

Wer darüber hinaus angesichts des weit besser ausgebauten Stipendiatensystems in den USA eine Chance haben will, Wissenschaftler, etwa aus Indien oder dem asiatischen Raum, für Europa zu interessieren, der muss ein Schul- und Hochschulsystem zur Verfügung stellen, das mit den besten Universitäten der USA mithalten kann und zugleich möglichst ohne Studiengebühren auskommt. Wem es dann noch gelingt, die Zahl der Studierenden aus der Zweiten und Dritten Welt an unseren Hochschulen signifikant auszuweiten und nach dem Studium auf Zeit oder durch spätere Aufbaustudiengänge erneut an uns zu binden, der hätte erreicht, was man getrost auf Neudeutsch eine Win-Win-Situation nennen könnte. Beide Seiten hätten etwas davon, und allein dies sollte Markenzeichen einer europäischen Haltung in dieser Frage sein.

Nicht also der mit entsprechenden materiellen Verlockungen getarnte »Diebstahl« von Eliten, sondern Austausch und ein vielfältiges gegenseitiges Angebot, sich auf Zeit in einem anderen Kulturkreis zu bewähren, um dann wieder mit neuen Erfahrungen und Anregungen zurückzukehren – das sollte im Kern der Stoff sein, den Europa für

Wirtschaft, Wissenschaft und Kultur anbietet. Ich bin fest davon überzeugt, dass Zusammenarbeit und Austausch eine Ressource sind, die, bei aller Schwierigkeit, sie zu etablieren, weiter trägt als jede imperialistische Geste.

Aus dem erwähnten globalen Zahlenkranz ergeben sich alles in allem die Leitlinien einer aufgeklärten Innen-, Außen- und Friedenspolitik für Europa. Europäische Innenpolitik heißt, weiter am sozialen Ausgleich zu arbeiten; in ihren außenpolitischen Beziehungen muss sich dieses Europa der sozialen Unwucht annehmen, die unseren Erdball ins Schleudern bringen kann. Schon deswegen ist es notwendig, den Bausatz Europa weiter zu verbessern. Schneller, als mancher es erwartet, werden wir in Europa zu klären haben, in welchen Politikbereichen im internationalen Maßstab wir mehr europäische Verantwortung brauchen.

Letztlich geht es dabei um zwei sehr unterschiedliche Vorstellungen von der Zukunft unseres Kontinents. Auf der einen Seite, vor allem repräsentiert durch Deutschland und Frankreich, agieren diejenigen, die sich Europa nur als politische Union vorstellen können und wollen. Politische Union bedeutet letztlich, zentrale nationale Kompetenzen wie in den Bereichen von Wirtschaft und Finanzen, Innenpolitik und Recht, aber auch Außen- und Sicherheitspolitik auf die europäische Ebene zu übertragen. Auf der anderen Seite steht die Vorstellung von Europa als einem vor allem gemeinsamen Markt, dessen Teilnehmer ökonomische Regeln brauchen, während die politischen Prozesse weitgehend national bestimmt bleiben sollen. Diese Position ist in Großbritannien stark ausgeprägt. Sie entfaltet Wirkungen in den osteuropäischen Mitgliedsstaaten, die sich schwertun, die nach dem Zusammenbruch des Warschauer Paktes gewonnenen Souveränitätsrechte an die europäische Ebene abzugeben.

Die britische Europapolitik, auf die ich viele Hoffnungen gesetzt hatte, gestaltete sich für mich als eine große Enttäuschung. Das hat wenig mit den handelnden Personen, viel hingegen mit der Bewusstseinslage der Briten zu tun. Jede deutsche Regierung hat zur Kenntnis zu nehmen, dass es in Großbritannien immer noch eine beharrliche Orientierung auf das Empire gibt. Zudem belastet das britische Sonderverhältnis zu den USA das auf eine europäische Zukunft gerichtete Engagement des Landes. Mehr als andere Länder ist Großbritannien bereit, amerikanische Wünsche zu antizipieren und zum Gegenstand seiner Europapolitik zu machen.

Zu Beginn meiner Kanzlerschaft war ich der Auffassung, man könne die deutsch-französischen Beziehungen durch eine britische Komponente ergänzen und eine Art Dreieck daraus machen. Diese Vorstellung war illusionär. Auf absehbare Zeit werden von Großbritannien keine europäischen Impulse ausgehen. Im Gegenteil: Das Land wird versuchen, seine Mittlerrolle in den transatlantischen Beziehungen zu pflegen, auch wenn das zu Lasten des europäischen Einigungsprozesses geht.

Besonders deutlich wurde das, als der britische Premierminister im Juni 2005 die Einigung über die Finanzplanung 2007 bis 2013 für Europa blockierte. Der Luxemburger Jean-Claude Juncker, ein großer Europäer aus einem kleinen Land, hatte in einer gewaltigen Kraftanstrengung einen für alle tragfähigen Kompromiss erarbeitet, den die Briten zu Fall brachten.

Juncker ist zweifellos einer der interessantesten Spieler im europäischen Konzert. Als dienstältester Regierungs-

»Anfangs glaubte ich, man könne die deutsch-französischen Beziehungen durch eine britische Komponente ergänzen. Diese Vorstellung war illusionär.« Mit Blair und Chirac im Garten des Kanzleramtes.

chef in der Europäischen Union verbindet er ökonomische Kompetenz mit sozialer Verantwortung. Seine Auffassung von der Rolle des Staates geht von der Dominanz des Politischen über rein ökonomische Prozesse aus. Vor allem aber seine Fähigkeit, zu empfinden, was die Wünsche und Sehnsüchte einfacher Menschen sind, macht ihn in der Reihe ziemlich farbloser europäischer Christdemokraten zu einer singulären Persönlichkeit. Kein Wunder, dass er immer wieder für herausragende Positionen in Europa in Erwägung gezogen wird. So war es keine Frage, dass wir alle, ob Christdemokraten oder Sozialdemokraten, ihn bestürmten, im Jahr 2004 Präsident der Europäischen Kommission zu werden. Leider ohne Erfolg. Juncker war völlig unumstritten, lehnte aber verbindlich ab.

Dies war im Übrigen eines der sonderbarsten Verfahren der Kandidatensuche, die ich je erlebt habe, und deshalb lohnt sich, meine ich, ein kleiner Exkurs. Klar war, dass Christdemokraten und Konservative über die Mehrheit im Europäischen Rat verfügten. Sie wollten einen der Ihren in das Amt bringen. Deshalb hatte ich ein Jahr vor der Entscheidung mit Jacques Chirac gesprochen. Er war bereit, mit mir zusammen einen deutschen Kandidaten durchzusetzen. In dem Bewusstsein, dass dies nur jemand aus den Reihen der CDU/CSU sein konnte, bat ich im Spätsommer 2003 den damaligen Vorstandsvorsitzenden der Siemens AG, Heinrich von Pierer, ein unauffälliges Abendessen mit mir und Edmund Stoiber zu arrangieren.

Das Treffen fand am 10. Oktober 2003 im Privathaus der Pierers in Erlangen statt. Wir waren zu dritt. Bei einem guten Rotwein, den von Pierer ungeachtet fränkischer Sparsamkeit kredenzte und Stoiber entgegen seinem offiziellen Image nicht verschmähte, besprachen wir die Lage. Ich schlug Stoiber vor, Präsident der EU-Kommission zu werden, und erklärte ihm, Chirac sei einverstanden und das Übrige würde ja angesichts der konservativen Mehrheiten im Rat kein Problem sein. Da ich wusste, dass Stoiber mir gegenüber sehr misstrauisch war, empfahl ich ihm – im Einvernehmen mit Jacques Chirac –, sich persönlich beim französischen Präsidenten von der Ernsthaftigkeit unserer gemeinsamen Verabredung zu überzeugen.

Zu diesem Gespräch kamen wir dann im November 2003 bei Jacques Chirac zusammen, der Stoiber unsere Überlegung bestätigte. Beide erklärten wir ihm, dass er sich rasch zu entscheiden habe, damit im Falle seiner Zustimmung die Kandidatur optimal vorbereitet werden könnte.

Monatelang hörte ich nichts von Edmund Stoiber, obwohl er mir zugesagt hatte, mich alsbald über seine Entscheidung zu unterrichten. Anfang März 2004 rief ich ihn in München an. Ich erklärte ihm die Situation und wies ihn darauf hin, dass ich nun dringend ein definitives Ja oder Nein von ihm bräuchte, um im Verfahren der Besetzung dieser Position verhandlungsfähig zu bleiben, und das Gleiche gelte für Jacques Chirac. Dieser hatte mich gebeten, Stoiber zu einer Entscheidung zu drängen.

Das war an einem Freitag, und er versprach, mir am Montag Bescheid zu geben. Was er auch tat. In diesem Telefongespräch lehnte er es ab, Kommissionspräsident zu werden, und begründete seine Entscheidung im Wesentlichen mit dem Hinweis darauf, seine CSU sei ohne ihn so gut wie verloren. Er könne aus Verantwortung für seine Partei und für Bayern nicht nach Brüssel gehen.

Ich kann nicht beurteilen, was die CSU ohne Stoiber wert ist. Aber ich bezweifle, dass dies sein entscheidendes Motiv war, wenn er auch möglicherweise selbst daran glaubt. Stoiber ist nach meinem Eindruck alles andere als der bayerische Löwe, der sich aufmacht, die deutsche Politik aufzumischen. Im Grunde seines Herzens scheint er mir ein vorsichtiger, wenn nicht ängstlicher Mensch zu sein, der jede Herausforderung, von der er nicht weiß, ob er sie gewinnen kann, eher scheut. Und diese Siegesgewissheit hat er nur in Bayern – nicht in Berlin und schon gar nicht in Brüssel. Ohne die vertrauten Machtstrukturen in seiner Staatskanzlei, sekundiert von einer Mehrheitsfraktion im Bayerischen Landtag und der Volkspartei CSU mit ihrer Dominanz über die gesellschaftlichen Prozesse in den größten Teilen Bayerns, fühlt er sich Mächten ausgeliefert, die er nicht kalkulieren kann. Dies und nichts anderes bestimmt die Mischung aus überzogenem Anspruch und Angst vor der eigenen Courage. Präsident der Europäischen Kommission wurde dann der konservative Portugiese José Manuel Barroso.

Wer heute in die Debatten hineinhört, die das intellektuelle Amerika oder Europa führt, der kommt nicht umhin festzustellen, dass die Wertorientierungen junger Amerikaner und junger Europäer zunehmend divergieren. Was da oberflächlich und platt als »europäischer Antiamerikanismus« gegeißelt wird, scheint mir eher eine zunehmende Skepsis nicht nur europäischer Intellektueller gegenüber dem *American way of life* zu sein, einem Amerikanischen Traum vom Glück, der im Wesentlichen auf die Anhäufung individuellen Reichtums hinausläuft.

Die sechziger Jahre des vorigen Jahrhunderts waren in den USA wie in Europa von Protestbewegungen geprägt. Doch was für verschiedene Wege sind sie gegangen: In Europa entwickelten sie gewiss erhebliche Unruhe und explosive Widersprüche wie den Terror der »Roten Brigaden« in Italien oder Griechenland und der »Rote-Armee-Fraktion« (RAF) in Deutschland. Aber es entfalteten sich in der Folge auch neue Lebensformen; die Umweltbewegung wurde zum ernst zu nehmenden gesellschaftlichen Faktor; Weltoffenheit und Toleranz etablierten sich als neue Tugenden, die dem Amerikanischen erstmals einen »Europäischen Traum« entgegensetzten.

Der US-Professor Jeremy Rifkin, Gründer der Foundation on Economic Trends in Washington, schreibt in seinem Buch »Der Europäische Traum«, dass diese Öffnung der Gesellschaft den europäischen Weg markiert und dass er besser zum nächsten Schritt der menschlichen Entwicklung passe als der amerikanische, weil er in einer »zunehmend vernetzten und globalisierten Welt« verspricht, »der Menschheit zu globalem Bewusstsein zu verhelfen«. Rifkin beschreibt die Umrisse dieses Traums als etwas, das »Gemeinschaftsbeziehungen über individuelle Autonomie [stellt], kulturelle Vielfalt über Assimilation, Lebensqualität über die Anhäufung von Reichtum, nachhaltige Entwicklung über unbegrenztes materielles Wachstum, spielerische Entfaltung über ständige Plackerei, universelle Menschenrechte und die Rechte der Natur über Eigentumsrechte und globale Zusammenarbeit über einseitige Machtausübung«.

Für Rifkin scheint es ausgemacht, dass die Europäer auf dem Weg in eine neue Zeit die Führung übernommen haben. Dafür gebe es viele Gründe, schreibt er, aber eine Erklärung rage heraus: »Der hochgeschätzte Amerikanische Traum selbst, das Ideal, um das uns einst die Welt beneidete, hat Amerika in seine gegenwärtige Sackgasse geführt. Ihm zufolge hat jeder Einzelne unbegrenzte Möglichkeiten, sein Glück zu machen, was nach amerikanischer Lesart im Allgemeinen mit reich zu werden gleichzusetzen ist.« Und Rifkin fährt fort: »Der Amerikanische Traum konzentriert sich viel zu sehr auf das persönliche materielle Vorankommen und zu wenig auf das allgemeine menschliche Wohlergehen, um für eine Welt zunehmender Risiken, Vielfalt und wechselseitiger Abhängigkeit von Bedeutung zu sein. Es ist ein alter Traum, vom Pioniergeist geprägt, aber seit langem passé. Während der Amerikanische Traum rückwärts gewandt erlahmt, erleben wir die Geburt eines neuen Europäischen Traums.«

Nun mag jeder genügend Gründe kennen, um den Eindruck zurückzuweisen, dass wir in Europa diesem Idealbild auch nur annähernd entsprächen. Dennoch beschreibt Rifkin etwas, das im europäisch-amerikanischen Verhältnis dazu führen kann, die Distanz zu vergrößern. Mit »Antiamerikanismus« hat das wenig zu tun. Im Gegenteil, dieser Begriff führt in die Irre und verdeckt, was sich dahinter tatsächlich entwickelt. Es gibt in den USA, von der *New York Times* abgesehen, die allerdings diesen Mangel in vielen Beiträgen beklagt, keine nennenswerte Reformdebatte, die sich – und sei es nur aufgrund der wachsenden Konkurrenz im weltweiten Energieverbrauch – wenigstens auf die Frage konzentrieren würde, wie die USA ihre Abhängigkeit vom Öl verringern könnten.

In allem, was mit Energie und ihrem Verbrauch zu tun hat, sind die USA kein Vorbild. Benzinfresser auf den Straßen und Stromfresser in den Haushalten, ein vergleichsweise schlecht ausgebautes Schienennetz und eine veraltete Infrastruktur mit maroden Überlandnetzen wirken auf ungute Weise zusammen.

Die zwischen den USA und Europa bestehenden Diskrepanzen in der Wahrnehmung und Beurteilung weltweit wirksamer Probleme wie Energieverbrauch, Klimawandel, Bevölkerungsexplosion und dem sich daraus ergebenden Wanderungsdruck wachsen zusehends. Dazu gehört auch die Einschätzung, wie der Terrorismus am wirkungsvollsten zu bekämpfen sei. Die Überzeugungen der neokonservativen Berater der Bush-Regierung haben sich ja nicht geändert, auch wenn sie inzwischen ihren Ton gegenüber den Verbündeten mäßigen. Dabei wäre ein intensiver transatlantischer Dialog über diese Unterschiede notwendiger denn je. Nur gemeinsam mit den USA ist ein Konzept einer Weltinnenpolitik, das den Planeten wieder in die Balance bringt, wirklich Erfolg versprechend. Aber leider sind die Kräfte Amerikas derzeit durch den Kriegsschauplatz Irak gebunden. Diese Sachlage verdeckt allerdings ebenso, dass auch in Europa die politische Diskussion über die weltweite Verantwortung der EU eher verflacht ist.

Ich frage mich manchmal, ob es am Ende nicht indirekt die große Ratlosigkeit Washingtons hinsichtlich seiner Rolle als letztverbliebene Weltmacht gewesen ist, die uns vermehrt auf unseren europäischen Auftrag aufmerksam gemacht hat. Wenn ich mir meine eigene Haltung zu Europa ins Gedächtnis rufe, so war sie in früheren Jahren weniger von einem Traum als von Skepsis bestimmt. Noch zu Beginn meiner Kanzlerschaft habe ich in Saarbrücken etwas flapsig in einer Rede gesagt, Brüssel werde nicht weiter »das Geld Deutschlands verbraten«, womit ich auf die Nettozahlerrolle Deutschlands anspielte – also auf die Tatsache, dass es ein Missverhältnis zwischen den finanziellen Leistungen Deutschlands für die Europäische Union und den Rückflüssen, den sofort sichtbaren Vorteilen gibt. Bedenkt man aber die ökonomischen Vorteile für unser Land, stellt sich rasch heraus, dass diese bei einer Gesamtschau überwiegen. In fast allen EU-Mitgliedsländern, vor allem in den osteuropäischen, ist Deutschland die Nummer eins beim Warenaustausch. Millionen von Arbeitsplätzen in unserem Land wären gefährdet, gäbe es die erweiterte Europäische Union nicht. Deshalb war meine Bemerkung eine aus der Mottenkiste der antieuropäischen Polemik, die ich heute bedauere.

In meinen jungen politischen Jahren in Niedersachsen habe ich Europa noch fast ausschließlich wahrgenommen als die Möglichkeit, zu reisen, andere Kulturen kennenzulernen, konfrontiert zu werden mit anderen Lebensweisen. Für mich schien Europa anfangs etwas fast Selbstverständliches zu sein, für das ich keine Visionen brauchte.

Je gründlicher ich mich mit europäischer Politik beschäftigen musste, desto klarer ist mir geworden, dass auch in ihrem Vollzug nichts jemals definitiv entschieden ist. Jede Generation wird pfleglich damit umzugehen haben, dass wir erst nach dem Zweiten Weltkrieg mit der europäischen Idee die Versöhnung der Völker einleiten und gleichzeitig den dumpfen Nationalismus hinter uns lassen konnten.

Wie sehr Europa unter diesem Nationalismus gelitten hat, beschreibt keiner intensiver als Stefan Zweig in »Die Welt von Gestern. Erinnerungen eines Europäers«: »Alle die fahlen Rosse der Apokalypse sind durch mein Leben gestürmt, Revolution und Hungersnot, Geldentwertung und Terror, Epidemien und Emigration; ich habe die großen Massenideologien unter meinen Augen wachsen und sich ausbreiten sehen, den Faschismus in Italien, den Nationalsozialismus in Deutschland, den Bolschewismus in Russland und vor allem jene Erzpest, den Nationalismus, der die Blüte unserer europäischen Kultur vergiftet hat. Ich musste wehrloser, machtloser Zeuge sein des unvorstellbaren Rückfalls der Menschheit in längst vergessen gemeinte Barbarei mit ihrem bewussten und programmatischen Dogma der Antihumanität. Uns war es vorbehalten, wieder seit Jahrhunderten Kriege ohne Kriegserklärungen, Konzentrationslager, Folterungen, Massenberaubungen und

Bombenangriffe auf wehrlose Städte zu sehen, Bestialitäten all dies, welche die letzten 50 Generationen nicht mehr gekannt haben und künftige hoffentlich nicht mehr erdulden müssen.«

Auf diesen von einem Zeitzeugen beschriebenen zivilisatorischen Trümmern wurde Schicht für Schicht das integrierte Europa geschaffen. Und je tiefer ich in die europäische Politik eintauchte, umso deutlicher wurde mir, dass es in diesem Europa eine gewisse nie völlig zu beseitigende Reserve gegen Deutschland gab und gibt. Diese Erkenntnis war ein Prozess. Und meine Lehre daraus war, diese Voreingenommenheit aufzunehmen und zu konstatieren: Eben weil es diese Geschichte gibt, hat Deutschland eine besondere Verantwortung für Europa. Und kein deutscher Bundeskanzler darf diese Dimension der Verantwortung ausblenden, zumal sich Deutschland erstmals in seiner Geschichte an dieser geglückten und glücklichen Konstellation erfreuen kann, mit allen seinen Nachbarn in Frieden zu leben, und das grenzenlos, im wörtlichen Sinne.

Aber es gibt ja nicht nur den Blick zurück, wir müssen auch die Zukunft im Auge behalten. Für mich war dabei die Frage nach einer europäischen Verfassung weit weniger wichtig als die Frage nach einem europäischen Gesellschaftsmodell. Ich hatte sehr auf die Initiative gehofft, die ursprünglich von Tony Blair ausging und die ich dann aktiv aufnahm. Ich drängte auf eine Debatte über die Frage: Gibt es einen dritten Weg zwischen dem Blendreich des Kapitalismus und den uneingelösten Verheißungen des Sozialismus?

Dies war Thema der Diskussion über *Modern Governance*, zu der ich am 2. und 3. Juni 2000 vierzehn Staats-

und Regierungschefs nach Berlin einlud – unter anderem den südafrikanischen Staatspräsidenten Mbeki, den brasilianischen Präsidenten Cardoso, den argentinischen Präsidenten de la Rúa, den israelischen Premierminister Barak, aus Europa die Kollegen Jospin (Frankreich), Guterres (Portugal), Amato (Italien), Persson (Schweden), Simitis (Griechenland), Kok (Niederlande) und den US-Präsidenten Bill Clinton. 1999 hatte Clinton einen kleinen Kreis von Mitte-Links-Regierungschefs nach Washington gebeten. Die Runde wurde »Modernes Regieren im 21. Jahrhundert« genannt. Wir verabredeten, diese Begegnungen jährlich an einem jeweils anderen Ort stattfinden zu lassen. Wir diskutierten ausführlich die Chancen und Risiken der Globalisierung und sahen uns in unserer Überzeugung bestä-

»Wir sahen uns in unserer Überzeugung bestätigt, dass die Marktwirtschaft nur eine Zukunft hat, wenn sie mit sozialer Verantwortung einhergeht.« Die Staats- und Regierungschefs, die an dem Gipfel »Modernes Regieren im 21. Jahrhundert« teilnahmen, vor dem Schloss Charlottenburg in Berlin, 2. Juni 2000.

tigt, dass die Marktwirtschaft nur eine Zukunft hat, wenn sie mit sozialer Verantwortung einhergeht. Wir waren uns einig, dass modernes Regieren eine Politik bedeutet, in der Wirtschaftswachstum gepaart sein muss mit dem Streben nach Vollbeschäftigung, sozialer Gerechtigkeit und dem Schutz der Umwelt. Entwicklungs- und Schwellenländern sollte die gleichberechtigte Teilhabe am weltweiten Wirtschaftsgeschehen ermöglicht werden.

Diese Dritte-Weg-Debatte hat mich fasziniert, weil ich darin einen Ansatz sah, Europa als gesellschaftspolitisches Modell zu begründen. Das war für mich schon der vordringliche Beweggrund des Schröder/Blair-Papiers gewesen: Wir wollten etwas herausarbeiten, was zwischen ökonomischer Effizienz und sozialer Verantwortung Bestand hat. Das Scheitern des Verfassungsprozesses, davon bin ich überzeugt, hat damit zu tun, dass diese Dimension in der Debatte über Europa weitgehend gefehlt hat.

Einen interessanten Impuls setzte im April 2002 Lionel Jospin mit einer Rede im Französischen Dom in Berlin, in der er versuchte, sich dem sozialen Europa zu nähern. Ich hatte ihn dazu eingeladen. Auch für Jospin war Europa nicht nur ein »wirtschaftliches Gebilde«. Er sprach sich sehr eindringlich dafür aus, die europäische Sozialpolitik zu stärken und zu harmonisieren, und forderte konkret die Einführung eines europäischen Arbeitsvertrages und eines Sozialversicherungsausweises. Jürgen Habermas hat Jospins Ideen sehr gelobt, als er sinngemäß sagte, das sei die einzige Rede, die er über Europa gehört habe, in der es nicht nur um juristische Formen gegangen, sondern die zu der Frage durchgestoßen sei, wie wir in einem künftigen Europa leben wollten.

Es war wiederum Habermas, der am 31. Mai 2003 mit

anderen europäischen Intellektuellen eine Antwort auf den schon erwähnten Brief der acht europäischen Regierungschefs formulierte, die sich hinter die Irakpolitik des amerikanischen Präsidenten gestellt hatten. Habermas begründete gemeinsam mit seinem französischen Kollegen Jacques Derrida in der *Frankfurter Allgemeinen Zeitung*, warum nach dem Irakkrieg, der Europas Einheit einer großen Belastungsprobe ausgesetzt habe, der geeignete Moment gekommen sei, um die Rolle Europas in der Welt neu zu definieren. Auf ihre Weise beschreiben die beiden Philosophen die Vision einer europäischen Friedensmacht, wenn sie sagen: »Uns allen schwebt das Bild eines friedlichen, kooperativen, gegenüber anderen Kulturen geöffneten und dialogfähigen Europas vor.« Dies verstehen beide Autoren als einen Reflex auf die »bellizistische Vergangenheit«, die »einst alle europäischen Nationen in blutige Auseinandersetzungen verstrickt« habe. Aus diesen Erfahrungen sei nach dem Zweiten Weltkrieg die Konsequenz gezogen worden, neue supranationale Formen der Kooperation zu entwickeln. Die Erfolgsgeschichte der Europäischen Union habe die Europäer in der Überzeugung gestärkt, dass die Domestizierung staatlicher Gewaltausübung auch auf globaler Ebene eine gegenseitige Einschränkung souveräner Handlungsspielräume erfordere.

Diese Argumentation rief den transatlantischen US-Kronzeugen Henry Kissinger auf den Plan, der mit seiner Entgegnung zugleich Zeugnis für seine Wandlungsfähigkeit ablegte. Er wird noch immer gern mit dem spöttischen, auf europäische Uneinigkeit anspielenden Satz zitiert, wen er denn anrufen könne, wollte er sich mit Europa außenpolitisch koordinieren: »Geben Sie mir eine Telefonnummer.«

Das Nein Deutschlands und Frankreichs zum Eintritt in den Krieg gegen den Irak machte dann allerdings klar, was das konservative Amerika von einem eigenständigen Europa hält: nichts. Daher überschlug sich Kissinger fast als Ankläger gegen deutschen »Antiamerikanismus« oder das, was er, entgegen jeder geschichtlichen Erfahrung, dafür hält, als er resümierte: »So wurde am Ende des deutschen Wahlkampfes [2002] der Sieg möglicherweise durch eine Kombination aus Pazifismus, linkem und rechtem Nationalismus und dem Beschwören eines spezifisch deutschen Weges, der an das Wilhelminische Deutschland erinnert, errungen. Aber wenn Deutschland die USA beleidigt, die Haltung der Vereinten Nationen ablehnt und ohne Rücksprache mit den anderen europäischen Staaten im Namen eines ›deutschen Weges‹ handelt, drohen ihm Isolation und eine Rückkehr zu den europäischen Verhältnissen vor dem Ersten Weltkrieg.«

Michael Naumann, der diesen gewandelten Kissinger in der *Zeit* zitiert, nannte seine Äußerung »eine fast hysterische Analyse, und das Einzige, was ihr noch fehlt, ist der Name ›Adolf Hitler‹«. Und der *Zeit*-Herausgeber weist die USA darauf hin, dass es Schröder gewesen sei, der mit der Entsendung deutscher Soldaten sowohl in den Kosovo als auch nach Afghanistan den immensen Paradigmenwechsel in der deutschen Politik herbeigeführt habe.

Auch Habermas und Derrida erinnern mit Blick auf die neokonservativ gefärbte Debatte in den USA daran, dass das heutige Europa durch die Erfahrung der totalitären Regime des 20. Jahrhunderts und durch den Holocaust, die Verfolgung und Vernichtung der europäischen Juden, in die das NS-Regime auch die Gesellschaften der eroberten Länder verstrickt habe, gezeichnet sei. Und sie verweisen darauf, dass die selbstkritische Auseinandersetzung mit dieser Vergangenheit die moralischen Grundlagen der Politik in Erinnerung gerufen habe.

Darin steckt für mich die Antwort, die das heutige Europa auf den nicht eingelösten Anspruch der USA als letztverbliebene Weltmacht entwickeln muss. Dieses Europa kann und darf sich keinen imperialistischen Gestus zu eigen machen. Was Habermas und Derrida in ihrem Manifest sagen, ist fast identisch mit dem, was Rifkin als den Unterschied zwischen den Träumen diesseits und jenseits des Atlantiks wahrnimmt.

Doch wie das mit Träumen so ist, sie stehen einer Wirklichkeit gegenüber, die erst noch verändert werden muss. Träume sind dafür nur Vorboten. Für mich bleibt es im Rückblick ein Fehler, das europäische Gesellschaftsmodell nicht oder doch nicht ausreichend begründet zu haben. Diese Aufgabe bleibt. Auf jedem Europagipfel hätten wir uns der Mühe unterziehen müssen, mitzuteilen, warum und mit welchem Ziel wir Schritt für Schritt unterschiedliche Politik- oder Rechtsbereiche auf einen einheitlichen europäischen Nenner bringen wollen. Es fehlte uns wohl auch die innere Klarheit, zu beschreiben, wohin wir in und mit Europa wollen.

Ich bin zudem sicher, dass der Verfassungsprozess sich in den Mitgliedsländern nur legitimieren lässt, wenn Europa nicht nur eine prosperierende Handelsregion ist, sondern auch ein politischer Raum, in dem unveräußerliche Menschenrechte gelten. Zum Beispiel das Menschenrecht auf Bildung und Ausbildung, das nicht dem Markt überantwortet werden darf, weil es dort sofort zur Ware würde, die sich nur kaufen kann, wer dazu das notwendige Geld aufzubringen vermag. Auch soziale Sicherheit gehört unabdingbar in diesen europäischen Kanon, die Gewissheit, dass jeder, der in existenzielle Nöte gerät, von der Gesellschaft aufgefangen wird. Die Väter und Mütter des deutschen Grundgesetzes sprechen von der »Unantastbarkeit« der Würde des Menschen. Genau das, verbunden mit religiöser und kultureller Freiheit, ist meine Vision von Europa. Das Europa, von dem ich träume, orientiert sich an klaren friedenspolitischen Leitlinien, die den Frieden nach innen und nach außen sichern, den Frieden mit der Natur eingeschlossen.

Noch immer steht Europa am Anfang. Jede Erweiterung der Zahl seiner Mitglieder bringt es gleichzeitig voran und wirft es zurück. Die Osterweiterung, eine historische Aufgabe für die Europäische Union, ist dafür ein gutes Beispiel, weil sich in ihr die psychologische Seite einer europäischen Zukunft der Einheit in der Vielfalt ausdrückt. Die Osteuropäer hatten mit ihren inneren Freiheitsbewegungen – in Polen die Solidarność und in der ehemaligen Tschechoslowakei die Bewegung um den großen Alexander Dubček und nach deren Niederschlagung die Charta 77 – einen erheblichen Anteil an der Überwindung des Eisernen Vorhangs. Viele, auch gegensätzliche politische Strömungen in diesen Ländern waren sich einig in der Opposition gegen die kommunistischen Machthaber auf dem Weg zur Rückgewinnung nationaler Unabhängigkeit. Jetzt müssen sich diese Nationen mit ihrer Entscheidung, der Europäischen Union beizutreten, zugleich bereitfinden, wichtige Teile ihrer neuen Souveränität an dieses für sie noch fremde Europa abzutreten. Möglicherweise ist vielen Tschechen, Polen oder Slowaken erst nach dem Beitritt wirklich klar geworden, auf was sie sich da eingelassen haben.

Die sechs Kernländer, die sich am 25. März 1957 als Europäische Wirtschaftsgemeinschaft zusammengeschlossen hatten, die damalige Bundesrepublik Deutschland, Frankreich, Italien, Belgien, Holland und Luxemburg, hatten ein halbes Jahrhundert Zeit, nationalistische Bestrebungen zu überwinden, die bis heute die stärkste Kraft des Widerstands gegen eine Vertiefung und Ausweitung der Integration darstellen.

Dieser Prozess der Einigung vollzog sich bisher überwiegend unter dem Motto »Zwei Schritte vor und einen Schritt zurück«, manchmal allerdings auch umgekehrt. So gelang die Einrichtung des Europaparlaments und die Öffnung der Grenzen. Wer heute durch die Europäische Union reist, bemerkt kaum noch, dass er das eine Land verlässt und in das andere hineinfährt. Die europäische Enge, die Kleinstaaterei und zeitraubenden Grenzformalitäten sind für die jungen Europäer längst Geschichte. Die Europäische Union hat sich auf einen verbindlichen Wertekanon verständigt, und Verstöße dagegen können seit dem EU-Gipfel von Nizza im Jahre 2000 empfindlich geahndet werden. Es gibt den Europäischen Gerichtshof, der darauf achtet, dass die Mitgliedsstaaten die EU-Richtlinien in nationales Recht umsetzen, und natürlich mit der Europäischen Kommission eine Art Ersatz für eine europäische Regierung, die mehr und mehr von dem regelt, was ursprünglich nationalen Regierungen vorbehalten war. Über 50 Prozent aller Gesetze in den nationalen Parlamenten sind inzwischen Anpassungen an europäisches Recht, Tendenz steigend.

Für die USA ist es ausgemacht, dass sie es künftig weltweit mit zwei Konkurrenten zu tun bekommen werden – China und Indien – und dass man auch Japan im Auge behalten muss. Die Europäische Union spielt dagegen aus ihrer Perspektive keine Rolle, obwohl sie in fast allen Bereichen der Ökonomie in der Lage ist, die USA auf den zweiten Platz zu verweisen. Die Europäische Union mit ihren 455 Millionen Bürgern repräsentiert sieben Prozent der Menschheit. Sie leben und arbeiten im heute größten Binnenmarkt und sind Export- und Import-Weltmeister. Dabei exportiert der europäische Markt mehr, als er importiert, und dass dies so bleibt, dafür sorgt allein schon die deutsche Exportwirtschaft, die regelmäßig an der Spitze zu finden ist. Dagegen steigt das Handelsbilanzdefizit der USA fast in jedem Jahr auf neue Rekordgrößen. Diese kleine Bilanz spiegelt längst noch nicht wider, wie groß die Potenziale der Europäischen Union wirklich sind.

Und doch werden die großen Fortschritte der Europäischen Union in ihren Mitgliedsstaaten selbst nicht hinreichend wahrgenommen, auch nicht von den Eliten der Wirtschaft, die es doch eigentlich besser wissen müssten. Ein Grund liegt darin, dass es keine europäische Öffentlichkeit gibt. Noch immer zerfällt die Europäische Union in ihre nationalen Öffentlichkeiten, und ich glaube nicht, dass sprachliche Barrieren die einzige Ursache dafür sind. Auch die Fernsehkanäle *EuroNews* und *EuroSport* oder der deutsch-französische Kultursender *Arte* konnten daran bislang wenig ändern.

Die amerikanische Gepflogenheit, Europa als eine Ansammlung mittlerer und kleinerer Nationalstaaten zu betrachten, entspricht also durchaus der Selbstwahrnehmung vieler Europäer, die, ob sie in Mailand, Hamburg oder Stockholm leben, ihrerseits glauben, als Zwerge auf den Riesen jenseits des Atlantiks zu blicken. Nur in den Wochenendausgaben der Zeitungen wird hin und wieder die Frage gestellt, ob Europa zu Amerika aufschließen könne.

Dass dies wirtschaftlich längst vollzogen ist, wird kaum bewusst. Und ob es militärisch erstrebenswert wäre, bezweifle ich entschieden.

Allerdings kann Europa ohne eine intakte militärische Komponente politisch nicht auskommen. Ich bin sicher, dass Europa mit der Aufstellung einer schnellen Eingreiftruppe und den dazugehörigen Luftfrachtkapazitäten auf dem richtigen, weil gemeinsamen Weg ist. Schritt für Schritt nähern wir uns damit wieder einer Europäischen Verteidigungsgemeinschaft, die einst an Frankreich scheiterte. Heute haben wir bereits als multinationale Truppen die Deutsch-Französische Brigade und das Deutsch-Niederländische Korps, und wie sollte die schnelle EU-Eingreiftruppe anders funktionieren als mit wechselnder oder integrierter europäischer Kommandostruktur unterschiedlicher nationaler Couleur? Das gelingt heute in Mazedonien und im Kosovo. Es wird wohl auch nicht bei der jetzigen Größenordnung von 50 000 Mann bleiben. Sowohl die Anforderungen durch den UN-Sicherheitsrat als auch die regionalen, noch nicht ausgeheilten Konflikte in Südosteuropa werden dafür sorgen, dass die Truppe sich über einen Mangel an Aufgaben nicht zu beklagen haben wird.

Allein diese Perspektive zeigt, dass und wie weit wir von einer Vergangenheit entfernt sind, die anlässlich der schon erwähnten verschiedenen Jahrestage gerade vor kurzem noch einmal in großen Lettern in Erinnerung gerufen wurde. Am 6. Juni 2004 fanden in der Normandie Feierlichkeiten zur sechzigjährigen Wiederkehr der Landung der Alliierten in Caen statt, dem folgten die Erinnerung an den sechzigsten Jahrestag des Warschauer Aufstands und im Jahr darauf die Feiern in Moskau, wo am 8. und 9. Mai 2005 des Kriegsendes vor sechzig Jahren gedacht wurde. Zu

»Alle, die mir zuhörten, wussten, dass ich ein Land vertrat, das zurückgefunden hatte in den Kreis der zivilisierten Völkergemeinschaft.« Ansprache vor dem Rathaus in Caen, 6. Juni 2004. Rechts Jacques Chirac.

all diesen Gelegenheiten war der deutsche Bundeskanzler eingeladen, und auch darin offenbart sich das Wunder der Versöhnung zwischen den europäischen Völkern.

Die Landung der Alliierten in der Normandie hatte die Niederlage Nazi-Deutschlands und das Ende des Zweiten Weltkrieges eingeleitet. Und als der französische Staatspräsident mich einlud, an der Gedenkfeier teilzunehmen, schien mir damit erst wirklich das Ende der Nachkriegszeit gekommen. Der deutsche Gast war willkommen, und selbst die Veteranenverbände der beteiligten Nationen erhoben, von einzelnen Stimmen abgesehen, keine Einwände gegen meine Anwesenheit. Interessant war, dass selbst die britische Presse weitgehend ohne die üblichen Breitseiten gegen Deutschland auskam, dass sie also meine Gegenwart als einigermaßen normal empfunden haben musste. So normal, wie ein geschichtlicher Moment dieser Art eben sein kann.

In Caen hob ich hervor, dass es nicht darum gehen kann, einen Schlussstrich zu ziehen. Ich hatte lange über den Satz nachgedacht, mit dem ich diesen Gedanken unterstreichen wollte: »Niemand wird die furchtbare Geschichte der Hitlerherrschaft je vergessen. Meine Generation ist in ihrem Schatten aufgewachsen: Das Grab meines Vaters, eines Soldaten, der in Rumänien fiel, hat meine Familie erst vor vier Jahren gefunden. Ich habe meinen Vater nie kennenlernen dürfen.« Und alle, die mir zuhörten, wussten, dass ich nicht das alte, finstere Deutschland vertrat, sondern ein Land, das zurückgefunden hatte in den Kreis der zivilisierten Völkergemeinschaft.

Die Teilnahme an den Gedenkfeiern zum sechzigsten Jahrestag des Warschauer Aufstandes am 1. August 2004 war für mich eines der aufwühlendsten emotionalen Er-

»Ich habe ihn nie kennenlernen dürfen.« Gerhard Schröder am 12. August 2004 nach dem Besuch des Grabs seines Vaters auf einem Friedhof in Rumänien.

lebnisse im Ausland. Ich sah diesem Ereignis aus mehreren Gründen mit Nervosität entgegen. Unser Verhältnis zu Polen ist sicherlich die schwierigste und sensibelste der Beziehungen zu unseren Nachbarstaaten. Zu oft war Polen in den vergangenen Jahrhunderten Spielball der Großmächte Deutschland und Russland – aufgeteilt, aufgerieben, unterdrückt. Daraus resultiert in Polen ein verständliches Misstrauen gegenüber beiden Ländern und ein übersteigertes nationales Selbstbewusstsein der politischen Klasse. Auf der anderen Seite ist das Polenbild bei uns allzu häufig von Vorurteilen geprägt. Viele Deutsche kennen unsere polnischen Nachbarn und ihr Leben nicht, obwohl die gemeinsame Grenze nicht einmal achtzig Kilometer von Berlin entfernt liegt. Mir war von Anfang an klar, dass dieser Graben zwischen unseren Ländern nur durch die europäische Perspektive für Polen überwunden werden kann, durch die Rückkehr dieser stolzen und großen Kulturnation in die europäische Familie. Ich habe deshalb seit 1998 den Wunsch Polens, der Europäischen Union beizutreten, massiv unterstützt.

Und dennoch: Anders als im deutsch-französischen Verhältnis ist im deutsch-polnischen noch keine endgültige Aussöhnung erfolgt, ist die Nachkriegszeit nicht beendet. Noch ist das unermessliche Leid, das Nazi-Deutschland über Millionen Polen brachte, noch sind Flucht und Vertreibung von Millionen Deutscher zu tief im kollektiven Bewusstsein der beiden Völker eingegraben. Das Gedenken an den Warschauer Aufstand hat dabei für die Polen eine besondere historische, eine fast heilige Bedeutung.

Unsere Unwissenheit über die polnische Geschichte kommt auch darin zum Ausdruck, dass viele diesen Warschauer Aufstand mit dem nicht weniger heroischen Aufstand im Warschauer Ghetto von 1943 verwechseln. Aber vielleicht ist das auch verständlich, denn wer kann sich nicht an den berühmten Kniefall von Willy Brandt im Jahr 1970 vor dem Mahnmal für den Ghetto-Aufstand erinnern. Beim Warschauer Aufstand am 1. August 1944 erhoben sich die Polen gegen die deutschen Besatzer. Sie konnten wenige Wochen lang große Teile der Stadt unter ihre Kontrolle bringen. Dann schlugen deutsche Truppen den Aufstand mit äußerster Brutalität nieder. Hunderttausende von Zivilisten wurden getötet, die Stadt wurde fast komplett vernichtet. Die polnische Hauptstadt verlor durch Krieg, Besatzung und Holocaust mehr als die Hälfte ihrer Bevölkerung. Die Einladung an den deutschen Bundeskanzler, an den Gedenkfeiern zum sechzigsten Jahrestag teilzunehmen, war eine große Ehre und berührte mich zutiefst.

Wenige Wochen vor diesem Gedenktag brachen die alten Wunden in Polen jedoch wieder auf. Schuld waren unverantwortliche Vorstöße von Vertriebenenverbänden in Deutschland, die von Polen Eigentumsrückgaben und Entschädigungen forderten. Parallel dazu liefen Aktivitäten einer von Vertriebenenfunktionären gegründeten und unterstützten obskuren Organisation namens »Preußische Treuhand«, die Rückforderungsklagen für enteigneten Grund und Boden in Polen anstrengte. Auch die Bestrebungen, ein nationales »Zentrum gegen Vertreibungen« zu gründen, das vom Bund der Vertriebenen in Berlin geplant war und von Teilen der deutschen Opposition forciert wurde, führten in Warschau, gelinde gesagt, zu erheblichen Irritationen. Was in Deutschland als ein Randthema betrachtet wurde, ließ in Polen alte Ängste aufkeimen. Im polnischen Parlament wurde umgehend darüber debattiert, ob man an Deutschland Reparationsansprüche für die Schäden des Zweiten Weltkrieges geltend machen sollte.

Ich wusste also nicht, wie ich in dieser aufgeheizten Situation als deutscher Regierungschef in Warschau empfangen werden würde. Protokollarisch sicherlich korrekt, aber wie würden die Warschauer Bürger auf mich und meine Rede bei der Gedenkveranstaltung reagieren? Auf dem Programm standen auch Treffen mit Veteranen des Warschauer Aufstandes. Es war klar: Mir stand kein Staatsbesuch wie jeder andere bevor.

Ich bereitete mich gründlich auf die Rede vor, sprach darüber unter anderem mit dem gebürtigen Danziger Günter Grass und Altbundespräsident Richard von Weizsäcker, einem großen Freund Polens und exzellenten Kenner des Landes. Ich las das Buch »Im Herzen Europas« von Norman Davies, das so eindrucksvoll die Geschichte Polens nachzeichnet. Wenn man über das Schicksal dieses Landes nachdenke, schreibt er, »gelangt man in der Tat zu den tiefsten Rätseln der Geschichte und der menschlichen Sterblichkeit ... Wenn Polen wirklich zerstört wurde, wie konnte es dann später wieder belebt werden? Wenn Polen wiederauferstand, dann muss es etwas geben, das seine physische Vernichtung überstand.«

Für die Polen leitet sich ihre nationale Identität aus einer langen, schmerzvollen Geschichte des Freiheitskampfes ab. Vor diesem historischen Hintergrund ist das Streben Polens nach internationaler Anerkennung zu verstehen und erwartet Polen eine besondere Wertschätzung und ein sensibles Verhalten seitens des Nachbarn Deutschland. Und alle diese Erwartungen kumulierten in meiner Teilnahme an diesem Gedenktag am 1. August 2004.

Wenn ich mich heute daran erinnere, dann habe ich sofort plastisch die Begegnungen mit den alten Männern und Frauen vor Augen, die sechzig Jahre zuvor als Kinder und Jugendliche durch Kanalisationsrohre krochen, schlecht oder gar nicht bewaffnet sich einem übermächtigen Feind entgegenstemmten, die ihre Kameraden, Freunde und Verwandten sterben sahen. Sie werden mir unvergessen bleiben. Ich spürte in den Gesprächen keine Feindseligkeit mir gegenüber als Repräsentanten Deutschlands.

Auf einem Friedhof im Stadtteil Wola – dort haben mehrere zehntausend Opfer ihre letzte Ruhe gefunden – wurde mir von einem Veteranen eine Erinnerungsmedaille überreicht. Er kam auf mich zugeschritten, und im ersten Augenblick hatte ich keine Ahnung, was passieren würde. Dann überreichte er mir mit zittrigen Händen diese Medaille, und ich konnte vor Rührung gar nicht anders, als ihn an mich zu drücken.

Im Museum des Warschauer Aufstandes empfing mich der damalige Warschauer Bürgermeister Lech Kaczyński, der heutige polnische Präsident, der schon zu dieser Zeit für seine nationale und antideutsche Einstellung bekannt war. Mir gegenüber verhielt er sich höflich und freundlich. Anschließend fuhren wir in einer Wagenkolonne zum Denkmal der Aufständischen in der Warschauer Innenstadt. Die Straßen waren voll von Menschen. Es schien, als sei die ganze Stadt auf den Beinen. Im Vorbeifahren blickte ich in ernste Gesichter. Ich war überrascht, wie viele junge Warschauer an den Gedenkfeiern teilnahmen. Beim Aussteigen lag eine angespannte Ruhe über der Menschenmenge, die sich am Denkmal versammelt hatte. Einige Pfiffe waren zu hören. Es war kurz vor fünf, dem Zeitpunkt, als der Aufstand vor sechzig Jahren begonnen hatte. Um 17:00 Uhr

»Die Einladung an den deutschen Bundeskanzler, an den Gedenkfeiern zum sechzigsten Jahrestag teilzunehmen, war eine große Ehre.« 1. August 2004: Gerhard Schröder verneigt sich nach der Kranzniederlegung am Denkmal für die Opfer des Warschauer Aufstandes.

läuteten die Glocken aller Warschauer Kirchen zum Gedenken an die Opfer.

Anschließend führten mich Präsident Alexander Kwaśniewski und ein Vertreter des Veteranenverbandes durch die wiederaufgebaute Altstadt. Wir drängten uns durch die Massen, und mit großer Erleichterung erlebte ich, wie junge und alte Polen mir zuwinkten, meine Hände schüttelten und Beifall klatschten. In diesem Augenblick waren meine schlimmsten Befürchtungen wie weggewischt. Der stellvertretende Vorsitzende des Veteranenverbandes, der damals neunzigjährige Edmund Baranowski, erzählte mir auf diesem kurzen Gang viel über seine Vergangenheit –

und über die Zukunft, denn seine Enkelin ist mit einem Deutschen verheiratet.

Am Abend fand die offizielle Gedenkveranstaltung statt. Mehrere tausend Veteranen und ihre Familienangehörigen saßen in langen Stuhlreihen vor einer imposanten Bühne, die zu beiden Seiten von großen Schalen eingerahmt war, aus denen Flammen loderten. Ich sollte nach Präsident Kwaśniewski und vor dem amerikanischen Außenminister Powell reden. Nach Kwaśniewskis Rede wurden jedoch noch auf einer Videowand erschütternde Bilder vom Aufstand und von der zerstörten Stadt gezeigt. Die Vorführung endete mit dem Bild eines toten Kindes, keine zehn Jahre alt. Ich konnte nicht mehr erkennen, ob es ein Junge oder ein Mädchen war, ob erschossen oder erschlagen. Mir stiegen Tränen in die Augen.

Ich machte in meiner Rede deutlich, dass die Erinnerung an das schwere Leid uns nicht aufs Neue trennen, sondern uns verbinden sollte. Deshalb dürfe es heute keinen Raum mehr für Restitutionsansprüche aus Deutschland geben. Ich wandte mich auch gegen Pläne, in Berlin ein nationales »Zentrum gegen Vertreibung« zu errichten, und unterstützte die Bemühungen für ein europäisches Netzwerk, wie der polnische Staatspräsident und der deutsche Bundespräsident es vorgeschlagen hatten. Polen und Deutschland seien heute aufgerufen, ihre Partnerschaft zu einem Zukunftspakt auszubauen. Eine bessere Ehre könnten wir den Helden und Opfern des Warschauer Aufstands nicht erweisen.

Der ehemalige polnische Außenminister Władysław Bartoszewski, auch ein Kämpfer des Warschauer Aufstandes, dankte mir in seiner Rede zum Abschluss der Gedenkveranstaltung. Am Abend, allein in meinem Hotelzimmer, wich zum ersten Mal die Anspannung dieses Tages mit seinen auf wenige Stunden komprimierten Erlebnissen. Aber ich war zufrieden, denn ich hatte das Gefühl, unser Land – im Geiste unserer Geschichte – angemessen repräsentiert zu haben.

Caen, Warschau und Moskau, drei Ereignisse, die mir noch einmal vor Augen führten, welch weiter und mühsamer Weg zurückgelegt werden musste, bis alle Trümmer beseitigt waren und ein Fundament geschaffen werden konnte, stark genug, das integrierte Europa zu tragen. Das ließ sich nicht ohne Rückschläge und Krisen bewerkstelligen. Und man durfte dabei auch nicht erwarten, dass in den unterschiedlichen Völkern ein gleichmäßig wachsendes Bewusstsein entstehen würde, das den europäischen Motor antreiben könnte. Mal ratterte er, mal stotterte er, und selten genug lief er rund.

So hat Frankreich sein Selbstverständnis behalten, noch immer zu den bewegenden Mächten der Welt zu gehören. Die Nation hat in Frankreich eigenes Recht. Mindestens eine der Hoffnungen der großen französischen Europäer war, dass es gelingen könnte, das nationale Prestige zu überwinden und in einen gemeinsamen europäischen Willen hinüberzuleiten. Das ist bislang nur partiell gelungen. Aber auch die eher Frankreich-zentriert Denkenden wissen natürlich, dass die alte Größe Frankreichs weder kulturell noch ökonomisch so wiederherzustellen wäre, dass es mithalten könnte im Konzert der Weltmächte. Um dennoch gegenüber den USA und den aufstrebenden Mächten Indien und China – auf Russland werde ich noch zu sprechen kommen – die nationale Größe Frankreichs aufrechtzuerhalten, bleibt als Perspektive nur das geeinte Europa. Und da stößt man unausweichlich auf Deutschland. Wer in Europa einen politischen Führungsanspruch erhebt und beibehalten will, kommt an Deutschland nicht vorbei.

In Deutschland verlief die Entwicklung genau andersherum. Nach dem Zweiten Weltkrieg hat das Land sich von jeglichem Vormachtstreben verabschiedet. Zuerst vielleicht nur gezwungenermaßen, inzwischen aber längst in bewusster Entschiedenheit. Wir haben unsere Identität gefunden – als Deutsche und als Europäer. Europa ist Teil unserer eigenen Identität.

Mich haben diese unterschiedlichen Haltungen immer wieder beschäftigt. Auch die französische Position ist ja nicht statisch; sie verändert sich ebenfalls. Am deutlichsten war dies zu beobachten, als wir auf dem EU-Gipfel in Nizza – im Dezember 2000, vor der anstehenden Erweiterung der Union um die osteuropäischen Beitrittskandidaten – über die künftigen Führungsstrukturen in Europa nachzudenken hatten. Mit einer Union von dann 25 Mitgliedern hatten wir die Pflicht zur Reform, um Europa handlungsfähig zu halten.

Es ging schon im Vorfeld des Gipfels vor allem darum, von der bisherigen Festlegung auf einstimmige Beschlüsse abzurücken und Mehrheitsbeschlüsse zu ermöglichen. Daher musste jedem Mitgliedsland je nach der Größe eine bestimmte Stimmenzahl zugeordnet werden.

An dieser Frage wäre der Gipfel fast gescheitert. Wie sich zeigte, hatten sich Frankreich und andere bis zu diesem Zeitpunkt nicht klargemacht, dass Deutschland nach der Vereinigung zum mit Abstand einwohnerstärksten europäischen Land avanciert war; hier leben 15 Millionen Menschen mehr als in Frankreich. In Nizza war die Zeit noch nicht reif, damit angemessen umzugehen.

In der Zeit der Vorbereitung auf den Gipfel erläuterte Jacques Chirac bei einer Pressekonferenz in Madrid die Haltung Frankreichs: »Ich bin nicht für eine Sonderbehandlung Deutschlands bei der Stimmengewichtung. Und zwar aus einem Grund: Wir haben viele Kriege gegen Deutschland geführt mit vielen französischen Gefallenen und Toten, bis eines Tages zwei Männer – de Gaulle und Adenauer – dachten, so könne es nicht weitergehen, und einen Pakt unter Gleichberechtigten schlossen.«

In zähen Verhandlungen, die sich bis tief in die Nächte hinzogen, fanden wir schließlich eine Regelung. Es war ein quälender Prozess, in den merkwürdiges Prestigedenken einfloss. In wechselnden Besetzungen wurde der Versuch unternommen, einen Konsens herzustellen. Dabei spielte vor allem Belgien die Rolle des Mittlers. Am Ende einigten wir uns auf ein Verfahren, das im Rat Deutschland, Frankreich, England und Italien mit der gleichen Stimmenzahl ausstattete. Das Zugeständnis Frankreichs an Deutschland war eine Klausel, nach der für einen Beschluss nicht nur eine bestimmte Mehrheit der Stimmen erreicht werden, sondern diese Mehrheit auch mindestens 62 Prozent der EU-Bevölkerung repräsentieren musste. Das war ein sehr komplizierter Kompromiss, mit dem es Deutschland wieder möglich geworden war, seine Interessen entsprechend seiner tatsächlichen Bevölkerungszahl zu wahren.

Die Verhandlungen in Nizza waren noch sehr von altem Denken bestimmt. Aber schon der dort auf den Weg gebrachte Europäische Verfassungsvertrag, dessen Entwurf im Oktober 2004 endlich feierlich unterzeichnet werden konnte, regelt diese Frage ohne künstliche Stimmenverteilung mit der sogenannten doppelten Mehrheit. Die besagt: Wenn eine Mehrheit von 55 Prozent der Mitgliedsstaaten, die mindestens 65 Prozent der EU-Bevölkerung repräsentiert, für einen Vorschlag stimmt, so ist die qualifizierte Mehrheit erreicht.

Auf dem Weg von Nizza zu diesem Kompromiss hatte Chirac seine rückwärtsgewandte Haltung hinter sich gelassen und in den Diskussionen mit den Regierungschefs immer wieder gesagt: Ihr müsst das verstehen, der deutsche Kanzler kann doch nicht einfach 15 Millionen Deutsche unterschlagen und so tun, als wäre die Bevölkerung seines Landes noch genauso groß wie vor der Vereinigung.

Diese Kurswende beruht letztlich auf der Einsicht, dass Europa als politische Einheit nur funktionieren kann, wenn sie von Deutschland und Frankreich gemeinsam mitgetragen wird. Und wie ja auch der vorerst missglückte Ratifizierungsprozess zeigt, ist der Verfassungsvertrag nicht an der doppelten Mehrheit, sondern doch wohl eher daran gescheitert, dass versäumt wurde, Europa auch als eine Union zu beschreiben, die für sozialen Ausgleich und Gerechtigkeit steht.

Wenn ich mich frage, wer vor allem mein Bewusstsein für die Besonderheit des deutsch-französischen Verhältnisses geschärft hat, steht mir sofort Brigitte Sauzay vor Augen. Sie hatte als Chefdolmetscherin für die französischen Staatspräsidenten von Pompidou bis Mitterrand gearbeitet. Bis zu Mitterrands Tod war sie für ihn eine politische Vertraute und auch Ratgeberin. Zusammen mit Rudolf von Thadden, dem inzwischen emeritierten Professor für Neuere Geschichte in Göttingen, gründete sie 1993 das »Berlin-Brandenburgische Institut für deutsch-französische Zusammenarbeit in Europa« in Genshagen – eine Art Thinktank, in dem frei von den Zwängen des Alltags der

Diskurs über unsere beiden Länder und die Zukunft Europas geführt wurde und immer noch geführt wird.

Im Frühjahr 1998 rief mich Rudolf von Thadden, den ich noch gut aus Göttinger Zeiten kannte, an und bat um einen Termin, um mir Brigitte Sauzay vorzustellen. Selten habe ich eine so kluge, eloquente Frau kennengelernt. Sie war erfüllt von einer Mission: Im Fall der Mauer 1989 sah sie die große Chance für Europa. Ihr war klar, dass dieser Prozess nur möglich sein würde, wenn Deutschland und Frankreich ihn antrieben.

Brigitte Sauzay, eine Vertreterin des aufgeklärten französischen Bürgertums, die längere Zeit in Deutschland gelebt und gearbeitet hatte, wusste aus eigenem Erleben um die Besonderheiten und Prägungen beider Völker. Sie wusste auch um die Gefahr von Missverständnissen zwischen beiden Nationen. Der Aufgabe, diesen Missverständnissen vorzubeugen und Vertrauen zwischen unseren Völkern zu schaffen, galt ihr ganzes Engagement. Und so lernten wir uns mitten im Wahlkampf 1998 kennen.

Ihrem Charme, gepaart mit Klugheit, profundem Wissen und großer Noblesse, konnte ich mich nicht entziehen. Ihre Analyse und ihre Argumente überzeugten mich, und so schmiedeten wir an einem sonnigen Nachmittag im Mai 1998 auf der Terrasse des hannoverschen Leineschlosses folgenden Plan: Im Fall einer Wahlentscheidung zu meinen Gunsten sollte die Französin Sauzay Beraterin des deutschen Bundeskanzlers in Fragen der deutsch-französischen Beziehungen werden. Dies war, zugestanden, ein Novum, das die politischen Eliten in Deutschland und Frankreich gleichermaßen beeindruckte. Und genau so, wie wir es verabredet hatten, kam es dann auch.

Ich habe in den gemeinsamen Jahren viel von ihr gelernt.

»Die Französin sollte Beraterin des deutschen Bundeskanzlers in Fragen der deutsch-französischen Beziehungen werden.« Politische Gespräche in Paris Ende September 1998, hier mit Brigitte Sauzay und dem späteren Staatsminister im Auswärtigen Amt Günter Verheugen (rechts).

Denn sie, die Grenzgängerin, die nicht in Ressortzuständigkeiten eingeengt war, konnte Distanz zum gelegentlich kleinteiligen politischen Alltag entwickeln und sich den Themen ganzheitlich nähern. Gut vernetzt in der deutschen und in der französischen Gesellschaft, hat sie durch ihre Arbeit ganz wesentlich dazu beigetragen, Vorurteile in Frankreich gegenüber der rot-grünen Bundesregierung – gegenüber mir als Bundeskanzler allemal – abzubauen. Und umgekehrt natürlich auch.

Brigitte Sauzay verstarb im November 2003 im Alter von 55 Jahren nach einer längeren schweren Krankheit. Ihr Tod war für mich ein sehr schmerzhafter Abschied.

Ebenso ein Grenzgänger war Reinhard Hesse. Er hat

mir viele Erkenntnisse über die islamische Welt vermittelt. Auch er wurde durch eine schwere Krankheit viel zu früh aus dem Leben gerissen. Ich hatte den Journalisten Hesse kennengelernt, als ich noch Oppositionsführer im Niedersächsischen Landtag war. Mit ihm zusammen habe ich später meine beiden Bücher »Reifeprüfung« (1993) und »Und weil wir unser Land verbessern ...« (1998) geschrieben. Als wir 1998 die Wahl gewonnen hatten, war er bereit, seinen Beruf zeitweilig an den Nagel zu hängen und mich mit seinem Wissen und vor allem mit seinem schriftstellerischen Talent zu unterstützen.

Hesse war ein aufgeklärter Linker mit vielfältigen internationalen Erfahrungen. Er beherrschte Englisch, Französisch und Arabisch wie seine Muttersprache, hatte Freunde in aller Welt, lebte in Kairo, Beirut und Berlin und war mit einer Libanesin verheiratet. Auch er konnte aus der Distanz zum Regierungsalltag mit seinen Ideen und Lebenserfahrungen eine gehörige Portion Frische und Originalität in behördliche Arbeitsstrukturen bringen. Aus seiner Feder stammten die Entwürfe zu wichtigen Reden und Texten, die grundsätzlicher Natur waren und über den Tag hinauswiesen. Seine letzte Ruhestätte befindet sich auf dem Dorotheenstädtischen Friedhof in Berlin. Auf seinem Grabstein steht »Er hat uns immer wieder überrascht«. Ja, so war er. Sein Tod ist mir sehr nahegegangen.

Eine der schwierigsten europapolitischen Fragen meiner Kanzlerschaft war die Entscheidung über die Aufnahme von Beitrittsverhandlungen mit der Türkei. Ich wusste um die Probleme, die daraus innenpolitisch erwachsen würden. Die CDU/CSU hatte – bis auf wenige Ausnahmen in der Fraktion, zu denen vor allem Volker Rühe gehörte –

eine völlige Kehrtwende in der Türkeipolitik eingeleitet. Über sechzehn Jahre lang hatte sich die Kohl-Regierung, jedenfalls formal, an die Beschlüsse der Europäischen Union gehalten, die der Türkei die Mitgliedsfähigkeit immer wieder bestätigt hatten und die Aufnahme von Verhandlungen versprachen, sobald dieses Land die dafür notwendigen Kopenhagener Kriterien erfüllt habe. Jetzt, in der Opposition, sollte das alles nicht mehr gelten, weil man mit einer antitürkischen Politik innenpolitische Vorteile zu gewinnen hoffte. Mir war klar, dass ich mit meiner entschiedenen Unterstützung des türkischen Strebens nach einer Mitgliedschaft in die gesellschaftliche Minderheit gedrängt werden sollte, was den Meinungsumfragen zufolge auch gelang. Gleichwohl entschied ich, die deutsche Europapolitik habe sich konsequent zu verhalten und die Türkei, die sich auf einen engagierten Weg nach Europa begeben hatte, voll zu unterstützen.

Ich war und bin fest davon überzeugt, dass die Türkei eine wichtige Rolle in und für Europa spielt. Dabei konnte ich mich auf den eindrucksvollen Bericht der unabhängigen Türkei-Kommission stützen, an der, unter dem Vorsitz des ehemaligen finnischen Staatspräsidenten Ahtisaari, auch Kurt Biedenkopf mitgearbeitet hatte.

Dieser Bericht, im September 2004 vorgelegt, hat in der deutschen Öffentlichkeit leider kaum ein Echo gefunden. In seltener Klarheit nimmt er Stellung zu der Frage, ob die Türkei ein europäisches Land sei: »Was die europäischen Referenzen der Türkei betrifft, ist sie als ein eurasisches Land anzusehen, dessen Kultur und Geschichte eng mit Europa verbunden sind, mit einer starken europäischen Orientierung und einer europäischen Berufung, die seit Jahrzehnten von den Regierungen Europas akzeptiert wird. Darin unterscheidet sich die Türkei grundlegend von Ländern in der Nachbarschaft Europas, sowohl in Nordafrika wie im Mittleren Osten. Ihr Beitritt zur Europäischen Union würde daher nicht notwendigerweise als Modell für die Beziehungen der Union zu diesen Staaten dienen. Grundsätzliche Einwände gegen die Einbeziehung der Türkei in den europäischen Integrationsprozess hätten 1959 vorgebracht werden sollen, als sie den ersten Antrag stellte, 1987, als sie sich zum zweiten Mal bewarb, oder 1999, bevor die Türkei den Kandidatenstatus erhielt. Keine Regierung kann behaupten, dass diese Entscheidungen, einschließlich der Schlussfolgerungen des Europäischen Rates von Kopenhagen 2002 über die Beitrittsverhandlungen, nicht in voller Kenntnis aller Umstände gefällt wurden.«

Aber noch entscheidender als die politischen Versprechen ist die strategische Bedeutung eines Beitritts der Türkei zur Europäischen Union. Für die Europäische Union ist die einzigartige geopolitische Lage der Türkei an der Schnittstelle zwischen Asien und Europa, ihre Bedeutung für die Sicherheit von Europas Energieversorgung und ihr politisches, wirtschaftliches und militärisches Gewicht ein großer Gewinn. Darüber hinaus kann eine fest in der Europäischen Union verankerte Türkei eine maßgebliche Rolle in den Beziehungen Europas zur islamischen Welt spielen.

Für die Türkei andererseits wäre der EU-Beitritt die endgültige Bestätigung, dass ihre Ausrichtung auf den Westen richtig war. Er würde auch sicherstellen, dass sich die Transformation des Landes in eine moderne demokratische Gesellschaft nicht mehr rückgängig machen ließe. Ein Scheitern des türkischen Beitrittsprozesses würde nicht nur einen Verlust eminenter Chancen für beide Seiten bedeuten. Es könnte auch zu einer ernsten Identitätskrise der Türkei führen und politische Unruhen sowie Instabilitäten in der unmittelbaren Nachbarschaft der Union zur Folge haben.

Die Türkei-Kommission hat sich aber auch damit befasst, dass in den Mitgliedsstaaten der Europäischen Union Befürchtungen laut wurden, vor allem die Sorge, von der Türkei könnte ein Migrationsdruck ausgehen. Diese Ängste sind unbegründet, denn die Freizügigkeit der Arbeitskräfte wird erst nach einer längeren Übergangszeit eingeführt, sodass die Regierungen die Kontrolle über die Einwanderung während vieler Jahre nach dem türkischen Beitritt behielten. Die Erfahrungen aus früheren Erweiterungsrunden sprechen zudem dafür, dass die Einwanderung aus der Türkei relativ bescheiden sein wird. Und dies zu einer Zeit, in der die überalternde Bevölkerung in vielen europäischen Ländern zu einem ernsten Arbeitskräftemangel führt und die Einwanderung daher zu einer wesentlichen Voraussetzung für die Aufrechterhaltung des derzeitigen Sozialsystems machen würde.

Die Kommission schließt mit der Mahnung: »Da die türkische Mitgliedschaftsfähigkeit in der EU in den vergangenen Jahrzehnten bei vielen Gelegenheiten bestätigt wurde, hat die Türkei allen Grund zur Erwartung, in der Union willkommen zu sein, vorausgesetzt, sie erfüllt die Beitrittsbedingungen. Die Unabhängige Türkei-Kommission ist daher der tiefen Überzeugung, dass die Türkei von der Europäischen Union in dieser Frage mit allem gebotenen Respekt, mit Fairness und Rücksicht behandelt werden muss.«

Ich füge hinzu: Dies gilt auch für die schwierige Zypern-Frage. Seit 1974 ist die Insel in einen griechischsprachigen Südteil, die Republik Zypern, und einen türkischsprachigen Teil gespalten, der sich seit 1983 als Türkische Republik Nordzypern bezeichnet. Der Nordteil der Insel ist völkerrechtlich nicht anerkannt und wirtschaftlich und politisch isoliert. Den Südteil wiederum erkennt die Türkei nicht an, und sie verwehrt Schiffen und Flugzeugen der Republik Zypern den Zugang zu ihrem Hoheitsgebiet. Um Zypern wiederzuvereinigen und den Konflikt zu beenden, legte UN-Generalsekretär Annan 2002 einen Plan vor, der eine Konföderation aus zwei Staaten vorsah. Der Annan-Plan wurde im Jahr 2004 in Volksabstimmungen im griechischen Süden Zyperns abgelehnt, während ihn der türkische Norden mit großer Mehrheit befürwortete. Das zustimmende Votum im Nordteil war nicht zuletzt auf die positive Haltung der Regierung des türkischen Ministerpräsidenten Erdogan zurückzuführen.

Eine faire Behandlung der Türkei zwingt also zunächst zu der Einsicht, dass es die Zypern-Frage überhaupt noch gibt, weil der Südteil Zyperns die Wiedervereinigung ablehnte. Folge der Abstimmung war, dass der Südteil, die Republik Zypern, im Mai 2004 in die EU aufgenommen wurde, während der Norden der Insel, trotz positiven Votums, außen vor blieb. Dies war ein Webfehler im zypriotischen Beitrittsprozess, den die Europäische Union 1997 beschloss, wobei damals versäumt wurde, den Beitritt der Insel an eine Wiedervereinigung zu knüpfen, die vorher hätte stattfinden müssen. Dieser Fehler war jedoch nicht mehr zu korrigieren, sodass die Isolierung Nordzyperns auch heute noch existiert. Das ist wahrlich kein glänzendes Beispiel für den europäischen Integrationsprozess, denn die türkischsprachigen Zyprioten sind für ihren Einigungs- und Versöhnungswillen von der Europäischen Union de facto bestraft worden. Der Südteil, die Republik Zypern,

»Noch entscheidender als die politischen Versprechen ist die strategische Bedeutung eines Beitritts der Türkei zur Europäischen Union.« Beim türkischen Ministerpräsidenten Recep Tayyip Erdogan in Istanbul, 4. Mai 2005.

dagegen wurde offizielles EU-Mitglied und ist nun in der Situation, einen möglichen Beitritt der Türkei zu blockieren, da hierzu ein einstimmiges Votum aller EU-Länder notwendig ist.

Fairness gegenüber der Türkei hat sich vor diesem Hintergrund auf den weiteren Verlauf der türkischen Beitrittsverhandlungen, die im engen Zusammenhang mit der Zypern-Frage stehen, zu erstrecken. Dabei reicht es nicht, sich nur auf die Beschlüsse des Europäischen Rates vom 17. Dezember 2004 zu beziehen, mit denen der Beginn der Verhandlungen mit der Türkei auf den 3. Oktober 2005 festgesetzt wurde. Notwendig ist vielmehr, sich noch einmal an das Zustandekommen dieses Beschlusses und den Gesamtkontext der Zypern-Frage zu erinnern.

Wie waren die Ausgangspositionen bei der damaligen Sitzung des Europäischen Rates? Die niederländische Ratspräsidentschaft war politisch unklug mit der Forderung vorgeprescht, dass die Türkei die Republik Zypern völkerrechtlich anerkennen müsse, bevor die Beitrittsverhandlungen aufgenommen werden sollten. Diese Bedingung war für die Türkei zum damaligen Zeitpunkt nicht akzeptabel. Ein solches Zugeständnis, insbesondere angesichts der Volksabstimmungen über den Annan-Plan, hätte keine türkische Regierung politisch überlebt. Entsprechend klar lehnte Erdogan diese weitreichende Forderung ab, die nicht einmal der zypriotische Staatspräsident Papadopoulos in den Verhandlungen erhoben hatte. Die Frage konzentrierte sich dann auf die Unterzeichnung des Anpassungsprotokolls zum Ankara-Abkommen, mit dem der Geltungsbereich der Zollunion zwischen der Türkei und der Europäischen Union auf die neuen Mitgliedsstaaten einschließlich der Republik Zypern ausgedehnt werden sollte. In den Verhandlungen wies Ministerpräsident Erdogan immer wieder darauf hin, dass eine Unterzeichnung des Zusatzprotokolls keine völkerrechtliche Anerkennung der Republik Zypern durch die Türkei bedeute.

Erdogans Position wird durch den Gang der Verhandlungen eindeutig gestützt. Papadopoulos beharrte während der schwierigen Diskussionen lange Zeit darauf, dass vor Beginn der Beitrittsverhandlungen mit der Türkei das Protokoll nicht nur unterzeichnet, sondern von der Türkei auch ratifiziert und umgesetzt werden müsse. Die Sitzung des Europäischen Rates wurde mehrfach unterbrochen. Schließlich gelang es Chirac, Blair und mir, beide Seiten davon zu überzeugen, dass die Zeichnung des Anpassungsprotokolls zum Ankara-Abkommen für die Aufnahme von Beitrittsverhandlungen ausreiche, also eine förmliche Anerkennung der Republik Zypern nicht nötig sei und die Ratifizierung zu einem späteren Zeitpunkt erfolgen könne.

Die Frage, wie mit dem isolierten türkischsprachigen Norden Zyperns zu verfahren sei, spielte bei den Debatten im Europäischen Rat selbst keine Rolle. In den Verhandlungen von Chirac, Blair und mir mit Erdogan hingegen war dieses Thema sehr wohl von Bedeutung. Alle Beteiligten wussten, dass die Außenminister am 26. April 2004 – also vor dem Beitritt der Republik Zypern zur Europäischen Union am 1. Mai 2004 – ein Einvernehmen hergestellt hatten, die Rahmenbedingungen für den Direkthandel zwischen der Europäischen Union und dem Nordteil Zyperns zu schaffen und finanzielle Zuwendungen in einer Größenordung von mehr als 250 Millionen Euro für diesen Teil der Insel zur Verfügung zu stellen. Dabei war Erdogan die Aufhebung der Isolation Nordzyperns erheblich wichtiger als die Zahlungen aus Brüssel. Denn wirtschaftlich wird der Nordteil nur auf die Beine kommen, wenn er Zug um Zug in den europäischen Binnenmarkt integriert wird, freien Zugang zu Waren erhält und der Tourismus sich entwickelt.

Die türkische Regierung hat Anfang 2006 in einem sogenannten Zehn-Punkte-Plan nun ein Junktim zwischen der Ratifizierung und Umsetzung des Anpassungsprotokolls einerseits und der Aufhebung der Isolation von Nordzypern andererseits hergestellt. Möglicherweise findet dieses Junktim in den Beschlüssen der Europäischen Union formalrechtlich keine Grundlage. Ohne Zweifel gibt es aber das moralische Recht der Türkei, zu verlangen, dass die Europäische Union für die Aufhebung der Isolation Nordzyperns zu sorgen hat. Sollte es also wegen des genannten Junktims zu Schwierigkeiten bei den Beitrittsverhandlungen mit der Türkei kommen, hat die Europäische Union bei allen Maßnahmen diesen Gesamtzusammenhang zu berücksichtigen. Eine Verzögerung oder gar die Aussetzung der Verhandlungen wäre eine Reaktion, die sich jedenfalls aus dem Gang der Verhandlungen vom Dezember 2004 nicht herleiten lässt.

Ich weiß, dass am Ende dieses schwierigen Beitrittsprozesses, dessen Länge nicht bestimmbar ist und der dennoch absehbar sein sollte, jedes Mitgliedsland der Gemeinschaft seine Zustimmung geben muss. Um sie alle zu überzeugen, wird die Türkei noch sehr an ihrer europäischen Identität zu arbeiten haben. Aber dabei sollten die Europäer sie im eigenen Interesse und im Interesse einer Stärkung der friedlichen Perspektiven unterstützen, anstatt ihr in aufgeregten Debatten Steine in den Weg zu legen. Es ist nicht zu übersehen, dass das Nein zur Verfassung in Frankreich auch auf das Thema Türkei zurückzuführen ist, deren Beitritt dort als Gefahr für Arbeitsplätze und für das Lohnniveau an die Wand gemalt worden ist.

Umso mehr muss ich Jacques Chirac ein großes Kompliment machen. Er hat die deutsche Türkei-Position auch öffentlich unterstützt, obwohl er wusste, dass ihm das beim EU-Referendum nicht helfen würde – auch das ist ein Beleg für den Wandel in der französischen Europapolitik.

Es hat also erhebliche Fortschritte bei der Vertiefung und Erweiterung der Union gegeben. Wichtig dafür war auch der EU-Gipfel im März 1999 in Berlin unter deutscher Präsidentschaft. Rot-Grün war gerade ins Amt gekommen, und wir hatten die Reform der Agrarpolitik einzuleiten und die finanzielle Vorausschau und strukturpolitische Fragen zu klären. Dabei haben wir uns wacker geschlagen und, wie ich glaube, sehr überzeugend den Eindruck widerlegt, dass die neue deutsche, im europäischen Verhandlungsprozess unerfahrene Regierung über den Tisch gezogen werden könnte. Der Berliner Gipfel war Ausgangspunkt für die beschriebene schrittweise Veränderung der europäischen Landwirtschaftspolitik, ihre Orientierung auf Qualität und Schonung natürlicher Ressourcen.

Dann ist der Gipfel in Kopenhagen im Dezember 2002 zu nennen; dort fiel die Entscheidung für die formale Aufnahme der zehn neuen EU-Mitglieder. In dieser Sitzung wäre Polen gescheitert, hätte sich nicht Deutschland für den Beitritt seines Nachbarlandes im Osten eingesetzt. Die notwendigen Kompromisse, auch die umfassenden materiellen Zugeständnisse, sind wesentlich durch die deutsche Argumentation zustande gekommen. Die Tatsache, dass letztlich das deutsche Engagement zum Erfolg in Kopenhagen und damit zur pünktlichen Erweiterung der Europä-

1. Mai 2004: Mädchen in sorbischen Trachten empfangen am Dreiländerpunkt in Zittau anlässlich der Feierlichkeiten zur Osterweiterung der Europäischen Union den EU-Erweiterungskommissar Günter Verheugen, Ministerpräsident Vladimir Spidla (Tschechien), Bundeskanzler Gerhard Schröder und den polnischen Ministerpräsidenten Leszek Miller (von links nach rechts) mit Brot und Salz.

ischen Union um die osteuropäischen Staaten geführt hat – dass wir es also waren, die den Wünschen des damaligen polnischen Ministerpräsidenten Leszek Miller weit entgegenkamen und erhebliche finanzielle Lasten auf uns nahmen –, übersieht man im heutigen Polen gern. Ich glaube nicht, dass die zur Zeit amtierende Regierung, die sich zugleich antideutsch, antirussisch und antieuropäisch aufführt, den mittel- und langfristigen Interessen des Landes gerecht wird.

Als Beitrittsdatum wurde der 1. Mai 2004 festgelegt. Das Einigungspapier spiegelt die ganze Palette der Befürchtungen, die aus der historischen Erfahrung in das kollektive Bewusstsein der neuen Mitgliedsländer eingedrungen sind. Nur ein Beispiel: Für eine Übergangszeit von sieben, im Fall von Polen sogar zwölf Jahren können die mittel- und osteuropäischen Staaten den Landerwerb durch Bürger anderer Mitgliedsstaaten weiterhin national regeln und damit unterbinden. Ich bin sicher, dass dieser Zeitraum von Polen nicht voll genutzt werden wird, weil die hinter dieser Sondervereinbarung stehenden Ängste vor einem Ausverkauf insbesondere landwirtschaftlich genutzter Flächen an kapitalstarke EU-Unternehmer in einem grenzenlosen Europa ihren Grund verlieren.

Ebenso schwierig waren die Lösungen im Agrarbereich oder bei der Freizügigkeit für Arbeitskräfte, wo es nun wiederum Sorgen der bisherigen EU-Mitglieder hinsichtlich einer möglichen Arbeitsplatzkonkurrenz zu mildern galt. Auch dort wurde eine siebenjährige Frist eingeräumt, bis das Recht für EU-Bürger, in einem anderen EU-Staat zu wohnen und zu arbeiten, auch für die neuen Mitglieder gelten wird. In der Frage der Subventionen für die Landwirtschaft konnten wir uns auf eine schrittweise Einbeziehung der Beitrittsländer bei den Direktbeihilfen einigen. Innerhalb von zehn Jahren sollen die direkten Einkommenszuschüsse an die Bauern von 25 Prozent des in der Europäischen Union üblichen Satzes auf 100 Prozent angehoben werden. Durch die Umschichtung von EU-Hilfen für den ländlichen Raum wurde es jedoch Polen ermöglicht, bereits mit einem Satz von 55 Prozent zu beginnen. Der polnische Ministerpräsident Miller hatte in den Gesprächen mit mir betont, wie wichtig ihm dieser Punkt sei. Er stand besonders unter dem Druck seines Koalitionspartners, einer Bauernpartei, und wollte für das im Jahr 2003 anstehende Referendum über den EU-Beitritt auch die skeptische Landbevölkerung überzeugen. Damit die historische Osterweiterung nicht an diesem Punkt scheitert, war ich bereit, Millers Vorschlag, der die alten Mitgliedsstaaten stärker belastete, mitzutragen. Für diesen Kompromiss musste vor allem Frankreich gewonnen werden, und bei den Diskussionen darüber war der deutsche Beitrag umso notwendiger, als bei unseren Nachbarn im Westen die Auffassung vorherrschte, dass vor allem Deutschland von der Erweiterung ökonomisch profitieren werde.

Von großer Bedeutung waren auch der »Beschäftigungsgipfel« im März 2000 in Lissabon und dessen Nachfolgekonferenz ein Jahr später in Stockholm. Dort wurden die Grundsteine gelegt, um Europa zum weltweit wettbewerbsfähigsten Wirtschaftsraum zu entwickeln. Jeder folgende Gipfel muss nun die Fortschritte evaluieren.

Die europäische Entwicklung ist verlässlich. Alle Mitglieder der Union haben davon profitiert. Weder Spanien noch Portugal, weder Irland noch Griechenland wären ohne die Europäische Union heute in einer ähnlich positiven sozialen und ökonomischen Lage. Schon jetzt ist Europa Weltspitze, und seine Potenziale sind noch längst nicht ausgeschöpft. Der europäische Weg ist eine Erfolgsgeschichte – auch weil er als Beispiel dafür steht, dass ein gemeinsamer Wirtschaftsraum, in dem nationale Vorurteile überwunden und nationale Souveränitätsrechte bewusst hintangestellt werden, ein Weg zum Frieden ist.

Diesem Traum von Europa als einer leisen Weltmacht näher zu kommen ist die gemeinsame Mission Deutschlands und Frankreichs. Sie haben in den vergangenen Jahren immer auch auf die soziale Komponente gedrungen, beide aus der unterschiedlichen Tradition ihrer Geschichte heraus, aber auf der Grundlage gemeinsamer Werte. Und sie teilen die gleiche Auffassung von der Rolle des Staates, der Individualität und Solidarität nicht als einen Gegensatz begreift. Den Anfang eines integrierten Europas bildete die deutsch-französische Aussöhnung. Ohne diese Freundschaft kann das gemeinsame Europa nicht gedeihen. Wer sich die Geschichte der europäischen Einigung anschaut, stellt fest, dass alle großen europäischen Aufgaben vor allem dann gelöst werden konnten, wenn Deutschland und Frankreich sich einig waren. Auch in der entscheidenden Phase der Erweiterung der Europäischen Union, der historischen Überwindung der Spaltung unseres Kontinents, haben sie die ausschlaggebenden Impulse gesetzt.

Im Europa der Integration ist der Frieden nun schon ein halbes Jahrhundert eine feste Gewissheit. Der Europäische Traum, von dem der Amerikaner Rifkin spricht, ist noch nicht Wirklichkeit. Aber er ist eine realistische Option.

Beides war völlig eindeutig
und für mich immer klar:
Ich musste an der eingeschlagenen
Politik festhalten. Die
Agenda 2010 war eine Kraftanstrengung, die aufzugeben
für mich undenkbar und
für die SPD eine Katastrophe
gewesen wäre.

KAPITEL VIII

MUT ZUR VERÄNDERUNG

»Sie stellten sich in die Tradition der Protestbewegung von 1989 in der damaligen DDR – eine dreiste Vereinnahmung, denn 1989 ging es um Freiheit und Demokratie, 2004 dagegen um materielle Forderungen.« »Montagsdemonstration« am 16. August 2004 in Leipzig.

Ich erinnere mich an Zeiten, in denen ich aus einem kurzen, von unruhigen Träumen begleiteten Schlaf hochschreckte und auf die Leuchtziffern meines Weckers sah: Ich starre auf das magische Dreieck, das entsteht, wenn der große Zeiger auf die 12 und der kleine auf die 3 des Zifferblattes zeigen. Schlaflos im Bundeskanzleramt. Dort, im achten Stock, hatte ich ein kleines Schlafzimmer mit Bad, durch eine Bücherwand und eine Tür getrennt von dem repräsentativen Speisezimmer mit Blick auf den Tiergarten. Um den Esstisch konnte ich Staatsgäste und ihre Begleitung sehr stilvoll versammeln. Mein kleines Schlafzimmer im hinteren Teil dieses Stockwerks lag genau über meinem Büro und war durch eine kleine Treppe mit meinem Arbeitszimmer im siebten Stock verbunden.

Hierher war ich umgezogen, nachdem ich in den ersten Monaten meiner Kanzlerschaft die Nächte im Gästehaus der Bundesregierung in der Pücklerstraße in Berlin-Dahlem verbracht hatte. Dort war ich für teure Miete allerdings nur Schlafgast und brauchte manches Mal morgens im Berliner Verkehr fast eine Stunde, um das provisorische Kanzleramt am Schlossplatz zu erreichen. Der Umzug aus dem ehemaligen Staatsratsgebäude der DDR im Mai 2001 in den Neubau des Berliner Kanzleramtes gegenüber dem Reichstag war dann für mich Anlass, mein Untermieterdasein im

Gästehaus der Regierung aufzugeben und in das kleine Appartement zu ziehen. Meine Frau – sie war aus München gekommen – fühlte sich von Anfang an in Hannover wie zu Hause, sodass ein Umzug der Familie nach Berlin nie ernsthaft erwogen worden war.

Ich hatte mich immer auf meinen erholsamen und tiefen Schlaf verlassen können. Während meiner Regierungszeit gab es allerdings drei Anlässe, die mich schlaflos bleiben ließen. Kosovo und Afghanistan – das bedeutete die Entscheidung, junge Soldaten in eine für sie ungewisse Zukunft zu schicken. Immer wieder ging mir die Frage durch den Kopf, wie es zu rechtfertigen sei, wenn sie ihr Leben verlieren würden. Solche Ausnahmesituationen, das Bewusstsein, auch für Leben oder Tod von Menschen verantwortlich zu sein, gehören zu den großen Belastungen dieses Amtes. Und schlaflos war ich auch nach dem Wahldebakel in Nordrhein-Westfalen am 22. Mai 2005, in jenen Tagen, als Franz Müntefering und ich die Entscheidung trafen, Neuwahlen anzukündigen. Dies berührte mich auf ganz andere Weise. Was mich umtrieb, war vor allem die Ungewissheit darüber, ob es zur Neuwahl kommen würde oder ob verfassungsrechtliche Bedenken dies verhindern könnten. Die Entscheidungsgewalt darüber lag beim Bundespräsidenten und beim Bundesverfassungsgericht.

Ich war in dieser Zwischenphase, die mir wie eine unendliche Hängepartie erschien, ziemlich unleidlich. Noch im Nachhinein bitte ich alle um Verzeihung, die mich damals ertragen mussten. In diesen unruhigen Nächten im achten Stock durchlebte ich noch einmal die sieben Jahre als Bundeskanzler. Immer wieder setzte ich mich auch mit den Einwänden auseinander und mit dem Zweifel vor allem von Joschka Fischer, ob Neuwahlen wirklich notwendig und unabwendbar seien. Und Joschkas Meinung war mir sehr wichtig. Was hatten wir in diesen sieben Jahren nicht alles gemeinsam durchstehen müssen, vom Kosovo bis zum Irak. Er war die gesamte Zeit über ein verlässlicher Partner, dem ich nur ungern widersprach, wenn er sich mit einer Entscheidung nicht anfreunden konnte. Die Neuwahlentscheidung war eine solche.

Joschka Fischer, den ich früh mit meinen Vorstellungen konfrontiert hatte, erhob im Wesentlichen zwei Einwände. Zum einen beschäftigte ihn der lange Zeitraum zwischen der Ankündigung, in den Prozess zur Neuwahl zu gehen, und einer abschließenden Entscheidung, möglicherweise erst Monate später, durch das Bundesverfassungsgericht. Zum anderen vertrat er die Auffassung, dass eine verbesserte wirtschaftliche Situation im Jahre 2006, die alle erwarteten, eine günstigere Ausgangslage für den Wahlkampf schaffen würde. Beides waren ernst zu nehmende Argumente, die mich jedoch letztlich nicht überzeugten. Aber auch ich hatte mir immer wieder die Frage gestellt, ob es eine Alternative gäbe.

Wir hatten das katastrophale Wahlergebnis von Nordrhein-Westfalen im Nacken und im Norden das Debakel um Heide Simonis zu ertragen, die bei der Wahl zur Ministerpräsidentin im Kieler Landtag am 17. März 2005 ganz offenkundig an einem Heckenschützen aus den eigenen Reihen gescheitert war. Nach dem vierten verlorenen Wahlgang war ihr Rücktritt unvermeidlich. Ein Ergebnis dieser Ereignisse war der krachende Absturz von Rot-Grün in den Umfragen. Der Auslöser für den sich anbahnenden rasanten Verfall der Zustimmung zur Arbeit der Koalition aber war die Nachricht, dass die Arbeitslosenzahlen die Fünf-Millionen-Grenze überschritten hatten. Im Januar 2005 wurden genau 5,037 Millionen Arbeitslose registriert. Dass es sich dabei im Wesentlichen um einen statistischen Effekt handelte, der durch die Zusammenlegung von Sozialhilfe und Arbeitslosenhilfe entstanden war, machte die Symbolik der großen Zahl nicht geringer. Erstmals tauchten nun die bisherigen erwerbsfähigen Sozialhilfeempfänger in der Arbeitslosenstatistik auf. Natürlich hatten damit der Wahlkampf in Schleswig-Holstein in seiner Schlussphase und drei Monate später der Wahlkampf in Nordrhein-Westfalen ihr Thema. Unsere an sich guten Aussichten im Norden welkten dahin. Die Wahldebakel entmutigten die Partei, das war deutlich spürbar. Und daraus ergab sich für mich die Frage, wie lange ich noch in den eigenen Reihen mit Unterstützung für meine Reformpolitik und für die Agenda 2010 rechnen konnte. Ich wollte eine Abstimmung über diese Politik – und so neues Vertrauen aufbauen. Die einzige Chance, das zu erreichen, war ein vorgezogener Wahlgang.

Dieses Kapitel war für mich eines der schwersten meiner ganzen politischen Laufbahn. Immer wieder durchlebte ich die Tage und Wochen, bis der Weg offen war, über die Vertrauensfrage im Bundestag Neuwahlen herbeizuführen. Eines war völlig eindeutig und für mich immer klar: Ich musste an der eingeschlagenen Politik festhalten. Die Agenda 2010 war eine Kursbestimmung, die aufzugeben für mich undenkbar und für die SPD eine Katastrophe gewesen wäre. Hätte der Druck relevanter Teile von Partei oder Fraktion mich dazu gezwungen, wäre mein Rücktritt unvermeidlich gewesen. Das war die Lage. So sah ich sie, und das war der Grund, warum ich Franz Müntefering mit der Idee der Neuwahlen konfrontierte.

In den intensiven Gesprächen, die wir darüber seit der verlorenen Schleswig-Holstein-Wahl führten, habe ich ihm gesagt: »Wenn du ganz sicher bist, dass du zu jedem Zeitpunkt bis zum Ende dieser Legislaturperiode 2006 eine Mehrheit für die Agendapolitik in der eigenen Fraktion hast, dann brauchen wir keine Neuwahlen. Wenn du das aber nicht garantieren kannst, dann müssen wir Neuwahlen anstreben. Das ist die einzige Chance, einen erzwungenen Rücktritt mit allen negativen Folgen für die Entwicklung der SPD zu vermeiden.«

Alle Bilder dieser Tage und Wochen spulten sich vor meinen Augen erneut ab, während ich durch den kleinen Raum wanderte, hinüber ins Esszimmer ging und die Terrassentür öffnete, hinaustrat und auf das nächtliche Berlin blickte, wieder einmal, und mit dem Blick auf Reichstag und Freiheitsglocke die Symbole einer Zeitenfolge vor Augen, die diesem durch die Nazizeit so entwerteten Land eine neue Chance eröffnet hatte, endlich da anzukommen, wo wir doch hingehörten: in den Bund der aufgeklärten und demokratischen Nationen.

Und erneut durchlebte und durchlebe ich die desillusionierende Einsicht, dass dieses 21. Jahrhundert so gar nicht mit den Hoffnungen einherzugehen scheint, die an den Fall des Eisernen Vorhangs geknüpft wurden. Es wird wohl ein Jahrhundert werden, das an die Vernunft und die Fähigkeit zu friedlichem Ausgleich vor allem der demokratischen Welt hohe Anforderungen stellen wird. Mehr denn je wird sozialer Ausgleich eine globale Dimension bekommen. Die bisherige Hegemonie der industriellen westlichen Welt ist ja längst Vergangenheit. Andere haben aufgeschlossen und treten als Konkurrenten auf den Weltmärkten an. Unsere gesamte Politik der Reformen und der Erneuerung war ein Reflex auf diese globale Herausforderung. Solche Gedanken kamen mir auf der Terrasse des Kanzleramtes, acht

Stockwerke hoch und mit Blick auf die Kulisse dieser Stadt und ihre Geschichte, in der sich das Land und seine Menschen in ihrer schrecklichsten Phase so weltabgewandt, zerstörerisch und selbstzerstörerisch zugleich gezeigt hatten.

Die Erinnerung an den Wahlsonntag von Nordrhein-Westfalen kam mir in diesen Nächten wieder und wieder in den Sinn. Franz Müntefering und ich hatten verabredet, dass wir anhand des Wahlausgangs entscheiden wollten, wohin die Reise gehen sollte. Wir trafen uns an diesem 22. Mai 2005 mittags in meinem Büro im Kanzleramt und machten uns auf einiges gefasst. Dennoch schockierten uns die Zahlen, die uns schließlich erreichten. Das Ergebnis war für die SPD katastrophal, und es wurde ein ziemlich überzeugender Sieg der CDU im ehemals roten Nordrhein-Westfalen: Sie gewann deutlich mit 44,8 Prozent, die SPD erreichte nur noch 37,1 Prozent, Bündnis 90/Grüne schnitten mit 6,2 Prozent noch ganz passabel ab; die FDP landete ebenfalls bei 6,2 Prozent.

Franz hatte zwei Alternativen vorbereitet. Die eine mögliche Antwort auf die NRW-Wahl hieß: Kabinettsumbildung; die andere: Neuwahlen. Den nächtlichen Berliner Himmel betrachtend, rekapitulierte ich unser Gespräch: »Franz, was ist, schaffen wir das? Dann brauchen wir keine Neuwahlen. Ich denke dabei vor allem an die Partei. Es geht erst in zweiter Linie um mich. Ich halte das schon aus.« Und er antwortet: »Ich bin nicht sicher.« Es ist die historische Wahrheit, wir haben das gemeinsam entschieden: auf Neuwahlen zu setzen.

Die Alternative, von der ich auszugehen hatte, nämlich politisch gegebenenfalls an der eigenen Partei zu scheitern und zurücktreten zu müssen, die erschien mir und auch Franz unbrauchbar. Diese Variante hätte die Situation für

die SPD nicht verbessert. Neuwahlen also, unsere politische Schlussfolgerung aus dem Wahldebakel, die Franz Müntefering wie abgesprochen am Abend des 22. Mai vor der Presse bekannt gab. Ich habe das dann, weil ich klarmachen musste, dass es zwar eine gemeinsame Entscheidung war, ich aber die Verantwortung dafür zu tragen habe, in einer kurzen Stellungnahme vor den Journalisten im Kanzleramt erläutert.

Die Monate, die dann folgten, werde ich mein Leben lang nicht vergessen. Allein die zeitliche Abfolge, auf die auch Fischer hingewiesen hatte, war ein großes Problem – in weit höherem Maße, als ich es in dieser Zeit öffentlich zugeben konnte. Acht Wochen lang war ich Gefangener meiner eigenen Entscheidung, die jetzt in die Hände anderer gegeben

»Das ist die einzige Chance, einen erzwungenen Rücktritt zu vermeiden.« Die Bundesregierung werde vorgezogene Neuwahlen anstreben, erklärt Franz Müntefering am Abend des 22. Mai 2005 im Willy-Brandt-Haus nach der Wahlschlappe für die rot-grüne Koalition in Düsseldorf.

war. Wir konnten nicht vor der Sommerpause wählen. Wir mussten die im Artikel 39 des Grundgesetzes festgeschriebenen Fristen voll ausschöpfen, um den 18. September als Wahltermin zu erreichen. Dieser Artikel schreibt vor, dass im Falle einer Auflösung des Bundestages die Neuwahl innerhalb von sechzig Tagen stattfinden muss. Rechnet man vom 18. September zurück, kommt man auf den 21. Juli. Dies musste also der Tag der Entscheidung des Bundespräsidenten sein. Er hat gemäß Artikel 68 einundzwanzig Tage Zeit, sie zu treffen. Daraus folgte für mich, dass ich die Vertrauensfrage am 1. Juli stellen musste.

Auch das Bundesverfassungsgericht in Karlsruhe war als oberste Instanz ins Spiel gebracht worden, um vorgezogene Neuwahlen zu verhindern. Zwei Abgeordnete des Bundestages, ein Grüner und eine SPD-Abgeordnete, hatten Verfassungsbeschwerde eingelegt. Sie wendeten sich gegen die Anordnung des Bundespräsidenten, den Bundestag aufzulösen, weil sie in der Vertrauensfrage die Gefahr sahen, dass Freiheit und Offenheit des parlamentarischen Willensbildungsprozesses beeinträchtigt und kritische Abgeordnete durch die Drohung, die Selbstauflösung zu vollziehen, diszipliniert werden könnten – so jedenfalls die Argumente der beiden Abgeordneten. Das höchste Gericht entschied dann aber mit kaum zu übertreffender Deutlichkeit. Es stellte fest, dass »das Grundgesetz die Gewährleistung einer handlungsfähigen Regierung erstrebt. Handlungsfähigkeit bedeutet nicht nur, dass der Kanzler mit politischem Gestaltungswillen die Richtlinien der Politik bestimmt und dafür die Verantwortung trägt, sondern hierfür auch eine Mehrheit der Abgeordneten des Deutschen Bundestages hinter sich weiß. Ob der Kanzler über eine verlässliche parlamentarische Mehrheit verfügt, kann von außen nur teilweise beurteilt werden. Aus den parlamentarischen und politischen Arbeitsbedingungen kann sich ergeben, dass der Öffentlichkeit teilweise verborgen bleibt, wie sich das Verhältnis des Bundeskanzlers zu den seine Politik tragenden Fraktionen entwickelt.«

Und weiter heißt es in der Begründung: »Gemessen am Sinn des Art. 68 GG ist es nicht zweckwidrig, wenn ein Kanzler, dem Niederlagen im Parlament erst bei künftigen Abstimmungen drohen, bereits eine auflösungsgerichtete Vertrauensfrage stellt. Denn die Handlungsfähigkeit geht auch dann verloren, wenn der Kanzler zur Vermeidung offenen Zustimmungsverlusts im Bundestag gezwungen ist, von wesentlichen Inhalten seines politischen Konzepts abzurücken und eine andere Politik zu verfolgen.«

Die Entscheidung ging sehr weit, weil mit diesem Urteil der Bundeskanzler im Verfassungsgefüge eindeutig gestärkt wurde. Ihm wurde das Recht zugesprochen, auch eine unechte Vertrauensfrage zu stellen, also gezielt die Auflösung des Bundestages anzustreben, wenn er den Eindruck hat, für seine Politik keine ausreichende Mehrheit im Bundestag zu bekommen.

Die Verfassungsrichter argumentierten damit ähnlich wie ihre Vorgänger 1983. Damals hatte das Verfassungsgericht sanktioniert, dass Helmut Kohl im Jahr zuvor den gleichen Umweg genommen hatte, um Neuwahlen zu erreichen, ohne von seinem Amt als Bundeskanzler zurücktreten zu müssen. Über den jüngsten Spruch der Verfassungsrichter werden sicher noch interessante juristische Doktorarbeiten geschrieben werden.

Jedenfalls bleibt die jetzige Verfassungslage unbefriedigend. Mir erscheint es wichtig, dass der Bundestag verfassungsfest seine Auflösung auf geradem Wege beschließen

können sollte – natürlich versehen mit Sicherheiten gegen Missbrauch –, ohne den risikoreichen Pfaden folgen zu müssen, welche die gegenwärtige Verfassungslage zulässt. Nachdem Willy Brandt 1972, Helmut Kohl zehn Jahre später und jetzt auch ich diese Prozedur durchlaufen mussten, bleibt eben doch ein schaler Geschmack zurück.

Steht man auf der schmalen Terrasse über den Dächern der Hauptstadt oben im achten Stock des Kanzleramtes, blickt man auf den Reichstag. Dahinter das Brandenburger Tor, gleich daneben das Mahnmal für die ermordeten europäischen Juden und wiederum nicht weit entfernt, nur ein paar Schritte durch das Brandenburger Tor und vielleicht hundert Meter die Straße des 17. Juni hinunter, das Ehrenmal der Roten Armee. Diese Aufzählung allein zeigt, warum Berlin so viel erzählen kann. Es hält für den Besucher Stein gewordene Geschichte bereit wie keine andere Stadt in Deutschland. Wer hier nicht lernt, geschichtsbewusst zu denken, wird es nirgendwo lernen. Dort oben wanderte ich die Außenfront der »Waschmaschine« ab, wie die Berliner das Kanzleramt, diesen vierkantigen Klotz, nennen. Er ist Teil der Sichtachse, die mit dem neuen Berliner Hauptbahnhof ihren Anfang nimmt. Als sich das Haus noch im Rohbau befand, bin ich hier, mit Helm und Gummistiefeln ausgerüstet, durch das Gemäuer gestreift, um einen guten Platz für die Plastik »Berlin« von Eduardo Chillida zu finden, die ein unendlich liebenswerter Mäzen als sein Geschenk für das neue Berlin und den Regierungssitz gestiftet hat. Die hoch aufragende Figur aus Stahl, die das geteilte und wieder zusammenwachsende Berlin symbolisiert, schmückt heute den Vorhof des Kanzleramtes, ein Wahrzeichen wie die Plastik von Henry Moore, die immer noch vor dem alten Kanzleramt in Bonn steht und damals unver-

»Die Handlungsfähigkeit geht auch dann verloren, wenn der Kanzler gezwungen ist, von wesentlichen Inhalten seines politischen Konzepts abzurücken.« 9. Juni 2005: Nach seiner Erklärung im Bundeskanzleramt, er werde die Vertrauensfrage nicht mit einer Sachfrage verbinden, verlässt Gerhard Schröder den Raum.

»Berlin« von Eduardo Chillida.

wechselbares Zeichen dafür war, dass die Fernsehberichterstattung den Tatort Bonn aufrief.

Jetzt ist der Tatort Berlin. Nach sieben Jahren Regierungsverantwortung ziehe ich Bilanz. Ich lege Rechenschaft ab, erst einmal vor mir selbst, und frage mich: Was war richtig, was war falsch? Was war ausschlaggebend für die Talfahrt, die wir in einer Serie von Landtagswahlen antraten? Wie kam es, dass wir nicht genug Verbündete fanden, die uns dabei unterstützten, die Weichen in Deutschland so zu stellen, dass sich seine Bürger Schritt für Schritt auf die großen Veränderungen hätten vorbereiten und einstellen können? Das Bündnis für Arbeit kam gerade einmal auf neun Sitzungen, bis klar war, dass ein wirklicher Schulterschluss zwischen Unternehmern und Gewerkschaften beide überforderte. Was sich anderswo umsetzen ließ, in Holland, partiell in Skandinavien, war in Deutschland nicht möglich. In jenen Ländern nimmt man die Offerte des Staates an, die als Brücke wirkt, um zu einer Kooperation zwischen Arbeitgebern und Arbeitnehmern zu kommen. In Deutschland, in der aufgeheizten Atmosphäre nach dem Wahlkampf 2002, war Annäherung kein Thema mehr. Die wichtigsten gesellschaftlichen Mitspieler bei den Bemühungen, das tiefgreifende Reformprogramm abzusichern, das wir anzupacken hatten, waren vom Feld gegangen. Für eine sachliche Auseinandersetzung blieb kein Raum mehr; eine gesellschaftliche Konsolidierung der Reformagenda war damit obsolet geworden. Arbeitnehmer- und Arbeitgeberlager verstanden sich als Gegner; nur in der Ablehnung unserer Reformvorhaben waren sie sich einig und richteten ihre Geschütze auf alles, was die Regierung plante. Was dem einen zu weit ging, war dem anderen zu wenig. Die verbale Aufrüstung kam auf Touren. Alles wurde zu »Lüge«, zu »Betrug« erklärt. Jede Seite hatte mediale Parteigänger, die als Verstärker funktionierten, und die Opposition war jeweils Kronzeuge für beide Positionen.

Wir müssen sicher einen eigenen Anteil an diesen Entwicklungen in der Zeit, in der wir das Land regierten, eingestehen und wenn möglich Lehren daraus ziehen. In den Wochen vor den Neuwahlen durchstreifte ich erinnernd die Stationen der zweiten Periode von Rot-Grün. Es fing nicht gut an: mit einem verstolperten Auftakt nach der Wahl und einer unzureichenden Analyse des Wahlergebnisses. Wir hatten mit ein paar tausend Stimmen knapp gewonnen und waren erneut stärkste Partei vor der Union. Es war fast ein Patt und jedenfalls nur ein schmaler Vorsprung.

Die konservativen Machteliten in Deutschland haben diese knappe Niederlage nie wirklich akzeptiert. Sie wollten den gefühlten Sieg real werden lassen. Wir hätten uns also sehr viel besser auf die dann folgenden Auseinandersetzungen vorbereiten müssen, als es tatsächlich geschehen war. Jedenfalls hätten wir uns nicht eine einzige Blöße geben dürfen. Und vielleicht hätte ich auch auf die Mahnungen hören sollen, nach einem ungewöhnlich harten Wahlkampfmarathon erst einmal auszuspannen und neue Kraft zu schöpfen. So wirkte nach der Wahl beides zusammen, eine deutlich spürbare Erschöpfung der Akteure und ein holpriger Start in die neue Legislaturperiode. In den Koalitionsverhandlungen mit den Grünen war eine sogenannte Streichliste des Finanzministers Hans Eichel ohne große Diskussionen durchgewunken worden. Diese Streichliste zum Abbau von Subventionen und Steuerprivilegien hatten im Finanzministerium Beamte zusammengefügt, ohne die politische Wirkung im Blick zu haben. Ihr fehlte jede Symbolkraft, die plausibel gemacht hätte, dass es der Regierung um soziale Gerechtigkeit ging. Diese Vermittlung ist uns nicht gelungen.

Im November hatten wir in meinem zweiten Kabinett die in der Öffentlichkeit schnell nur noch als »Giftliste« verschrienen 41 Punkte des Eichel-Vorschlags zu verabschieden. Alle Streichungen, die Unternehmen oder Unternehmer betrafen, wurden von dort als verdeckte Steuererhöhungen verunglimpft, die der Konjunktur schadeten und damit kurzsichtig und unhaltbar seien. Die Bemühungen um Subventionsabbau waren schon verloren, bevor die Diskussionen richtig begonnen hatten.

In den internen Vorgesprächen zwischen Joschka Fischer und mir hatten wir uns fest vorgenommen, eine überzeugende, auch symbolisch überzeugende Politik zu entwerfen, die im Bewusstsein unserer Wähler und auch im Bewusstsein der politischen Akteure selbst als eine wenigstens annähernd gerechte Politik akzeptiert werden würde. Dabei war völlig klar, dass zwei Parameter unabweisbar Veränderungen erzwangen: die Überalterung der Gesellschaft und die Globalisierung der Wirtschaft. Daher bekam Eichel den Auftrag, eine nachvollziehbare Auflistung zugesicherter Subventionen zu erstellen, aus der deutlich hervorginge, dass die Belastungen für alle zumutbar sein und keinesfalls nur diejenigen treffen würden, die von Vermögen und hohem Einkommen weit entfernt sind. Eichels Vorschläge sahen unter anderem vor: deutliche Einschnitte bei der Eigenheimzulage, die Kürzung des Sparerfreibetrags um zwei Drittel, den vollen Mehrwertsteuersatz bei Leitungswasser und Futtermitteln, die Besteuerung von Flugbenzin, eine Mindestbesteuerung von Kapitalgesellschaften und Einschränkungen der steuerlichen Abzugsfähigkeit von Geschenken, Spenden und Bewirtungsspesen. Das Konzept litt darunter, dass es bürokratisch wirkte, und die Vielzahl der vorgelegten, oft nur minimalen Streichungen ließ gar nicht erst den Eindruck aufkommen, hier sei ernsthaft über eine gerechte Verteilung der Lasten nachgedacht worden. Ich habe diese Schwäche des Eichel-Papiers nicht rechtzeitig erkannt und muss daher die Folgen der öffentlichen Wirkung dieser missverstandenen Materialsammlung auf meine Kappe nehmen.

Vollends kippte die Debatte, als es gelang – und die Opposition trommelte dafür jeden Tag –, die Streichliste als verkappte Steuererhöhung darzustellen, ein Effekt, der dadurch verstärkt wurde, dass tatsächlich einiges unüberlegt war und anderes aufgrund des öffentlichen Drucks vom Finanzministerium wieder zurückgenommen werden musste. In dieser Stimmungslage war es dann sehr einfach, der Regierung durchdachtes Handeln abzusprechen. Worüber sich Arnulf Baring, Politologe und Geschichtsprofessor aus Berlin, im Speziellen geärgert haben mag, weiß nur er selbst, jedenfalls nahm er die in der Liste enthaltene Streichung der pauschalen Besteuerung von Gewinnen aus Wertpapier- und Immobiliengeschäften zum Anlass, sich einen Bürgeraufstand zu wünschen, der den »Steuereintreibern« das Handwerk legen sollte. Baring rief das Volk auf die Barrikaden und wurde so kurzzeitig Schlagzeilenstar der Boulevardpresse. »Die Situation ist reif für einen Aufstand«, rief er in die aufgeheizte Atmosphäre dieses Spätherbstes 2002 und konstatierte, »massenhafter Steuerboykott« oder gar »empörte Revolte« liege in der Luft. Ganz so heiß wurde es dann doch nicht, aber Baring stand mit seinen Versuchen, jegliches Regierungshandeln in Verruf zu bringen, nicht allein.

Die Opposition versuchte, die schlechte Stimmung zu nutzen, um mit einem »Lügen-Untersuchungsausschuss« das gesellschaftliche Klima anzuheizen und die Koalition zu schwächen. Allerdings übersahen die Oppositionsparteien dabei, dass diese Agitation sie selbst treffen musste. Denn das Publikum sprach nicht nur der Bundesregierung, sondern der Politik insgesamt zunehmend jede Kompetenz ab, die drängenden Probleme zu lösen. Diese Einschätzung von Politik und ihren Handlungsmöglichkeiten wird uns, so glaube ich, länger im Weg stehen, als es uns lieb ist.

Angesicht dieser Lage war es schon keine Überraschung mehr, dass wir die wichtigen Landtagswahlen in Hessen und Niedersachsen im Februar 2003 mit Pauken und Trompeten verloren. Obwohl ich mich auch im hessischen Landtagswahlkampf redlich darum bemüht hatte, war ich zu keinem Zeitpunkt davon überzeugt gewesen, dass es gelin-

»Er hatte ein in jeder Hinsicht schwieriges Amt.« Hans Eichel, Bundesminister für Finanzen, 31. Oktober 2002.

gen könnte, dort die CDU zu schlagen. Mit der dramatischen Niederlage in Niedersachsen hatte ich jedoch nicht gerechnet. Zwar war mir klar, dass sich mein eigenes Wahlergebnis aus dem Jahr 1998 nicht wiederholen ließe, aber angesichts der Popularität des SPD-Ministerpräsidenten Sigmar Gabriel hatte ich doch auf ein besseres Abschneiden gehofft. Die negative Stimmungslage in Berlin, die ich zu verantworten hatte, aber auch Fehler im niedersächsischen Wahlkampf verhinderten einen Wahlsieg.

Schon vor Weihnachten 2002 hatten Frank-Walter Steinmeier, mein Chef des Kanzleramtes, und ich die Lage nach den Koalitionsverhandlungen schonungslos analysiert. Uns war klar, dass wir die Legislaturperiode mit der Koalitionsvereinbarung nicht würden überstehen können. Wir waren uns einig: Die Zeit war reif für ein offensives Reformprogramm, das weit über den Koalitionsvertrag hinausreichte.

Ich bat Steinmeier, Elemente eines solchen Programms zu entwerfen. Kerngedanken des Entwurfes waren die Bewahrung des Sozialstaatsprinzips unter völlig veränderten weltwirtschaftlichen und gesellschaftlichen Bedingungen; die Notwendigkeit von Strukturreformen im Gesundheitswesen, in der Rentenversicherung und auf dem Arbeitsmarkt; mehr Eigenverantwortung des Einzelnen, um Leistungskürzungen und Beitragserhöhungen zu verhindern. Effizienz in den sozialen Sicherungssystemen, Subventionsabbau und Steuersenkungen sollten die Zielgrößen sein, um das Wirtschaftswachstum anzukurbeln und Mittel freizubekommen für Zukunftsinvestitionen des Staates. Natürlich sickerte das eine oder andere an die Öffentlichkeit. Allerdings wurde von der explosiven Kraft dieser Überlegungen wenig Notiz genommen, weil Partei und Fraktion wie die gesamte deutsche Öffentlichkeit von der Debatte um den drohenden Irakkrieg beherrscht wurden. So konnten wir geräuschlos weiterarbeiten.

Franz Müntefering und Wolfgang Clement wurden informiert, und ich besprach das Vorhaben auch mit Joschka Fischer. Von allen kam Zustimmung. Die Agenda 2010, die noch nicht so hieß, wurde geboren. In unseren abendlichen Diskussionen spielte der Zusammenhang zwischen außenpolitischer Krisenbewältigung und innerer Stärke des Landes immer wieder eine große Rolle. Ich behaupte nicht, dass unsere Haltung in der Irak-Frage und der Entwurf der Agenda 2010 zwei Teile einer erdachten Strategie waren. Aber uns wurde zunehmend bewusst, wie eng die außenpolitische Souveränität und das ökonomische Potenzial Deutschlands miteinander verbunden waren. Gerade die außenpolitische Entwicklung hatte mir gezeigt, dass unser Land seine Verantwortung und mitgestaltende Rolle in der Welt nur auf der

Basis eines mächtigen und geeinten Europa wahrnehmen kann. Aber unsere Unabhängigkeit in außen- und sicherheitspolitischen Entscheidungen würden wir nur erhalten können, wenn wir unsere Wirtschaftskraft steigerten und uns wirtschafts- und sozialpolitisch beweglicher zeigten.

Diese Wechselwirkung zwischen Innen- und Außenpolitik, zwischen wirtschaftlicher und sozialer Stärke einerseits und Deutschlands Rolle in Europa und der Welt andererseits ist meines Erachtens unauflösbar. Deshalb mussten wir zum Wandel im Innern bereit sein, um unserer deutschen Verantwortung in und für Europa gerecht werden zu können. In der Konsequenz hieß das, grundlegende Reformen im Innern in Angriff zu nehmen. Da sich die Struktur unserer Sozialsysteme seit fünfzig Jahren praktisch nicht verändert hatte, waren der Umbau des Sozialstaates und seine Erneuerung unabweisbar geworden – mit dem Ziel, seine Substanz zu erhalten. Deshalb brauchten wir durchgreifende Neuerungen.

Diesen Zusammenhang und die daraus folgende Begründung für die Reformnotwendigkeiten habe ich oft genug vorgetragen. Es ist also falsch, wenn in der Öffentlichkeit, auch in der SPD, immer wieder behauptet wurde, der politische Hintergrund der Agenda 2010 sei nicht hinreichend deutlich gemacht worden. Wer hören wollte, konnte wohl hören. Und wer nicht gehört hat, der wollte nicht.

Meine Regierungserklärung zu unserem Reformprogramm, die ich am 14. März 2003 abgab, war in einem sehr kleinen Kreis konzipiert worden. Die Schlussredaktion habe ich selbst vorgenommen. Um die Opposition zu überraschen, wurden wichtige Passagen nicht in den tags zuvor versandten Redetext aufgenommen. Ich habe sie im Bundestag mündlich ergänzt. Bis zuletzt hatte die Rede keine eingängige Überschrift. Aber dann hatte meine Frau, mit der ich das Vorhaben am Wochenende vor der Bundestagssitzung diskutierte, einen Namen parat: Agenda 2010. Wichtig war die Nennung des Zieldatums 2010, das deutlich machen sollte, dass die angekündigten Maßnahmen erst dann ihre volle Wirksamkeit erreichen würden. Und ich sollte recht bekommen mit diesem Plan. Die jetzige Regierung kann schon die ersten Früchte ernten. Meine Mitarbeiter fanden den Begriff zunächst zu technokratisch. Gerade wegen der europäischen Anklänge und weil der Begriff ungewöhnlich war, entschied ich, ihn zu benutzen. Er wurde danach weltweit zu einem Synonym für die Reformfähigkeit Deutschlands.

Die Agenda 2010 hatte eine beachtliche Tragweite, die vielen erst im Verlauf der dann einsetzenden Arbeiten in Regierung und Bundestag bewusst wurde. Deshalb möchte ich die wichtigsten Maßnahmen dieses Programms noch einmal in Erinnerung rufen:

1. Reformen in der Arbeitsmarktpolitik mit dem einen Ziel, mehr Menschen in Arbeit zu bringen: Das Verhältnis von staatlicher Verantwortung und Eigeninitiative soll in eine neue, dauerhafte Balance gebracht werden. Steuerfinanzierte Sozialleistungen sollen auf die wirklich Bedürftigen konzentriert werden. Denn viele Beschäftigte bringen netto nur wenig mehr mit nach Hause als manche Bezieher von Arbeitslosen- oder Sozialhilfe. Diese Ungerechtigkeit muss abgeschafft werden. Wir wollen Menschen schneller in die Lage versetzen, ein anständiges Einkommen aus eigener Kraft zu erzielen. Diesem Zweck soll vor allem die Zusammenlegung von Arbeitslosen- und Sozialhilfe dienen. Alle erwerbsfähigen Hilfebedürf-

tigen, die nach Ablauf von zwölf Monaten (bei über 55-Jährigen nach achtzehn Monaten) keinen Anspruch mehr auf Arbeitslosengeld haben, sollen Zugang zu den gleichen Leistungen bekommen und nach denselben Regeln unterstützt werden, nämlich aus einer Hand und unter einem Dach, in einer gemeinsamen Anlaufstelle. Wir wollen das ständige Hin- und Herschieben der Langzeitarbeitslosen zwischen Arbeits- und Sozialamt beenden. Dieses neue Arbeitslosengeld II soll sich in Höhe und Dauer grundsätzlich nicht nach den früheren Beitragszahlungen oder dem letzten Einkommen richten, sondern nur nach der Bedürftigkeit des Arbeitsuchenden und der mit ihm in Bedarfsgemeinschaft lebenden Personen. Es soll in der Regel dem Niveau der Sozialhilfe entsprechen. Das Arbeitslosengeld II wird aus den Beiträgen der Steuerzahler finanziert. Deshalb hat die Gemeinschaft auch einen Anspruch darauf, dass der Arbeitsuchende aktiv mitwirkt. Fördern und Fordern gehen also Hand in Hand: Der Arbeitslose soll jedes zumutbare Jobangebot annehmen, soweit die Arbeit nicht gegen das Gesetz oder die guten Sitten verstößt. Wer ein Angebot ablehnt, obwohl es zumutbar ist, muss mit Kürzungen der Zuwendungen rechnen. Wer Hilfe erhält, muss selbst alles tun, um die Abhängigkeit von staatlicher Unterstützung so schnell wie möglich zu beenden. Wer mit dem Geld der Steuerzahler unterstützt wird, muss bereit sein, die Lasten für die Gemeinschaft so gering wie möglich zu halten, was auch bedeutet, dass eigenes Einkommen oder Vermögen zuerst für den Lebensunterhalt verwendet werden muss.

2. Vereinfachung des Kündigungsschutzes ohne Substanzverlust: Der Kündigungsschutz ist eine soziale und kulturelle Errungenschaft, aber Änderungen insbesondere bei

Kleinbetrieben waren notwendig. Um die psychologische Schwelle bei Neueinstellungen zu überwinden, soll die Zahl derjenigen, die befristet eingestellt werden, und die Zahl derjenigen, die als Leih- und Zeitarbeiter tätig sind, nicht auf die Obergrenze, wo der Kündigungsschutz greift, angerechnet werden. Es ist vorgesehen, eine wahlweise Abfindungsregelung bei betriebsbedingten Kündigungen einzuführen und die Sozialauswahl umzugestalten mit dem Ziel, die Leistungsträger unter den Beschäftigten im Unternehmen zu halten.

3. Tarifrecht: Das Recht auf Mitbestimmung wird nicht angetastet, die Flächentarifverträge werden nicht abgeschafft. Aber in den Tarifverträgen müssen mehr Optionen geschaffen werden, das heißt Öffnungsklauseln auf

»Der Name ›Agenda 2010‹ wurde weltweit zu einem Synonym für die Reformfähigkeit Deutschlands.« Gerhard Schröder auf der Regionalkonferenz West der SPD in Bonn, 28. April 2003.

dem Boden des geltenden Tarifvertragsrechtes. Es wird von den Tarifparteien erwartet, dass sie sich auf betriebliche Bündnisse einigen, wie das in vielen Branchen bereits der Fall ist. Geschieht das nicht, wird der Gesetzgeber handeln.
4. Ausbildung: Die Wirtschaft wird aufgefordert, die gegebene Zusage einzuhalten: Jeder, der einen Ausbildungsplatz sucht und ausbildungsfähig ist, muss einen Ausbildungsplatz bekommen. Wenn diese Zusage nicht eingehalten wird, soll es eine gesetzliche Regelung in Form einer Ausbildungsabgabe geben.
5. Modernisierung der Handwerksordnung: Sie soll Neugründungen und Unternehmensübernahmen erleichtern. Der Meisterzwang bleibt in den wichtigsten Branchen erhalten. In vielen Berufsbereichen soll sich aber zukünftig der erfahrene Geselle auch ohne Meisterbrief selbständig machen können. Und der Chef eines Handwerksbetriebs soll künftig nicht mehr selbst einen Meisterbrief brauchen; es wird ausreichen, wenn er einen Meister in seinem Handwerksbetrieb beschäftigt.
6. Reform des Gesundheitswesens mit dem Ziel, Einnahmen und Ausgaben wieder in ein vernünftiges Verhältnis zu bringen. Durch den demografischen Wandel unserer Gesellschaft haben sich die Ausgaben kontinuierlich erhöht. Um die dafür notwendigen Einnahmen zu erzielen, sind die Lohnnebenkosten immer weiter angestiegen, was die Arbeitskosten in die Höhe treibt und neue Arbeitsplätze verhindert. Erste Reformschritte sollen sein:
   – Änderungen des Vertragsmonopols der kassenärztlichen Vereinigungen: Krankenkassen sollen Einzelverträge mit den Ärzten abschließen können, um den Wettbewerb zwischen ihnen zu fördern.

- Überarbeitung des Leistungskatalogs und Streichung von Leistungen: Es soll neu bestimmt werden, was künftig zum Kernbereich der gesetzlichen Krankenversicherung gehört und was nicht.
- Krankengeld soll in Zukunft nicht mehr paritätisch, sondern allein durch die Beiträge der Versicherten abgedeckt werden.
- Einführung einer Praxisgebühr in Höhe von zehn Euro pro Quartal.
- Erhöhung der Zuzahlung bei Medikamenten.

7. Um das Wirtschaftswachstum anzukurbeln, sollen über die Steuer- und Investitionspolitik des Staates Anreize gesetzt werden:
   - Absenkung des Eingangssteuersatzes auf 15 Prozent und des Spitzensteuersatzes auf 42 Prozent. Das bedeutete ein Entlastungsvolumen von rund 7 Milliarden Euro am 1. Januar 2004 und von 18 Milliarden Euro am 1. Januar 2005.
   - Einführung einer Abgeltungssteuer auf Zinserträge, um die im Ausland angelegten Gelder straffrei zurückzuholen.
   - Besteuerung der Gewinne aus Veräußerungen.
   - Mobilisierung eines Investitionsvolumens in Höhe von insgesamt 15 Milliarden Euro über die Kreditanstalt für Wiederaufbau: 7 Milliarden Euro für ein kommunales Investitionsprogramm und 8 Milliarden Euro für die private Wohnungsbausanierung.
   - Grundlegende Reform der Gemeindefinanzen durch eine erneuerte Gewerbesteuer.
   - Entlastung der Kommunen von der Zahlung für die arbeitsfähigen Sozialhilfeempfänger in Milliardenhöhe.

Dies waren in Stichworten die wesentlichen Punkte des Reformprogramms Agenda 2010. Mit Kritik im Detail hatte ich sehr wohl gerechnet, aber nicht mit dem, was dann kommen sollte. Zunächst meldete sich, wie zu erwarten war, die Arbeitgeberseite. Die Richtung stimme, doch seien die Reformpläne unzureichend, ließ die Bundesvereinigung der Deutschen Arbeitgeberverbände verlauten. Der Zentralverband des Deutschen Handwerks verwarf das Programm komplett. Auch die Wirtschaftsforscher meldeten sich zu Wort und bemängelten, dass die Reformen nicht weit genug gingen.

Und dann kamen die Gewerkschaften. Der DGB-Vorsitzende Michael Sommer forderte »deutliche Korrekturen«. Die Gewerkschaften drohten mit einer massiven Kampagne gegen unsere Politik – bis hin zum Bruch mit der SPD. Ich hatte allen gesagt, dass man über Details reden könne, über die Linie hingegen nicht. Wir waren also an einem entscheidenden Punkt angekommen. So organisierten Mitglieder der SPD-Bundestagsfraktion eine Kampagne gegen die Agenda-2010-Pläne. Sie stellten einen Aufruf mit der Überschrift »Wir sind die Partei!« ins Internet, für den sie drei Monate lang massiv Unterschriften sammeln wollten. Ziel dieses Mitgliederbegehrens war es, eine Abstimmung der SPD-Mitglieder über die Agenda 2010 herbeizuführen.

Franz Müntefering war die Sprengkraft dieses Mitgliederbegehrens sofort bewusst. Wir berieten uns rasch und verständigten uns auf ein offensives Vorgehen, nämlich die Einberufung eines SPD-Sonderparteitages. Auf dem Weg dorthin wollten wir gemeinsam mit den zuständigen Bundesministerinnen und -ministern, auf vier SPD-Regionalkonferenzen intensiv für die Agenda 2010 werben und die

Parteifreunde von der Notwendigkeit der Reformen überzeugen. Uns war klar, worum es eigentlich ging: um den Erhalt der Regierungsfähigkeit unserer Partei. So folgten also die Regionalkonferenzen am 28. April in Bonn, am 5. Mai in Nürnberg, am 7. Mai in Hamburg und am 21. Mai in Potsdam. Parallel dazu arbeitete Müntefering an einem Leitantrag des SPD-Parteivorstandes, der dann auf dem Parteitag am 1. Juni für die notwendige Unterstützung der Agenda 2010 sorgen sollte. Er wollte mit diesem strikten Verfahren, das dem Diskussionsbedarf der Partei entgegenkommen sollte, dem Mitgliederbegehren das Wasser abgraben.

Überlagert war dieser ganze Diskussionsprozess von der Kampagne der Gewerkschaften, vorneweg die IG Metall und ver.di. So forderte die IG Metall, mich von der zentralen Kundgebung am 1. Mai, dem Tag der Arbeit, auszuladen, ein Ansinnen, das von Michael Sommer – noch – abgelehnt wurde. Ich erhielt eine Einladung zur zentralen DGB-Kundgebung im Hessenpark in Neu-Anspach, einem Museumsdorf. Im Vorfeld waren massive Proteste angekündigt. Mein Personenschutzkommando vom Bundeskriminalamt riet mir, die Veranstaltung abzusagen, aber das kam für mich überhaupt nicht infrage. Kritikern wollte ich auf keinen Fall ausweichen, sondern in der direkten Konfrontation meine Argumente vortragen. Für die Gewerkschaften sollte dieser 1. Mai den Auftakt zu einem heißen Mai bilden, zu Massenprotesten gegen unsere Politik. Es kamen dann dreitausend nach Neu-Anspach, die Veranstaltung verlief in geordneten Bahnen, von den Pfeifkonzerten ließ ich mich nicht beeindrucken. Aber betroffen gemacht hat mich ein Plakat auf einer der Kundgebungen. Dort wurde ich geschmäht als »asozialer Desperado«. Das hat mich persönlich sehr verletzt.

Den Mai über spitzten sich die Auseinandersetzungen zu, die Angriffe blieben persönlich. Fraktionsmitglieder forderten Wolfgang Clements Rücktritt – er habe mit dieser Politik in einer rot-grünen Bundesregierung nichts mehr zu suchen. Ich, der »große Zampano«, wurde zur grundlegenden Kurskorrektur aufgefordert. Und die Gewerkschaften sekundierten. Der IG-BAU-Vorsitzende Klaus Wiesehügel sprach von einem Poker: Es komme jetzt darauf an, wer die besseren Nerven habe – der Kanzler oder die Gewerkschaften. Offen rief er die SPD-Linke zur Ablehnung der Agenda 2010 im Parlament und damit indirekt zum Sturz des Kanzlers auf: »Der Kanzler spielt einen sehr hohen Preis, da kann es auch passieren, dass es schiefgeht. Aber da ist er selbst schuld.« Unser Reformprogramm sei »zynisch« und ein Verstoß gegen die Menschenwürde. Der IG-Metall-Vorsitzende Jürgen Peters bezeichnete das Reformprogramm als einen »Scheißdreck«. Ein geplantes Spitzentreffen zwischen der SPD und den Gewerkschaftsvorsitzenden wurde kurzfristig seitens der Gewerkschaften abgesagt.

Die Gewerkschaften konzentrierten sich mit aller Kraft darauf, den Widerstand gegen die Agenda 2010 zu verstärken. Der 24. Mai 2003 sollte der große Aktionstag in vierzehn deutschen Städten werden – eine gewaltige Demonstration der Stärke mit dem Titel »Reformen ja. Sozialabbau, nein danke!«. Die Veranstalter erhofften sich dreihunderttausend Teilnehmer. Es kamen gerade einmal neunzigtausend – eine Niederlage für eine Organisation, die Millionen von Arbeitnehmern vertritt.

Die Regionalkonferenzen der SPD vor dem Sonderparteitag hatten wir alle mit Spannung erwartet. Die Diskussionen mit den Teilnehmern sollten im Mittelpunkt stehen. Ich nahm mir viel Zeit und wich keiner Frage aus. Zum Teil

»Die Gewerkschaften drohten mit einer massiven Kampagne gegen unsere Politik – bis hin zum Bruch mit der SPD.« Der Bundeskanzler und der DGB-Vorsitzende Michael Sommer am 1. Mai 2003 auf der zentralen Kundgebung der Gewerkschaften in Neu-Anspach. Vor rund dreitausend Menschen verteidigte Schröder seine Agenda 2010.

dauerten die abendlichen Veranstaltungen länger als drei Stunden, was für dieses Format eher unüblich ist. Die zuständigen Kolleginnen und Kollegen aus dem Kabinett nahmen daran teil und halfen engagiert mit, für die Reformen zu werben. Unter dem Strich hat sich der Einsatz gelohnt. Auf allen vier Konferenzen erfuhr die Agenda 2010 Zustimmung.

Dann kam der Parteitag am 1. Juni. Er war von Franz Müntefering und seinen Leuten hervorragend vorbereitet worden. Der Parteivorstand hatte einen Leitantrag mit der Überschrift »Innovation, Wachstum, Arbeit, Nachhaltigkeit« entworfen. In diesem Antrag fand die Agenda 2010 weitgehenden Zuspruch. Der SPD-Linken wurde die Zustimmung durch die Aufnahme eines von ihr gewünschten Passus erleichtert, der besagte, dass große Privatvermögen stärker zur Finanzierung von Aufgaben im Sinne des Gemeinwohls herangezogen werden sollten. Ich bemühte mich fast eine Stunde lang, mein Programm nochmals zu erklären und zu begründen. Wie so oft in Notfällen sprang mir auch diesmal Erhard Eppler bei. Er war ein starker Reformbefürworter und trug wieder einmal mit einem engagierten Beitrag und der natürlichen Autorität seiner Persönlichkeit zum Stimmungsumschwung bei. Am Ende stimmten von den 520 Delegierten im Berliner Hotel Estrel 90 Prozent für die Agenda 2010.

Was dann folgte, war die konkrete Arbeit der Gesetzgebung, die unter großem Zeitdruck stand. Uns war wichtig, dass wir rasch Punkt für Punkt der Agenda 2010 umsetzten und mit unserer eigenen Mehrheit durch den Deutschen Bundestag brachten, damit die Reformen zum 1. Januar 2004 in Kraft treten konnten. Denn wir alle wussten, dass die Gesetzbeschlüsse im CDU-geführten Bundesrat abgelehnt und von dort an den Vermittlungsausschuss zur Klärung überwiesen werden würden. Doch zunächst war für mich wichtig, bei den entscheidenden Abstimmungen im Deutschen Bundestag die eigene Mehrheit für die Reformgesetze zu bekommen. Deshalb war der 17. Oktober ein wichtiger Tag. Die Koalitionsmehrheit war bei den namentlichen Abstimmungen gleich mehrere Male gefordert. Unter anderem ging es um die zentralen Reformen am Arbeitsmarkt, zum Beispiel um die Zusammenlegung von Arbeitslosen- und Sozialhilfe und um Fragen der Zumutbarkeitsregelung. Einige SPD-Abgeordnete hatten bis zum Schluss offengelassen, ob sie den Gesetzentwürfen zustimmen würden oder nicht. Aber die Mehrheit stand dann doch. Das war auch das Verdienst der beharrlichen, mit unerschöpflicher Energie geleisteten Überzeugungsarbeit von Franz Müntefering.

Wie zu erwarten war, wurde nach der Ablehnung der Gesetzesvorhaben im Bundesrat der Vermittlungsausschuss angerufen. Auch diese Runde stand unter großem Einigungsdruck, denn alles war darauf angelegt, die Gesetze noch vor der Weihnachtspause zu beschließen. In der Nacht vom 14. auf den 15. Dezember 2003 wurden zu allen Themen Kompromisse gefunden: zur Reform der Bundesanstalt für Arbeit (Hartz III), Zusammenlegung von Arbeitslosen- und Sozialhilfe (Hartz IV), die letzte Stufe der Steuerreform, zu Tarifrecht, Subventionsabbau (Eigenheimzulage, Pendlerpauschale), zu Handwerksordnung und Gemeindefinanzreform. Da sich die zweiunddreißig Mitglieder des Vermittlungsausschusses (je sechzehn Ländervertreter und sechzehn Bundestagsabgeordnete) unter der Leitung des Bremer Bürgermeisters Henning Scherf natürlich nicht einigen konnten, musste immer wieder in der Nacht die sogenannte Elefantenrunde eingeschaltet werden.

In dieser neunköpfigen Gruppe saßen neben mir die Vorsitzenden von CDU, CSU und FDP, Vizekanzler Joschka Fischer, SPD-Fraktionschef Franz Müntefering sowie drei Ministerpräsidenten. Ich war froh, dass wir Lösungen fanden, auch wenn es einige Wermutstropfen für uns gab. So wurde auf Druck der Union der Eingangssteuersatz nicht auf 15 Prozent abgesenkt, sondern nur auf 16, der Spitzensteuersatz nicht wie geplant auf 42 Prozent, sondern auf 45. Damit wurde die Steuerentlastung im Grunde genommen halbiert. Auch auf Druck der Union wurde die Zuständigkeit für die Bezieher des Arbeitslosengeldes II zwischen Arbeitsämtern und Kommunen nicht einheitlich geregelt, sondern wesentlich kompliziert. Das sollte sich später in der Umsetzung und nun,

»Das war auch ein Verdienst der beharrlichen Überzeugungsarbeit von Franz Müntefering.« 17. Oktober 2003: Fast alle Parlamentarier von SPD und Grünen stimmen für die umstrittenen Arbeitsmarktgesetze.

nach dreijähriger Praxiserfahrung, als ein schwerer Fehler erweisen.

Das Ergebnis in einem wichtigen Verhandlungspunkt löste bei mir heimliche Freude aus. Es zeigte mir, dass selbst Gewerkschaften unter dem Druck der Verhältnisse in Bewegung zu bringen sind. Die Union wollte Öffnungsklauseln im Tarifrecht gesetzlich fixieren, um Betrieben Bündnisse und Betriebsvereinbarungen zu erleichtern. Aus Angst vor diesem Eingriff rauften sich IG-Metall-Chef Jürgen Peters und der Gesamtmetall-Präsident Martin Kannegiesser zusammen und entwickelten eine Entlastungsstrategie. Sie wünschten keinen Eingriff des Gesetzgebers und erklärten sich bereit, selbst für mehr Spielräume in Form von betrieblichen Bündnissen in ihren Tarifverträgen zu sorgen. Dies war es, was ich von Anfang an im Sinn gehabt, aber allein nicht durchzusetzen vermocht hatte. Nun also waren die Tarifparteien selbst zur Vernunft gekommen. Am 19. Dezember wurde dann dieser gesamte Vermittlungskompromiss zunächst im Bundesrat und dann im Deutschen Bundestag mit Mehrheit beschlossen. Die Reformmaßnahmen der Agenda 2010 konnten wie geplant am 1. Januar 2004 in Kraft treten.

Das ganze Jahr 2003 war ein gewaltiger Kraftakt, der nicht nur mir, sondern auch den Mitstreitern in Regierung, Fraktion und Kanzleramt an die Substanz ging. Gegen alle Widerstände hatten wir es tatsächlich geschafft, Gegner zu überzeugen und die geplanten Maßnahmen mit der eigenen politischen Mehrheit Gesetz werden zu lassen. Insofern hatte ich allen Grund, froh zu sein. Aber der Gedanke an das folgende Jahr erfüllte mich damals mit Sorge, weil ich mir nicht sicher war, wie hartnäckig ehemalige Kritiker bleiben würden. Denn die Umsetzung konnte nicht unmittelbar zu positiven Ergebnissen führen. Maßnahmen dieser Größenordnung brauchen Zeit, um ihre Wirkung zu entfalten, das war mir klar. Deshalb beschäftigte mich über den Jahreswechsel die Frage, wie groß wohl die Geduld der eigenen Anhänger sein würde.

Erste Anzeichen einer instabilen Lage hatte es bereits auf dem SPD-Bundesparteitag im November 2003 in Bochum gegeben. Dieser Parteitag, auf dem ich – nebenbei bemerkt – von Hans-Jochen Vogel für vierzig Jahre Mitgliedschaft in der SPD geehrt wurde, hatte es in mehrfacher Hinsicht in sich. Die Auseinandersetzungen um die Agenda 2010 hatten ihre Spuren hinterlassen. Zwar wagten die Kritiker keinen offenen Aufstand gegen den Parteivorsitzenden und Bundeskanzler; mein Wahlergebnis, rund 80 Prozent der Stimmen, war angesichts der vorausgegangenen Auseinandersetzungen eher gut. Aber Wolfgang Clement, der hauptverantwortliche Minister für die Agenda 2010, erhielt als mein Stellvertreter nur 56,7 Prozent, und der Generalsekretär meines Vertrauens, Olaf Scholz, wurde für seine große Loyalität gegenüber meiner Politik und Person mit 52,6 Prozent der Stimmen regelrecht abgestraft. Das waren deutliche Hinweise darauf, dass große Teile der SPD immer noch nicht bereit waren, sich dauerhaft und geschlossen hinter die Reformpolitik zu stellen.

Ich erkannte immer deutlicher, dass meine Kraft nicht ausgereicht hatte, dafür zu sorgen, dass die Agendapolitik von SPD und Regierung entschlossen und offensiv vertreten wurde. Die meisten Spitzenfunktionäre der SPD waren bereit, dem Bundeskanzler – wenn auch widerwillig – zu folgen, um ihn nicht zum Aufgeben des Amtes zu zwingen. Sie waren aber nicht davon überzeugt, dass seine Politik inhaltlich richtig war, und daher auch nicht bereit, sie in die

Gesellschaft hinein zu vermitteln. Im Gegenteil. Das kommunikative Problem blieb bestehen. Die Diffamierung der Agenda 2010 als unsozial, vorgetragen von führenden Mitgliedern der SPD, vor allem aus Hessen, Niedersachsen und dem Saarland, aber auch von lautstarken Minderheiten in der Fraktion, wurde von einflussreichen Medien begierig aufgegriffen. So war es nicht möglich, die Agenda 2010 als ein zukunftsträchtiges Reformprojekt zur Sicherung der Substanz des Sozialstaates darzustellen. Dies trug in der Folge natürlich wesentlich zur Verunsicherung der SPD-Kernwähler bei.

Deren Denken ist aus guten Gründen simpel: Wenn schon die eigene Partei nicht von der Richtigkeit ihrer Politik überzeugt ist, die auch Belastungen für die Bevölkerung mit sich bringt, warum sollen dann sie, die Wähler, diese Politik unterstützen? Die Strategie relevanter Teile der SPD-Linken trug darüber hinaus dazu bei, dass eine neue Linkspartei entstehen konnte. Mir wurde klar, dass die Diskrepanz zwischen mir und Teilen der SPD nur zu überbrücken war, wenn sich eine größere, auch emotionale Nähe zwischen Parteivorsitz und Spitzenfunktionären der Partei herstellen ließe. Dabei musste darauf geachtet werden, dass sich Arbeits- und Vermittlungsstil ändern durften, der Inhalt der Politik aus objektiven Gründen aber nicht, weil sonst dem Bundeskanzler die Vertrauensgrundlage entzogen worden wäre.

Nach meiner Überzeugung gab es in der Partei nur einen, der die persönliche Autorität, genügend Standfestigkeit und hinreichende Loyalität hatte: Franz Müntefering. Müntefering, in meinem ersten Kabinett Minister für Verkehr, Bau- und Wohnungswesen, war nach dem Abgang von Lafontaine Ende 1999 als Generalsekretär in die Parteiführung zurückgekehrt. In der zweiten Legislaturperiode hatte er den Vorsitz der SPD-Fraktion übernommen. Im Januar 2004 konfrontierte ich ihn mit meinen Überlegungen. Er wies meinen Vorschlag, den Parteivorsitz zu übernehmen, fast erschrocken, jedenfalls entschieden zurück. Damit, wandte er ein, beginne meine Abdankung auf Raten, und der Regierungschef werde in dieser wichtigen Phase der Durchsetzung der Agenda 2010 zusätzlich geschwächt. Natürlich verfehlte dieser Hinweis nicht seine Wirkung auf mich. Ich geriet wieder ins Zweifeln, zumal ich gern Vorsitzender meiner Partei war. Die mir in der Öffentlichkeit häufig unterstellte fehlende emotionale Bindung zur SPD ist angesichts meiner Biografie nicht nachvollziehbar.

In all den Jahren meiner Arbeit in und für die SPD hatte ich nie Schwierigkeiten mit der Mitgliedschaft, wohl aber mit jener Gruppe von Funktionären, die Festigkeit in der Politik mit Starrheit im Denken verwechseln. Schon aus Sorge um die Entwicklung meiner Partei hatte ich einen Wechsel an ihrer Spitze immer wieder hin und her gewendet. Franz Müntefering gegenüber blieb ich hartnäckig, weil ich der Meinung war, dass nur auf diese Weise den Bestrebungen unverantwortlicher Landes- und Bezirksvorsitzender Einhalt geboten werden konnte. Schließlich ließ sich Franz Müntefering überzeugen.

Am 6. Februar 2004 sollte der Wechsel verkündet werden. Am Abend zuvor war Wolfgang Clement bei mir im Kanzleramt. Wir besprachen Fragen der Arbeitsgesetzgebung, erörterten die Lage und saßen lange beisammen. Zu dem, was Franz und ich verabredet hatten, sagte ich kein Wort. Es war eine seltsame Situation: Ich fühlte mich nicht wohl in meiner Haut, war aber gebunden an die Verabredung mit Müntefering, die stellvertretenden Parteivorsitzenden erst unmittelbar vor der Erklärung zu informieren. Wolfgang Clement hat mir das sehr verübelt, was ich verstehe. Aber hätte ich ihm vorher davon erzählt, hätte ich auch alle anderen in Kenntnis setzen müssen – und dann wäre mit Indiskretion zu rechnen gewesen. Ich wollte den Überraschungseffekt nicht aufs Spiel setzen und nahm dafür die Verstimmung von Wolfgang in Kauf.

Bevor ich die stellvertretenden Parteivorsitzenden informierte, sprach ich mit zwei Respektspersonen der SPD: mit Hans-Jochen Vogel und Erhard Eppler. Beide waren skeptisch, doch zeigten sie Verständnis für meine Argumente und waren bereit, meine Position zu unterstützen. Das machte es Franz und mir leichter, den schweren Schritt zu vollziehen.

Mit dieser Entscheidung, die wir gemeinsam vor der Bundespressekonferenz in Berlin bekannt gaben, überraschten wir die gesamte Öffentlichkeit einschließlich der immer gut informierten Journalisten. Das gelang, weil die Absprache zwischen Franz und mir nicht im Vorhinein bekannt geworden war – ein weiteres Beispiel für seine Loyalität und Vertrauenswürdigkeit. Darüber hinaus hatte ich in den Augen vieler Journalisten gegen ein scheinbar ehernes Gesetz verstoßen, nämlich keine Macht abzugeben, wenn man Macht hat. Aber entgegen dieser Annahme sollte sich in den nächsten Monaten herausstellen, dass mir durch den Verzicht auf einen Teil meiner Macht ein Mehr an Durchsetzungsvermögen in meiner Funktion als Bundeskanzler zuwuchs. Dies war aber nur deshalb möglich, weil wir beide vertrauensvoll unsere unterschiedlichen Aufgaben wahrnahmen und uns gegenseitig unterstützten und ergänzten. Ein solch enges Verhältnis habe ich im politischen Leben zu niemand anderem je entwickeln können.

Bei der Vermittlung der Reformpolitik der Agenda 2010 bestätigte sich ein Grundsatz: Wenn zwei das Gleiche denken, das Gleiche aussprechen und das Gleiche tun, ist es noch lange nicht das Gleiche, weil es nämlich unterschiedlich wahrgenommen wird. Dies galt vor allem für unsere Versuche, der Partei, insbesondere ihren Funktionären, die Reformpolitik zu erklären. Der Parteivorsitzende Franz Müntefering war dazu besser in der Lage als der Bundeskanzler Gerhard Schröder, weil Franz nicht den Zwängen des Regierungshandelns unterworfen war und deshalb auf weniger Vorbehalte traf als ich.

Der Abschied vom SPD-Parteivorsitz fiel mir nicht leicht. Dies wurde mir bewusst, je näher der Parteitag am 21. März 2004 rückte, auf dem Franz Müntefering als mein Nachfolger in diesem Amt gewählt werden sollte. In meiner Rede vor dem Parteitag unterstrich ich noch einmal die Notwendigkeit, den als richtig und notwendig erkannten Reformkurs uneingeschränkt fortzusetzen. Gegen Ende der Rede löste ich mich vom Wortlaut meines Manuskripts. Der Pulk von Kameras gab den Blick auf meine Frau frei, die wie immer neben Hans-Jochen Vogel saß. In diesem Augenblick wurde mir wieder bewusst, was mir in meinem Leben wichtig war und auf wen ich mich verlassen konnte. Deshalb sagte ich: »Ich war stolz darauf, Vorsitzender dieser großen, ältesten demokratischen Partei Deutschlands sein zu dürfen. Aber die Aufgabe als Bundeskanzler, sozialdemokratische Politik eben nicht nur in Deutschland, sondern in Europa und darüber hinaus zu gestalten, erfordert schon die ganze Kraft eines Menschen – übrigens gestützt auf die, die ich liebe und die mich lieben.«

Der Wechsel im Parteivorsitz hat die Basis dafür geschaffen, dass ich im Jahr 2004 den eingeschlagenen Reformkurs der Agenda 2010 durchhalten konnte. Denn ohne Zweifel wäre nach den verheerenden Wahlniederlagen für die SPD im Juni bei mehreren Kommunalwahlen und insbesondere bei der Europawahl, die mit 21,5 Prozent für die SPD desaströs endete, eine neue Personaldebatte aufgebrochen. Sie hätte mich gezwungen, auf Druck der SPD-Linken den Parteivorsitz aufzugeben. Ein solcher erzwungener Schritt wäre aber definitiv auch das Ende der Kanzlerschaft gewesen. Im Rückblick betrachtet war das Jahr 2004 wohl das schwierigste Jahr meiner Regierungszeit. In dieser Zeit habe ich gelernt, dass man Reformen nicht nur ankündigen und gesetzgeberisch realisieren muss, sondern dass es noch wichtiger ist, in der Phase der Umsetzung standfest zu bleiben – gegen alle Widerstände in Parteien, Verbänden und in der Gesellschaft.

In diesem Jahr hatte mein Regierungssprecher Béla Anda häufig Kritik an der Regierungskommunikation einzustecken. Etliche Male musste ich ihn in SPD-Gremien, in denen wieder mal die Arbeit des Bundespresseamtes desavouiert wurde, verteidigen. Ich halte die Beanstandungen auch heute noch für ungerechtfertigt. Kommunikationsprobleme erwuchsen aus der Vielzahl sich widersprechender Äußerungen aus Ministerien, Fraktionen und Parteien. Oft wurden Entwürfe und Vorlagen, die die politische Ebene der Ministerien noch gar nicht erreicht hatten, an Journalisten weitergegeben und von diesen flugs zu politischen Schlagzeilen verarbeitet. Anda hätte sicher oft Grund gehabt, aus der Haut zu fahren, blieb aber stets kontrolliert und arbeitete wie Sisyphos an einer verbesserten Abstimmung unter den Sprechern der Ministerien, von Fraktion und Partei – in der aufgeladenen Situation des Jahres 2004 eine schwierige Aufgabe. Ihm ist es jedenfalls gelungen, aus

dem Bundespresseamt einen modernen Dienstleister und eine reaktionsschnelle Informationszentrale zu machen. Für Anda war das Bild mindestens so wichtig wie das Wort. Darum hat er den Fotojournalisten stärkere Beachtung geschenkt, ebenso wie der Regionalpresse, die es in der Hauptstadt oft nicht leicht hat, sich gegen die sogenannten Edelfedern durchzusetzen. Aber alles Bemühen eines Regierungssprechers hilft natürlich nicht, wenn seine Arbeit durch ein Stimmengewirr in den eigenen Reihen konterkariert wird.

In diesem Jahr 2004 habe ich zentrale Erfahrungen im Zusammenhang mit einer Politik der Reformen machen müssen: Solange diese abstrakt bleiben, ist die Bereitschaft der Menschen dazu außerordentlich hoch; eine deutliche

»Ein solch enges Verhältnis habe ich im politischen Leben zu niemand anderem je entwickeln können.« 21. März 2004: Auf dem SPD-Sonderparteitag in Berlin wird Franz Müntefering zum neuen Parteivorsitzenden gewählt und löst damit Gerhard Schröder in diesem Amt ab.

Mehrheit der Bevölkerung würde bei Umfragen stets bejahen, dass sich das Land reformieren muss. Sind die Bürger jedoch persönlich von den Auswirkungen betroffen, dann schlägt die Reformwilligkeit in Reformverweigerung um. Besonders deutlich war dies zu Beginn jenes Jahres zu spüren, als im Zuge der Gesundheitsreform die Praxisgebühr von zehn Euro pro Quartal eingeführt wurde. Im Januar und Februar waren die Reaktionen in der Öffentlichkeit und in den Medien geradezu hysterisch. Heute ist dieses Instrument eine Selbstverständlichkeit, es zeigt die erhofften Steuerungswirkungen. Patienten gehen sorgsamer und verantwortungsvoller mit Arztbesuchen um und leisten somit einen eigenen Beitrag zur Kostendämpfung.

Eine weitere Erfahrung war für mich ebenso wichtig: Es gibt eine zeitliche Lücke zwischen den teilweise schmerzlichen Reformbeschlüssen und den erst später eintretenden Erfolgen. Da Politik sich in Deutschland ständig neu legitimieren muss – zeitversetzt in Kommunal- und Landtagswahlen in sechzehn Bundesländern –, droht die Gefahr der unmittelbaren Abstrafung durch den Wähler, weil die positiven Wirkungen von Reformen nicht von heute auf morgen einsetzen. In diese zeitliche Kluft fiel im Jahr 2004 meine Politik wegen der großen Zahl regionaler Wahlen. Mich haben die schweren Niederlagen, die die SPD dabei hinnehmen musste, geschmerzt, nicht nur wegen der negativen Kommentierungen, die in den Wochen nach den Wahlsonntagen vor allem auf mich und mein Programm niederprasselten, sondern weil mir bewusst war, dass eine Vielzahl von ehrenamtlichen sozialdemokratischen Kommunalpolitikern ihre Ämter verloren, obwohl sie in ihrer Gemeinde oder Stadt hervorragende Arbeit geleistet hatten.

Und doch mussten wir auf dem Weg, den wir eingeschlagen hatten, vorankommen. Hätte ich an dieser Stelle aufgegeben, die Reformen der Agenda 2010 zurückgenommen oder gar auf das Amt des Bundeskanzlers verzichtet, wäre nicht nur in der SPD großer Schaden entstanden; ihre Regierungsfähigkeit und das Zutrauen der Menschen in die Partei wären für Jahrzehnte zerstört worden. Vor allem hätte dies verheerende Wirkungen für die Entwicklung unseres Landes gehabt. Ein Scheitern hätte unsere Politik der Reformen über Jahre diskreditiert und die Möglichkeit verbaut, grundlegende Veränderungen in unserem Sozialstaat vorzunehmen.

Die schlechten Umfragewerte für die SPD und den politischen Druck, der auf mir lastete, wollten Teile der Gewerkschaftsführung ausnutzen, indem sie systematisch auf meinen Sturz hinarbeiteten. Dem IG-Metall-Vorsitzenden Jürgen Peters und dem ver.di-Vorsitzenden Frank Bsirske ging es nicht mehr nur um Änderungen an Details der Agenda 2010, vielmehr wollten sie das Reformprogramm als solches und damit verbunden mich als Bundeskanzler zu Fall bringen. Ich verkenne dabei nicht, dass SPD und Gewerkschaften unterschiedliche Ausgangspositionen haben: auf der einen Seite die politische Partei, die dem Gemeinwohl verpflichtet sein muss, auch gegen die Interessen mächtiger Verbände, und auf der anderen Seite die Gewerkschaften, die die Interessen der Arbeitnehmerschaft zu vertreten haben.

Aber SPD und Gewerkschaften verbinden auch aus der Geschichte der Arbeiterbewegung erwachsene gemeinsame Ideale und Ziele. Stets ging es darum, die Lebensbedingungen der Menschen zu verbessern und die Grundwerte von Freiheit, Solidarität und Gerechtigkeit durchzusetzen. In diesem Sinne habe ich immer versucht, mit den Gewerkschaften zusammenzuarbeiten. Ein gutes Verhältnis verband mich mit Dieter Schulte, der bis zum Jahr 2002 DGB-Vorsitzender war. Ich schätze an ihm seine Verlässlichkeit und Redlichkeit. Auch mit den meisten Vorsitzenden der Einzelgewerkschaften habe ich stets gut zusammengearbeitet. Sie sehen sich in der Rolle von Gewerkschaftsführern, die sich konstruktiv an der Lösung von gesellschaftlichen Aufgaben beteiligen. Sie wissen, dass die Gewerkschaften in einer Gesellschaft der Umbrüche nur als aktiver Gestaltungsfaktor bestehen können. Dies gilt umso mehr, als der gewerkschaftliche Organisationsgrad in Deutschland dramatisch geschrumpft ist und gleichzeitig der Flächentarif immer löchriger wird.

Die Konfrontationsstrategie begann Anfang April im Zuge eines »Aktionstags gegen Sozialabbau« mit jener Veranstaltung in Berlin, auf der mir der DGB-Vorsitzende Michael Sommer eine »asoziale Politik« vorwarf. Am 1. Mai 2004 wurde ich erstmals nicht mehr zu den traditionellen Mai-Kundgebungen des DGB eingeladen. Dies war eine bewusste Düpierung eines sozialdemokratischen Bundeskanzlers. Parallel dazu begannen IG Metall und ver.di, ihre Infrastruktur für die Gründung und den Ausbau der neuen Linksgruppierung »Wahlalternative Arbeit und soziale Gerechtigkeit« zur Verfügung zu stellen. Jürgen Peters formulierte unverhüllt zwei Tage nach der Europawahl vor dem IG-Metall-Beirat wie folgt: »Wir sind gefordert, so den Rückzug der Menschen ins Private zu verhindern und in ein politisches Engagement für Arbeit und soziale Gerechtigkeit umzuwandeln. Um es auf den Punkt zu bringen: Wir sind gefordert, eine breite Bürgerbewegung aufzubauen, die die Sozialdemokraten zwingt, zur Vernunft zu kommen.« Die IG Metall startete in den Betrieben eine Unterschriftensammlung gegen die Reformpolitik der Bundesregierung. Parallel begannen Anfang August – unterstützt von der PDS und Teilen der Gewerkschaften – Demonstrationen gegen die Arbeitsmarktreformen der Bundesregierung. Sie nannten sich »Montagsdemonstrationen« und stellten sich in die Tradition der Protestbewegung von 1989 in der damaligen DDR – eine dreiste Vereinnahmung, denn 1989 ging es um Freiheit und Demokratie, 2004 dagegen um materielle Forderungen.

Die Ausmaße und die Heftigkeit der Protestwelle überraschten auch mich. Ich sah die Gefahr einer Radikalisierung des politischen Lebens, insbesondere im Hinblick auf die im September anstehenden Landtagswahlen in Brandenburg und Sachsen. Gerade die NPD in Sachsen versuchte aus der Protestwut gegen Hartz IV politisches Kapital zu schlagen. Spürbar war auch, dass die verbale Radikalität in der Sprache der Protestbewegung zunehmend in reale Gewalttätigkeit umzuschlagen drohte. Bei einem Besuch am 24. August in Wittenberge war ich selbst davon betroffen. Zur Einweihungsfeier des neuen ICE-Haltepunktes in der Stadt hatte die PDS eine Demonstration angemeldet, von der ich während der Veranstaltung wenig mitbekam. Erst als ich das Bahnhofsgebäude verließ, bemerkte ich die Demonstranten auf der Straße. Dann flogen Eier und, wie mir später berichtet wurde, auch Steine. Ich hatte in dieser Situation, auch wenn sie bedrohlich war, keine Angst vor einer Verletzung, aber ich spürte – ebenso wie drei Monate zuvor bei einem tätlichen Angriff auf mich am Rande einer SPD-Veranstaltung in Mannheim –, dass die Hemmschwelle, auch körperlich aggressiv gegenüber Politikern zu werden, gesunken war. Bei mir jedoch lösen solche Attacken, ob verbal oder körperlich, genau das Gegenteil dessen aus, was sie bezwecken sollen. Ich war von diesem Zeitpunkt an entschlossen, meinen Kurs noch vehementer zu verfolgen und der Öffentlichkeit klarzumachen, dass mich solche Tätlichkeiten nicht beeindruckten. Das wollte ich gerade auch im Osten Deutschlands deutlich machen. Am Abend des 24. August hatte ich beim Wahlkampfauftakt der sächsischen SPD in Leipzig zu reden. Es kam für mich nicht infrage, den Termin abzusagen. Auch bei dieser Veranstaltung kam es zu Störungen durch Linke, aber auch durch Rechtsextreme.

Drei Tage später war ein Auftritt im Rahmen des brandenburgischen Wahlkampfes beim Sängerfest in Finsterwalde geplant. Unmittelbar nach dem Angriff in Wittenberge rief mich Matthias Platzeck an, um zu erfahren, ob ich noch nach Finsterwalde kommen wollte. Er sei weiterhin bereit, mit mir zusammen dorthin zu gehen, er würde aber auch eine Absage meinerseits verstehen und respektieren. Wir vereinbarten, beide zu dem Sängerfest zu fahren. Dieser Besuch verlief dann – entgegen allen Erwartungen – störungsfrei. Matthias Platzeck versicherte mir erneut, dass er die Reformpolitik der Bundesregierung im Landtagswahlkampf überzeugt und entschieden verteidigen werde.

Auch aus diesen Wahlkampferfahrungen heraus empfinde ich großen Respekt für ihn. Er trat mutig für die Agenda 2010 ein und musste bei seinen Veranstaltungen gegen heftige Widerstände und Störungen ankämpfen. Matthias Platzeck ist für mich eines der größten Talente in der SPD. Ich habe sehr bedauert, dass er den Parteivorsitz nach kurzer Zeit niederlegen musste. Aber die eigene Gesundheit geht vor; dafür hat jeder Verständnis.

Die Wahlergebnisse im September 2004 waren für die SPD nicht gut, zeigten jedoch eine Stabilisierung an. In Sachsen war es gelungen, die absolute Mehrheit der CDU zu brechen und als Juniorpartner in eine schwarz-rote Koalition einzutreten. Allerdings konnte die NPD in Sachsen erschreckende 9,2 Prozent der Stimmen erreichen. Die Saat der Hartz-IV-Proteste war aufgegangen. In Brandenburg gelang es Matthias Platzeck, die SPD aus einer aussichtslos erscheinenden Situation heraus auf Platz eins zu führen. Im Saarland verlor die SPD jedoch dramatisch und erreichte lediglich 30,8 Prozent, eine deutliche Quittung für einen Wahlkampf der Landes-SPD, der sich gegen die Reformpolitik der Bundesregierung gerichtet hatte. Bei den Kommunalwahlen in Nordrhein-Westfalen brach die CDU

»Für mich eines der größten Talente in der SPD.« Matthias Platzeck, Ministerpräsident von Brandenburg, an der Seite von Gerhard Schröder, Wittenberge, 24. August 2004.

ein und verlor wichtige Oberbürgermeisterämter an die SPD. Im Herbst ebbte die Protestwelle in Deutschland ab. Die »Montagsdemonstrationen« verloren ihre Bedeutung. Der DGB stellte seine Kampagne gegen die Reformpolitik ein und versuchte, einen neuen Gesprächsfaden mit der Bundesregierung zu finden. Die Umfragewerte für die SPD stiegen wieder an. In der politischen Stimmung, gemessen vom monatlichen Politbarometer, lag Anfang 2004 die CDU bei 52 und die SPD bei 23 Prozent. Im Oktober war die CDU auf 38 Prozent abgesackt, die SPD immerhin wieder auf 33 Prozent hochgeklettert.

Die Entwicklungen dieses Jahres zeigten, dass sich Standfestigkeit auszahlen kann. Eine Zeichnung des legendären Karikaturisten Horst Haitzinger in der *Bunten* illustrierte die Situation am besten: Ich trage einen schweren Sarg, durchlöchert von Messern und Lanzen. Dabei beobachten mich zwei Bürger, und der eine sagt: »Langsam krieg ich Respekt vor dem.«

Die Reformanstrengungen der Jahre 2003 und 2004 brachten ein Land in Aufruhr. Schlagartig rückte aber die Auseinandersetzung darüber in den Hintergrund angesichts eines Ereignisses, das alles, worüber wir gestritten hatten, relativierte.

Im Dezember 2004 berührte uns alle eine Katastrophe apokalyptischen Ausmaßes, die über große Teile Südostasiens hereinbrach. Ein von einem Seebeben ausgelöster Tsunami verwüstete weite Landstriche, riss mehr als 220 000 Menschen in den Tod und machte 1,7 Millionen Menschen obdachlos. Am zweiten Weihnachtsfeiertag war die Dimension der Katastrophe noch nicht zu überschauen. Zunächst war von 1500 Toten die Rede, aber die Zahl wuchs Stunde für Stunde in unglaubliche Dimensionen. Außenminister

Joschka Fischer reagierte sofort und setzte im Auswärtigen Amt einen Krisenstab ein. Ich befand mich an diesem Tag mit meiner Familie in Tagmersheim, dem bayerischen Heimatort meiner Ehefrau. Von Fischer und meinem Büro ließ ich mich regelmäßig über den aktuellen Stand der Dinge informieren. Schnell stellte sich heraus, dass auch Tausende von Deutschen von der Katastrophe betroffen waren. Hunderte deutscher Touristen in Thailand und Sri Lanka galten als vermisst, in Massen warteten die Menschen darauf, aus den Krisengebieten evakuiert zu werden. Ich unterbrach sofort meinen Urlaub, um in Berlin an den Sitzungen des Krisenstabs teilzunehmen und gemeinsam mit Fischer und der Entwicklungsministerin Heidemarie Wieczorek-Zeul die Hilfsmaßnahmen zu besprechen. Ein Spezialflugzeug der Bundeswehr, ein sogenanntes fliegendes Lazarett, wurde entsandt, um Verletzte aufzunehmen. Flugzeuge der Bundeswehr und Chartermaschinen wurden für den Rücktransport deutscher Touristen bereitgestellt. Spezialisten des Bundeskriminalamtes, des Technischen Hilfswerkes und des Auswärtigen Amtes wurden in die betroffenen Regionen geschickt, um das Schicksal der vermissten Deutschen aufzuklären und bei der Identifizierung von Opfern zu helfen. Wir beschlossen außerdem eine humanitäre Soforthilfe von 20 Millionen Euro. Die Bundeswehr stellte Lazarette und Anlagen zur Trinkwasserbehandlung für die von der gigantischen Flutwelle heimgesuchten Länder zur Verfügung.

In diesen Tagen zwischen Weihnachten und Neujahr gingen mir die Bilder von dem unermesslichen Leid, das der Tsunami über Millionen von Menschen gebracht hatte, nicht aus dem Kopf. Mir wurde dabei rasch klar, dass wir neben den Sofortmaßnahmen auch ein Konzept für eine mittel- und langfristige Hilfe brauchten. Wir durften die Millionen Menschen, darunter zahllose Kinder, die durch die Katastrophe zu Waisen geworden waren, nicht im Stich lassen. Was in Sekunden vom Tsunami zerstört worden war, braucht Jahre, um wiederaufgebaut zu werden. In meiner Neujahrsansprache appellierte ich deshalb an die Bürgerinnen und Bürger, langfristige und nachhaltige Partnerschaften für den Wiederaufbau einzugehen: von Stadt zu Stadt, von Dorf zu Dorf, von Schule zu Schule. Zu diesem Zweck wurde eine »Partnerschaftsinitiative Fluthilfe« ins Leben gerufen, an deren Spitze ich Christina Rau, die Ehefrau von Johannes Rau, als Sonderbeauftragte berief. Die Initiative arbeitete äußerst erfolgreich und konnte in kurzer Zeit mehr als dreihundert Projektpartnerschaften für den Wiederaufbau zwischen Kommunen, Unternehmen, Schulen und Vereinen vermitteln.

Diese schrecklichen Ereignisse um den Jahreswechsel waren in den ersten Wochen des neuen Jahres in den Medien das beherrschende Thema. Dagegen rückten Befürchtungen mancher Kritiker, ob die Einführung des Arbeitslosengeldes II reibungslos funktionieren würde, in den Hintergrund. Es trat allerdings ein, was wir intern immer befürchtet hatten: Zwar hatte die Nürnberger Bundesagentur für Arbeit immer zurückgewiesen, dass sich die statistische Addition von Sozialhilfe und Arbeitslosenhilfe derart massiv in der Arbeitslosenzahl niederschlagen könnte. Und doch geschah genau das: Die neue Statistik wies im Januar über fünf Millionen Arbeitslose auf, eine in ihrer öffentlichen Wirkung verheerende Zahl. Sie schien gegen alles zu sprechen, was wir mit der Reformpolitik zu realisieren versucht hatten, und schlug wie ein Blitz in die Schlussphase des schleswig-holsteinischen Landtagswahlkampfes ein. Es begann eine Abwärtsentwicklung, die nicht mehr zu stoppen war. Sie endete am 22. Mai mit der Landtagswahl in Nordrhein-Westfalen und der Entscheidung, Neuwahlen anzustreben.

Auch jetzt, da ich auf meine zweite Legislaturperiode zurückblicke, bin ich umgeben von den Mitstreitern, innerhalb und außerhalb der Regierung. Ich finde nach wie vor, dass diese Generation der Nach-Achtundsechziger, spät in die Verantwortung gerückt, ihrer historischen Pflicht sehr wohl nachgekommen ist und sich dabei alles in allem gut geschlagen hat. Bei den Grünen war es in erster Linie Joschka Fischer, der zur Stabilität des rot-grünen Bündnisses beigetragen hat. Aber auch Jürgen Trittin, so schwierig er gelegentlich im Umgang war, spielte eine wichtige Rolle. Immer dann, wenn es wirklich darauf ankam, konnte man sich auf ihn verlassen. Er stand zu seinem Wort. Unsere Zusammenarbeit, die wir ja schon in Niedersachsen erprobt hatten, war im Ganzen gesehen erfreulich, auch wenn hin und wieder ein verbaler Ausrutscher zu begradigen war. Jürgen Trittin war als Umweltminister fachlich unumstritten. Meistens war er besser informiert als diejenigen, mit denen er innerhalb der Regierung oder in den Fraktionen zu verhandeln hatte. Er kannte sein Fach und hatte sein Ministerium im Griff. Ein politischer Profi mit einer unerschütterlichen Loyalität gegenüber dieser Regierungskonstellation, deren historische Mission er ebenfalls begriffen hatte.

Aber natürlich, was wäre die Koalition ohne Joschka gewesen. Er war die überragende Persönlichkeit in der grünen Fraktion und Partei. Fischers scharfer Verstand war immer abrufbar, er ist machtbewusst und weiß Macht zu gebrauchen, ohne sie je missbraucht zu haben. Aber für ihn war die Macht nur ein Instrument zur Durchsetzung dessen, was er politisch und inhaltlich als richtig erkannt hatte. Soweit das als Bundeskanzler möglich ist, habe ich immer versucht, den Eindruck zu vermeiden, dass die Außenpolitik im Kanzleramt gemacht oder gar erdacht würde. Das war sein Metier, und für den Teil der Außen-, aber auch der Innenpolitik, den ich zu verantworten hatte, war er ein hervorragender Ratgeber. In den Ratssitzungen der Europäischen Union haben wir immer harmoniert. Uns entging kaum eine Finte oder Volte der Kollegen; wir machten uns – wenn nötig – jeweils gegenseitig darauf aufmerksam. Wir saßen bei den europäischen Gipfeln immer nebeneinander, und wir waren uns im besten Sinne des Wortes immer grün.

Vor Renate Künast war Andrea Fischer als Gesundheitsministerin für die Grünen im Kabinett. Es zeigte sich jedoch, dass es keine gute Idee war, dieses Ressort für den unendlich vermachteten Bereich der pharmazeutischen Industrie dem kleineren Koalitionspartner zu überlassen. Andrea Fischer fehlte dadurch einfach ein Teil der Durchsetzungskraft, die für diesen Bereich so dringend notwendig ist. Sie ist eine kluge, sehr engagierte Ministerin gewesen und hat sich über die Maßen darum bemüht, die Gesundheitspolitik voranzubringen. Ich glaube, die Sympathie, die ich ihr entgegenbrachte, beruhte auf Gegenseitigkeit. Ich habe ihre Beiträge im Koalitionsausschuss immer geschätzt, weil sie sich nicht mit Nebensächlichkeiten aufhielt und in klarer Sprache sehr direkt zur Sache kam. Das Revirement der Ressorts Gesundheit und Landwirtschaft hatte zur Folge, dass Karl-Heinz Funke, der in gleicher Funktion schon in meinem Kabinett in Niedersachsen tätig gewesen war, seinen Platz räumen musste. Ich weiß, dass ihm das schwergefallen ist. Karl-Heinz ist ein gebildeter, sehr religiöser Mensch, humorvoll und von großer Freundlichkeit. Einer, der einem ans Herz wachsen kann.

Ihn löste Renate Künast als grüne Ministerin für Verbraucherschutz und Landwirtschaft ab. Sie repräsentierte, aus der Großstadt Berlin kommend, eine ganz andere Lebens- und Umgangsart als der gestandene Landwirt Funke. Sie hat die Landwirtschaftspolitik umgekrempelt und nachhaltig Weichen gestellt, und sie hatte dabei immer meine Unterstützung. Renate Künast war eine sehr kundige Fachministerin, in der persönlichen Zusammenarbeit zurückhaltend, aber intelligent und erfolgreich. Mit ihr kam es zu einer entschiedenen Förderung der ökologischen Landwirtschaft. Am Anfang dachte ich, es können Spannungen entstehen zwischen ihr und einer doch sehr viel konventionelleren Agrarpolitik in der Europäischen Union, vor allem in Frankreich – zumal der französische Staatspräsident viel vom Fach versteht, da er selbst einmal französischer Agrarminister war. Aber es hat erstaunlich gut funktioniert. Sie und ihr französischer Kollege haben sich immer wieder auf vernünftige Kompromisse verständigen können. Sie hat großen Anteil daran, dass es gelungen ist, die Reform der europäischen Agrarpolitik voranzutreiben. Es ist vor allem ihr Verdienst, dass es endlich zur Entkoppelung des Einkommens der Landwirte von der Produktion gekommen ist. Ein Teil dessen, was wir als Europaskepsis in allen Mitgliedsländern finden, gründet sich ja auf dem Skandal der »Milchseen« und »Butterberge« und auf die Bilder in den Fernsehnachrichten, in denen die Aktionen zur Vernichtung der Überproduktion gezeigt wurden. Dass solche Fehlentwick-

»Er ist machtbewusst und weiß Macht zu gebrauchen, ohne sie je missbraucht zu haben.« Mit Joschka Fischer im Flugzeug, 2. November 1998.

lungen künftig hoffentlich ausgeschlossen bleiben, wird helfen, die europäische Idee besser im Bewusstsein der Völker zu verankern.

Eine der überragenden Figuren im Kabinett war natürlich Otto Schily. Einer, bei dem man zweimal hingucken muss. Seine nach außen gezeigte und von ihm mitunter auch gern betonte Härte soll ja nur verdecken, dass sich unter der rauen Schale ein außerordentlich sensibler Mensch verbirgt. Ein Großbürger mit profunder Bildung, ein anspruchsvoller Klassik- und Literaturkenner, der selbst musiziert und belesen ist wie kaum ein anderer. Sein Geburtstag ist der 20. Juli, das Schicksalsdatum des Widerstands gegen Hitler, das mir immer wie ein Symbol für Schilys Persönlichkeit erschien. Dass er ausgerechnet an diesem Tag geboren wurde, wirkt auf mich Jahr für Jahr wie eine Illustration dieses eigensinnigen Demokraten. Ein standhafter Jurist und Anwalt, der sein kämpferisches Engagement in den Prozessen gegen die Rote-Armee-Fraktion daraus schöpfte, dass er den Rechtsstaat schützen wollte vor einer überbordenden Revanchelust gegen die Terroristen. Später war er Gründungsmitglied der »Grünen«, und das war ein ebenso wichtiger Teil seiner politischen Biografie wie sein Parteiwechsel zur SPD im Jahre 1989. Zwischen Otto und mir ist mehr entstanden als nur eine gute Zusammenarbeit: Wir sind Freunde geworden und geblieben.

Hätte es Schily nicht gegeben, hätten wir ihn erfinden müssen. Er hatte auf seinem inneren Spickzettel immer die Erkenntnis parat, dass Sicherheit ein zentrales Bürgerrecht ist. Und dass staatliche Sicherheit gerade denjenigen garantiert werden muss, die sie sich nicht kaufen können. Otto stand dafür, dass der Rechtsstaat eine unterschiedlich verteilte Sicherheit nicht zulässt. Reiche können sich schließ-

»Unter der rauen Schale verbirgt sich ein außerordentlich sensibler Mensch, ein Großbürger mit profunder Bildung.« Bundesinnenminister Otto Schily.

lich alles kaufen, die anderen müssen sich auf den Staat verlassen können. Otto Schily war eine Autorität, er wurde auch von denen als Garant der öffentlichen Sicherheit wahrgenommen, die Rot-Grün auf diesem Gebiet nicht viel zutrauten. Gelegentlich belebte er die Debatten durch Äußerungen, die man schon als überpointiert bezeichnen kann. Zum Beispiel sorgte sein Satz »Wer den Tod liebt, kann ihn haben« – gemünzt auf den Umgang des Staates mit der terroristischen al-Quaida – für große Aufregung. Für manche aus den Reihen der Koalition, besonders bei seinen ehemaligen Parteifreunden von den Grünen, wirkte er wie ein rotes Tuch, das reflexartigen wilden Zorn provozierte. Dennoch hat er immer den richtigen Weg gefunden, die Balance zwischen der Freiheitlichkeit des Staates und den Sicherheitsbedürfnissen der Bürger zu halten.

Schily hat auch maßgeblich zum Gelingen des Zuwanderungsrechts beigetragen, das gewiss noch weiterentwickelt werden muss. Aber für uns galt es in einer schwierigen politischen Machtkonstellation, trotz der Unionsmehrheit im Bundesrat die Zögerlichkeit der Konservativen aufzubrechen und endlich ein Einwanderungsgesetz durchzusetzen, das wenigstens in Teilen einem modernen Gemeinwesen angemessen ist. Denn die Nichtbeachtung, ja, Tabuisierung der Tatsache, dass sich Deutschland zum größten Einwanderungsland in Europa entwickelt hat, ist ja ein wichtiger Grund für das jahrzehntelange Versäumnis, die Integration dieser Neubürger zu befördern. Schily hatte eine doppelte Überzeugungsarbeit zu leisten: Er musste die Bedenken der unionsgeführten Länder in Kompromisse gießen und zugleich die eigene Koalition davon überzeugen, dass auch kleine Schritte in die richtige Richtung besser sind als gar keine. Das heißt, er durfte in seiner Kompromissbereitschaft nie so weit gehen, die eigene Mehrheit für das Gesetz im Bundestag aufs Spiel zu setzen. Er hat diese heikle Aufgabe glanzvoll bewältigt. Im Bewusstsein der meisten Bürger war es Schily, der dafür einstand, dass Freiheit und Sicherheit vereinbar bleiben. So einer ist kein bequemer Partner, und Schily konnte zuweilen auch sehr schroff sein. Damit muss eben umgehen können, wer mit außergewöhnlichen Menschen arbeiten will. Und für mich hat die Freude daran immer überwogen.

Schily hatte im Mannschaftsspiel des Kabinetts von Anfang an eine zentrale Rolle gespielt. Er wollte eigentlich 2002, nach dem Ende der ersten Legislaturperiode von Rot-Grün, aufhören. Da war er gerade siebzig Jahre alt geworden und wollte sich mehr um seine Familie kümmern. Ich habe daraufhin ein langes Gespräch mit Linda, seiner Frau, geführt und ihr gesagt: »Wir brauchen ihn. Gib ihn noch einmal vier Jahre frei.« Beide wussten, was sie sich damit erneut aufladen würden. Denn als Innenminister, unter den Bedingungen der nationalen und vor allem internationalen Sicherheitslage, hat man sich mit einer immensen Einschränkung der Privatsphäre abzufinden.

Auch viele Weggefährten aus früheren Zeiten kommen mir in den Sinn, zum Beispiel Oskar Negt, ein großer Name aus der 68er-Studentenbewegung, Soziologieprofessor in Hannover, ein sanftes Gemüt und ostpreußischer Dickschädel. Für mich war er oft ein kluger Ratgeber, immer zur Stelle, wenn mir die Puste auszugehen drohte und ich um guten Rat verlegen war. Einer, der schon ganz früh darüber nachdachte, ob unser Bildungssystem noch zeitgemäß sei. Er war Mitbegründer der Glockseeschule, einer Reformschule, die freies Lernen und soziales Handeln in den Mittelpunkt stellt – und die bis heute jedes Jahr doppelt so viele Anmeldungen erhält, wie freie Plätze zur Verfügung stehen.

Sehr viel später, als Ministerpräsident, lernte ich Werner Müller kennen. Er kam aus der Energiewirtschaft und gehört zu den wenigen Managern mit sicherem politischem Gespür. Unter den Seinen in der Wirtschaft wurde er immer als Sozialdemokrat gehandelt, er war aber niemals Mitglied der SPD.

Müller gehört zur seltenen Spezies der Wirtschaftsführer, die verstehen, dass es zwischen Rentabilitätsdenken und sozialer Verantwortung eines Unternehmens eine Balance geben muss. Er war schon in Niedersachsen mein wichtigster Ratgeber in energiepolitischen Fragen, als wir von Hannover aus die ersten beiden, leider vergeblichen Anläufe nahmen, das wichtige Projekt »Ausstieg aus der Kernenergie« voranzubringen. Es hat dann schließlich geklappt – und wir beide waren daran beteiligt, er als Bundeswirtschaftsminister und ich als Bundeskanzler. Ohne Müllers großes Engagement, seinen Rat, seine Geduld und Beharrlichkeit und sein kreatives Verhandlungsgeschick wäre der Atomkompromiss nicht zustande gekommen. Ich konnte mich immer auf seine Loyalität verlassen, in der Regierungsarbeit und darüber hinaus: ein Freund.

Eine Überraschung war es nicht nur für mich, dass er auch im Bundestag eine glänzende Figur machte. In seiner ruhigen Art brillierte er in den Debatten mit trockenem Humor und geistvollem Witz, ein unverhoffter Gewinn für die Debattenkultur im Parlament. Sein Nachfolger im Amt wurde Wolfgang Clement.

Bei solchen Ämtern steht man als Regierungschef ja immer vor der Wahl zwischen einem Kandidaten mit im Windkanal geprüfter, glatter und strömungssicherer Ober-

fläche oder einem selbstbewussten, eigenwilligen Kopf. Ich habe mich immer für Letzteres entschieden, und damit natürlich dafür, mit Menschen zu tun zu haben, über die ich mich gelegentlich ärgern musste. Etwa weil Entscheidungen früher öffentlich bekannt wurden, als ich es für richtig hielt. Oder weil Interviews erschienen – besonders gern am Wochenende –, die die wertvolle Sonntagsruhe schlagartig beendeten.

»Ein Freund.« Im Gespräch mit Bundeswirtschaftsminister Werner Müller, 15. Mai 2002.

Mit Wolfgang Clement in Duisburg-Rheinhausen, 2. Februar 2000. Clement, damals noch nordrhein-westfälischer Ministerpräsident, wurde in der zweiten rot-grünen Legislaturperiode Bundesminister für Wirtschaft und Arbeit.

Wolfgang Clement war ein Mitstreiter, der unendlich viel dazu beigetragen hat, die Agenda 2010 umzusetzen, sie zu erklären und damit in der Gesellschaft zu verankern. Alles, was als notwendige Veränderung am Arbeitsmarkt auf der Tagesordnung stand, hat Clement zu seiner Sache gemacht. Letztlich konnte er allerdings wenig dagegen ausrichten, dass bei der ganzen Hartz-Reformgesetzgebung aufgrund der Intervention des Bundesrates bürokratische Hemmnisse entstanden, die nicht sein mussten.

Clement war ein guter Wirtschaftsminister, und wir arbeiteten eng und sehr loyal miteinander. Er hatte den Posten in schwieriger Konstellation übernommen. Nach der Bundestagswahl 2002 war es nicht ganz einfach gewesen, Wolfgang Clement aus seiner Verwurzelung in Nordrhein-Westfalen zu lösen und ihn dafür zu gewinnen, das Amt des Ministerpräsidenten gegen das eines Superministers in Berlin einzutauschen. Um ehrlich zu sein: Ich hatte kaum damit gerechnet, dass er die Offerte annehmen würde. Wir haben lange über den Zuschnitt seines Ministeriums gesprochen. Uns beiden war die strukturelle Veränderung mit der Zusammenlegung von Wirtschafts- und Arbeitsministerium sehr plausibel. Allerdings kann das wohl nur funktionieren, wenn es in dieser Frage eine gewisse Übereinstimmung zwischen den Koalitionspartnern gibt. Für die Große Koalition ist ein solches Superministerium jedenfalls kein Modell.

Ich habe es nie bereut, dass ich Hans Eichel nach seiner Niederlage im hessischen Landtagswahlkampf als Finanzminister in der Nachfolge von Oskar Lafontaine erst nach Bonn und dann nach Berlin holte. Er hatte große kommunale Erfahrung, war als Ministerpräsident sehr kompetent und hatte die Fähigkeit, schwierige Zusammenhänge im Parlament und in der Öffentlichkeit oder in Fernsehdebatten zu erklären. Er hatte mit dem Finanzressort ein Haus übernommen, das ein sehr starkes Eigenleben führt. Die Sparschweine auf Eichels Schreibtisch waren die Symbole für die Ziele seiner Finanzpolitik: Er wollte das Anwachsen des Schuldenbergs, den die Kohl-Regierung hinterlassen hatte, stoppen und ihn dann abbauen; mittelfristig glaubte er einen ausgeglichenen Haushalt erreichen zu können. Spätestens als die Daten der Weltkonjunktur und damit einhergehend die Binnennachfrage nach unten

Bundesfinanzminister Hans Eichel.

wiesen und wir uns also vom Arbeitsmarkt keinerlei Entlastung der Sozialkassen erhoffen konnten, war klar: Nach Lage der Dinge waren diese Ziele keine realistische Option.

Eichel hatte ein in jeder Hinsicht schwieriges Amt. Hätte er in seinem Ressort eine weniger fiskalische Tradition vorgefunden, dann wäre es ihm mutmaßlich leichtergefallen, die unflexiblen und wachstumshemmenden Maastricht-Kriterien mit der Verschuldungsgrenze von drei Prozent zu hinterfragen. Die Sanierung des Haushalts und die Senkung der Steuerquote mit dem Ziel, wieder konjunkturellen Dampf zu machen, hatten die Schwindsucht der Staatsfinanzen zur Folge. Wir mussten also auf Zeit von der strikten Haushaltskonsolidierung abrücken. Damit war die Kollision mit den Maastricht-Kriterien vorprogrammiert. Zugegeben, kein beneidenswerter Part: Eichel musste die Rolle des Etatsanierers zurückstellen, um wieder in den Geleitzug des Kabinetts zu kommen.

Aber ich will fair bleiben. Im Rückblick sieht man auch die eigenen Anteile deutlicher.

Ich habe zu spät gesehen, dass die täglich von der Opposition wiederholte Behauptung, Sozialdemokraten könnten bekanntermaßen nicht mit Geld umgehen, ihre Wirkung auf das Publikum nicht verfehlte. Wir steckten in der kommunikativen Falle zwischen dem Anspruch, den Haushalt zu sanieren, und der objektiven Unmöglichkeit, dieses selbst gesteckte Ziel zu erreichen. Jeder Tag, in dem öffentlich besorgt über »blaue Briefe« aus Brüssel schwadroniert wurde, verfestigte die miese Stimmung. Hätten wir die Brüsseler Maßgaben erfüllt, wäre eine Kürzungsorgie nötig gewesen, die wir kaum ausgehalten hätten und die konjunkturpolitisch falsch gewesen wäre. Wir hätten Kräfte schonen können, wenn wir uns rechtzeitiger die Frage gestellt hätten, ob in der Auslegung der Maastrichter Verträge nicht auch so etwas wie eine wirtschaftliche Schwächephase anerkannt werden muss, ähnlich wie wir es im nationalen Stabilitätsgesetz verankert haben.

Es waren also durchaus Defizite, die das Finanzministerium mitzuverantworten hatte. Die »Giftlisten« nach der knapp gewonnenen Wahl waren der Auftakt. Auch hier gilt natürlich, dass man als Regierungschef die Verantwortung für das Misslingen einer politischen Operation zu tragen hat. Ich hätte nach dem kräftezehrenden Wahlkampf noch die Energie aufbringen müssen, genau hinzuschauen. Dann hätten wir beide, Hans Eichel und ich, uns vorher über die richtige Gewichtung eines Subventionsabbaus einigen können. Das habe ich versäumt, und damit war es nicht zuletzt mein Fehler, dass wir diesen Einstieg so öffentlichkeitswirksam verstolpert haben.

Ein politisches Schwergewicht war und ist immer noch Peter Struck. Als gebürtiger und bekennender Niedersachse ist er – um es norddeutsch auszudrücken – von echtem Schrot und Korn; ein Generalist und ein Profi, der für viele Aufgaben geeignet ist. Nach dem Rücktritt von Rudolf Scharping habe ich ihm deshalb das Verteidigungsministerium angeboten, weil er mir in dieser schwierigen Phase im Sommer 2002 der geeignetste zu sein schien. Struck hat diese Aufgabe tatsächlich hervorragend bewältigt. Von den Soldaten hoch geachtet und von seinen Kollegen als verlässlicher, kooperativer Partner sehr geschätzt. Auch wenn er nur drei Jahre dieses Amt innehatte, muss man anerkennen, dass Peter Struck zu den bedeutendsten deutschen Verteidigungsministern gehört. Mit einer Mischung der Stile von Wehner und Brandt führte und führt er die SPD-Fraktion im Bundestag. Er gibt genügend Raum für Diskussion, hört zu, lässt andere Meinungen gelten, wenn sie ihn überzeugen, hat aber den Mut zu Entscheidungen – auch gegen Widerstände. Den Respekt, den er anderen gegenüber zum Ausdruck bringt, verlangt er auch für seine Person und seine Politik. Manche irritiert sein gelegentlich schnodderiger Ton. Mich hat das nie gestört, auch wenn es mich mal wieder erwischte. Ich ziehe die offene klare Sprache vor, zumal ich sie ja selbst verwende. Für Struck und mich gilt wohl: Wir können beide austeilen, aber auch beide einstecken. Ich habe gern mit ihm zusammengearbeitet.

Wenn ich so in die Kabinettsrunde blicke, dann gerät natürlich auch Heidemarie Wieczorek-Zeul in den Blick. Heidemarie leistet als Ministerin für wirtschaftliche Zusammenarbeit und Entwicklung hervorragende Arbeit. In der Großen Koalition ist sie die Veteranin; seit 1998 führt sie dieses Haus, vom Fachpublikum anerkannt, international gehört sie zu den geachtetsten Entwicklungsministern. In den Nichtregierungsorganisationen wird ihre Arbeit hoch geschätzt. Ihre Kabinettsdisziplin ist untadelig, und auch über ihre persönliche Loyalität habe ich mich nie beschweren können. Sie war und ist ein sehr politisch denkender Mensch: unerbittlich, wenn sie für eine Sache wirbt, die sie für vordringlich hält. Dabei liegt ihr alles Abstrakte fern. Sie versteht Politik als die Aufforderung, konkret das Richtige zu tun; sachferne Argumente lässt sie nicht gelten. Aber wenn etwas entschieden ist – auch wenn es gegen ihr Votum geht –, trägt sie es loyal mit. Hut ab vor dieser Frau.

Das, was Christine Bergmann in unserer ersten Legislaturperiode engagiert begonnen hatte, wurde von Renate Schmidt erfolgreich fortgesetzt. Ihr ist es gelungen, der Wirtschaft klarzumachen, dass betriebliche Familienpolitik kein »weiches Weiberthema« ist, wie sie es formulierte. Ich gestehe selbstkritisch, dass ich einige Zeit brauchte, um die gesellschaftspolitische Bedeutung der Familienpolitik richtig einzuschätzen. Deutschland ist in den letzten Jahrzehnten von einem Land des Kinderreichtums zu einer Republik des Kindermangels geworden. Zugegeben: Die Entscheidung für oder gegen ein Kind ist immer zuallererst eine persönliche Frage. Aber die Konsequenzen aus vierzig Jahren Kindermangel werden die Zukunft unseres Landes ganz erheblich verändern. Deshalb haben wir trotz knapper Kassen die finanziellen Leistungen für Familien mit Kindern deutlich erhöht. Deutschland steht nun, was die reinen Geldleistungen angeht, in Europa ganz weit oben. Trotzdem hatte dies auf die Geburtenrate keine Auswirkungen. Mir ist – vor allem in den Gesprächen mit Renate Schmidt – zunehmend bewusst geworden, dass Eltern mehr brauchen als einfach nur höheres Kindergeld, nämlich eine bessere Betreuungs-Infrastruktur, damit Mütter, aber auch Väter, Beruf und Familie miteinander vereinbaren können. Denn noch nie hat es eine Generation so gut ausgebildeter und hoch qualifizierter Frauen gegeben. Ich empfinde es als eine schlimme persönliche Ungerechtigkeit, wenn erstklassig ausgebildete Frauen gegen ihren Willen nicht arbeiten können, nur weil es keine Betreuung gibt. Und es ist zugleich eine volkswirtschaftliche Verschwendung. Denn für die Unternehmen, die sich in wenigen Jahren um knappe Spitzenkräfte sorgen, sind diese Frauen auch qualifizierte Arbeitskräfte der Zukunft.

Um die Betreuungssituation zu verbessern, haben wir mit vier Milliarden Euro das Ganztagsschulprogramm auf den Weg gebracht. Und wir haben durch die Hartz-IV-Reformen die Kommunen finanziell entlastet, damit sie die Betreuung der unter Dreijährigen ausbauen können. Aber diese Anstrengungen allein reichen nicht aus, denn Familienpolitik ist Aufgabe der gesamten Gesellschaft. So ist es vor allem Renate Schmidts Verdienst, das Bewusstsein dafür in der Wirtschaft, aber auch in den Kirchen, den Wohlfahrtsverbänden und in den Gewerkschaften entwickelt zu haben. Im Rahmen ihres Programms »Allianz für die Familie« sind über 140 lokale Bündnisse entstanden, die die Verbesserung der Betreuungssituation nun zu ihrer eigenen Angelegenheit machen.

Ich habe viel von Renate Schmidt gelernt und ich habe die Zusammenarbeit mit ihr als eine Wohltat empfunden. Mit ihrem sympathischen Auftreten und ihrer menschlichen Wärme, die sie auch im Fernsehen vermitteln konnte, war sie ein Glücksfall für die politische Arbeit.

Ulla Schmidt musste ich erst überreden, das Gesundheitsressort zu übernehmen. Sie hat mit einer unglaublichen Kraft den beschwerlichen Kampf gegen die Machtstrukturen in der Gesundheitsindustrie aufgenommen und bislang durchgestanden. Was immer man kritisch gegen einzelne Vorschläge ihres Ministeriums zur Reform des Gesundheitswesens vorbringen will, niemand kommt daran vorbei, dass Ulla Schmidt mit Courage und Entschlossenheit die seit Jahren emsig geölte Geldvernichtungsmaschinerie im Gesundheitswesen ins Visier genommen hat und versucht, sie den finanziellen Möglichkeiten anzupassen, ohne einer Zweiklassenmedizin das Wort zu reden. Wer vor der Komplexität dieser Materie nicht kapitulieren will, der braucht Ausdauer und Selbstbewusstsein. Und Nehmerqualitäten, schließlich muss Ulla Schmidt permanent damit rechnen, von den Interessengruppen ausgebuht zu werden. Sie hat eine klare Vorstellung von dem, was sich ändern muss: mehr Transparenz und mehr Marktorientierung in das System bringen und alle Beteiligten motivieren, dazu einen Beitrag zu leisten. Was ihr dabei hilft, ist ihre rheinische Fähigkeit, auch dann optimistisch zu bleiben, wenn andere längst resigniert hätten.

Um allen gerecht zu werden, die im Kabinett in der ersten und zweiten Reihe gestanden haben als Minister oder Staatssekretäre, müsste jetzt noch eine lange Liste von Namen folgen. Christine Bergmann zum Beispiel, die Familienministerin im ersten Kabinett, in der DDR aufgewachsen, blitzgescheit und von warmherziger Freundlichkeit, fachlich und menschlich ein Gewinn. Oder Edelgard Bulmahn, die oft unterschätzt wurde, aber herausragende Arbeit im Bereich Wissenschaft und Forschung geleistet hat. Entscheidende Weichen für eine moderne Forschungslandschaft wurden unter ihrer Ägide gestellt. Oder Manfred Stolpe, der als Verkehrsminister wichtige Impulse für die Infrastruktur der neuen Länder gegeben hat. Er hatte wahrlich keine leichte Aufgabe, man denke nur an die Einführung der Lkw-Maut. Ja, fleißig war er, ausdauernd und geduldig, gegerbt durch manchen scharfen Wind, der ihn nie umgeworfen hat. Manfred Stolpe, der immer auf Ausgleich und Harmonie bedacht ist, hat oft durch humorvolle und ablenkende Bemerkungen dafür gesorgt, dass Auseinandersetzungen am Kabinettstisch nicht eskalierten. Und natürlich Brigitte Zypries, auch sie eine Seiteneinsteigerin, die vom Bundesverfassungsgericht in die Staatskanzlei nach Hannover gewechselt war. Eine Juristin von Rang, sehr durchsetzungsfähig und ungemein integer. In ihrem öffentlichen Auftreten vielleicht etwas zu zurückhaltend, dabei fachlich immer präzise und à jour.

Und natürlich sind mir die ganz nah, die unmittelbar um mich herum meinen Arbeitsalltag organisierten, Frank-Walter Steinmeier zum Beispiel, der dafür sorgte, dass mein Schreibtisch zumeist aufgeräumt war, weil er bereits Ordnung in die Aktenberge gebracht, die Fallstricke beseitigt und die Lösungsansätze im Gespräch vorbereitet oder eingeleitet hatte. Ohne Sigrid Krampitz aber hätte das organisatorische Uhrwerk meines Arbeitsalltags nicht funktionieren können. Ihre intellektuelle Kapazität, ihre absolute Verlässlichkeit, ihr sicheres politisches Gespür und ihre menschliche Kompetenz prägten das Klima im sechsten

Frank-Walter Steinmeier und Sigrid Krampitz.

und siebten Stock: oben Frank und ich, im Vorzimmer meine treue Seele Marianne Duden, die schon für Helmut Schmidt gearbeitet hatte, und ein Stock tiefer in ihrem Eckbüro Sigrid Krampitz, in der Regel bei offener Tür, sodass alle Zugang fanden.

Frank Steinmeier war schon in Hannover Chef der Staatskanzlei und wurde dies in einer Blitzkarriere, wobei mir alle, an denen er vorbeigeschossen ist, das Gefühl gaben: Klar, er ist der Beste. Nie gab es beleidigte Konkurrenten, nie auch nur den Anflug von Neid. Er fing als Referent für Medienfragen in Hannover an. Brigitte Zypries, damals Referentin für Verfassungsrecht, später Abteilungsleiterin, hatte ihn empfohlen. Er kam bar jeder Überheblichkeit, aber mit großem Selbstbewusstsein in mein Büro, und wir hatten vom ersten Augenblick an einen sehr guten Draht. Und da er, wo auch immer er eingesetzt wurde, exzellente Arbeit leistete, war sein Aufstieg programmiert, der ihn aus der Dachkammer der Staatskanzlei abwärts in den ersten Stock trug, wo er schließlich das Nachbarbüro einnahm, das dem Chef der Staatskanzlei vorbehalten war. Sigrid Krampitz war zur gleichen Zeit Leiterin des persönlichen Büros. Beide verstanden sich glänzend mit Regierungssprecher Uwe-Karsten Heye, der auch schon damals in Niedersachsen mit an Bord war. Dieses Quartett zog dann mit mir von Hannover über Bonn nach Berlin. Die Kontinuität, die in dieser Zusammenarbeit zu finden ist, war für mich auch immer ein wichtiges Polster, etwas Vertrautes, auf das ich mich vorbehaltlos verlassen konnte.

Es gab kaum einen Moment in den sieben Kanzlerjahren, in dem so etwas wie eine Ruhepause eingekehrt wäre. Es war eine Koalition, die ungewöhnlich viel Binnenkommunikation erforderte, und kein Sommer blieb ohne Sommertheater. Eine außenpolitische Landschaft, die uns von Kosovo und Mazedonien über den Terrorangriff vom 11. September 2001 bis zur Intervention in Afghanistan und *Enduring Freedom* in Atem hielt, eine raue innenpolitische Wetterlage, die von Landtagswahl zu Landtagswahl auch das Machtfundament der Bundesregierung veränderte. Da war es gut, die Verlasslichkeit und exzellente Professionalität eines Umfeldes von Mitarbeitern zu spüren, die sich den Stress, den ihnen die politisch aufgewühlte Zeit abforderte, nicht anmerken ließen.

Und dann der 1. Juli 2005. Wir hatten kurz beraten, wie ich am besten in den Reichstag gelangen würde. Normal wäre gewesen, den Weg vom Kanzleramt zum Parlament zu Fuß zu gehen, so wie ich es fast immer gehalten hatte, wenn der Bundestag arbeitete. Aber an diesem Morgen waren Dutzende von Kamerateams unterwegs, auf dem Quadratmeter im Regierungsviertel waren mehr Journalisten anzutreffen als an jedem anderen interessanten Ort der Welt. Daher wollte ich den kurzen Weg im Auto zurücklegen. Zur Vorbereitung des Buches habe ich die Rede noch einmal nachgelesen, mit der ich am 1. Juli 2005 im Bundestag die Abstimmung über die Vertrauensfrage begründete. An diesem Tag, als das Parlament über das konstruktive Misstrauensvotum seine Auflösung zu beschließen hatte, begann mein Part auf dem Weg zu Neuwahlen. Bei der Lektüre wird mir erneut der schmale Grat bewusst, auf dem die verfassungsrechtlichen Ausführungen balancieren. Aber in der Rede ging es auch um den eigentlichen Kern dieses schwierigen parlamentarischen Vorhabens. Ich zitiere daraus noch einmal sechs Absätze:

»Die SPD hat seit dem Beschluss der Agenda 2010 bei allen Landtagswahlen und der Europawahl Stimmen verloren – in vielen Fällen sogar die Regierungsbeteiligung in den Ländern. Das war ein hoher Preis für die Durchsetzung der Reformen.

Dass wir diesen hohen Preis – zuletzt in Nordrhein-Westfalen – zu zahlen hatten, hat innerhalb meiner Partei und meiner Fraktion zu heftigen Debatten geführt. Das gilt in ähnlicher Weise für unseren Koalitionspartner.

Was die bestehenden Kräfteverhältnisse anbelangt, so muss ich auch die Auswirkungen auf die Zusammenarbeit zwischen Bundestag und Bundesrat berücksichtigen. Die Situation im Bundesrat ist dabei nicht nur eine Frage der Mehrheit, sondern sie ist zunächst einmal eine Frage der Haltung, wie die Zahl der Einsprüche nach abgeschlossenem Vermittlungsverfahren exemplarisch zeigt.

In der laufenden Wahlperiode hat die Bundesratsmehrheit in 29 Fällen Einspruch gegen das entsprechende Gesetz eingelegt. Das, meine Damen und Herren, ist fast so häufig wie in den ersten zwölf Wahlperioden der Jahre 1949 bis 1994 zusammen.

Ersichtlich geht es der Bundesratsmehrheit in diesen wie in anderen Fällen, etwa in der Steuerpolitik oder beim Subventionsabbau, nicht mehr um inhaltliche Kompromisse oder staatspolitische Verantwortung, sondern um machtversessene Parteipolitik, die über die Interessen des Landes gestellt wird.

Ich kann aber weder der Regierung noch den Regierungsfraktionen zumuten, immer wieder Konzessionen zu machen und doch zu wissen, dass die Bundesratsmehrheit ihre destruktive Blockadehaltung nicht aufgeben wird. Nur eine durch Wählerinnen und Wähler klar und neuerlich legitimierte Regierungspolitik wird bei der Mehrheit des Bundesrats zu einem Überdenken der Haltung führen, wenn auch nicht kurzfristig zu einer Änderung der Mehrheit.«

Es ging also auch darum, eine staatspolitisch verheerende Krise zu entschärfen, die das demokratische Fundament hätte in Mitleidenschaft ziehen können. Diese Zitate mögen das belegen. Der einzige Ausweg, den ich sah, waren Neuwahlen. Und damit die Möglichkeit, in einem Wahlkampf deutlich zu machen, was auf dem Spiel stand.

Den ersten Schritt zur Neuwahl hatte ich vollzogen, und ich war entschlossen, mit aller Kraft zu kämpfen. Das war ich meiner Partei schuldig, aber in erster Linie der Aufgabe als Regierungschef, der ich mich zutiefst verpflichtet fühlte.

Ich war und bin mall wie aus tets davon überzeugt, dass auf Dauer ohne eine umfassende Verständigung mit Russland keine stabile Friedensordnung für unseren Kontinent denkbar ist.

KAPITEL IX

RUSSLAND, DER GLOBAL PLAYER

»Die Kernbotschaft muss sein, dass Russland in Europa willkommen ist.« Abendspaziergang am 30. August 2004 bei einem deutsch-russisch-französischem Gipfel in Sotschi am Schwarzen Meer, der Sommerresidenz des russischen Präsidenten.

Ein gerade noch wärmender Tag vor der endgültigen Erschöpfung des Sommers: Berlin am 25. September des Jahres 2001. Vor dem Reichstag das übliche Gewimmel von Fotografen und Kamerateams, Neugierige, die ein langes Spalier bilden, und in überschaubarer Ordnung viele schwarze Limousinen. Im Reichstagsgebäude sind die Fraktionen des Bundestags vollzählig im Plenarsaal versammelt. Gespannte Aufmerksamkeit erwartet einen Redner, der alle in seinen Bann schlägt. Die Abgeordneten erleben einen geschichtlichen Augenblick. Der Gast aus dem Ausland unterbreitet Deutschland das Angebot einer universellen Zusammenarbeit. Das vereinte Europa, sagt er, sehe er als einen Garanten dafür, dass der vergiftende Nationalismus endgültig überwunden sei.

Der da spricht, ist Wladimir W. Putin, Präsident der Russischen Föderation. Begonnen hat er seine etwa halbstündige Rede auf Russisch mit einer warmherzigen Referenz an ein Deutschland, dem gegenüber Russland »immer besondere Gefühle« gehegt habe. Deutschland nennt er ein bedeutendes Zentrum der europäischen Kultur, für deren Entwicklung auch von Russland viel geleistet worden sei: Diese »Kultur hat nie Grenzen gekannt. Sie war immer gemeinsames Gut und hat die Völker verbunden«, weshalb er sich die »Kühnheit« erlaube, seine Rede »in der Sprache

von Goethe, Schiller und Kant, in der deutschen Sprache«, fortzusetzen.

Manchmal möchte ich dem einen oder anderen deutschen Kommentator, der in der einen oder anderen deutschen Zeitung über das deutsch-russische Verhältnis nachdenkt, diese Rede Putins vor dem Deutschen Bundestag zuschicken, mit der inständigen Bitte, sie doch vor seinem nächsten Artikel zu diesem Thema noch einmal zu lesen. Denn diese Rede kommt auf alles zu sprechen, was Krieg und Nachkrieg, der Eiserne Vorhang und die Teilung Europas im kollektiven Bewusstsein der europäischen Völker hinterlassen haben. Reflexe und Vorurteile aus dem Amalgam dieser vergangenen Epoche werden uns wohl noch eine Weile begegnen und verzögern, was wir doch dringend brauchen: einen politisch, ökonomisch und kulturell verankerten Neuanfang.

Russland: Schon in einem meiner ersten Treffen mit Bill Clinton nach meinem Wahlerfolg vom September 1998 kreiste das Gespräch um diesen Nachbarn. Das Land drohte damals in einer hoffnungslosen Abwärtsspirale von Chaos und Ausplünderung, von sozialer und wirtschaftlicher Not zu versinken, und wir besprachen die innenpolitische Landschaft des kranken Reiches, das dringend der Hilfe bedurfte, um aus diesem Teufelskreis herauszugelangen. Damals lernte ich einen Bill Clinton kennen, der ungewöhnlich kenntnisreich über europäische Geschichte reflektieren konnte und der aus seiner Besorgnis darüber, wie bedrohlich ein angeschlagenes, seiner selbst nicht sicheres Russland für den Weltfrieden sein könnte, kein Hehl machte.

Clinton hatte zugleich erkannt, dass die an sozialistischer Kommandowirtschaft geschulte Mentalität der rus-

»Es ist an der Zeit, daran zu denken, was zu tun ist, damit das einheitliche und sichere Europa zum Vorboten einer einheitlichen und sicheren Welt wird.« Mit Wladimir Putin in Weimar, 10. April 2002.

sischen Eliten kaum Raum geben würde, um mit wirtschaftstheoretischem Rat amerikanischer Provenienz etwas anfangen zu können. Dafür fehle es, sagte er, in den USA an Einfühlungsvermögen. Entsprechende Versuche waren denn auch kläglich gescheitert. Daher regte er an, die besonderen Beziehungen zwischen Russland und Deutschland als Fundament für eine enge wirtschaftliche Zusammenarbeit zu nutzen und auszubauen. Auch aus psychologischen Gründen werde Russland die notwendige, auch materielle Hilfe leichter annehmen können, wenn sie aus Deutschland käme. Als wir auf die atomaren Arsenale Russlands zu sprechen kamen, sagte er nur, eine militärische Bedrohung könne er nicht erkennen. Aber zu einer aktiven Russlandpolitik, die im Kontext der Überwindung der europäischen Teilung und ihrer sicherheitspolitischen Fundierung gedacht werden müsse, gehöre es eben vor allem, für die wirtschaftliche Gesundung des Landes zu sorgen. Und hier hoffte er auf das Engagement Deutschlands.

Mit diesen Argumenten rannte Clinton bei mir offene Türen ein. Ich war und bin nach wie vor fest davon überzeugt, dass auf Dauer ohne eine umfassende Verständigung mit Russland keine stabile Friedensordnung für unseren Kontinent denkbar ist. Und genau dies war die Botschaft, die Putin am 25. September 2001 mit nach Berlin brachte, eine Botschaft, die mir umso wichtiger schien, als sie ein gemeinsames Fundament erkennbar machte, eine Antwort auf die gerade erlittenen Terroranschläge vom 11. September auf New York und Washington, die für die Welt eine Zeitenwende brachten. Dieses Fundament beschrieb Putin in seiner Berliner Rede, als er sagte: Niemand bezweifle den großen Wert der Beziehungen Europas zu den Vereinigten

Staaten. Aber er sei der Überzeugung, dass Europa seinen Ruf als mächtiger und selbständiger Ort der Weltpolitik langfristig nur festigen werde, wenn es seine eigenen Möglichkeiten mit den menschlichen, territorialen und natürlichen Ressourcen wie auch den Wirtschafts-, Kultur- und Verteidigungspotenzialen Russlands vereinigen könne. Das Protokoll des Bundestages verzeichnet an dieser Stelle Beifall. Dieser Beifall begleitete auch die kommenden Sätze: Die ersten Schritte in diese Richtung seien gemeinsam schon vollzogen worden. Jetzt sei es an der Zeit, daran zu denken, was getan werden müsse, damit das einheitliche und sichere Europa zum Vorboten einer einheitlichen und sicheren Welt werde.

Ich habe ungezählte Gespräche mit Putin geführt, vor und nach dieser Rede, und daher weiß ich sehr genau, dass er ganz intensiv über die Frage nachdenkt, wie das russisch-europäische Verhältnis organisiert werden kann, um es in beide Richtungen gedeihlich wachsen zu lassen. Die Vision, die er dabei für sein Land hat, ist völlig klar: Er will die Bedeutung Russlands wiederherstellen. Dies, ergänzt durch seine christliche Überzeugung – sein Verhältnis zur Orthodoxie in Russland nehme ich als sehr ernsthaft wahr –, heißt, auf einen einfachen Nenner gebracht: Putin denkt abendländisch. Mit anderen Worten, er sieht eine Mission Russlands als Teil Europas, zwar mit einer asiatischen Komponente, das ist ihm sehr bewusst, aber kulturell, emotional und vom Lebensgefühl und von den Wertvorstellungen her eben als Teil Europas.

Diese Einstellung spiegelte sich schon in seiner Haltung zum Irakkrieg, dem mit Frankreich und Deutschland gemeinsam entschiedenen Nein zu diesem Krieg. Das war ein wichtiger Schritt für eine Außenpolitik, die auch darauf achtet, europäische Belange einzubeziehen, wenn es darum geht, eine gefährliche weltpolitische Lage zu beurteilen. Und ganz sicher: Die deutsch-französische Übereinstimmung mit Russland hat in einer so entscheidenden Situation die Absage an eine wenig durchdachte und am Ende leichtfertige Entscheidung der USA mehr Gewicht verliehen, und erst dadurch war sie – gegen lauten propagandistischen Trommelwirbel über den Ozean hinweg – überhaupt durchzuhalten.

Das Nein zum Irakkrieg hat Putin in Washington keine Freunde gebracht und womöglich im Juli 2006 das Votum der USA gegen eine Mitgliedschaft Russlands in der WTO beeinflusst, jener mächtigen, den gesamten Globus umspannenden Welthandelsorganisation, deren wesentliches Ziel es ist, liberalere Regelungen für internationale Handels- und Wirtschaftsbeziehungen zu erarbeiten. Heute, da bin ich sicher, gäbe es die gleiche Blockade gegen eine Aufnahme Russlands in die Gruppe der sieben wichtigsten Wirtschaftsnationen (G7). Es war Deutschland zu verdanken gewesen, dass aus der G7 die G8 wurde, die Gruppe der acht Mitglieder inklusive Russland.

Noch offen ist dagegen, wohin sich die Institution der G8 entwickeln soll und kann. Es kann ein interessantes Instrument der Weltinnenpolitik werden, wenn es gelingt, dort zu vernünftigen Absprachen zu kommen, die geeignet sind, die Egozentren der großen Industrienationen zu überwinden. Dazu gehört unter anderem, dass ins Auge gefasst werden muss, China, die inzwischen viertgrößte Volkswirtschaft der Welt, und auch Indien in die Gruppe der G8 aufzunehmen.

Das Zusammentreffen der G8 im Juli 2006 in Petersburg unter dem Vorsitz Russlands hat ja zumindest im Ansatz eine einheitliche Auffassung zur Verhinderung einer atomaren Aufrüstung des Iran gebracht. Das hat seine Wirkung auch auf den Sicherheitsrat der Vereinten Nationen nicht verfehlt. Das Gleiche gilt für das Zustandekommen der gemeinsamen UN-Resolution zur Beilegung der Kriegslage im Libanon im August 2006. Auch da zeigt Russland Interesse an einer mit dem Westen übereinstimmenden Position. In meinen Augen ist diese Haltung ein weiteres Indiz für Putins klaren Willen, sich und sein Land in die westliche Wertegemeinschaft zu integrieren.

Das Zusammenspiel etwa beim Thema Iran gibt einen Hinweis auf künftige Gemeinsamkeiten. Der Sicherheitsrat bleibt zwar weiterhin der wichtigste Ort für die Erarbeitung einer Frieden schaffenden oder sichernden Lösung des heißen Konflikts im Nahen Osten, doch eine intensive Zusammenarbeit zwischen Europa und Russland kann auch diesen Prozess fördern. Russland unterhält traditionell enge Kontakte zu Mitspielern wie Syrien oder dem Iran. Ohne deren Mitwirkung aber ist eine Beilegung oder wenigstens Entschärfung der Konfrontation nicht vorstellbar.

Und zusammen mit Russland kann Deutschland bei der Schlichtung des Konflikts eine wichtige Rolle spielen. Unser Land genießt das Vertrauen Israels und auch der arabischen Welt. Dies muss und kann Europa in die Waagschale werfen, sobald es gelungen ist, eine Phase der Beruhigung zwischen den gegnerischen Parteien einzuleiten. Erst wenn es ein Minimum an Vertrauen in die Tragfähigkeit eines Waffenstillstandes gibt, kann mit der eigentlichen Friedenssicherung begonnen werden. Vertrauen zwischen den Konfliktparteien aufzubauen ist Voraussetzung für jeden noch so kleinen Fortschritt. Und man fängt bei null an.

Dabei können Europa und Russland hilfreicher sein als die USA, die hier derzeit keine gestaltende Rolle spielen können, denn das tatsächliche Desaster der amerikanischen Außenpolitik nach dem 11. September 2001 liegt ja darin, dass sich viele islamische Staaten als Opfer einer Politik sehen, die leichtfertig eine weltweite Koalition im Kampf gegen den Terror aufgekündigt hat. Alles, was die USA seitdem militärisch anpackten, feuerte den Konflikt an, statt ihn zu entschärfen. Sie fallen daher im Libanon als Garant für die Einhaltung des Waffenstillstands leider aus, weil die Vertrauensbasis dafür fehlt.

Je länger der Nahe Osten ein Pulverfass bleibt, bei dessen Detonation wir als Nachbarregion mit heftigem Kollateralschaden rechnen müssten, umso schwieriger wird es, die Auswirkungen des Dauerkonflikts auf das terroristische Gewaltpotenzial und damit auch auf den Verlauf der Weltwirtschaft zu kalkulieren. Schon jetzt erhöht der Ölpreis die Energiekosten, die derzeit alle Versuche, für einen Aufschwung der Wirtschaft insbesondere in den Schwellenländern zu sorgen, erheblich behindern. Umso besser tut Europa daran, Russland in eine europäische Perspektive einzubinden und mittelfristig aus einer strategischen eine privilegierte Partnerschaft zu entwickeln. Russland ist der wichtigste Energielieferant für Europa, und wie ich aus meinen Gesprächen mit Präsident Putin weiß, will es das auch bleiben – und es wird jede Befürchtung zerstreuen, dass daraus eine unkalkulierbare Abhängigkeit werden könnte.

Um diese Haltung zu stützen und zu sichern, liegt es im Interesse Europas, dem großen Energieproduzenten Russland den Zugang zum heimischen Energiemarkt zu öffnen – ebenso wie Russland europäische Energiekonzerne an der Förderung seiner Gas- und Ölvorkommen beteiligt. Mit anderen Worten: Dazu gehört, sich offen mit der Frage zu beschäftigen, ob russische Produzenten in das Geschäft mit dem Endkunden einsteigen dürfen, ob es ihnen nicht ermöglicht werden sollte, Anteile an deutschen Stadtwerken oder Energiekonzernen zu erwerben. Zweifler sollten bedenken, dass auch die Offenheit unserer Märkte dazu beiträgt, die mit jährlichen Wachstumsraten von vier bis sechs Prozent rasch aufholende russische Wirtschaft nachhaltig mit der europäischen Wirtschaft zu verflechten.

Vor allem diese Erwägungen leiteten mich, nach dem Ausscheiden aus dem Kanzleramt an die Spitze des Aufsichtsrates der Nordeuropäischen Gaspipeline Gesellschaft zu treten. Diese Gesellschaft ist ein deutsch-russisches Joint-Venture aus der Aktiengesellschaft Gazprom, dem weltweit größten Erdgasförderunternehmen, und den deutschen Unternehmen e.on und BASF. Als ich im November 2005 vom Vorstandsvorsitzenden der Gazprom gebeten wurde, dieses Amt anzunehmen, habe ich zunächst abgelehnt. Nicht der Sache wegen, sondern weil ich keine festen beruflichen Bindungen eingehen wollte. Im Dezember rief mich dann Präsident Putin an, der mich wegen der Bedeutung dieses europäischen Energieprojektes überzeugte, den Vorsitz des Gremiums zu übernehmen. Eigentlich sollte es für die deutsche Öffentlichkeit mittlerweile ein ebenso normaler Vorgang sein, für ein deutsch-russisches Projekt zu wirken, wie für ein deutsch-französisches oder deutsch-amerikanisches. Das Gegenteil war der Fall. Die sich aus meiner Entscheidung entwickelnde öffentliche Debatte übertraf alles, was ich mir an düsteren Visionen hatte ausmalen können. Entsetzt war ich vor allem über die Unterstellungen,

mit denen ich mich konfrontiert sah. Spekulationen über eine angeblich interessengeleitete Unterstützung des Pipeline-Projektes während meiner Regierungszeit sind in der Sache falsch und außerdem ehrenrührig. Meine Unterstützung der Ostsee-Pipeline hatte ausschließlich mit Interessen unseres Landes und Europas zu tun. Deshalb hatte ich dieses Projekt schon unterstützt, als ich noch Kanzler war. Der Energiehunger in Europa ist nicht zu stillen ohne den Rohstoffreichtum Russlands. Das ist eine Binsenweisheit, aber deshalb nicht weniger wahr.

Moskaus Streben nach einer klaren europäischen Perspektive ist auch für Europa von Nutzen – und wir sollten ihm entgegenkommen, um es in ökonomische und kulturelle Bindungen umzuwandeln. Wenn zugleich ein weitsichtiger russischer Präsident alles daransetzt, um diese Bindungen im beiderseitigen Interesse unauflösbar zu machen, dann sollten wir diese Offerte annehmen.

Immer wieder verrichten Astronauten aus Russland mit Kollegen aus den USA und Deutschland gemeinsame Arbeit auf der Internationalen Raumstation ISS. Das ist, nebenbei gesagt, auch ein Hinweis auf das Niveau von Wissenschaft und Forschung in Russland, das wesentliche Beiträge zu diesem Großprojekt geleistet hat. Die Raketentechnik und das russische atomare Potenzial sind nicht zu unterschätzen. Daraus folgt für mich, dass es, anstatt Einkreisungsfantasien zu entwickeln, wie sie in konservativen Zirkeln noch immer aufscheinen, sinnvoll wäre, Russlands Sicherheitsinteressen ernst zu nehmen. Umso mehr, wenn man sich vor Augen hält – davon haben im Westen nur wenige eine Vorstellung –, wie schwer es innenpolitisch in Russland durchzuhalten war, seine ehemaligen Trabanten in Osteuropa und die Sowjetrepubliken im Baltikum aus

»Der Energiehunger in Europa ist nicht zu stillen ohne den Rohstoffreichtum Russlands.« 28. März 2006: Gerhard Schröder und Rim Sulejmanow, Generaldirektor eines Gazprom-Tochterunternehmens, besuchen eine Schule des Konzerns mit deutschsprachigen Klassen.

dem eigenen Einflussbereich zu entlassen und dabei zuzuschauen, wie sie sich in das westliche Bündnissystem integrierten und erfolgreich in die Europäische Union drängten. Es ist eine große Leistung Russlands, sich davon nicht irritieren zu lassen, sondern gleichzeitig ebenfalls eine europäische Perspektive zu entwickeln. Immer wieder werden auch künftig russische, amerikanische und europäische Astronauten an wissenschaftlichen Projekten im All zusammenarbeiten. Auf der ISS kann man einen Raumanzug tragen, um sich vor den Gefahren des Lebens in der Schwerelosigkeit zu schützen. Gegen politische Kurzsichtigkeit und Dummheit gibt es leider keinen Schutzanzug.

Es liegt im deutschen und europäischen Interesse, dass Russland WTO-Mitglied wird, und es liegt im deutschen und europäischen Interesse, dass sich in Russland weiterhin marktwirtschaftliches Denken etabliert, das in gemeinsame ökonomische Wertvorstellungen münden kann.

Wladimir Putin denkt in dieselbe Richtung. Er weiß ja viel besser als alle, die mehr oder weniger kritisch den Prozess der inneren Stabilisierung Russlands beobachten, wie weit das Land zivilgesellschaftlich, institutionell und auch hinsichtlich der Mentalität vieler seiner Bewohner heute noch von den mitteleuropäischen Standards entfernt ist, die wir uns mühsam genug im zurückliegenden halben Jahrhundert erworben haben. Doch seit er die politische Verantwortung in Russland übernommen hat, müssen sich Investoren dort nicht länger von organisierten Kriminellen Sicherheit für ihre Investments kaufen. Putin hat als Präsident des Landes die Wiederherstellung staatlicher Strukturen eingeleitet und für seine Bürger wie für Unternehmer und Investoren erstmals so etwas wie Rechtssicherheit geschaffen. Darin besteht sein wirklich historisches Verdienst.

Wen kann es andererseits wundern, dass es bei solchen umwälzenden Prozessen auch zu Fehlentwicklungen kommt, zumal diese Prozesse partiell von den gleichen Institutionen getragen oder durchgesetzt werden müssen, die zuvor den Machtapparat des Sowjetregimes gestützt haben. Für das, was Putin will, gibt es in der Geschichte des Landes keine Vorbilder. Das zaristische Russland war ein absolutistischer Staat, und die paar Monate einer bürgerlichen Regierung im Jahr 1917 sind als Demokratie-Erfahrung für das Land unbrauchbar. Danach, ein Wimpernschlag in der Geschichte, der kurze Augenblick der kulturellen und künstlerischen Befreiung, von der wunderbare Werke in der bildenden Kunst zeugen. Und dann kam Lenin und nach ihm Stalin, unter dessen Schreckensherrschaft der freie Geist des Landes erlosch.

Möglicherweise hätte sich das russische Volk irgendwann allein von dem Tyrannen Josef Stalin befreien können, hätte es nicht das perfide Zusammenspiel, den Hitler-Stalin-Pakt, und dann den Überfall Hitler-Deutschlands auf Russland gegeben – Teil eines Weltkriegs, der vor allem in Russland ein einziges Massaker wurde und Schätzungen zufolge 60 Millionen Menschen das Leben kostete, davon allein etwa 27 Millionen in der Sowjetunion. Vom Ende dieses Krieges sind wir heute mehr als sechzig Jahre entfernt. Aber weniger als zwei Jahrzehnte sind seit dem Zusammenbruch der alten Sowjetunion vergangen, der Voraussetzung dafür war, dass sich ein neues einiges Europa formen konnte. Ohne Glasnost und die Freigabe der russischen Kriegsbeute in Osteuropa wäre die deutsche Einheit nicht möglich geworden. Und jetzt erleben wir den Anfang der Auferstehung Russlands aus dem Verfall unter einem Jahrzehnte währenden Regime und dem Chaos der Zwischenzeit unter Boris Jelzin.

Wie unendlich schwierig und langwierig es ist, ein Land im wahrsten Sinne des Wortes umzukrempeln, zeigen doch auch die Entwicklungen in unserem eigenen Land nach dem Ende der DDR; eine solche Umwandlung dauert mindestens eine Generation. Der Weg aus der Kommandowirtschaft erfordert eine langfristige Ausbalancierung der auseinanderklaffenden kulturellen und gesellschaftlichen Erfahrungen – und viel Geld. Menschen lassen sich nicht so schnell ändern wie die politischen Voraussetzungen. Das kostet Zeit und braucht Geduld und Zuversicht. Vor einem ähnlichen Kraftakt – allerdings in ganz anderen Dimensionen – steht Russland heute.

Noch etwas sollten wir im nach wie vor reichen Westen bedenken: Wie viele gebrochene Biografien verursachte dieser Wandel, wie viele fragen sich, ob sie ihren Idealismus der falschen Sache zur Verfügung gestellt und tatsächlich nur einem verbrecherischen Regime geholfen haben zu überleben. Wie groß ist die psychologische Fracht, die ein solcher eruptiver Wandel einer Gesellschaft mit sich bringt, und wie schwierig die Aufgabe, den richtigen Weg zu finden, seine Last zu verringern. Dies sind Lehren, die das russische Volk zu schultern hat und die auch wir aus der Vereinigung der beiden deutschen Staaten ziehen konnten.

Diesen inneren Prozess Russlands sollten wir in Deutschland und in Europa konstruktiv begleiten und dazu beitragen, Schritt für Schritt eine selbstverständliche Normalität der Zusammenarbeit zu schaffen. Ich stehe dafür, ohne Wenn und Aber. Ich möchte verhindern, dass alte Vorurteile, alte Mythen und Ideologien wiederauferstehen können. Denn die Gefahr besteht: Durch eine völlig aus dem Ruder laufende rechtsgewirkte nationalistische Entwicklung in Polen könnte auch das deutsch-russische Verhältnis beschädigt werden. Dies wäre verheerend für Europa.

Wir müssen daher die verbreitete Vorstellung überwinden, Russland sei der Bär, der nur darauf warte, andere zu verspeisen. Das Gegenteil ist der Fall: In Russland gibt es ein wachsendes Gespür dafür, dass es seine Rolle in der Welt auf Augenhöhe mit den USA nur wirklich ausfüllen kann, wenn es zugleich zu einer umfassenden Partnerschaft mit Europa findet. Und für Europa gilt das Gleiche.

Dabei wird es notwendig sein, die emotionalen Widerstände im Baltikum und in Polen abzubauen. Dort wird die Mitgliedschaft in Europäischer Union und Nato ein neues Bewusstsein in der Bevölkerung schaffen: die Gewissheit, dass die eigenen Sicherheitsinteressen nicht jenseits, sondern besser diesseits des Atlantiks, in Europa, aufgehoben sind. Ängste vor einer zu großen Nähe zwischen Russland und Deutschland kann ich als Folge der gemeinsamen europäischen Leidensgeschichte verstehen, doch im 21. Jahrhundert sind sie völlig unbegründet. Wer sich vor der strategischen Partnerschaft Berlin/Moskau fürchtet, missversteht das immense Eigeninteresse, das Deutschland als wichtiger Teil des integrierten Europa an einer Modernisierung Russlands haben muss, sowohl aus wirtschaftlichen als auch aus gesellschaftlichen Gründen.

Analog dazu ist das Bedürfnis Russlands, als Teil Europas angenommen zu werden, von gleicher Intensität. In seiner Berliner Rede sagte Putin unumwunden, Russland habe auf seinem Weg, eine demokratische Gesellschaft aufzubauen und eine Marktwirtschaft zu verwirklichen, »viele Hindernisse und Hürden« zu überwinden. »Aber abgesehen von

den objektiven Problemen«, fuhr er fort, »und trotz mancher – ganz aufrichtig und ehrlich gesagt – Ungeschicktheit schlägt unter allem das starke und lebendige Herz Russlands, welches für eine vollwertige Zusammenarbeit und Partnerschaft geöffnet ist.«

Da war ein ehrlicher Makler zu erleben, dessen eindringliche Tonlage und sprachliche Intensität zu spüren war. Am Ende der Rede erhoben sich die Abgeordneten von ihren Plätzen, um dem russischen Präsidenten anhaltenden Beifall zu bekunden. Doch solche Gefühle und historischen Augenblicke lassen sich nicht konservieren. Wir werden Rückfälle in alte Gewohnheiten und museale Erfahrungen erleben. Daher tun wir gut daran, uns auch öffentlich immer wieder zu vergewissern, dass die geschichtliche Entwicklung für Russland und für das integrierte Europa auf eine partnerschaftliche Perspektive zusteuert und auf gemeinsame Interessen gegründet ist.

Dazu bedarf es auch symbolischer Anlässe wie die schon erwähnte Einladung des russischen Präsidenten an den deutschen Bundeskanzler, den Feierlichkeiten zum sechzigsten Jahrestag des Kriegsendes in Moskau beizuwohnen. Natürlich war das eine ehrenvolle Einladung, genauso wie im Jahr zuvor die des französischen Staatspräsidenten Jacques Chirac zur Sechzigjahrfeier der Landung der Alliierten in der Normandie und die Einladung zum sechzigsten Jahrestag des Warschauer Aufstandes. Wenn mich nicht alles täuscht, waren diese Einladungen von den Gastgebern auch als Zeichen dafür gemeint, dass dem demokratischen und vereinigten Deutschland das Vertrauen der ehemaligen Kriegsgegner entgegengebracht wird. Wie sonst hätten wir gemeinsam das Ende der Nachkriegszeit begehen können.

»Dieser Mann hat eines der schwersten Ämter, die auf der Welt zu vergeben sind.« 25. September 2001: Die erste Rede eines russischen Präsidenten im Deutschen Bundestag.

»Hier war Deutschlands Jugend in den Tod geschickt worden.« Gerhard Schröder und seine Frau legen auf dem Soldatenfriedhof Moskau-Ljublino einen Kranz nieder.

Meine Frau Doris und ich reisten am 8./9. Mai 2005 für zwei Tage in die russische Hauptstadt. Ein sehr dicht gestricktes Programm erwartete uns. Auf einem deutschen Soldatenfriedhof bei Moskau legte ich einen Kranz nieder. Es war ein beklemmender Gang zum Mahnmal, und erneut war ich voller Erbitterung über den von Nazi-Deutschland verbrochenen Krieg. Wir gingen schweigend an den langen Reihen der Gräber entlang, und ich konnte auf den Grabkreuzen lesen, wie jung die Soldaten gewesen waren, als sie ihr Leben für das Verbrecherregime Hitlers hingegeben hatten. Auch mein Vater gehörte ja dazu. Mit ihm fielen nach Untersuchungen des Militärgeschichtlichen Forschungsamtes 5,3 Millionen deutsche Soldaten. Und die ehemalige Sowjetunion hatte mindestens 27 Millionen Tote zu beklagen.

Es hilft nicht, Zahlen aufzurechnen. Die Verantwortung für das »Nie wieder« ist ungeteilt. Die Schuld für das Geschehene wird nicht an die nachfolgenden Generationen weitergereicht, wohl aber die Verpflichtung, daran zu erinnern und den Preis zu zahlen, der aus Taten der Vergangenheit erwächst. Und wir Deutsche tragen nicht nur gegenüber Polen und anderen europäischen Ländern, sondern eben auch gegenüber Russland eine besondere Verantwortung, die sich aus unserer Geschichte ergibt. Dieses Bewusstsein muss unser Verhältnis zu Russland mitbestimmen – jenseits aller anderen Interessen.

Zusammen mit meiner Frau ging ich auf dem deutschen Soldatenfriedhof an den Gräbern vorbei, und dabei spürte ich ein innerliches Frieren. Hier war Deutschlands Jugend in den Tod geschickt worden. Dieser Friedhof ist ein einziges elendes Zeugnis des Missbrauchs idealistischer Begeisterung und zugleich der Verführungskraft, die von ihr ausgeht.

Im Anschluss trafen wir im Moskauer Hotel President deutsche und russische Veteranen, Männer und Frauen, die sich an den feindlichen Linien gegenübergestanden hatten. Ich hatte etwa zehn deutsche ehemalige Ostfrontsoldaten eingeladen, mich an diesem historischen Tag zu begleiten. Reinhard Führer, der Präsident des Volksbundes Deutsche Kriegsgräberfürsorge, hatte sie ausgewählt.

Ich konnte mich im Angesicht dieser vom Alter gezeichneten Menschen einer beständigen Rührung und Beklommenheit nicht erwehren. Wir saßen an langen Tischen, und mit oder ohne Dolmetscher stellte sich zwischen diesen Männern ein ganz unmittelbares Verstehen ein, das aus gemeinsamer Erinnerung gespeist war. Dort saßen Russen und Deutsche zusammen, auf besondere Weise verbunden.

Sie teilten die Erfahrungen von Leben und Tod, das eigene Überleben und die Trauer um die im Krieg Gefallenen. Für Hass gab es keinen Platz mehr. Dass der russische Präsident an dieser Begegnung teilnahm, wurde von allen Beteiligten als eine besonders symbolträchtige Geste empfunden.

Beim gemeinsamen offiziellen Mittagessen mit den Vertretern der ehemaligen Kriegsalliierten wie bei dem Veteranentreffen und später bei der Parade vor den aus aller Welt angereisten Gästen, bei all diesen Gelegenheiten variierte der russische Präsident ein Thema, sein Thema: die Aussöhnung mit Deutschland. Das war der Hintergrund für die sehr bedachte Sitzordnung bei der Parade auf dem Roten Platz. Die Ehrentribüne war vor dem Lenin-Mausoleum aufgebaut. In der ersten Reihe saßen der amerikanische Präsident Bush und Frau Bush, daneben Putin und seine Frau, zu deren Rechten Jacques Chirac und neben dem französischen Staatspräsidenten der deutsche Kanzler und seine Frau. Es fehlte Tony Blair, der kurzfristig abgesagt hatte, weil er, so glaube ich mich zu erinnern, in London mit der Regierungsbildung beschäftigt war. Der ehemalige Kriegsgegner Deutschland hatte damit seinen Platz in der ersten Reihe inmitten der ehemaligen Siegermächte. So wurde der Gedanke der Aussöhnung bildlich greifbar gemacht.

Und dann zog eine ungewöhnliche Militärparade über den Platz. Auf nachgebauten und historischen Fahrzeugen aus dem Zweiten Weltkrieg wurden 2700 russische Veteranen, »Frontowiki«, an der Ehrentribüne vorbeigefahren, ihnen folgten 7000 junge Soldaten in alten Weltkriegsuniformen. Auch ein kleiner Verband aktiver Soldaten marschierte an der Tribüne entlang. Dabei herrschte eine ganz und gar unkriegerische Atmosphäre. Putin hielt eine kurze

Rede, in der er sein Thema ausführte. An diesem Tag nannte er es »das leuchtende Beispiel der historischen Versöhnung mit Deutschland«.

Angesichts der gemeinsamen Geschichte habe ich die Aussöhnung mit Polen und Russland immer als so etwas wie ein Wunder empfunden. An diesem Prozess haben auch mein Vorgänger im Amt, Helmut Kohl, und der ehemalige russische Präsident Boris Jelzin ihren Anteil. Aber es war vor allem Willy Brandt, der die Mauer der scheinbar unauslöschbaren Feindschaft mit seiner Ostpolitik durchbrach und von dessen weitsichtiger Außenpolitik wir alle, vor allem seit der Wende 1989 und der daraus folgenden Vereinigung Deutschlands, bis heute profitieren. Ich bin davon überzeugt, dass die Aussöhnung beide Völker, das russische und das deutsche, tief bewegt.

Diesen Eindruck hatte ich schon Mitte der siebziger Jahre, als ich erstmals zusammen mit einer Delegation der Jungsozialisten, angeführt von ihrem damaligen stellvertretenden Bundesvorsitzenden Klaus Uwe Benneter, in Moskau und der Ukraine war. In der Ukraine besuchten wir Kiew und die Industriestadt Saporoschje. Dort führte uns ein alter Russe durch ein Wasserkraftwerk, auch ein Ort der Erinnerung an den »Großen Vaterländischen Krieg«. Sein Sohn, so erzählte er uns während der Führung, sei hier ums Leben gekommen, als er das Kraftwerk gegen die Deutschen verteidigte, die den Staudamm sprengen wollten, was ihnen nicht gelang. Die deutschen Truppen waren wohl auf dem Rückzug. Und zu uns, den jungen Deutschen, die da vor ihm standen, sagte er sinngemäß: Ihr müsst dafür sorgen, dass so etwas nie wieder passieren kann. Dieser alte Russe in seinem abgewetzten Anzug und mit seinen einfachen Worten, er hatte ebenfalls keinen Platz für Hass oder

Vorwurf. Nichts war davon zu hören oder zu spüren. Im Gegenteil, er sprach von seiner Bindung an das andere Deutschland, jenseits des Überfalls der deutschen Faschisten auf die Sowjetunion – an ein Deutschland tüchtiger Menschen. Uns alle, die wir da auf dem Kamm des Staudamms standen und ihm zuhörten, hat er mit seinem Verständnis für die deutsche Kultur zutiefst beeindruckt.

Es wäre falsch, Russland in Bezug auf die Geschwindigkeit seiner innenpolitischen Veränderungen und seiner demokratischen Entwicklung zu überfordern oder es nur unter dem Aspekt des Tschetschenien-Konflikts zu bewerten. Gerade über dieses heikle Thema habe ich immer wieder mit Putin diskutiert. Es gibt in Russland eben auch die innenpolitische Auseinandersetzung mit einem islamischen Fundamentalismus. Das russische Militär zeigt dabei vielfach wenig Sensibilität oder politisches Gespür und verschärft die Konfrontation durch unangemessene Härte. Das ist und bleibt ein Problem, auch wenn die Kritik am russischen Vorgehen nach den bekannt gewordenen Übergriffen amerikanischer GIs an der irakischen Zivilbevölkerung und den Folterungen in Abu Ghraib leiser geworden ist. Beiden Konflikten gemeinsam ist ein religiös bestimmter Ursprung, der allerdings im Irak erst nach dem Feldzug der USA und seiner Alliierten virulent wurde. Im Tschetschenien-Konflikt war er wesentliche Ursache von Anfang an.

Dennoch und darüber hinaus ist auch Tschetschenien eingebettet in die innenpolitische Landschaft und Entwicklung Russlands, die noch lange nicht zur Ruhe kommen wird. Wie im Nahen Osten, im Irak, so wird auch in Tschetschenien der Konflikt von den Fundamentalisten in der islamischen Welt angeheizt und finanziell unterstützt. Die

»Der ehemalige Kriegsgegner Deutschland hatte damit seinen Platz in der ersten Reihe inmitten der ehemaligen Siegermächte.« Feierlichkeiten zum sechzigsten Jahrestag des Kriegsendes in Moskau, 9. Mai 2005. Gerhard Schröder, Doris Schröder-Köpf, Jacques Chirac, Wladimir Putin, George W. Bush.

dazu nötigen Geldströme, denen die Waffenströme folgen, fließen aus manchen Öl fördernden arabischen Staaten in die Krisengebiete. Erst wenn diese Unterstützung in Tschetschenien unterbliebe, käme ein Ende in Form einer politischen Lösung in Sicht, die nur eine Lösung innerhalb der Russischen Föderation sein kann. So bleibt der Unterschied bestehen, dass Russland in Tschetschenien einen seit langem bestehenden innenpolitischen Brandherd bekämpfen muss, während sich die andere Großmacht ihren blutigen Konflikt erst selbst geschaffen hat.

Wladimir Putin ist wie erwähnt auch ein religiöser Mensch und seiner russisch-orthodoxen Kirche sehr verbunden. Ich habe mehrfach Gelegenheit gehabt, ihn in einem eher privaten Umfeld zu erleben. In seiner Residenz ist aus einem ehemaligen Wirtschaftsgebäude eine Kapelle entstanden, und an seinem Feriensitz hat er eine Holzkirche errichten lassen, die aus alten Materialien gebaut ist. Er zeigt sie seinen Gästen gern und voller Stolz. Ich war mit ihm im Kloster Sagorsk, und auch dort wurde mir bewusst, dass Putins Beziehung zu seiner Kirche keine taktische ist. Es ist vielmehr ein Teil von ihm, den nicht ernst zu nehmen ein Fehler wäre. Ich glaube, dass diese Bindung nicht zuletzt Antrieb für seine Politik der Partnerschaft mit einem Europa abendländischer Kultur ist. Gleichwohl würde ihm nicht einfallen, seine Politik aus Zwiegesprächen mit Gott herzuleiten. Seine religiöse Überzeugung ist wichtig, aber eben auch Privatsache.

Es war der Vorgänger von George W. Bush, der den Blick auf Russland richtete und dabei die europäische Rolle bedachte, um den kranken Riesen aufzurichten. Dass er dabei auch besonders Deutschland im Blick hatte, zeugte von Klugheit und Weitsicht. Völlig unabhängig von der strate-

»Er ist ein religiöser Mensch und seiner Kirche sehr verbunden.« Am 6. und 7. Januar 2001 besuchten Gerhard Schröder und seine Frau die Putins, um mit ihnen das orthodoxe Weihnachtsfest zu feiern, hier im Dreifaltigkeits-Sergios-Kloster in Sergijew Possad, dem ehemaligen Sagorsk.

gischen Partnerschaft mit Russland und davon unbeeinflusst bleibt daher ein gutes und atmosphärisch angemessenes Verhältnis zu den USA, das zu den Fundamenten deutscher und europäischer Politik gehört. Doch sollte es richtig eingeordnet werden.

Die außenpolitischen Interessen Europas brauchen ein Maß an Eigenständigkeit, das es erlaubt, abzuwägen und eigene Entscheidungen aus rationalen Gründen zu treffen. Die Amerikaner sollten die deutschen und europäischen Motive im Hinblick auf Russland verstehen, und es sollte Ziel der Europäer sein, auch die USA für den Demokratisierungsprozess in Russland zu gewinnen. Sie müssen davon überzeugt werden, dass es von entscheidender Bedeutung ist, alles zu unterlassen, was die von Putin erreichte innere Stabilität des Landes schwächen würde. Russlands Wirtschaft wächst, auch eine eigene Konsumgüterindustrie wird sich entwickeln und mittelfristig die Rolle des Rohstofflieferanten und Exporteurs von Öl und Gas ergänzen. Diese Entwicklungen müssen stabilisiert werden. Und dazu besteht im Jahr 2007 Gelegenheit. Dann nämlich läuft das Partnerschafts- und Kooperationsabkommen zwischen der Europäischen Union und Russland aus. Ein neuer Vertrag, der zu verhandeln sein wird, muss auf ein dauerhaftes substanzielles Abkommen hinauslaufen, das unsere Beziehungen für die nächsten zehn Jahre umfassend regelt. Die Kernbotschaft muss sein, dass Russland in Europa willkommen ist. Fortschritte in unseren Beziehungen müssen auf verschiedenen Ebenen erkennbar werden. Konkret sollte angestrebt werden eine Freihandelszone, die Energiepartnerschaft und der visafreie Verkehr. Auch die europäische Sicherheits- und Verteidigungspolitik muss eine engere Zusammenarbeit mit Russland prüfen. Ein Anfang könnte im zivilen Bereich und bei der Katastrophenhilfe gemacht werden. Diese kann ausgebaut werden auch durch militärische Kooperationen, zum Beispiel in Form von gemeinsamen friedenserhaltenden Maßnahmen in Drittländern.

Deutschland ist die Nummer eins auf dem russischen Markt, der für uns mindestens so wichtig ist wie der chinesische. Und was in Richtung China ökonomisch als wünschenswert betrachtet wird, sollte auch für Russland gelten. Schon jetzt lässt sich alles in allem von einer funktionierenden wirtschaftlichen Zusammenarbeit sprechen, und in diesem Zusammenhang will ich gern die außerordentlich wichtige Rolle von Klaus Mangold als Vorsitzenden des

Ost-Ausschusses der Deutschen Wirtschaft hervorheben, einer Organisation, die Exporte deutscher Firmen in osteuropäische Länder fördert und einen wichtigen Beitrag zum Ausbau stabiler Handelsbeziehungen zwischen Ost und West leistet, die beiden Seiten nutzen. Mangolds Engagement und sein hervorragendes Netzwerk an Verbindungen in Osteuropa und Russland tragen wesentlich dazu bei, Missverständnisse abzubauen und das Fundament unserer strategischen Partnerschaft mit Russland zu festigen. Schon im Jahr 2000 erreichte der Warenumsatz zwischen Deutschland und Russland die damalige Rekordhöhe von 41,5 Milliarden Mark. Putin erwähnte diese Summe in seiner Bundestagsrede und verwies darauf, dass Deutschland der wichtigste Wirtschaftspartner, der bedeutsamste Gläubiger und der maßgebliche außenpolitische Gesprächspartner Russlands sei.

Es gibt den Petersburger Dialog, der die zivilgesellschaftlichen Strukturen in Russland stärken und fördern soll. Viele Partnerschaften zwischen Städten und nicht zuletzt Universitäten halten den menschlichen Austausch lebendig. Zudem gibt es einen Jugendaustausch, der hoffentlich in einer deutsch-russischen Jugendinstitution nach dem Vorbild des Deutsch-Französischen Jugendwerkes münden wird. Es ist schon einiges passiert, das positiv vermerkt werden kann. Dies gilt auch für den Kulturaustausch, wo alte traditionelle Verbindungen eine gute Basis bilden. Putin hatte ja recht, als er in seiner Rede vor dem deutschen Parlament darauf verwies, dass zwischen Russland und Deutschland »die Kultur nie Grenzen gekannt« habe. Beim Thema Beutekunst könnte dieser Hinweis praktisch werden. Die Anregung des ersten Kulturstaatsministers Michael Naumann, jenseits von Besitzansprüchen die Kulturgüter für beide Seiten zugänglich zu machen, sollte weiter verfolgt und verwirklicht werden. Das könnte ein kleiner, aber wichtiger Teil des Kulturaustausches sein, den wir brauchen, wenn wir die Menschen dafür gewinnen wollen, Russland und Europa als gemeinsames Vielfaches auf einem Kontinent des Friedens und des Wohlstands zu begreifen.

Dass die SPD jetzt schon in der dritten Legislaturperiode in der deutschen Politik eine unabdingbare Rolle spielt, erfüllt mich mit Befriedigung. Es ist doch eine sozialdemokratische Ära geworden, die wir 1998 eingeleitet haben. Und meine Voraussage dafür war, sich nicht zu scheuen, eine Reformagenda zu entwerfen und durchzusetzen, die dies Land dringend braucht, um in der Welt von morgen bestehen zu können.

KAPITEL X

DIE WAHL

WER GERECHTI[...]
WILL, MUSS DAS[...]
SPD **SOZIALE SICHER**[...]

Vertrauen in Deutschland.

www.spd.de

»Auch auf Wahlkämpfe trifft zu, was für Politik als Ganzes gilt: Wem es in der Küche zu heiß ist, der sollte nicht Koch werden.« Wahlplakat 2005.

»Jetzt wäre der Zeitpunkt für Wahlen in Deutschland richtig.« – »Mit dem Schwung aus der fulminanten Fußballweltmeisterschaft in einen Wahlkampf zu starten: Das hätte Rot-Grün erneut den Sieg beschert.« Solche Bemerkungen, zuweilen stichelnd, zuweilen freundlich gemeint, waren im Sommer 2006 öfter zu hören. Und ich würde Wetten darauf abschließen, dass ähnliche Gedanken in so mancher Redaktionsstube der Republik aufblitzten, um dann, hier und da vielleicht mit leichtem Bedauern, unter »ferner liefen« abgespeichert zu werden. Auch in meiner Partei wurde das zum Teil wehmütig konstatiert und ganz sicher auch bei den Grünen, die gern auf die vorgezogenen Neuwahlen verzichtet hätten.

Keine dieser Äußerungen ging mir unter die Haut oder ließ mich an der 2005 getroffenen Entscheidung zweifeln. Im Rückblick hilft die Überprüfung an der Wirklichkeit: Die Serie der Niederlagen bei den vorangegangenen Landtagswahlen, der Verlust an Unterstützung in den eigenen Reihen, gepaart mit der geschürten Abneigung der Bürger gegen unsere Reformpolitik, hatten mich zu Neuwahlen im Bund bewogen. Ich bleibe dabei – es war eine staatspolitisch notwendige Entscheidung. Zu viel hatte auf dem Spiel gestanden, als dass es nach der verheerenden Wahlniederlage an Rhein und Ruhr und der ausgebauten Mehrheit der unionsgeführten Länder im Bundesrat für meine Regierung oder gar für mich als Regierungschef möglich gewesen wäre, weiterzumachen. Wir hätten nichts mehr wirklich bewegen können.

Wie wäre Rot-Grün denn wohl beschrieben worden, hätten wir dem Ratschlag so vieler Parteifreunde Folge geleistet, die Wahlschlappe von Düsseldorf auszusitzen. Natürlich ist dies spekulativ, aber doch wohl sehr plausibel: Vermutlich hätte sich der Tenor fortentwickelt, der über meine Regierung und Rot-Grün schon drei Wochen nach meiner Ankündigung, Neuwahlen anzustreben, zu lesen war.

Am 5. Juni 2005 schrieb eine große Sonntagszeitung unter der Schlagzeile »Rot-Grün zu dumm zum Selbstmord«: »Die Koalition ist nicht tot und nicht lebendig, wir haben eine Zombie-Regierung, deren unwirkliches Treiben man sich ansieht wie einen Horrorfilm: nicht ernst zu nehmen, aber trotzdem gruselig.« Das war zu jenem Zeitpunkt eine falsche Einschätzung des Kommentators. Aber fünfzehn Monate später wäre die Lage der Koalition vermutlich nicht mehr weit weg von diesem Kommentar gewesen. Mit anderen Worten, wir hätten die verbleibenden knapp eineinhalb Jahre bis zum regulären Wahltermin kaum durchgehalten, ohne in der Öffentlichkeit auf einem Tiefpunkt zu landen, von dem wir uns dann wohl nicht mehr erholt hätten.

Ich will mir gar nicht ausmalen, wie sich das Klima im Land in dieser Zeit entwickelt hätte. Eine veröffentlichte Meinung, die uns täglich rigoros aufgefordert hätte, aus Gründen der Staatsräson endlich den Weg zu Neuwahlen frei zu machen. Für jeden Schatten auf der Konjunktur, die Lage an der Börse und die Stagnation auf dem Arbeitsmarkt wäre nur ein Schuldiger an den Pranger gestellt worden: die amtierende Bundesregierung. Das gemeinsame

Trommelfeuer der Oppositionsparteien und aus den der Union und FDP zugeneigten Wirtschaftsverbänden hätte die Koalition ebenfalls unter Druck gesetzt. Der mutmaßliche Zulauf zur Linkspartei wäre zu einem weiteren Stolperstein für beide Regierungsparteien geworden. Irgendwann hätten wir dann womöglich tatsächlich dem Bild von der »Zombie-Regierung« entsprochen.

Und vielleicht wäre das noch nicht einmal der schlimmste Schaden gewesen, den ein zunehmend zur Staatskrise auswachsender politischer Prozess angerichtet hätte. Mit großer Wahrscheinlichkeit wäre es im Laufe dieser Entwicklung zu einer Erosion des Vertrauens in die Entscheidungsfähigkeit unseres demokratischen Gemeinwesens gekommen. Schon seit einer ganzen Weile entfaltet die übliche Politikerschelte ja ein Eigenleben, das dazu beiträgt, unser auf Partizipation angelegtes politisches System zu schwächen.

Wenn dieser Tonfall, gepaart mit Systemverachtung, beibehalten wird, dann gerät das Fundament in Gefahr, auf dem wir alle stehen. Kurz: Die Situation hätte eine Zerreißprobe nach der anderen verursacht, und dem hätten mutmaßlich auch die Regierungsfraktionen nicht standhalten können.

Die Entscheidung vom Mai 2005 war staatspolitisch ohne Alternative und notwendig für das Überleben der SPD. Zu keinem Zeitpunkt wurde mit der Verfassung gespielt. Sie lässt nur gegenwärtig keinen anderen sinnvollen Weg zu als die sogenannte unechte Vertrauensfrage. Auch wird mitunter vergessen, dass ich diese Entscheidung als Regierungschef nicht allein habe durchsetzen können – sie kommt durch ein Zusammenspiel von drei Verfassungsorganen, Bundespräsident, Bundeskanzler und Bundestag, zustande. Und Beschwerden dagegen wurden vom Bundesverfassungsgericht zurückgewiesen. Meiner Meinung nach ist die fehlende Möglichkeit der Selbstauflösung des Parlaments ein Webfehler in unserem Verfassungssystem, den der jetzige Bundestag hoffentlich bearbeiten wird, damit sich ähnliche Krisen künftig anders lösen lassen, als es derzeit möglich ist.

Also brauche ich mich nicht mit Zweifeln zu plagen, wenn ich heute auf Menschen stoße, die mir erklären wollen, ich hätte im Mai 2005 zu voreilig gehandelt und nun, ein Jahr danach, eine wirkliche Chance gehabt, die Wahlen zu gewinnen und weiter auf der Brücke des Regierungsschiffes zu stehen. Hätte ich mich an mein Amt geklammert, wäre der Vorwurf berechtigt gewesen, ich würde die Handlungsfähigkeit des Staates aufs Spiel setzen. So aber bleibe ich dabei, dass vorgezogene Neuwahlen im Interesse der Stabilität des demokratischen Gemeinwesens Deutschland waren.

Als die verfassungsrechtlich geforderte Prozedur abgeschlossen und der Weg zu Neuwahlen frei war, konnte ich erstmals wieder richtig durchatmen. Jetzt ging es endlich darum, in einen Wahlkampf zu gehen, der uns die Chance eröffnete, das Stimmungstief dieser Wochen zu überwinden. Es war von vornherein klar, dass meine Partei einen sehr personalisierten Wahlkampf führen würde. Und ebenso stand fest, dass es unser vorrangiges Ziel sein musste, die eigene Partei aus der Mutlosigkeit herauszuführen und zugleich umlaufenden Gerüchten entgegenzutreten, wonach ich Neuwahlen in Wirklichkeit vor allem deshalb anstrebte, weil ich einen grandiosen Abschied inszenieren wolle.

Dem Sonderparteitag am 31. August 2005 in Berlin kam eine entsprechend große Bedeutung zu. Die Rede, mit der ich die Anwesenden auf den Wahlkampf einstimmen wollte, musste sehr sorgfältig vorbereitet sein, denn die Delegierten und Parteimitglieder sollten mit möglichst treffsicheren Argumenten für die anstehenden Rededuelle ausgestattet werden. Das Kunststück musste darin bestehen, die Reform des Arbeitsmarktes, die uns so sehr in die Defensive gebracht hatte, so zu vermitteln, dass die vermeintliche Schwäche als das wahrgenommen werden würde, was sie war: eine Stärke.

Ich wusste ja, wie sehr die Mitglieder meiner Partei und die Delegierten des Parteitages unter den medialen Angriffen und den sogenannten Montagsdemonstrationen gegen die neuen Arbeitsmarktgesetze gelitten hatten. Viele hatten das Ziel und den Mechanismus der Zusammenlegung von Arbeitslosenhilfe und Sozialhilfe nicht verstanden. Der Parteitag gab mir also die Möglichkeit, den Delegierten die Motive für die Reform direkt zu erläutern. Parallel mussten Union und FDP im Wahlkampf endlich offenlegen, dass sie gewillt waren, so ziemlich alles zur Disposition zu stellen, was aus sozialdemokratischer Sicht für »soziale Markwirtschaft« und gewerkschaftliche Gegenmacht und deren Erhaltung stand – vom Flächentarif bis zum Kündigungsschutz.

Zeigte sich aber erst einmal, dass die Union, getrieben von der FDP, die Beseitigung der sozialen Marktwirtschaft auf dem Programmzettel hatte, dann würde auch die Agitation der PDS und, ähnlich lautend, der Gewerkschaften, die uns »Sozialabbau«, »soziale Kälte« und einen Mangel an Gerechtigkeit zur Last legten, nicht mehr die gleiche Wirkung entfalten können wie in den Monaten zuvor. Der Vorwurf des Sozialabbaus hatte aber nur so lange Bestand, wie es den Unionsparteien möglich war, über den Bundesrat auf unsere Gesetzesinitiativen verschärfend einzuwirken, ohne sich dafür öffentlich verantworten zu müssen. Und um unser Reformpaket über die parlamentarischen Hürden zu bringen, hatten wir für uns schwierige Kompromisse akzeptieren müssen. Das war schon bei der Riester-Rente der Fall gewesen, und es hatte sich bei den Arbeitsmarktreformen wiederholt. Mit dieser Taktik war es spätestens im Wahlkampf vorbei, als die Union Farbe bekennen und klare Auskünfte geben musste, wohin die Reise gehen sollte: Es war die Reise in eine andere Republik.

Die gesellschaftlichen Folgen des politischen Programms der Union wurden dem Publikum langsam, aber sicher klar – und das brachte die Trendwende im Wahlkampf. Vor allem die Kanzler-Kandidatin, aber auch Paul Kirchhof und Edmund Stoiber trugen jeder für sich ihren Teil dazu bei. Jede ihrer öffentlichen Äußerungen über ihr eigenes Programm relativierte und verminderte den Zorn gegen die Reformpolitik der rot-grünen Bundesregierung. Und mit jedem Auftritt der drei Matadore, denen sich die CDU-Ministerpräsidenten anschlossen, verringerte sich der Vorsprung der Union in den Umfragen, der sich zum Zeitpunkt unseres Sonderparteitages der absoluten Mehrheit der Mandate im Bundestag genähert hatte.

Und noch etwas kam hinzu: Durch die Meinungsumfragen, die uns ja seit der mit nur leichtem Vorsprung gewonnenen Wahl vom Oktober 2002 begleiteten und die die SPD knapp über der 25-Prozent-Grenze verorteten, war das Meinungsbild der Medien einhellig darauf eingestimmt, dass der Verfall der Koalition nicht mehr aufzuhalten sei, womit das Ende von Rot-Grün längst als ausgemachte Sa-

che vorweggenommen schien. Damit war zumindest verständlich, dass und warum sich die Berichterstattung zunehmend und dann ausschließlich mit den vermuteten künftigen Siegern beschäftigte. Und so stand für viele bereits als Gewissheit fest, was doch erst durch den Wählerentscheid geklärt werden sollte.

Das also war die psychosoziale Landschaft vor dem Wahlparteitag der SPD, einer Partei im Stimmungstief, demoralisiert und sich ihrer selbst nicht mehr sicher. Dagegen galt es anzukämpfen. Der Parteitag war daher unendlich wichtig, um den eigenen Bataillonen Mut zu machen und sie aus der Defensive zu bringen.

Dort war es übrigens erstmals möglich, auf die sonderbaren Bemerkungen des Heidelberger Professors Paul Kirch-

»Ich bin ganz sicher, dass es mir gelang, den Delegierten und Parteimitgliedern Mut zu machen.« Gerhard Schröder am 31. August 2005 auf dem Berliner Sonderparteitag der SPD, knapp drei Wochen vor der vorgezogenen Bundestagswahl.

hof zu verweisen. Dabei ging es nicht um seine Person, wie er selbst immer noch glaubt, sondern um technokratische Äußerungen, die zum Symbol für eine andere Republik, ein anderes Gesellschaftsmodell wurden – und dazu trug er selbst fast täglich mit seinen Wortmeldungen bei. Kirchhof, den die Union zu ihrem steuerpolitischen Guru gekürt hatte, wurde durch eine einzige Nachricht an diesem 31. August 2005 zur großen Belastung in einem Wahlkampf, in dem die Union zeitweilig glaubte, die absolute Mehrheit anpeilen zu können. Denn vor allem Kirchhof deckte ein Denken auf, das auf Betreiben der Arbeitgeberverbände und vor allem der FDP zur zeitweiligen neoliberalen Überwältigung der CDU geführt hatte.

Am Morgen des Parteitages hatte ich eine Meldung der Nachrichtenagentur dpa gelesen. Ich wusste sofort, dass dies, wie man so sagt, ein Geschenk des Himmels war. Während meiner Rede las ich dem in atemloser Stille lauschenden Auditorium im Tagungshotel Estrel folgende Sätze vor: »Paul Kirchhof ist mit Angaben zu seinem Steuermodell auf Widerspruch aus der CDU/CSU-Bundestagsfraktion gestoßen. Kirchhof hatte in der *Neuen Presse* in Passau am Dienstag gesagt, eine Sekretärin mit 40 000 Euro Jahresgehalt zahle in seinem Modell 4000 Euro Steuern. Dagegen rechnete der Unionsfraktionsvize Michael Meister am Mittwoch vor, für eine ledige Sekretärin betrage die Steuer nach Kirchhofs Modell 6750 Euro. Kirchhofs Mitarbeiter in der CDU-Zentrale erläuterte diese Diskrepanz: Gemeint sei keine ledige oder verheiratete Sekretärin, sondern gemeint sei eine rechnerische Größe, die ›Durchschnittssekretärin‹. Bei dieser Modellrechnung sei unterstellt, dass die Sekretärin 1,3 Kinder habe und zu einem gewissen Prozentsatz verheiratet sei. Dann ergebe sich eine durchschnittliche Belastung von 4000 Euro bei den Steuern.«

Der Parteitag explodierte fast, das Gelächter war groß, und die Union hatte ein Problem, das uns wie gerufen kam und das öffentlich anzusprechen, wie ich gern zugebe, ein ziemliches Vergnügen war. Ich erspare mir hier, meine süffisanten Bemerkungen zu wiederholen, mit denen ich diese Meldung kommentierte. Ich habe das in jeder Wahlkampfveranstaltung getan. Meine Zuhörer wären enttäuscht gewesen, wenn ich das unterlassen hätte. Der Professor aus Heidelberg und Edmund Stoiber, der seiner Mitstreiterin, der Vorsitzenden der großen Schwesterpartei, auch noch die Höhe des Wahlsieges – »mindestens 42 Prozent« – vorschrieb, wurden zu meinen besten Wahlhelfern.

Ich bin ganz sicher, dass es mir gelang, den Delegierten des Parteitages und den Mitgliedern der Partei Mut zu machen. Vor allem war es wichtig, ihnen zu zeigen, dass ich selbst den Kampf entschlossen aufnehmen wollte. Und dazu gehörte auch die Rede des Parteivorsitzenden Franz Müntefering. Wir beide zeigten, dass wir gemeinsam zu der Entscheidung standen, über den Weg der Neuwahlen aus dem Tief zu kommen, in das wir mit unserer Reformpolitik geraten waren.

So erfolgreich der Sonderparteitag von Berlin auch gewesen war, ich hatte dennoch gemischte Gefühle, als ich in die Wahlkampagne einstieg. Daher bat ich die Wahlkampfzentrale, vor dem eigentlichen Auftakt der Großkundgebungen, die am 13. August in meiner Heimatstadt Hannover beginnen sollten, noch eine Reihe kleinerer Veranstaltungen einzuplanen. Ich wollte ein Gespür dafür bekommen, wie die Resonanz auf meine Wahlkampfrede sein würde, wollte Witterung für die Großkundgebungen aufnehmen.

Ich absolvierte fünf SPD-Veranstaltungen, die eigentlich nur zum »Warmlaufen« gedacht waren und nicht groß von der Partei beworben wurden. Und doch war die Resonanz bereits hier gigantisch. Die Säle und Plätze waren überfüllt. Gut kann ich mich noch an eine Veranstaltung im bayerischen Kösching erinnern. Die Halle war brechend voll, und vor ihrem Eingang warteten noch mindestens tausend Besucher, die nicht mehr hineingekommen waren. In dieser Woche habe ich gespürt, dass die Stimmung bei den Wählern eine andere war, als uns die Meinungsforschungsinstitute glauben machen wollten, die uns ja immer noch auf 26 bis 28 Prozent taxierten. Die Resonanz, die ich erlebte, gab mir eine ungeheure Motivation für die letzten Wochen des Wahlkampfes.

Für mich ist Wahlkampf die interessanteste Zeit im Politikerdasein. Ich habe zahllose Kampagnen mitgemacht, auf Hunderten von Marktplätzen gesprochen, Tausende von Händen geschüttelt, unzählige Autogramme gegeben. Sicherlich ist Politik gestalten, Politik machen, Entscheidungen treffen die zentrale Aufgabe für einen Politiker, sozusagen die Pflicht. Aber die Kür für mich ist der Wahlkampf, die direkte Begegnung mit dem Wähler, das Werben, das Kämpfen um Stimmen, der Austausch von Argumenten. Politische Beschlüsse fassen, das können auch Technokraten, es besser wissen, das können auch Journalisten; aber Wahlkämpfe führen, das können und müssen eben nur Politiker. Und auch auf Wahlkämpfe trifft zu, was für Politik als Ganzes gilt: Wem es in der Küche zu heiß ist, der sollte nicht Koch werden.

In diesen sieben Wochen bis zum Wahltag am 18. Septem-

ber habe ich den außergewöhnlichsten Wahlkampf meines Lebens durchgestanden. Ich bin an die Grenze des körperlich Möglichen gegangen. So viele Veranstaltungen, mehr als hundert, hatte ich noch nie zuvor in einer Kampagne bestritten. Es hatte mir aber auch noch nie so viel Freude gemacht. Der Wahlkampf war vom SPD-Bundesgeschäftsführer Kajo Wasserhövel und seinem Team exzellent organisiert, und zwar unter einem gewaltigen Termindruck, aber mit einer unglaublichen Begeisterung und einem Kampfeswillen, der abfärbte und auch mir Kraft gab.

»In diesen sieben Wochen habe ich den außergewöhnlichsten Wahlkampf meines Lebens durchgestanden.« Mit Günter Grass, Wolfgang Thierse und Franz Müntefering auf dem Berliner Gendarmenmarkt, 16. September 2005.

Nach dem Auftakt in Hannover vor zehntausend Besuchern war Dresden die erste Station in Ostdeutschland. Hier waren im Jahr zuvor die Arbeitsmarktgesetze heftig attackiert worden. Besonders heuchlerisch war dabei der sächsische Ministerpräsident Milbradt vorgegangen, der öffentlich erwogen hatte, sich an den »Montagsdemonstrationen« zu beteiligen. Er tat dies, obwohl er wie die anderen Ministerpräsidenten seiner Partei im Bundesrat unsere Reformentwürfe noch verschärft und jedenfalls mitbeschlossen hatte.

Um eine Ahnung zu bekommen, welche Stimmung mich in Dresden erwarten würde, hielt ich mich bereits eine Stunde vor der Veranstaltung in der Stadt auf. Was für eine Atmosphäre herrschte hier im Osten? Was, wenn der Platz leer blieb? Meine Gedanken kreisten darum, ob wir mit Störungen durch den politischen Gegner rechnen müssten, vielleicht sogar in einem Ausmaß wie bei den Protesten im Jahr 2004. Ich warf einen Blick auf den Theaterplatz, auf dem sich erst etwa tausend Zuhörer eingefunden hatten. Ich war enttäuscht und sah mich in meinen pessimistischen Vorstellungen bestätigt. Aber in dieser einen Stunde füllte sich der Platz von Minute zu Minute.

Als wir dann die Kundgebung starteten, konnte ich es nicht glauben: Die Polizei schätzte mittlerweile, dass etwa achttausend Menschen gekommen waren. Mehr als im schon gut besuchten Wahlkampf 2002. Dieser Zulauf zu meinen Kundgebungen gab mir die Energie, die ich brauchte, um meine Rolle in diesem Wahlkampf zu finden, um durch einen unermüdlichen Einsatz – keine Veranstaltung, die ich nicht noch zusätzlich akzeptierte – in den Wochen bis zur Wahl die Stimmung noch zu drehen. Dresden wurde eine furiose Veranstaltung. Hier spürte ich erstmals jene Freundlichkeit und Aufmerksamkeit im Publikum, die mich durch den gesamten Wahlkampf begleiten sollte. Ich tingelte durch die gesamte Republik, überall – auch dort, wo man uns in Kommunal- oder Landtagswahlen verheerende Denkzettel verpasst hatte – füllten sich die Plätze.

Es waren regelmäßig Großveranstaltungen mit oft mehr als zehntausend Zuhörern, und ich traf überall auf die Haltung: So, jetzt wollen wir es doch mal aus erster Hand hören. Was will er eigentlich, und was hat er uns zu sagen? Immer hatte ich das Gefühl: Die da vor mir stehen, brauchen Erklärung und Orientierung, und du kannst sie überzeugen, wenn du es schaffst, deine Politik verständlich zu erläutern. Überall zeigten sich die Menschen aufnahmebereit, und das, obwohl ich keinen Zweifel daran ließ, dass ich ohne Wenn und Aber zur Agendapolitik stand. Dass nach den zuweilen tumultartigen Auseinandersetzungen über die Agenda 2010 jetzt die Begegnungen so freundlich waren, hat mich manchmal regelrecht fassungslos gemacht.

Erst dieser Wahlkampf eröffnete mir die Möglichkeit, mich ohne Einschränkung der direkten Auseinandersetzung mit den Wählern zu stellen und viele von ihnen zu überzeugen, dass ich für eine an den Bedingungen des neuen Jahrhunderts angepasste, aber durch und durch sozialdemokratische Politik stehe. So wurde im Wahlkampf nachgeholt, was aus den unterschiedlichsten Gründen in den drei Jahren der verkürzten Legislaturperiode nicht hatte gelingen können. Ich hoffe, dieses Buch trägt auch dazu bei, zu klären, warum das so war. Dass auch eigene Fehler eine Rolle spielten, kann und will ich nicht bestreiten.

Aber der Bundestagswahlkampf 2005 zeigte doch auch, dass trotz aller modernen elektronischen Kommunikationsmittel nichts wichtiger bleibt als die unmittelbare Ansprache. Es geht nichts über den Austausch von Argumenten, und sei er auch nur mittelbar wie auf Wahlveranstaltungen. Der Wahlkampf auf den Straßen und Plätzen hat eine ganz eigene Bedeutung, die durch kein Plakat und keinen Fernsehauftritt ersetzt werden kann: Hier zählt der unmittelbare Eindruck, den das Publikum im Kontakt mit den führenden politischen Akteuren gewinnt. Je mehr da inszeniert wird, desto schwieriger wird es sein, Glaubwürdigkeit zu erlangen.

Im Rückblick auf diesen Wahlkampf und jenseits der anfänglich gering erscheinenden eigenen Chancen ist nicht zu übersehen, dass sich die Parteien alle auf ganz ähnliche Weise in einer kritischen Phase befinden. Überalterung ist dabei das größte Problem. Nur ganz langsam – und das Tempo wird sich voraussichtlich aufgrund des demografischen Wandels nicht steigern – findet eine Verjüngung in den Parteien statt. Das kann nicht darüber hinwegtäuschen, dass sich heute junge Leute, anders als in meiner Jugend, von der Politik insgesamt nicht sehr stark angezogen fühlen. Ihr Engagement scheint eher temporär und monothematisch zu sein. Um sie vermehrt an demokratische Parteien zu binden und ihr Interesse an der politischen Mitgestaltung zu wecken, bedarf es auch einer Erneuerung und Öffnung des Innenlebens der Parteien. Eine humane und demokratische und damit pluralistische Gesellschaft braucht Menschen, die sich engagieren. Parteien wirken an der Willensbildung mit, und das ist ja nichts Abstraktes. Demokratie braucht Beteiligung, und die geht derzeit dramatisch zurück.

Ich werde immer wieder gefragt, wie man die junge Generation für die Politik gewinnen könne. Die Antwort darauf muss diese Generation selbst geben. Sicher haben wir Älteren, vor allem diejenigen, die aktiv in der Politik stehen, auch die Aufgabe, Vorbild zu sein. Aber wenn die jungen Menschen die Herausforderung nicht annehmen und die Selbstverantwortung für ihre Zukunft nicht spüren, wird das Folgen haben, und zwar für ihr eigenes Leben. Unsere Pflicht ist es, unmissverständlich darauf aufmerksam zu machen – und auch Rat zu geben, wann immer guter Rat gefragt ist. Und um nicht falsch verstanden zu werden: Die Erziehung zu einer Verantwortung gegenüber der eigenen Zukunft ist nicht allein Aufgabe der Politik oder der Politiker. Dies ist unter anderem auch von den Medien zu erwarten – und von der Art und Weise, wie sie ihren Beitrag zur politischen Kultur im Land verstehen.

Nach diesem emotional bewegenden Wahlkampf war ich am Wahltag, dem 18. September 2005, sehr gelassen. Ich hatte nicht mit einem Sieg gerechnet, doch spürte ich, dass das Ergebnis achtbar werden würde. Meine während des langen Wartens in der Vorwahlkampfphase verspürte Angst, meine Partei könnte auf vorausgesagte 25 Prozent absinken, war gewichen. Ich war innerlich darauf vorbereitet, dass es sowohl für Rot-Grün als auch für Schwarz-Gelb nicht reichen würde. Mit einem derart katastrophalen Ergebnis für die CDU/CSU hatte ich indessen auch nicht gerechnet. Gerade deshalb sah ich voraus, dass die Union die Führung der angesichts des Wahlergebnisses alternativlosen Großen Koalition beanspruchen würde. Ein Anspruch, geboren aus Schwäche, nicht aus Stärke.

Als die ersten Prognosen am Wahlabend bei uns im Willy-Brandt-Haus eintrafen, geriet ich in eine Stimmungslage, die eine Mischung aus Euphorie und Genugtuung war und in der sich die ganze Spannung entlud, die sich seit

dem Mai in mir angestaut hatte. Alle hatten mich schon abgeschrieben – und plötzlich schien wieder alles möglich. Ein Patt. Damit hatte keiner gerechnet.

Diese Euphorie hatte im Übrigen nicht nur mich erfasst. Sie breitete sich in allen Räumen des Willy-Brandt-Hauses aus, wo wir die Wahlnacht verbrachten. Als ich in der Fernsehrunde von ARD und ZDF saß, war mir klar, dass es auf eine Große Koalition hinauslaufen würde. Mir schien es wichtig, sofort und eindeutig klarzustellen, dass ohne oder gegen die SPD keine Regierungsbildung möglich sein würde. Ich wollte keinen Zweifel daran lassen, dass die Union als Verlierer in diese denkbare Koalition ginge und dass sich dies im zu vereinbarenden Regierungsprogramm auch niederschlagen müsste. Die SPD – ebenso stark wie CDU und CSU zusammen – sollte auf gleicher Augenhöhe und selbstbewusst in Verhandlungen gehen. Keinesfalls durfte bei CDU und CSU der Eindruck entstehen, sie seien die »geborenen Staatsparteien« und die Sozialdemokraten sollten froh sein, mitregieren zu dürfen.

In den Tagen danach wich die Euphorie. Was blieb, war eine tief empfundene Genugtuung. Das Wahlergebnis zwang zu einer Großen Koalition. Alle anderen Konstellationen wären zu instabil gewesen – unabhängig davon, dass die FDP sich sogleich in die Opposition abmeldete. Wir Sozialdemokraten hatten gewonnen, aber nicht gesiegt. Und die Konservativen hatten, gemessen an den Prognosen der Wahlforscher, einen Absturz zu verkraften, der nur als Absage an ihr Wahlprogramm gewertet werden konnte.

Auf Bitten von Franz Müntefering nahm ich an den Koalitionsverhandlungen teil. Mir war klar, dass ich meinen Führungsanspruch auch in einer Großen Koalition aufrechterhalten musste, bis wir die inhaltlichen Fragen ge-

»Alle hatten mich schon abgeschrieben – und plötzlich schien wieder alles möglich.« Bundeskanzler Gerhard Schröder mit seiner Frau am Wahlsonntag, dem 18. September 2005, in der Berliner SPD-Parteizentrale.

klärt und die Ressortaufteilung vereinbart hatten. Der Anspruch Stoibers auf das Wirtschaftsministerium und auf eine herausgehobene Rolle in einer neuen Regierung war dabei sehr hilfreich. Er hatte zur Konsequenz, dass sich die SPD-Seite in allen anderen relevanten Fragen durchzusetzen vermochte. Stoibers Forderungen wirkten sich auf die inhaltlichen Festlegungen aus: Die SPD konnte dem vereinbarten Regierungsprogramm ihren unverwechselbaren Stempel aufdrücken. Und je größer die Machtfülle wurde, die Stoiber beanspruchte, desto mehr schrumpften die Chancen der CDU/CSU, der SPD inhaltliche Zugeständnisse abzuhandeln. Und je intensiver und länger ich auf meinem Führungsanspruch bestand, desto teurer wurde seine Preisgabe für die Union.

Herausgekommen ist ein gemäßigt sozialdemokratisches Programm, das im Großen und Ganzen – mit anderen Akzenten hier und da – auch von einer rot-grünen Bundesregierung hätte getragen werden können. Nur hätte sie angesichts der Mehrheitsverhältnisse im Bundesrat nicht die Möglichkeit gehabt, dieses Programm umzusetzen. Damit ist die Aufgabe der SPD im Grunde beschrieben: Der Kurs der Agenda 2010 muss verteidigt und konsequent umgesetzt werden.

Dass die SPD jetzt schon in der dritten Legislaturperiode in der deutschen Politik eine entscheidende und damit politisch gestaltende Rolle spielt, erfüllt mich mit Befriedigung. So ist es doch eine sozialdemokratische Ära geworden, die wir 1998 eingeleitet hatten. Und eine Voraussetzung dafür war, sich nicht zu scheuen, eine Reformagenda zu entwerfen und durchzusetzen, die das Land dringend braucht, um in der Welt von morgen bestehen zu können.

EPILOG

WAS BLEIBT

In meinem Blick zurück auf sieben Jahre Kanzlerzeit wollte ich ganz und gar nicht buchhalterisch sein. Aufgeschrieben habe ich, was mir wichtig schien. Es waren die Themen, über die ich immer noch viel nachdenke, und ich möchte darlegen, was sich möglicherweise aus unseren Lösungsvorschlägen, aber auch Sorgen und Nöten für die Zukunft ablesen lässt. Erhard Eppler hat mich als »political animal« bezeichnet – das hat mir gefallen, ich gebe es zu, und diese Beschreibung ist auch zutreffend. Und als ein solches habe ich natürlich weiterhin das politische Geschehen im Blick.

Auf die Gefahr hin, dass es pathetisch klingt: Ich kann sagen, dass ich während meiner Kanzlerschaft immer nach bestem Wissen und Gewissen gehandelt habe. Und ich freue mich über viele Einladungen aus aller Welt, über meine Erfahrungen zu berichten. Dennoch ist mir selbstverständlich klar, dass vieles von dem, was auf dem Aufgabenzettel stand, noch nicht zureichend und dauerhaft gelöst werden konnte. Man muss sich wohl darauf einstellen, den Begriff »Nachbesserung« künftig nicht als herablassende Rüge zu verstehen, sondern als schlichte Notwendigkeit, um dem Tempo der Veränderungen Rechnung tragen zu können. Vieles, vielleicht das meiste, was wir in den sieben Jahren meiner Amtszeit auf den Weg brachten, wird in diesem Sinne »nachzubessern« sein.

Ich habe jetzt mehr Zeit für meine sehr lebendige und gar nicht mehr so kleine Familie, die von meiner Frau Doris liebevoll regiert wird. Jetzt sind es drei Kinder, die dazugehören: Gregor, gerade mal ein Jahr alt, Viktoria, im sechsten Lebensjahr, und Klara, fünfzehn. Ein Leben ohne die vier könnte ich mir nicht mehr vorstellen. Als wir uns um die Adoption von Viktoria und Gregor bemühten, waren ihre Herkunft und ihr Heimatland nicht entscheidend für meine Frau und mich. Daran hat sich auch nichts geändert. Aber ein wenig symbolisch erscheint es mir doch, dass die beiden Kleinen aus Russland stammen, und Klara, die in New York auf die Welt kam und einen amerikanischen Pass besitzt. Als ich auf der Suche nach Bilddokumenten für dieses Buch noch einmal auf das Foto des Grabs meines Vaters stieß, sprang mir sein Geburtsdatum ins Auge. Am gleichen Tag, fast ein Jahrhundert später, wurde auch unser Gregor geboren. Ich wusste gar nicht genau, was mich so berührte, als ich diese zufällige Übereinstimmung des Geburtsdatums entdeckte, denn ich konnte meinen Vater ja nie kennenlernen. Ich bin dennoch sicher, dass er sich sehr darüber gefreut hätte, dass sein Enkel am gleichen Tag Geburtstag hat wie er.

Wenn ich an die drei Kinder denke, gibt es nur Freude in mir. Ich freue mich jeden Tag über das Leben mit ihnen. Und dennoch machen Doris und ich uns, wie wohl fast alle Eltern, Sorgen um die Zukunft unserer Welt, auf der die Kinder groß werden. Werden sie, wenn sie erwachsen sind, in Frieden leben können? Jedes Nachrichtenbild aus Israel oder den palästinensischen Gebieten, aus dem Irak oder dem Iran verweist auf ungelöste Probleme. Die Menschenopfer im Namen eines religiösen Fanatismus, die anscheinend zunehmende Gleichgültigkeit gegenüber Gewalt und Unmenschlichkeit – kurz, alles, was wir als tägliche Nachrichtenkost konsumieren, wirkt auch auf die Psyche der Kinder. Niemand kann seine Kinder davor abschirmen. Wie soll ich Klara erklären, was da vor sich geht? Was soll ich ihr sagen, wenn sie mich fragt, wieso täglich Flüchtlinge aus Afrika auf ihrem verzweifelten Weg in eine vermeintlich bessere Welt ihr Leben aufs Spiel setzen oder verlieren, weil sie unter unvorstellbar grauenhaften Umständen auf ihrer Flucht über das Meer verdursten oder ertrinken?

Die Lebensperspektive unserer Kinder wird davon abhängen, dass der Terror nicht zur allumfassenden und die ganze Welt bedrohenden Seuche wird. Aber vieles von dem, was derzeit auf der politischen Weltbühne zu betrachten ist, vermehrt die Gründe, die den Terror anfachen. Die fanatischen Verführer haben keine Schwierigkeiten, für ihre Terrorakte Nachwuchs zu rekrutieren. Sie finden genug junge Menschen, solange die politischen, sozialen und ökonomischen Bedingungen einen Humus bilden, auf dem Terrorismus gedeihen kann. Hier kann und muss Europa seine politische Mission finden. Als eine leise Weltmacht muss Europa daran arbeiten, dass nicht ganzen Regionen die Lebensgrundlagen entzogen werden.

Weltweite Probleme wie der Kampf um Wasser, die Befriedigung des wachsenden Energiebedarfs, die Bekämpfung von Pandemien wie Aids oder die bereits begonnene Flucht aus den Armutsregionen dürfen nicht unbeantwortet bleiben, sonst mutieren sie in Windeseile zu Kriegsmotiven von morgen. Um Fanatismus und Terrorismus den Nährboden zu entziehen, müssen wir weltweit für soziale, materielle und auch für kulturelle Sicherheit sorgen. Der Kampf gegen den Terrorismus wird dauerhaft nur dann zu gewinnen sein, wenn die Menschen den Erfolg in ihrem eigenen Leben erfahren, wenn sie erleben, dass sich die Abkehr von Gewalt auszahlt, wenn sie erfahren, dass die Rückkehr in die internationale Gemeinschaft zu mehr Freiheit und Sicherheit, auch zu mehr Wohlstand und besseren Entwicklungschancen führt.

Der Erhalt der natürlichen Lebensgrundlagen muss gleichgewichtig mit der sozialen Frage in das Zentrum der politischen Anstrengungen gerückt werden. Diese Aufgabe darf nicht politischen Minderheiten überlassen werden. Schließlich lässt sich die soziale Frage in unseren Gesellschaften nur lösen, wenn es uns gelingt, die ökologischen Probleme weltweit in den Griff zu bekommen. Dies wiederum wird nur möglich sein, wenn wir eine befriedigende Antwort auf die Frage finden, wie unsere Energieversorgung in Zukunft funktionieren soll.

Die Stimmen der großen Vereinfacher werden lauter. Wo zur Auseinandersetzung über eine moderne Energiepolitik der Wille oder die Kraft fehlt, sucht man Zuflucht in einer Renaissance der Kernenergie. Aus meiner Sicht ist das ein falscher Weg. Die Kernenergie wird keinen großen Beitrag leisten, um die Energieprobleme unserer Welt zu lösen. Diese Großtechnologie ist anfällig gegenüber Störungen, wie wir gerade wieder erlebt haben – und dies keineswegs nur in Ländern mit geringer technologischer Erfahrung, wie das Beispiel Schweden zeigt. Außerdem kann der entstehende Atommüll Mensch und Natur über Jahrtausende belasten. Sozialdemokraten tun also gut daran, am gemeinsam vereinbarten Ausstieg aus der Kernenergie festzuhalten. Deshalb müssen wir weiter massiv in die Entwicklung alternativer Energieträger investieren. Biomasse, Solar- und Windenergie, Einspartechnologien: Das sind nicht nur Schlagworte, die einen Lösungsweg markieren, es sind die globalen Wachstumsmärkte der Zukunft.

Wir müssen in Deutschland unbeirrt die zukunftsorientierte Agrarpolitik, die wir in den vergangenen Jahren begonnen haben, fortführen. Gesunde Ernährung auf der Grundlage geprüfter biologisch hergestellter Erzeugnisse ist zu Recht zu einem Anliegen einer großen Mehrheit in unserer Gesellschaft geworden. Die Bedeutung der Ernährung für die Gesundheit der Menschen, insbesondere für die körperliche Entwicklung von Kindern, ist unbestritten. Ernährungsbedingte Krankheiten verursachen bereits heute Kosten von mehr als 70 Milliarden Euro im Jahr. Das Vertrauen in biologisch hergestellte Produkte hilft bewussten Verbrauchern und zugleich bäuerlichen Betrieben.

Und noch ein Punkt gehört dazu, den ich in vielen meiner Reden vor internationalen Zuhörern immer wieder aufgreife: die Notwendigkeit, den Agrarbereich weltweit so zu liberalisieren, dass Entwicklungsländer endlich eine Chance bekommen, ihre Produkte kostendeckend auf unseren Märkten anzubieten. Da muss sich Europa bewegen; von den USA ganz zu schweigen. Wir müssen darauf hinwirken, alle Länder in die globalen Wirtschaftsbeziehungen fair einzubinden. Wir müssen verhindern, dass die Welt in Globalisierungsgewinner und Globalisierungsverlierer zerfällt.

Wir sind es unseren Kindern schuldig, dass sie alle Bildungschancen bekommen, um in einer Welt bestehen zu können, in der die Verwirklichung der persönlichen Lebensziele immer mehr vom Wissen abhängt. Der Zugang zu den Bildungschancen und die Qualität unserer Bildungsangebote sind die Gerechtigkeitsfragen des 21. Jahrhunderts. Bildungschancen sind stets Lebenschancen, und ich füge hinzu: Ich habe es selbst gespürt. Bildung ist der Schlüssel zum Arbeitsmarkt und zu gesellschaftlicher Anerkennung. Bildung öffnet die Türen zur Entfaltung individueller Begabungen und Fähigkeiten, aber auch zu einem verantwortungsbewussten Leben in der Gemeinschaft. Bildung ermöglicht Teilhabe nicht nur am Wohlstand, sondern auch an den Entscheidungen der Gesellschaft. Und Bildung vermittelt Werte und Orientierung in einer Welt, die sich ökonomisch, sozial und kulturell rasant verändert. Deswegen müssen wir alle Kinder fördern, unabhängig von der Herkunft und den finanziellen Möglichkeiten der Eltern. Bestmögliche Bedingungen für Bildung und Forschung zu schaffen ist eine nationale Aufgabe. Durch die Föderalismusreform ist die Rolle der Länder in diesem Bereich weiter gestärkt worden. Ich hätte es besser gefunden, wenn der Bund im Bildungsbereich größere Kompetenzen behalten hätte, etwa um nationale Standards zu definieren und durchzusetzen. So bedurfte es zum Beispiel des Impulses des Bundes, damit flächendeckend in Deutschland verlässliche Ganztagsschulen entstehen. Wie von Rot-Grün beschlossen, unterstützt der Bund die Länder beim Ausbau von Ganztagsangeboten und hat einen Kurswechsel in der Schulpolitik eingeleitet, zu dem die Länder allein nicht in der Lage waren. Die Bundesländer werden nun beweisen müssen – und das wird sich in den nächsten Pisa-Tests zeigen –, dass sie der großen Verantwortung im Bildungsbereich auch gerecht werden.

Das sicher konfliktreichste Thema in sieben Jahren Regierungszeit war die Außenpolitik, also die Ausgestaltung einer eigenständigen und selbstbewussten Rolle Deutschlands. Im Kern ging es um eine relative Unabhängigkeit von den USA. Dass dabei gemeinsame Wertvorstellungen, auch die freundschaftliche Verbundenheit nicht negativ berührt werden durften, war in jeder Phase gemeinsame Auffassung der Koalitionäre. In Europa waren wir gemeinsam mit Frankreich Motor der Integration und Brücke nach Osteuropa. Nach außen bauten wir die strategische Partnerschaft zu Russland und auch China auf und wurden der wachsenden Bedeutung der Golf-Staaten gerecht. Das waren die Aufgaben, deren ich mich jenseits der beschriebenen Politik für Europa in besonderer Weise annahm. Dies entsprach nicht nur dem gewachsenen politischen Ansehen Deutschlands, es entsprach auch unseren außenwirtschaftlichen Interessen. So überzeugt ich die Bedeutung des transatlantischen Verhältnisses betonte, so klar war auch, dass ich eine Behinderung der offensiven Vertretung deutscher Wirtschaftsinteressen in der Welt, auch gegen amerikanische Konkurrenten, nicht hinnehmen würde. Es gehört zu den Gepflogenheiten amerikanischer Außenpolitik, ihre Wirtschaftsinteressen mit großem politischen Druck gegen Konkurrenz auch von Freunden durchzusetzen. Dem entgegenzutreten habe ich durchaus als eine Aufgabe des deutschen Bundeskanzlers betrachtet.

Eine besondere Verantwortung haben wir für die Region des Nahen Ostens. Für Deutschland ist das Eintreten für das Existenzrecht Israels moralische und politische Pflicht. Und dementsprechend haben sich meine Regierung und der Außenminister verhalten. Neben dieser Konstanten deutscher Politik ist der Auf- und Ausbau besonderer Beziehungen zur arabischen Welt, namentlich zu den Golf-Staaten und zu Saudi-Arabien, immens wichtig. Die Notwendigkeit, die dortige Wirtschaft zu diversifizieren, sie also von ihrer einseitigen Ausrichtung auf Öl und Gas zu befreien, schafft nicht nur enorme Möglichkeiten für die sehr leistungsfähige deutsche Investitionsgüterindustrie, sondern stabilisiert diese Länder ökonomisch und politisch. Dies war der Hintergrund für den Aufbau besonderer Beziehungen zu den Golf-Staaten, um die ich mich bemühte und die ich im Interesse meines Landes fortgesetzt sehen möchte, denn Entwicklungen hin zu mehr Demokratie in der arabischen Welt können nicht von außen oktroyiert werden, sondern müssen von innen kommen. Die Anzeichen dafür sind in den Golf-Staaten hoffnungsvoll und müssen unterstützt werden.

Es wäre ein ehrenwertes Ziel, Europas Außenpolitik so fortzuentwickeln, dass sie Alternativen zur wenig hilfreichen Außenpolitik der derzeitigen US-Regierung formuliert und durchsetzt. Vielleicht erfüllt sich ja die Hoffnung vieler Amerika-Kenner, die von einem Umdenken in den Vereinigten Staaten ausgehen und für die Zukunft einen konstruktiven Beitrag der USA zu einer weltweiten Friedensstrategie erwarten. Für mich hatte das Nein zum Irakkrieg zu keinem Zeitpunkt einen antiamerikanischen Beigeschmack. Wir hatten die Frage zu beantworten, ob wir in einen Krieg ziehen würden, dessen Ratio sich uns verschloss und dessen Wirkung nach unserer Einschätzung die Probleme vergrößern statt verkleinern würde. Wie hätte ich das mit meinem Amtseid übereinbringen können, der von mir und jedem Kanzler verlangt, Schaden vom deutschen Volk abzuwenden. Leider bleibt jetzt nur festzustellen, dass der Wirklichkeitstest alle unsere Befürchtungen bestätigt.

Wir dürfen die relative Unabhängigkeit unserer Außenpolitik, die wir errungen haben, nicht verspielen. Hier ist Nibelungentreue nicht gefragt. Meine Antwort bleibt auf Europa gerichtet, so wie sie im Mai 2003 von jener Gruppe europäischer Intellektueller um Jürgen Habermas gegeben wurde, die sich für die Zeit nach dem Irakkrieg »die Wiedergeburt Europas« erhofften. Auch ich setze auf Europa, das hoffentlich nie müde wird, die Erfahrungen von zwei Jahrhunderten nach dem Ende des Heiligen Römischen Reiches Deutscher Nation im wachen Bewusstsein seiner Völker zu halten. Erst als ein Europa der Integration erlebt es eine neue, seine eigentliche Blüte. Die Attraktivität seiner Einheit in der Vielfalt könnte die Zauberformel für die Beseitigung von Konfliktherden sein, die sich uns im Nahen Osten wie im fernen Süden zeigen.

Die von mir geführte Bundesregierung hat sich in den Jahren 1998 bis 2005 diesen zentralen Herausforderungen gestellt. Wir haben begonnen, unser Land im Innern und nach außen neu auszurichten. Deutschland ist nach diesen sieben Jahren zukunftsfähiger geworden. Die Reformmaßnahmen der Agenda 2010 haben Verkrustungen in unserer Gesellschaft aufgebrochen. Unsere Gesellschaft haben wir tiefgreifend verändert und an die aktuellen Erfordernisse angepasst. Durch eine selbstbewusste, verantwortungsvolle Außen- und Sicherheitspolitik haben wir Deutschlands Rolle in der Welt neu definiert. Nicht alles, was wir begonnen haben, konnte zu Ende geführt werden. Die sich daraus ergebenden Aufgaben begründen eine neue Agenda 2020 – angesichts der globalen Entwicklungen mit anderen Gewichtungen: Der Erhalt der natürlichen Lebensgrundlagen und die Überwindung des weltweiten Wohlstandsgefälles sind für mich die zentralen Herausforderungen der Zukunft. In unserem Land sehe ich neben der Sozialdemokratischen Partei Deutschlands keine andere Partei, die in der Lage wäre, diese Aufgaben zu bewältigen. Eine solche Agenda 2020 würde sie programmatisch deutlich von anderen unterscheiden und eine große Attraktivität auf Jüngere ausstrahlen. Denn um deren ureigenste Anliegen geht es:

ein friedliches Miteinander in unserer einen Welt, in der die Chancen auf Teilhabe am Haben und Sagen gerecht verteilt sind und die auch zukünftigen Generationen eine lebenswerte Heimat bietet.

ANHANG

Das Berliner
Kanzlerbüro.

Zeitleiste

7. April
Geburt von Gerhard Fritz Kurt Schröder
in Mossenberg, Landkreis Detmold

1948 bis 1950
Gerhard Schröder wohnt mit seiner
Mutter, dem Stiefvater und seinen
Geschwistern in einem Behelfsheim
neben dem Fußballplatz in Bexten

1951 bis 1958
Besuch der Volksschule in Talle

1958 bis 1961
Lehre als Einzelhandelskaufmann
bei der Firma Brand in Lemgo

seit 1959
Mittelstürmer
beim TuS Talle

| 1944 | 1948 | 1949 | 1950 | 1951 | 1952 | 1953 | 1954 | 1955 | 1956 | 1957 | 1958 | 1959 |

Konrad Adenauer (1949–1963)

6. Juni
Landung der West-Alliierten
in der Normandie

Zwei deutsche Staaten werden
gegründet: die Bundesrepublik
Deutschland (BRD) und
die Deutsche Demokratische
Republik (DDR)

17. Juni
Volksaufstand
in der DDR

Wiederbewaffnung beider
deutscher Staaten

Die DDR wird in das östliche Militärbündnis des Warschauer Paktes und
die Bundesrepublik in das westliche
Militärbündnis der Nato als Mitglied
aufgenommen

25. März
Gründung der Euro-
päischen Wirtschafts-
gemeinschaft (EWG)
und der Europäischen
Atom-Gemeinschaft
(EURATOM)

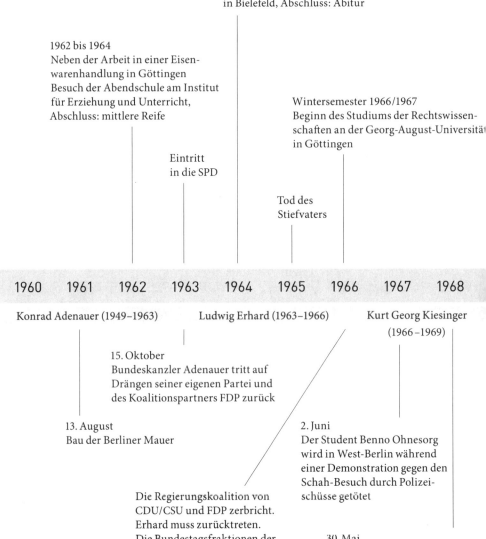

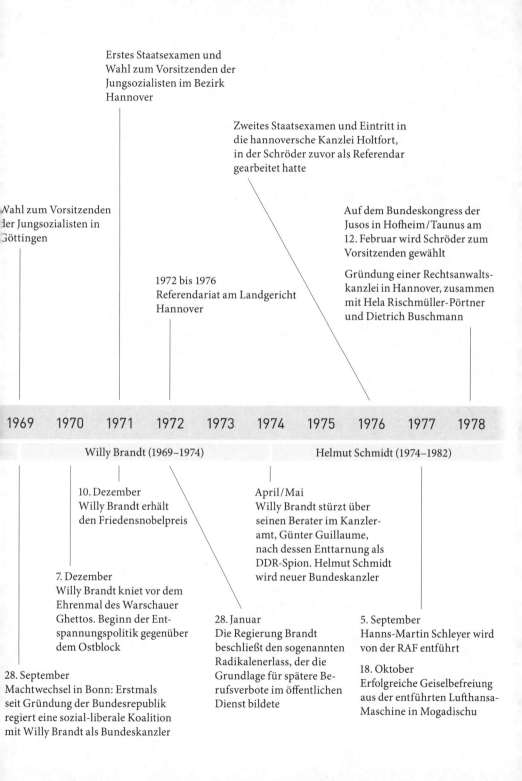

6. März
Erneuter Einzug in den Bundestag über die niedersächsische Landesliste

1983 bis 1993
Vorsitzender des SPD-Bezirks Hannover

1. April
Bundeskongress der Jusos in Aschaffenburg, Wiederwahl Schröders zum Bundesvorsitzenden

15. Juni
Wahl zum Niedersächsischen Landtag. Schröder unterliegt als SPD-Spitzenkandidat dem amtierenden CDU-Ministerpräsidenten Ernst Albrecht

5. Oktober
Einzug in den Bundestag als Abgeordneter des Wahlkreises Hannover Land I

19. Juni
Wahl zum Oppositionsführer im Niedersächsischen Landtag. Niederlegung des Bundestagsmandats

28. Juni
Schröder wird auf dem SPD-Parteitag in Nürnberg in den Parteivorstand gewählt

1979 1980 1981 1982 1983 1984 1985 1986

Helmut Schmidt (1974–1982)   Helmut Kohl (1982–1998)

1. Oktober
Ende der sozial-liberalen Koalition durch ein konstruktives Misstrauensvotum: Helmut Kohl wird Bundeskanzler mit den Stimmen der FDP

9. April
Oskar Lafontaine wird Ministerpräsident des Saarlandes

1985 bis 1987
Erste rot-grüne Koalition auf Landesebene in Hessen unter Ministerpräsident Holger Börner mit Joschka Fischer als Umweltminister

5. Oktober
Bundestagswahl. Die sozialliberale Koalition gewinnt, die Grünen – zum ersten Mal angetreten – erhalten 1,5 Prozent

26. April
Reaktorkatastrophe von Tschernobyl (Ukraine)

8. März
Hans-Jochen Vogel wird Nachfolger von Herbert Wehner als Fraktionsvorsitzender der SPD

13. Mai
Wahl zum Niedersächsischen Landtag. Die SPD wird mit 44,2 Prozent stärkste Partei

21. Juni
Gerhard Schröder wird Ministerpräsident Niedersachsens an der Spitze einer rot-grünen Koalition

13. Juni
SPD-Mitgliederbefragung über den neuen Parteivorsitzenden. Schröder (33,2 Prozent) unterliegt Rudolf Scharping (40,3). Heidemarie Wieczorek-Zeul wird Dritte (26,5 Prozent)

seit 1989
Mitglied des SPD-Präsidiums

1987 | 1988 | 1989 | 1990 | 1991 | 1992 | 1993

Helmut Kohl (1982–1998)

23. März
Willy Brandt erklärt seinen Rücktritt vom Parteivorsitz der SPD, Hans-Jochen Vogel wird sein Nachfolger

3. Oktober
Deutsche Einheit

4. Juni
Blutiger Militäreinsatz gegen demonstrierende Studenten auf dem Platz des Himmlischen Friedens in Peking

9. November
Fall der Berliner Mauer

7. Februar
Der Vertrag von Maastricht begründet die Europäische Union

20. Januar
Bill Clinton wird 42. Präsident der Vereinigten Staaten von Amerika

12. April
Der Einsatz der Bundeswehr in Form von AWACS-Flügen über Bosnien löst heftige Debatten aus

Der Warschauer Pakt und die Sowjetunion werden aufgelöst. Luftangriffe auf den Irak und militärische Befreiung Kuwaits

1. März
Bei der Wahl zum 14. Niedersächsischen Landtag gewinnt Schröder erneut die absolute Mehrheit für die SPD

17. April
Auf dem Wahlparteitag der SPD in Leipzig wird Gerhard Schröder mit 93,4 Prozent der Stimmen offiziell zum Kanzlerkandidaten der SPD gewählt

13. März
Schröder erreicht mit der SPD in der Wahl zum Niedersächsischen Landtag die absolute Mehrheit der Mandate und wird Regierungschef einer SPD-Alleinregierung

16. Juni
Landesvorsitzender der niedersächsischen SPD

August
Schröder wird Mitglied im Schattenkabinett des SPD-Kanzlerkandidaten Rudolf Scharping. Er ist als Minister für Wirtschaft, Verkehr und Energie vorgesehen

27. Oktober
Mit 351 von 666 abgegebenen Stimmen wählt der Deutsche Bundestag Gerhard Schröder zum siebten Kanzler der Bundesrepublik Deutschland

10. November
Erste Regierungserklärung Schröders

16. Oktober
Bundestagswahl. Die SPD unter Spitzenkandidat Rudolf Scharping verliert. Schröder bleibt in Hannover

| 1994 | 1995 | 1996 | 1997 | 1998 |

Helmut Kohl (1982–1998)

27. März
BSE-Krise. Die EU verhängt ein Einfuhrverbot für britisches Rindfleisch

13. Dezember
Der Bundestag beschließt die Entsendung von bis zu 3000 Soldaten für die SFOR-Truppe in Bosnien

7. Mai
Jacques Chirac wird zum französischen Staatspräsidenten gewählt

16. November
Oskar Lafontaine löst Rudolf Scharping als Bundesvorsitzenden der SPD ab

19. Juni
Der Bundestag verlängert das SFOR-Mandat für die Nato-Schutztruppe in Bosnien-Herzegowina

21. Dezember
Der Vertrag von Dayton beendet die Kriegshandlungen in Kroatien und Bosnien-Herzegowina

27. September
Wahl zum 14. Deutschen Bundestag. SPD wird stärkste Partei, und es erfolgt der Regierungswechsel zu Rot-Grün

1998/1999
Flüchtlingselend im Kosovo

8. Juni
Bundeskanzler Gerhard Schröder und der britische Premier Tony Blair legen in London ein Grundsatzpapier zur programmatischen Modernisierung der Sozialdemokratie vor

12. April
Der SPD-Sonderparteitag in Bonn wählt Gerhard Schröder zum Parteivorsitzenden und unterstützt die Kosovopolitik der Bundesregierung

7. Dezember
Mit 86,3 Prozent der Stimmen wird Gerhard Schröder als Parteivorsitzender beim Bundesparteitag der SPD in Berlin wiedergewählt

1999
Gerhard Schröder (1998–2005)

5./6. Juni
EU-Gipfel in Köln unter deutscher Präsidentschaft. Zwei Wochen später findet hier der Weltwirtschaftsgipfel der G7-Staaten mit Russland statt

11. März
Oskar Lafontaine erklärt seinen Rücktritt vom Amt des Bundesfinanzministers sowie vom Parteivorsitz der SPD und legt sein Bundestagsmandat nieder

24./25. März
Sondertreffen der EU-Staats- und Regierungschefs in Berlin zum Kosovokonflikt

24. März bis 10. Juni
Kosovokrieg: Nato-Einsatz und Nato-Luftschläge gegen Jugoslawien

30. September
Günter Grass erhält den Literaturnobelpreis

August
Umzug der Bundesregierung von Bonn nach Berlin

23. Februar
Anlässlich der Eröffnung der CeBIT in Hannover kündigt Bundeskanzler Schröder die Einführung einer Greencard an, um ausländische IT-Fachleute nach Deutschland zu holen

2./3. Juni
Auf Einladung Schröders treffen in Berlin 14 Staats- und Regierungschefs zu einem Gipfeltreffen zum Thema »Modernes Regieren im 21. Jahrhundert« zusammen

14. Juni
Unter Leitung Schröders einigen sich Bundesregierung und Energiewirtschaft auf den Atomkonsens zum Ausstieg aus der Kernenergie

2000

Gerhard Schröder (1998–2005)

26. März
Wladimir W. Putin wird nach dem Rücktritt Boris Jelzins Präsident Russlands

11. Dezember
EU-Gipfel in Nizza. Thema ist die Reform der EU, um die Voraussetzung für die geplant Erweiterung zu schaffen

Juni bis Oktober
EXPO 2000. Nach Hannover, zur ersten Weltausstellung in Deutschland, kommen rund 18 Millionen Besucher

2001
Gerhard Schröder (1998–2005)

20. Januar
Die Amtszeit Bill Clintons endet, George W. Bush wird 43. Präsident der USA

26. Januar
Die rot-grüne Mehrheit im Bundestag beschließt das Gesetz zur Reform der gesetzlichen Rentenversicherung (Riester-Rente)

11. September
Terroranschläge in den USA

12. September
Als Reaktion beschließt der Nato-Rat zum ersten Mal den Bündnisfall. Gleichzeitig erlässt der UN-Sicherheitsrat die Resolution 1368, in der die Anschläge als Bedrohung des Weltfriedens und der internationalen Sicherheit verurteilt werden

12. September
In der Regierungserklärung nach den Terroranschlägen bekundet Schröder die uneingeschränkte Solidarität mit den USA

25. September
Erster Staatsbesuch des russischen Präsidenten Wladimir W. Putin in Berlin. Zentrale Themen beim Gespräch mit Schröder sind das Vorgehen gegen den internationalen Terrorismus, die wirtschaftlichen Beziehungen und die Reformprozesse in Russland

7. Oktober
Die US-Amerikaner beginnen mit der Operation *Enduring Freedom* in Afghanistan als erste Reaktion auf die Anschläge vom 11. September

7. November
Das Bundeskabinett beschließt den Einsatz bewaffneter deutscher Streitkräfte bei der Unterstützung der gemeinsamen Reaktion auf die Terroranschläge

16. November
Bundeskanzler Schröder stellt im Bundestag die Vertrauensfrage im Zusammenhang mit der Beteiligung der Bundeswehr an der Operation *Enduring Freedom*

5. Dezember
Afghanistan-Konferenz auf dem Bonner Petersberg zur Beendigung des Bürgerkrieges und der politischen Neuordnung Afghanistans

30. Dezember
Ehrendoktortitel der Tongji-Universität, Shanghai

31. Dezember
Neujahrsansprache zum drohenden Irakkrieg:
»Nicht Krieg ist das Ziel, sondern seine Vermeidung
mit allen dazu notwendigen Instrumenten.«

31. Januar
Bundeskanzler Schröder findet sich zu
einem Kurzbesuch in Washington ein,
um mit Präsident Bush die aktuelle Lage
zu erörtern

22. Oktober
Wiederwahl zum Bundeskanzler
durch den Deutschen Bundestag

9./10. Mai
Erster Besuch von Bundeskanzler
Schröder in Afghanistan

2002

Gerhard Schröder (1998–2005)

22. Februar
Einsetzung der Hartz-
Kommission mit dem Ziel,
die Arbeitsmarktpolitik
und die Arbeitsvermittlung
effektiver zu gestalten und
zu reformieren

Mitte August
Hochwasserkatastrophe
entlang der Elbe und
vieler ihrer Nebenflüsse

21. November
Nato-Tagung in Prag.
Die größte Erweiterung in
der Geschichte der Nato
wird beschlossen, sieben
neue Mitgliedsstaaten aus
Osteuropa treten bei

5. Mai
Chirac wird als
französischer
Staatspräsident
im Amt bestätigt

29. Januar
US-Präsident Bush
kündigt militärische
Schläge gegen die
Staaten der »Achse
des Bösen« an

12. September
UN-Generalversammlung. Bush kündigt an,
die USA werde einen Krieg gegen den Irak
auch allein führen

22. September
SPD und Bündnis 90/Die Grünen gewinnen
die Wahl zum 15. Deutschen Bundestag

9. Februar
Treffen zwischen Bundeskanzler Schröder und Russlands Präsident Wladimir Putin in Berlin. Beide bekräftigen ihre Absicht, im Irak zu einer friedlichen Lösung zu gelangen

14. März
Regierungserklärung zu den Reformprogrammen und der Agenda 2010

1. Juni
Auf dem außerordentlicher Parteitag der SPD in Berlin setzt sich Schröder mit seinem Reformprogramm durch

12. April
Ehrendoktorwürde der Universität St. Petersburg

2003

Gerhard Schröder (1998–2005)

20. März
Beginn des Irakkrieges

1. Mai
»Mission accomplished«: US-Präsident Bush erklärt die Hauptkampfhandlungen im Irak für beendet

28. Januar
US-Präsident Bush erklärt in seiner Rede zur Lage der Nation, dass es Beweise für illegale irakische Waffenprogramme gebe, und bekräftigt den Willen zum Krieg

5. Februar
Colin Powell behauptet gegenüber dem UN-Weltsicherheitsrat, der Irak verfüge über Massenvernichtungswaffen

15. Februar
Weltweite Antikriegsdemonstrationen. In Berlin versammeln sich 500 000 Menschen

17. Februar
EU-Sondergipfel in Brüssel. Uneinigkeit unter den Mitgliedsstaaten bezüglich einer militärischen Intervention im Irak

6. Juni
Als erster deutscher Bundeskanzler nimmt Schröder an den Feierlichkeiten zum Jahrestag – dem sechzigsten – der Landung der West-Alliierten in der Normandie teil

6. Februar
Auf einer Pressekonferenz gibt Gerhard Schröder bekannt, er werde den SPD-Parteivorsitz an Franz Müntefering abgeben

1. August
Teilnahme an den Gedenkfeiern zum sechzigsten Jahrestag des Warschauer Aufstandes

12. August
Gerhard Schröder besucht erstmalig das Grab seines vor sechzig Jahren gefallenen Vaters in Rumänien

2004

Gerhard Schröder (1998–2005)

1. Mai
Beitritt von zehn neuen Mitgliedsstaaten zur Europäischen Union

1. Januar
Die Agenda 2010 tritt in Kraft

21. März
Außerordentlicher Parteitag der SPD in Berlin. Franz Müntefering wird mit großer Mehrheit zum Parteivorsitzenden gewählt

17. Dezember
Die EU und die Türkei einigen sich auf die Aufnahme von Beitrittsverhandlungen am 3. Oktober 2005

26. Dezember
Seebeben im Indischen Ozean und Tsunami-Flutwelle

8./9. Mai
Teilnahme als erster deutscher Bundeskanzler an den Feierlichkeiten in Moskau zum sechzigsten Jahrestag des Kriegsendes

22. Mai
Nach der Niederlage der SPD bei den Landtagswahlen in Nordrhein-Westfalen kündigt Gerhard Schröder an, er wolle im Bundestag die Vertrauensfrage stellen, um Neuwahlen herbeizuführen

9. Dezember
Ehrenmitglied des Deutschen Fußball-Bundes

4. April
Ehrendoktorwürde der juristischen Fakultät der Marmara-Universität Istanbul

14. Juni
Ehrendoktor der mathematisch-naturwissenschaftlichen Fakultäten der Universität Göttingen

1. Juli
Bei der Abstimmung wird Bundeskanzler Schröder das Vertrauen entzogen

22. November
Niederlegung des Bundestagsmandats

2005

Gerhard Schröder (1998–2005)   Angela Merkel (ab 2005)

21. Juli
Bundespräsident Horst Köhler löst den 15. Deutschen Bundestag auf und ordnet Neuwahlen an

12. November
Koalitionsvertrag zwischen CDU/CSU und SPD

22. November
Angela Merkel wird zur ersten Bundeskanzlerin der Bundesrepublik Deutschland gewählt

Januar
Anstieg der Arbeitslosenzahl auf über 5 Millionen

18. September
Wahl zum 16. Deutschen Bundestag. Weder Rot-Grün noch Schwarz-Gelb erreichen eine Mehrheit

REGISTER

11. September 2001 159, 161 f., 166, 172, 180, 185, 187, 197 f., 221, 295, 444, 456, 460 (→ Irakkrieg; Terrorismus, internationaler)
- »uneingeschränkte Solidarität« 164 f., 167, 173, 198 (→ deutsch-amerikanische Beziehungen)
68er-Bewegung 32 f., 37, 51, 132, 431

Abu Ghraib 476
Achse des Bösen 198
Adenauer, Konrad 350
Afghanistan, Intervention in 85, 174, 183, 185, 187, 196 f., 199, 209, 216, 220, 232, 295, 374, 444 (→ *Enduring Freedom*)
- Beteiligung der → Bundeswehr 179, 188 f., 192 f.
- Petersberg-Konferenz 181 f.
- Wiederaufbau 188, 194 f., 216 f.
Agenda 2010 91, 276, 376 f., 391–393, 398, 403, 406, 409, 411, 415, 434, 445, 499, 505, 515 (→ Reform-…)
- Widerstand gegen 398, 402, 407 f.
Agenda 2020 515 f.
Agrarpolitik 286, 288, 312, 511
- europäische 363, 365, 425
Ahtisaari, Martti 137, 139, 140 (Abb.), 355
Aids-Virus 311, 313, 509
Ajami, Fouad 216, 214
Albrecht, Ernst 38, 46, 51
Alexander I. Zar von Russland 134
Albright, Madeleine 110
al-Quaida 158–160, 175, 178, 199, 211, 220, 430 (→ Terrorismus, internationaler)
alternde Gesellschaft 277, 500 (→ demografischer Wandel)
Altersvorsorge 273 f. (→ Rentenreform)
Amato, Giuliano 329
Amerikanischer Traum 323–325, 366
Anda, Béla 412 f.
Annan, Kofi 216 f., 217 (Abb.), 238, 358, 360
Ankara-Abkommen 360 f.
Antiamerikanismus 161, 325, 332, 514

Antisemitismus 0,55
Arbeitgeberverbände 89 f., 167, 398
Arbeitslosengeld 91, 394
Arbeitslosengeld II 394, 405, 423
Arbeitslosenhilfe 376
- Zusammenlegung mit Sozialhilfe 376, 393, 404, 491 (→ Hartz IV)
Arbeitslosigkeit 87, 256, 286, 298 f.
- steigende 286, 375 f., 422
Arbeitsmarktreform 285, 298, 391, 393, 404, 417, 434, 436, 488, 491 f., 498, 511
Arbeitsplätze 89, 276, 283, 312, 326
- gefährdete 326, 363, 365
- verhinderte 396
Asylgesetzgebung 260
Asylsuchende 299
Atomenergie 280, 283, 510 (→ Energie, erneuerbare)
- Ausstieg aus der 34, 56, 104 f., 280, 283, 432, 510
Atomkonsens 34, 279–282, 432
Atommüll 510
- Entsorgung in Russland 284

»Aufstand der Anständigen« 260
Auschwitz 111
Auschwitz-Prozess 32
AWACS-Flugzeuge 146f., 224f.
Aznar, José Maria 208, 234

Bahr, Egon 43, 81
Baranowski, Edmund 346
Baring, Arnulf 389
Barosso, José Manuel 323
Bartoszewski, Władysław 347
Bebel, August 131
Beckenbauer, Franz 188, 194
Benneter, Klaus Uwe 35 (Abb.), 473
Bergmann, Christine 253 (Abb.), 439, 441
Berlin (→ Kanzleramt, Berlin)
– Architektur und Geschichte 67–69, 72, 384
– »Erinnerungskulisse« 77f.
– geostrategische Lage 78, 342
– Umzug von Bonn nach 72, 78, 86
Berliner Mauer 79
– Fall der 78, 352
Berlusconi, Silvio 208, 228
Berufsverbote 37
Bettermann, Erik 188, 194
Bexten 15, 18, 21f.
Biedenkopf, Kurt 355
Bildt, Carl 137
Bildung 511f.
Bin Laden, Osama 175, 178, 185, 212
Bisky, Lothar 256

Bissinger, Manfred 234
Blair, Tony 145, 146, 165, 170, 207, 234, 264, 275f., 276 (Abb.), 319, 320 (Abb.), 328, 361, 472
Bleicher, Willi 20
Blix, Hans 211, 215f., 234
Bloch, Ernst 69
Blüm, Norbert 87
Boddien, Wilhelm von 69
Böhme, Ibrahim 43
Bosnien-Herzegowina 111, 137, 144, 146
Boutros-Ghali, Boutros 145
Brahimi, Lakhdar 193
Brand, August 17
Brandt, Willy 19, 36f., 42f., 44 (Abb.), 46, 48, 79, 81, 100, 123, 125 (Abb.), 131, 386, 441, 475, 384, 438
– »Enkel« 20, 122
– Kniefall in Warschau 79, 343
– Ostpolitik 37, 473
– Wahlkampf 1969 43
Bremer, Uwe 19
Brettschneider (Ehepaar) 30
Brüning, Heinrich 129
Bruns, Joke 39
BSE 286, 289
Bsirske, Frank 415
Bulmahn, Edelgard 442
Bundesrat 274, 290, 403, 406, 446
Bundessicherheitsrat 170f.
Bundestag → Deutscher Bundestag
Bundestagswahl (→ Wahlkampf)
– 1998 56, 72, 83, 97, 102f., 105

– 2002 229, 301,
– 2005 87, 274, 501
Bundesverfassungsgericht 37, 54, 74, 146 → Neuwahlen 2005 374f., 380, 490
Bundeswehr 136, 164, 172, 421 (→ Afghanistan, Intervention in; Nato)
Bundeswehrreform 294
Bündnis 90/Die Grünen 147 (→ Grünen, Die)
Bündnis für Arbeit 89–91, 116, 261, 273, 385
Bush, George W. 144, 155, 159–161, 165, 173, 196–198, 200f., 210, 215, 218, 221, 226, 230, 232, 233 (Abb.), 246, 263f., 326, 472, 475 (Abb.), 477 (→ Irakpolitik, amerikanische)
– religiöse Überzeugung 200f.
Bush, Laura 472
Butler, Carl-Hubertus von 189

Caen, Normandie 337, 340, 348
Cardoso, Fernando Enrique 329
Castlereagh, Robert Stewart Viscount 134
CDU (Christlich Demokratische Union) 51f., 55f., 88, 100, 256, 260, 271, 273f., 282, 285, 321, 354, 489, 491, 501, 504
– neoliberale Strömungen 494
Chalabi, Ahmad 154

Charta 77 334
Cheney, Richard B. 211f., 213 (Abb.), 214, 226, 231
Chillida, Eduardo 384
China 138–143, 174, 240–242, 311, 335, 348, 458, 479, 513 (→ deutsch-chinesische Beziehungen)
Chirac, Bernadette 242
Chirac, Jacques 100, 165, 169, 229, 231, 238, 240–244, 241 (Abb.), 308 (Abb.), 320 (Abb.), 321f., 339, 350f., 361, 363, 469, 472, 474 (Abb.)
CIA (Central Intelligence Agency) 212
Clarke, Richard A. 226f.
Claudius, Matthias 234
Clement, Wolfgang 258 (Abb.), 391, 402, 407, 409, 432, 434f., 434 (Abb.)
Clinton, Bill 75, 100, 110, 144, 161, 243, 264, 329, 455f.
Coats, Daniel R. 169, 172, 173 (Abb.)
CSU (Christlich Soziale Union) 57, 86, 88, 100, 260, 274, 321–323, 354, 494, 501

Davies, Norman 344
DDR (Deutsche Demokratische Republik) 54f., 67f., 83, 91, 417, 466
demografischer Wandel 86f., 266, 268, 275, 278, 315, 396, 500
Derrida, Jacques 331–333
deutsch-amerikanische Beziehungen 73, 76f., 110, 159, 161, 164–168, 170, 172, 176, 186, 196–198, 209, 218, 220, 224f., 230, 232, 246f., 264, 332, 461, 463, 478, 512–514 (→ 11. September 2001 – »uneingeschränkte Solidarität«; Irakkrieg – ablehnende Haltung Deutschlands)
deutsch-chinesische Beziehungen 138–143 (→ China)
Deutsche Bundesbahn 17
Deutsche Welle 188, 194
Deutscher Bundestag 69, 76f., 86, 166f., 170, 176, 178, 184, 198, 209, 216, 404, 431, 446, 457, 489
– Selbstauflösung 380f., 384 (→ Neuwahlen)
deutsch-französische Beziehungen 109, 116, 169, 171, 225, 228–231, 238, 240, 243, 318f., 321, 330, 332, 335–337, 340, 342, 349–353, 366, 425, 457f., 461, 469, 480, 513 (→ Chirac, Jacques)
deutsch-polnische Beziehungen 78, 342–347, 363f., 467, 471, 473
deutsch-russische Beziehungen 79, 165, 169, 231, 236, 238, 240, 246f., 284, 453, 455, 459, 461, 464, 471, 477–480 (→ Putin, Wladimir; Russland)
Divide et impera 144
Djerba, Tunesien 199
doppelte Mehrheit 350
Dubček, Alexander 334

Dückert, Thea 56
Duden, Marianne 117, 443

Ebert, Friedrich 81
Eichel, Hans 162, 260, 390 (Abb.), 435–438, 436 (Abb.)
– »Streichliste« 387–389, 437
Einheit, deutsche 53, 83, 465 (→ Vereinigung, deutsche)
– soziale Folgekosten 91
Einwanderung 315f., 357, 430 (→ Zuwanderung-...)
Einwanderungsrecht 279
Eiserner Vorhang 52, 77–79, 334, 377, 455
Eizenstat, Stuart E. 75 (Abb.), 76
ElBaradei, Mohammed 234
Enduring Freedom 85, 178, 185, 209, 232, 296, 445
Energie, erneuerbare 266, 280f., 510
Energiepolitik 34, 50, 112, 266, 282f., 325, 357, 493, 510 (→ Atomkonsens)
Engholm, Björn 122, 125 (Abb.)
Eppler, Erhard 50, 85, 132, 133 (Abb.), 134, 403, 410, 507
Erdogan, Recep Tayyip 358, 359 (Abb.), 361
»Erinnerung, Verantwortung, Zukunft«, Stiftung 72, 76
Ethik-Kommission 58
Ethikrat, Nationaler 48
EU (Europäische Union) 88, 129, 142, 144, 170, 172, 320, 330, 334f., 342, 348, 361, 464, 467

- Außenministertreffen 217
- Beitrittsverhandlungen mit der Türkei 354–358, 360, 362 f.
- Erweiterung 326, 363–365
- Mitgliedsstaaten 326, 357, 365
- Spaltung in der Irakfrage 207 f., 238 f. (→ Irakkrieg – anti-europäische Allianz)
- Waffenembargo gegen China 141 f.

EU-Gipfel 333, 424
- Berlin 1999 363
- Kopenhagen 2002 363
- Lissabon 2000 366
- Nizza 2000 229, 349 f.

EU-Kommission 321, 323, 335
europäisch-amerikanische Beziehungen 116, 137, 143–145, 174, 198, 208 f., 221, 229–232, 239, 246, 263, 319, 325, 332 f., 336, 478 (→ Irakkrieg)
europäische Integration 78, 81 f., 135, 328, 335, 360
- Deutschlands Verantwortung 247, 328
europäische Sicherheitsidentität 145, 146
europäische Sozialpolitik 318, 331
europäische Verfassung 328
- in Frankreich abgelehnte 362
Europäische Verteidigungsgemeinschaft 337
Europäischer Gerichtshof 335
Europäischer Rat 218, 229, 321, 360, 424

- deutsche Präsidentschaft 105, 114, 136
europäischer Stabilitätspakt 87–89
»Europäischer Traum« 324 f., 366
Europaparlament 335

Familienpolitik 439 f.
FDP (Freie Demokratische Partei) 46, 51 f., 55 f., 88, 162, 282, 285, 294, 489, 491, 504
Feistkorn (Eisenwarenfirma) 22, 29 f.
Fetting, Rainer 79
Finsterwalde 418
Fischer, Andrea 286
Fischer, Joschka (Joseph) 94 (Abb.), 103 f., 110 f., 114, 118, 129, 136, 138, 164, 176–180, 184, 210, 211 (Abb.), 215, 239 f., 241 (Abb.), 289, 301, 303 (Abb.), 374 f., 379, 387, 391, 405, 421 f., 423 f., 427 (Abb.)
Flassbeck, Heiner 113
Flimm, Jürgen 234
Flutkatastrophe 296
Föderalismusreform 512
Frankfurter Allgemeine Zeitung 113, 333
Franz Ferdinand 135
Fremdenfeindlichkeit 55, 260, 279, 316
Friedman, Michel 261
Friedrich-Ebert-Stiftung 30
Fuchs, Anke 38 f., 42
Führer, Reinhard 471
Fundamentalisten, christliche 203

Funke, Karl-Heinz 286, 424
Fußballweltmeisterschaft 1954 22 f.

G7/G8-Gipfel 105, 114, 284
G8-Staaten 314, 458
Gabriel, Sigmar 390
Ganztagsschule 512
Gaulle, Charles de 350
Gazprom 461
Geburtenrate 277, 301, 315, 440 (→ demografischer Wandel)
Gehlfuß, Walter 39
Gentechnik 57 f.
Gesundheitspolitik 290, 424
Gesundheitswesen 290, 294, 303, 300, 441
- Reform 290 f., 396 (→ Reform-…)
Gewerkschaftspolitik 38, 89, 91, 105, 167, 256, 261, 398 f., 402, 406, 415 f., 420
Globalisierung 87, 116, 262, 275, 278, 510 f.
Glos, Michael 162
Goethe, Johann Wolfgang von 455
Golfstaaten 513 f.
Goll, Gerhard 280
Gorbatschow, Michail 43
Gordon, Michael 158
Gore, Al 264
Grass, Günter 19 f., 45 (Abb.), 234, 235 (Abb.), 344, 497 (Abb.)
Greencard 278, 316 f.
Große Koalition 97, 100, 179, 291, 439, 501, 504
»Grüne Gentechnik« 57 f.

Grünen, Die 18, 51, 52, 55f., 84, 103–105, 179, 209, 288f., 296, 301, 387, 423, 428 (→ Rot-Grün)
Gümse 19, 42
Guterres, Antonio 331
Gysi, Gregor 256

Habermas, Jürgen 331–333, 514
Hagel, Chuck 263
Haideri, Adnan Ihsan Saeed al- 156
Haitzinger, Horst 420
Hardenberg, Karl-August Fürst von 134
Hartmann, Ulrich 280, 281 (Abb.)
Hartz IV 404, 434, 440 (→ Agenda 2010)
– Protest gegen 417, 419 (→ »Montagsdemonstrationen«)
Hartz, Peter 297f.
Hartz-Kommission 297, 300
Heinemann, Gustav 292
Henkel, Hans-Olaf 103
Hesse, Reinhard 353f.
Heye, Uwe-Karsten 8, 97, 103, 119, 139, 261, 444
Hitler, Adolf 72, 332, 340, 428, 465, 470
Holocaust 332 (→ Juden, Ermordung)
Hombach, Bodo 103
Humboldt, Wilhelm von 134
Huntington, Samuel P. 221
Hussein, Saddam 154–157, 159, 212, 214, 218, 226
– Sturz 155

Indien 311, 316f., 335, 348, 458
»Insulaner« 16
Internationale Atomenergiebehörde 234
Internationaler Gerichtshof Den Haag 85, 145
irakische Überläufer 154–157, 170, 212, 229, 248
Irakkrieg 159, 210, 215, 223, 227, 242, 248, 326, 375, 391, 476, 515
– ablehnende Haltung Deutschlands 85, 207, 222–224, 229–231, 296, 392, 514
– »Brief der acht« 228, 238
– europäische Antikriegsallianz 229–232, 236f., 457f.
– »Mission accomplished« 230, 248
Irakpolitik, amerikanische 159, 161, 196, 197, 199, 207f., 210, 221, 231, 331
– Ausstiegsstrategie 247f.
– Koalition der Willigen 208, 234
– Massenvernichtungswaffen 153, 157f., 160, 196, 210, 212, 214–216, 218, 226, 234
– *regime change* 135, 214
– Verbindung zum Terrorismus 153, 158, 211, 220 (→ al-Quaida)
Iran 196, 212, 220, 508
– atomare Aufrüstung 459
ISAF-Truppe 189, 192

Janssen, Horst 19f.
Jelzin, Boris 466, 473

Jiang Zemin 174
Jospin, Lionel 116, 169, 329f.
Juden, Ermordung 69, 333
– Berliner Mahnmahl 384
Jüdische Gemeinde 257
Jüdischer Weltkongress 75
Juncker, Jean-Claude 88, 319, 321
Jungsozialisten 33f., 473 (→ SPD)
– Bundesvorsitzender Schröder 35f., 38, 119

Kaczyński, Lech 345
Kalter Krieg 82, 256, 262
Kannegiesser, Martin 406
Kant, Immanuel 455
Kanzleramt, Berlin 60, 67, 69, 170, 172, 210, 244, 304, 373, 377, 445
– »Waschmaschine« 384
Karimow, Islam 188
Karsai, Hamid 184, 189, 190 (Abb.)
Kennedy, John F. 243
Kinkel, Klaus 147
Kirchhof, Paul 492–495
Kissinger, Henry 331f.
Knetterheide 22
Koch, Roland 260
Kohl, Helmut 49–53, 74, 83, 86f., 110, 126, 269, 278, 381, 384, 435, 473
– »blühende Landschaften« 53
– »Einigungskanzler« 84
– Parteispendenaffäre 257
Kok, Wim 329
Koschnik, Hans 43
Kosovo 337, 374f.

Kosovokrieg 85, 105, 110, 114, 138, 144, 166, 337
– deutsche Beteiligung am 84f., 109–111, 117, 131, 136, 180, 262, 332, 374, 444
Krampitz, Sigrid 103, 163, 179, 442, 443 (Abb.), 444
Kuhnt, Dietmar 280, 281 (Abb.)
Kultur, Staatsminister für 59
Künast, Renate 286, 287 (Abb.), 289, 424f.
Kündigungsschutz, vereinfachter 394f.
Kwaśniewski, Alexander 346f.
Kyoto-Protokoll 263

Lafontaine, Oskar 87, 95 (Abb.), 102, 104, 107–110, 112, 114–116, 121 (Abb.), 123, 124 (Abb.), 128f., 131, 252 (Abb.)
– Attentat auf 126–128
– geborener Oppositionspolitiker 123, 126, 129f.
– Totaldemission März 1999 117–119, 131, 257
– Verzicht auf Kanzlerkandidatur 1998 123, 126, 128
– Verzicht auf Parteivorsitz 1987 123, 128
– Vorsitzender der SPD 47, 111, 118f., 127, 131
Lambsdorff, Otto Graf 75 (Abb.), 76
Landwirtschaft, nachhaltige 287 (→ Agrarpolitik)
Leinemann, Jürgen 36
Lenin, Wladimir I. 465

Lepenies, Wolf 234
»Linkspartei« 102, 408, 416, 489
Lohnnebenkosten 111, 270, 397
Lüpertz, Markus 304

Maastrichter Verträge 88, 437
Mahler, Horst 35, 55
Mandela, Nelson 313f.
Mangold, Klaus 479
Massenvernichtungswaffen
→ Irakpolitik, amerikanische
Mbeki, Thabo 313f., 329
McCain, John 197
Meckel, Markus 43
Mehdorn, Hartmut 17
Meister, Michael 494
Menschenrechte 84, 144, 324, 333f.
Merkel, Angela 208, 492, 495
Merz, Friedrich 162
Metternich, Klemens Wenzel Graf von 134
Mielke, Erich 67
Milbradt, Georg 297 (Abb.), 498
Miller, Leszek 364f.
Milošević, Slobodan 84, 110, 137
Mitterrand, François 352
»Montagsdemonstrationen« 417, 419, 491, 498
Moore, Henry 384
Müller, Kerstin 104
Müller, Werner 107, 280, 432, 433 (Abb.)
Müntefering, Franz 130

(Abb.), 131, 252 (Abb.), 254, 374, 376, 378, 379 (Abb.), 391, 399, 403–405, 410f.
– SPD-Vorsitzender 409, 413 (Abb.), 495, 497 (Abb.), 504

Nachkriegsgeneration, politische 53f., 79
Nachkriegszeit 32, 53, 77, 79, 343
– Ende 84, 340, 469
Nationalsozialismus 69, 74, 330, 470
Nato 137f., 144, 146, 220, 224f., 232, 467
– deutsche Bündnisverpflichtung 85, 146, 159, 164, 172–174, 223
Nato-Rat 172
Naumann, Michael 59 (Abb.), 60, 253 (Abb.), 301, 332, 480
Negt, Oskar 431
Neokonservatismus (USA) 161, 196, 201, 325f., 332
Neoliberalismus 57, 494
Neonazis 55, 294 (→ Rechtsradikalismus)
Neuwahlen 181, 374, 376–379, 386, 423, 445, 447, 487f. (→ Bundesverfassungsgericht; Vertrauensfrage)
– vorgezogene 490
New York Times 153f., 157f., 230, 325
New York Times Book Review 158
Nida-Rümelin, Julian 304
Niedersachsen 19, 34, 39, 42, 72, 97, 103, 127, 326

- Ministerpräsident Schröder 31, 37f., 46, 72, 108 (→ Rot-Grün; Wahlkampf)
- Oppositionsführer Schröder im Landtag von 43, 122, 354 Nordrheinwestfalen, Wahlniederlage 2005 374f., 379, 419, 445, 488

NPD (Nationaldemokratische Partei Deutschlands) 55, 417, 419

Oertzen, Peter von 38
Ökosteuer 111, 265f., 269, 286
Orbán, Wiktor 162
Ost-CDU 101
Ost-West-Konflikt 144, 187, 255, 262

Palast der Republik 67–69
Papadopoulos, Tassos 360
Parallelgesellschaft 292
Patriot-Raketen 224f.
PDS (Partei des Demokratischen Sozialismus) 86, 100–101, 256, 417, 491
- Regierungsbeteiligung 102

Persson, Göran 329
Peters, Jürgen 402, 406, 415f.
Petersberg-Konferenz 186
Piëch, Ferdinand 297
Pieck, Wilhelm 68
Pierer, Heinrich von 321
Pisa-Studie 300, 512
Platzeck, Matthias 418f., 419 (Abb.)
Poldermodell 89, 116
Pompidou, Georges 351
Pörtschach 145f.

Powell, Colin 160, 210, 211 (Abb.), 218, 219 (Abb.), 229, 234, 347
Praxisgebühr 397, 414
Putin, Ljudmila 244, 245 (Abb.), 472
Putin, Wladimir 165, 169, 174, 231, 236, 237 (Abb.), 241, 244–246, 245 (Abb.), 450 (Abb.), 453, 454 (Abb.) 457, 459–461, 464, 467, 468 (Abb.), 469, 472, 476f., 478 (Abb.), 479

Radikalenerlass 37
RAF (Rote Armee Fraktion) 35, 55, 323, 428
Rahn, Helmut 22
Rau, Christina 422
Rau, Johannes 48, 51f., 127, 176f.
- Bundespräsident 164, 172, 261, 292, 293 (Abb.), 294, 348

Reagan, Ronald 50, 208
Rechtsradikalismus 257, 260f.
Reformpolitik 53, 83, 85, 87, 91, 100, 270, 273–275, 285, 289f., 325, 349, 376f., 392f., 399, 403, 407, 411–413, 420, 422, 505 (→ Agenda 2010)
- Widerstand gegen 87, 408, 414, 417, 487, 492 (→ Montagsdemonstrationen)

Reformprogramm 114, 262, 386, 390f., 398
- Verstoß gegen die Menschenwürde 402

Reichstag 69, 373, 384, 445, 453
»Rentenbetrug« 270, 272

»Rentenlüge« 272f.
Rentenrecht 87
Rentenreform 269–275 (→ Reform-...; Riester-Rente)
- blockierte 271

Rentenversicherung, gesetzliche 91, 111, 266, 268–270, 273, 286, 391
- Finanzkrise der 269
- »sichere Rente« 87, 270

rheinische Republik 53f., 255
rheinischer Kapitalismus 255f., 262
Rice, Condoleezza 222
Riester, Walter 111, 268, 270f., 272 (Abb.)
Riester-Rente 266, 275, 492 (→ Renten-...)
Rifkin, Jeremy 324f., 366
road map 220
Robertson, George 224
Röstel, Gunda 104
Rote Brigaden 323
Rot-Grün 7, 34, 57, 82, 84, 97, 100–103, 107, 111, 113, 147, 180, 187, 256, 262, 265, 270–272, 275, 279, 285, 290f., 300, 354, 363, 375, 386, 430f., 487f., 492, 501, 505, 512 (→ Grünen, die; SPD)
- in → Niedersachsen 51, 55f., 58

Rubens, Peter Paul 304
Rühe, Volker 354
Rumsfeld, Donald 226f., 232, 248
- »altes Europa« 230

Russland 79, 115, 137, 245, 351, 455f., 515 (→ deutsch-russische Beziehungen)

- Aussöhnung mit Deutschland 472f.
- Energieproduzent 460f., 463
- und Europa 457, 459f., 464, 467, 469, 478f., 481
- WTO-Mitglied 458, 464

Rüttgers, Jürgen 278

Sarajewo, Schutzzone 144
Sauzay, Brigitte 351–353, 353 (Abb.)
Scharping, Rudolf 46, 114, 122, 124 (Abb.), 128, 164, 171, 253 (Abb.), 294, 295 (Abb.), 438
Schäuble, Wolfgang 256
Scherf, Henning 404
Schiller, Friedrich 455
Schily, Linda 431
Schily, Otto 164, 171, 187, 253 (Abb.), 257, 428, 429 (Abb.), 430f.
Schmidt, Helmut 29 (Abb.) 46, 443
Schmidt, Renate 439f.
Schmidt, Ulla 286, 289f., 291 (Abb.), 441
Scholz, Olaf 407
Schröder, Fritz (Vater) 25, 26 (Abb.), 340, 470, 508
Schröder-Köpf, Doris (Ehefrau) 9, 98 (Abb.), 130, 163, 172, 242, 245 (Abb.), 288, 374, 393, 411, 421, 470–472, 470 (Abb.), 474 (Abb.), 478 (Abb.), 502 (Abb.), 508
Schröder/Blair-Papier 277, 330
Schulte, Dieter 90 (Abb.), 416

Schulz, Werner 104
»Schurkenstaaten« 198
SED (Sozialistische Einheitspartei Deutschlands) 101f.
SFOR-Truppe 147
Siegerland-Kolleg 30
Simitis, Konstantinos 238, 329
Simonis, Heide 375
Solidarpakt 54
Sommer, Michael 398f., 400 (Abb.)
Sozialabbau 402, 416, 491f.
sozialer Ausgleich 318, 351, 377
Sozialhilfe → Arbeitslosenhilfe
Sozialistische Internationale 43
Sozialstaat 91, 269, 275, 391f., 408, 415
Späth, Lothar 107
SPD (Sozialdemokratische Partei Deutschlands) 29f., 33f., 36, 38f., 42, 49f., 52f., 56, 81, 84f. 101, 103–106, 111, 119, 122, 147, 181, 207, 210, 247, 266, 282, 290, 294, 301, 321, 376, 392, 398, 407, 415, 428, 445, 489, 492, 496, 504f., 515 (→ Jungsozialisten; Rot-Grün)
- Parteivorsitzender Schröder 119, 131f., 411
- SPD-Linke 402, 408, 412
- SPD-Mitglieder gegen → Agenda 2010 398, 402, 407
- Wahlniederlagen 374, 376f., 379, 398f., 412, 414, 487f. (→ Neuwahlen)

Spiegel, Der 36
Spiegel, Paul 257, 259 (Abb.), 261
Staatsbürgerschaftsrecht 278f.
- Veränderung 260f.
Stadtschloss, Berliner 67–69
Staeck, Klaus 234
Stalin, Josef 465
Stammzellenforschung 48, 58
Steiner, Michael 137, 139
Steinmeier, Frank-Walter 47, 103, 179, 224, 280, 391, 443 (Abb.)
Steuerreform 111, 271, 397, 404f.
- erste Stufe der 285
Stoiber, Edmund 301, 321–323, 492, 495, 505
Stollmann, Jost 106–108, 113
Stolpe, Manfred 442
Strack, Christian 31
Strauss-Kahn, Dominique 109
Struck, Peter 164, 232, 438
Süddeutsche Zeitung 126
Sultanow, Utkir 188
Süssmuth, Rita 315

Tacke, Alfred 103, 104 (Abb.)
Talbott, Strobe 137
Taliban 159, 178, 181, 187
Talle 22, 27, 30, 42, 59
Talleyrand-Périgord, Charles-Maurice 134
Tegtmeier (Lehrer) 20f.
Terrorismus, internationaler 145, 169, 196, 198, 220, 224, 226, 232, 263, 326, 328, 509 (→ al-Quaida; Irakkrieg)

– weltweiter Kampf gegen 159f., 171, 174, 186, 196, 209, 214, 218, 249, 460
Thadden, Rudolf von 351
Thatcher, Margaret 208
Thierse, Wolfgang 164, 497 (Abb.)
Tietmeyer, Hans 112
Timm, Manfred 280
Tito, Josip Broz 134
Töpfer, Klaus 263
Treibhausgase 281
– Verminderung der 264
Trittin, Jürgen 56, 104, 280, 423
Tschernobyl 49
Tschernomyrdin, Wiktor 137
Tschetschenien-Konflikt 476f.
Tsunami 420–422
Turek, Tony 22

Ulbricht, Walter 67f.
UN (Vereinte Nationen) 144–147, 311f., 332
UN-Charta 240, 314
UN-Generalversammlung 147, 217, 215
UN-Sicherheitsrat 174, 178, 184, 197, 210, 215, 218, 234, 238, 240, 337
– Resolution 1441 236, 240f.
UN-Waffeninspekteure 210, 215f., 223, 231f., 239 (→ Irak-...)
USA → deutsch-amerikanische Beziehungen; Irakpolitik, amerikanische

Vereinigung, deutsche 43, 52f., 55, 77, 88, 473

Vereinte Nationen → UN-...
Verhofstadt, Guy 170
Vertrauensfrage (Misstrauensvotum) 376, 380, 445 → Afghanistan-Intervention 179
– auflösungsgerichtete 381 (→ Deutscher Bundestag)
– unechte 381, 489
Villepin, Dominique de 229, 240
Vogel, Hans-Jochen 46, 47 (Abb.), 48f., 123, 127, 407, 410f.
Vosseler, Erika (Mutter) 15, 18, 21, 23, 24 (Abb.), 25, 27, 30, 61
Vosseler, Paul (Stiefvater) 15f., 19, 21, 30

Wahlkampf 376 (→ Bundestagswahl)
– 1986 19, 42, 46, 49, 52
– 1998 83, 86, 97, 110, 113, 126, 352
– 2002 332, 386, 498
– 2005 265, 418, 492f., 495–499, 501
Wallmann, Walter 50
Walser, Martin 234
Walter, Fritz 22
Warschauer Aufstand, 60. Jahrestag 340, 342–348, 469
Washington Post 159, 208, 230
Wasserhövel, Kajo 497
Wehner, Herbert 46, 48, 438
Weiss, Christina 304

Weizsäcker, Richard von 294, 344
Weltbevölkerungswachstum 311f., 315, 326
Welteke, Ernst 112
Weltkrieg, Erster 72, 135, 146, 332
Weltkrieg, Zweiter 72, 111, 132, 135, 146, 177, 327, 331, 340, 344, 349, 472
Westerwelle, Guido 406
Westfalen-Kolleg 30
Wieczorek-Zeul, Heidemarie 124 (Abb.), 130, 421, 439
Wiesehügel, Klaus 402
Wilhelm II., Kaiser 135
Willy-Brandt-Haus 79, 303, 306, 501, 504
Wirtschaftswunder 32, 82
Wolfowitz, Paul 160, 197, 226

Zentrum gegen Vertreibung 344, 347
Zimmermann, Herbert 22
Zuwanderung 315 (→ Einwanderung)
Zuwanderungsrecht 279, 430
Zwangsarbeiter 73
– Entschädigungsregelung 74–76
»Zwangsrente« 270 (→ Riester-Rente)
Zweig, Stefan 327
Zweiklassenmedizin 290, 441 (→ Gesundheitswesen)
Zypern-Frage 357f., 360–362
Zypries, Brigitte 103, 442, 444

Bildnachweis

Associated Press: 213
J. H. Darchinger: 24, 29, 35
J. H. Darchinger/Marc Darchinger: 26, 64/65, 73, 80, 90, 94/95, 120/121, 252/253, 272, 308/309
ddp-Archiv: 379
picture-alliance/Berliner Zeitung: 436
picture-alliance/dpa: 44/45, 47, 75, 104, 124/125, 140, 142, 150/151, 182/183, 235, 237, 258/259, 267, 281, 295, 341, 370/371, 400/401, 405, 413, 419, 433, 434, 462, 478
picture-alliance/dpa/dpaweb: 219, 382/383, 443, 474/475, 493, 502/503
picture-alliance/Picture Press/Camera Press: 276
picture-alliance/ZB: 217, 468
Presse- und Informationsamt der Bundesregierung: 195, 429
SPD-Parteivorstand: 484/485

ullstein: 12/13
ullstein – AP: 346, 454
ullstein – Christian Bach: 204/205
ullstein – Boness/IPON: 390
ullstein – BPA: 98/99, 168, 173, 190/191, 193, 222, 233, 329, 338/339, 353, 359, 426/427, 450/451, 470, 518/519
ullstein – Caro/Meyerbroeker: 320
ullstein – ddp: 199, 241, 297, 364
ullstein – Giribas: 304
ullstein – Karwasz: 287
ullstein – Klöckner: 70/71
ullstein – Kucharz: 40/41
ullstein – LS-PRESS: 136
ullstein – Meldepress: 133
ullstein – Popow: 497
ullstein – Reuters: 59, 211, 245, 293, 385
ullstein – Sven Simon: 291
ullstein – Unkel: 395
Marco Urban: 130, 302/303